杜威中期著作

1899—1924

复旦大学杜威与美国哲学研究中心　组译

国家出版基金项目
NATIONAL PUBLICATION FOUNDATION

杜威全集

Collected works of John Dewey

《学校与社会》
《教育状况》
1899至1901年间的期刊文章、书评及杂记

第一卷

1899-1901

刘时工　白玉国　译

华东师范大学出版社

The Middle Works of John Dewey, 1899－1924

Volume One: Journal Articles, Book Reviews, and Miscellany Published in the 1899－1901 Period, and *The School and Society*, and *The Educational Situation*

By John Dewey

Edited by Jo Ann Boydston

Copyright © 1976 by Southern Illinois University Press

Published by agreement with Southern Illinois University Press, 1915 University Press Drive, SIUC Mail Code 6806, Carbondale, IL 62901, USA

Simplified Chinese translation copyright © 2012 by East China Normal University Press

All rights reserved.

上海市版权局著作权合同登记　图字:09－2004－377号

《杜威全集》中期著作(1899—1924)

主　编　乔·安·博伊兹顿(Jo Ann Boydston)
文本顾问　弗雷德森·鲍尔斯(Fredson Bowers)　弗吉尼亚大学　荣誉退休

目　录

中文版序

《杜威全集》中文版终于由华东师范大学出版社出版了。作为这一项目的发起人，我当然为此高兴，但更关心它能否得到我国学界和广大读者的认可，并在相关的学术研究中起到预期作用。后者直接关涉到对杜威思想及其重要性的合理认识，这有赖专家们的研究。我愿借此机会对杜威其人、其思想的基本倾向和影响以及研究杜威哲学的意义等问题谈些看法，以期抛砖引玉。考虑到中国学界以往对杜威思想的消极方面谈论得很多，在这方面大家已非常熟悉。我在此主要谈其积极方面，但这并非认为可以忽视其消极方面。

一、杜威其人

约翰·杜威（John Dewey，1859—1952）是美国哲学发展中最有代表性的人物。他不仅进一步阐释并发展了由皮尔士创立、由詹姆斯系统化的实用主义哲学的基本理论，而且将其运用于社会、政治、文化、教育、伦理、心理、逻辑、科学技术、艺术、宗教等众多人文和社会科学领域的研究，并在这些领域提出了重要创见。他在这些领域的不少论著，被西方各该领域的专家视为经典之作。它们不仅对促进这些领域的理论研究起过重要的作用，在这些领域的实践中也产生过深刻的影响。杜威由此被认为是美国思想史上最具影响的学者，甚至被认为是美国的精神象征；在整个西方世界，他也被公认是 20 世纪少数几个最伟大的思想家之一。

杜威出生于佛蒙特州伯灵顿市一个杂货店商人家庭。他于 1875 年进佛蒙特大学，开始受到进化论的影响。1879 年，他毕业后先后在一所中学和一所乡村学校教书。这时他阅读了大量哲学著作，深受当时美国圣路易黑格尔学派刊物《思辨哲学杂志》的影响，1882年在该刊发表了《唯物主义的形而上学假定》和《斯宾诺莎的泛神论》二文，很受鼓舞，从此决定以哲学为业。同年，他成了约翰·霍普金斯大学的哲学研究生，在此听了皮尔士的逻辑讲座，不过当时对他影响最大的是黑格尔派哲学家莫里斯（George Sylvester Morris）和实验心理学家霍尔（G. Stanley Hall）。两年后，他以《康德的心理学》论文取得哲学博士学位。

1884年，杜威到密歇根大学教哲学，在此任职10年（其间1888年在明尼苏达大学）。初期，他的哲学观点大体上接近黑格尔主义。他对心理学研究很感兴趣，并使之融化于其哲学研究中。这种研究，促使他由黑格尔主义转向实用主义。在这方面，当时已出版并享有盛誉的詹姆斯的《心理学原理》对他产生了强烈的影响。杜威对心理学的研究，又促使他进一步去研究教育学。他主张用心理学观点去进行教学，并认为应当把教育实验当作哲学在实际生活中的运用的重要内容。

1894年，杜威应聘到芝加哥大学，后曾任该校哲学系主任。他在此任教也是10年。1896年，他在此创办了有名的实验学校。这个学校抛弃传统的教学法，不片面注重书本，而更为强调接触实际生活；不片面注重理论知识的传授，而更为强调实际技能的训练。杜威后来所一再倡导的"教育就是生活，而不是生活的准备"、"从做中学"等口号，就是对这种教学法的概括。杜威在芝加哥时期，已是美国思想界一位引人注目的人物。他团聚了一批志同道合者（包括在密歇根大学就与他共事的塔夫茨、米德），形成了美国实用主义运动中著名的芝加哥学派。杜威称他们共同撰写的《逻辑理论研究》（1903年）一书是工具主义学派的"第一个宣言"，它标志着杜威已从整体上由黑格尔主义转向了实用主义。

从1905年起，杜威转到纽约哥伦比亚大学任教，直到1930年以荣誉教授退休。他以后的活动也仍以此为中心。这一时期不仅是他的学术活动的鼎盛期（他的大部分有代表性的论著都是在这一时期问世的），也是他参与各种社会和政治活动最频繁且声望最卓著的时期。他把两者有机地结合在一起。他对各种社会现实问题的评论和讲演，往往成为他的学术活动的重要组成部分。从1919年起，杜威开始了一系列国外讲学旅行，到过日本、墨西哥、俄罗斯、土耳其等国。"五四"前夕，他到了中国，在北京、南京、上海、广州等十多个城市作过系列讲演，1921年7月返美。

杜威一生出版了 40 种著作,发表了 700 多篇论文,内容涉及哲学、社会、政治、教育、伦理、心理、逻辑、文化、艺术、宗教等各个方面。其主要论著有:《学校与社会》(1899 年)、《伦理学》(1908 年与塔夫茨合著,1932 年修订)、《达尔文主义对哲学的影响》(1910 年)、《我们如何思维》(1910 年)、《实验逻辑论文集》(1910 年)、《哲学的改造》(1920 年)、《人性与行为》(1922 年)、《经验与自然》(1925 年)、《公众及其问题》(1927 年)、《确定性的寻求》(1929 年)、《新旧个人主义》(1930 年)、《作为经验的艺术》(1934 年)、《共同的信仰》(1934 年)、《逻辑:探究的理论》(1938 年)、《经验与教育》(1938 年)、《自由与文化》(1939 年)、《评价理论》(1939 年)、《人的问题》(1946 年)、《认知与所知》(1949 年与本特雷合著)等等。

二、杜威哲学的基本倾向

杜威在各个领域的思想都与他的哲学密切相关。它们不只是他的哲学的具体运用,有时甚至就是他的哲学的直接体现。我们在此不拟具体介绍他的思想的各个方面和他的哲学的各个部分,仅概略地揭示他的哲学的基本倾向。杜威哲学的各个部分,以及他的思想的各个方面,大体上都可从他的哲学的基本倾向中得到解释。这种基本倾向从其积极意义上说,主要表现为如下三点:

第一,杜威把对现实生活和实践的关注当作哲学的根本意义所在。

在现代西方各派哲学中,杜威哲学最为反对以抽象、独断、脱离实际等为特征的传统形而上学,最为肯定哲学应当面向人的现实生活和实践。如何通过人本身的行为、行动、实践(即他所谓以生活和历史为双重内容的经验)来妥善处理人与其所面对的现实世界(自然和社会环境),以及人与人之间的关系,是杜威哲学最为关注的根本问题。杜威哲学从不同的角度说有不同的名称,例如,当他强调实验和探究的方法在其哲学中的重要意义时,称其哲学为实验主义(Experimentalism);当他谈到思想、观念的真理性在于它们能充当引起人们的行动的工具时,称其哲学为工具主义(Instrumentalism);当他谈到经验的存在论意义,而经验就是作为有机体的人与其自然环境的相互作用时,称其哲学为经验自然主义(Empirical Naturalism)。贯彻于所有这些称呼的概念是行动、行为、实践。杜威哲学的各个方面,都在于从实践出发并引向实践。这并不意味着实践就是一切。实践的目的是改善经验,即改善人与其自然和社会环境的关系,一句话,改善人的生活和生存条件。

杜威对实践的解释当然有片面性。例如,他没有看到人类的物质生产活动在人的实践中的基础作用,更没有科学地说明实践的社会性;但他把实践看作是全部哲学研究的核心,认为存在论、认识论、方法论等问题的研究都不能脱离实践,都具有实践的意义,则在一定意义上是合理的。

值得一提的是:与胡塞尔、海德格尔等人通过曲折的道路返回生活世界不同,与只关注逻辑和语言的意义分析的分析哲学家也不同,杜威的哲学直接面向现实生活和实践。杜威一生在哲学上所关注的,不是去建构庞大的体系,而是满腔热情地从哲学上去探究人在现实生活和实践的各个领域所面临的各种问题及其解决办法。在杜威的全部论著中,关于政治、社会、文化、教育、心理、道德、价值、科学技术、审美和宗教等各个领域的具体问题的论述占了绝大部分。他的哲学的精粹和生命力,大多是在这些论述中表现出来的。

第二,杜威的哲学改造适应和引领了西方哲学由近代到现代转向的潮流。

19 世纪中期以来,西方哲学发展出现了根本性的变更,以建构无所不包的体系为特征的近代哲学受到了广泛的批判,以超越传统的实体性形而上学和二元论为特征的现代哲学开始出现,并越来越占主导地位。多数哲学流派各以特有的方式,力图使哲学研究在不同程度上从抽象化的自在的自然界或绝对化的观念世界返回到人的现实生活世界,企图以此摆脱近代哲学所陷入的种种困境,为哲学的发展开辟新道路。西方哲学由近代到现代的这种转折,不能简单归结为由唯物主义转向唯心主义、由进步转向反动,而包含了哲学思维方式上一次具有划时代意义的转型。它标志着西方哲学发展到了一个新的、更高的阶段。杜威在哲学上的改造,不仅适应了而且在一定意义上引领了这一转型的潮流。

杜威曾像康德那样,把他在哲学上的改造称为"哥白尼革命"(Copernican revolution)。但他认为康德对人的理智的能动性过分强调,以致使它脱离了作为其存在背景的自然。而在他看来,人只有在其与自然的相互作用中才有能动作用,甚至才能存在。哲学上的真正的哥白尼革命,正在于肯定这种交互作用。如果说康德的中心是心灵,那么杜威的新的中心是自然进程中所发生的人与自然的交互作用。正如地球或太阳并不是绝对的中心一样,自我或世界、心灵或自然都不是这样的中心。一切中心都存在于交互作用之中,都只具有相对的意义。可见,杜威所谓哲学中的哥白尼革命,就是以他所主张的心物、主客、经验自然等的交互作用、或者说人的现实生活和实践来既取代客体中心论,也取代主体中心论。他也是在这种意义上，既反对忽视主体的能动性的旧的唯物主义，也反对忽视自然作为存在的根据和作用的旧的唯心主义。

不是把先验的主体或自在的客体、而是把主客的相互作用当作哲学的出发点；不是局限于建构实体性的、无所不包的体系，而是通过行动、实践来超越这样的体系；不是转向纯粹的意识世界或脱离了人的纯粹的自然界，而是转向与人和自然界、精神和物质、理性和非理性等等都有着无限牵涉的生活世界，这大体上就是杜威哲学改造的主要意义；而这在一定程度上，也正是多数西方哲学由近代到现代转向的主要意义。杜威由此体现和引领了这种转向。

第三，杜威的哲学改造与马克思在哲学上的革命变更存在某些相通之处。

西方哲学从近代到现代的转向与马克思在哲学上的革命变更的政治背景大不相同，二者必然存在原则性区别；但二者发生于大致相同的历史时代，具有共同的历史和文化背景，因而又必然存在相通之处。如果我们能够肯定杜威的哲学改造适应并引领了西方哲学从近代到现代转向的潮流，那就必须肯定杜威的哲学改造与马克思在哲学上的革命变更必然同样既有原则区别，又有相通之处。后者突出地表现在，二者都把实践当作哲学的根本意义而加以强调。马克思正是通过这种强调而得以超越旧唯物主义和唯心主义辩证法的界限，把唯物主义和辩证法有机地统一起来，建立了唯物辩证法。杜威在这些方面与马克思相距甚远。但是，他毕竟用实践来解释经验而使他的经验自然主义超越了纯粹自然主义和思辨唯心主义的界限，并由此提出了一系列超越近代哲学范围的思想。

杜威的经验自然主义并不否定自然界在人类经验以外自在地存在，不否定在人类出现以前地球和宇宙早已存在，而只是认为人的对象世界只能是人所遭遇到（经验到）的世界，这在一定程度上类似于马克思所指的与纯粹自然主义的自在世界不同的人化世界，即现实生活世界。杜威否定唯物主义，但他只是在把唯物主义归结为纯粹自然主义的唯物主义的意义上去否定唯物主义。杜威强调经验的能动性，但他不把经验看作可以离开自然（环境）而独立存在的精神实体或精神力量，而强调经验总是处于与自然、环境的统一之中，并与自然、环境发生相互作用。这与传统的唯心主义经验论也是不同的，倒是与马克思关于主客观的统一和相互作用的观点虽有原则区别，却又有相通之处。

杜威是在黑格尔影响下开始哲学活动的。他在转向实用主义以后，虽然抛弃了黑格尔的绝对唯心主义，甚至也拒绝了黑格尔的辩证法，但是在他的理论中又保留着某些辩证法的要素。例如,他把经验、自然和社会等都看作是统一整体,其间都存在着多种多样的联系;他在达尔文进化论的影响下,明确肯定世界(人类社会和自然界)处于不断进化和发展的过程之中。他所强调的连续性(如经验与自然的连续、人与世界的连续、身心的连续、个人与社会的连续等等)概念,在一定程度上就是统一整体的概念、进化和发展的概念。这种概念虽与马克思的辩证法不能相提并论,但毕竟也有相通之处。

三、杜威哲学的积极影响

杜威实用主义哲学对现实生活和实践的强调,对西方哲学从近代到现代转向的潮流的适应和引领,特别是它在一些重要方面与马克思哲学的相通,说明它在一定程度上体现了时代精神发展的要求。正因为如此,它必然是一种在一定范围内能发生积极影响的哲学。

实用主义在美国的积极影响,可以用美国人民在不长的历史时期里几乎从空地上把美国建设成为世界的超级大国来说明。实用主义当然不是美国唯一的哲学,但它却是美国最有代表性的哲学。实用主义产生以前的许多美国思想家(特别是富兰克林、杰斐逊等启蒙思想家),大多已具有实用主义的某些特征,在一定意义上为实用主义的正式形成作了思想准备。实用主义产生以后,传入美国的欧洲各国哲学虽然能在美国哲学中占有一席之地,其中分析哲学在较长时期甚至能在哲学讲坛上占有支配地位;但是,它们几乎都毫无例外地迟早被实用主义同化,成为整个实用主义运动的组成部分。当代美国实用主义者莫利斯说:逻辑经验主义、英国语言分析哲学、现象学、存在主义同实用主义"在性质上是协同一致的",它们"每一种所强调的,实际上是实用主义运动作为一个整体范围之内的中心问题之一"①。就实际影响来说,实用主义在美国哲学中始终占有优势地位。桑塔亚那等一些美国思想家也承认,美国人不管其口头上拥护的是什么样的哲学,但是从他们的内心和生活来说都是实用主义者。只有实用主义,才是美国建国以来长期形成的一种民族精神的象征。而实用主义的最大特色,就是把哲学从玄虚的抽象王国转向人所面对的现实生活世界。实用主义的主旨就在

---

① Morris, Charles W. *The Pragmatic Movement in American Philosophy*. New York: George Braziller, 1970, p. 148.

指引人们如何去面对现实生活世界,解决他们所面临的各种疑虑和困扰。实用主义当然具有各种局限性,人们也可以而且应当从各种角度去批判它,马克思主义者更应当划清与实用主义的界限;但从思想理论根源上说,正是实用主义促使美国能够在许多方面取得成功,这大概是一个不争的事实。

在美国以外,实用主义同样能发生重要的影响。与杜威等人的哲学同时代的欧洲哲学尽管不称为实用主义,但正如莫利斯说的那样,它们同实用主义"在性质上是协同一致的"。如果说它们各自在某些特定方面、在一定程度上体现了现代西方社会的时代特征,实用主义则较为综合地体现了这些特征。换言之,就体现时代特征来说,被欧洲各个哲学流派特殊地体现的,为实用主义所一般地体现了。正因为如此,实用主义能较其他现代西方哲学流派发生更为广泛的影响。

杜威的实用主义在中国也发生过重要的影响。早在"五四"时期,杜威就成了在中国最具影响的西方思想家。从外在原因上说,这是由于胡适、蒋梦麟、陶行知等他在中国的著名弟子对他作了广泛的宣扬;杜威本人在"五四"时期也来华讲学,遍访了中国东西南北十多个城市。这使他的思想为中国广大知识界所熟知。然而,更重要的原因是:他在理论中所包含的科学和民主精神,正好与"五四"时期中国先进知识分子倡导科学和民主的潮流相一致。另外,他的讲演不局限于纯哲学的思辨而尤其关注现实问题,这也与中国先进分子的社会改革的现实要求相一致。正是这种一致,使杜威的理论受到了投入"五四"新文化运动和社会改革的各阶层人士的普遍欢迎,从而使他在中国各地的讲演往往引起某种程度的轰动效应。杜威本人也由此受到很大鼓舞,原本只是一次短期的顺道访华也因此被延长到两年多。胡适在杜威起程回国时写的《杜威先生与中国》一文中曾谈到:"我们可以说,自从中国与西方文化接触以来,没有一个外国学者在中国思想界的影响有杜威先生这样大的。我们还可以说,在最近的将来几十年中,也未必有别个西洋学者在中国的影响可以比杜威先生还大的。"[①]作为杜威的信徒,胡适所作的评价可能偏高。但就其对中国社会的现实层面的影响来说,除了马克思主义者以外,也许的确没有其他现代西方思想家可以与杜威相比。

尽管杜威的实用主义与马克思主义有原则区别,但"五四"时期中国马克思主义者对杜威及其实用主义并未简单否定。陈独秀那时就肯定了实用主义的某

---

① 引自《胡适哲学思想资料选》(上),华东师范大学出版社 1981 年版,第 181 页。

些观点,甚至还成为杜威在广州讲学活动的主持人。1919 年,李大钊和胡适关于"问题与主义"的著名论战,固然表现了马克思主义与实用主义的原则分歧,但李大钊既批评了胡适的片面性,又指出自己的观点有的和胡适"完全相同",有的"稍有差异"。他们当时的争论并未越出新文化运动统一战线这个总的范围,在倡导科学和民主精神上毋宁说大体一致。毛泽东在其青年时代也推崇胡适和杜威。

"五四"以后,随着国内形势的重大变化,上述统一战线趋向分裂。20 世纪 30 年代后期,由于受到苏联对杜威态度骤变的影响,中国马克思主义者对杜威也近乎于全盘否定了。20 世纪 50 年代中期,为了确立马克思主义在思想文化领域的主导地位,从上而下发动了一场对实用主义全盘否定的大规模批判运动。它在一定程度上达到了预期的政治目的,但在理论上却存在着很大的片面性。当时多数批判论著脱离了杜威等人的理论实际,形成了一种对西方思潮"左"的批判模式,并在中国学术界起着支配作用。从此以后,人们在对杜威等现代西方思想家、对实用主义等现代西方思潮的评判中,往往是政治标准取代了学术标准,简单否定取代了具体分析。杜威等西方学者及其理论的真实面貌就因此而被扭曲了。

对杜威等西方思想家及其理论的简单否定,势必造成多方面的消极后果。其中最突出的有两点:一是使马克思主义及其指导下的思想理论领域在一定程度上与当代世界及其思想文化的发展脱节,使前者处于封闭状态,从而妨碍其得到更大的丰富和发展;二是由于扭曲了马克思主义哲学和现代西方哲学的关系,忽视了二者在某些方面存在的共通之处,在批判杜威哲学等现代西方哲学的名义下扭曲了马克思主义哲学一些最重要的学说,例如关于真理的实践检验、关于主客观统一、关于个人与社会的关系等学说都存在这种情况。这种理论上的混乱导致实践方向上的混乱,甚至在一定程度上导致实践上的挫折。

需要说明的是:肯定杜威实用主义的积极作用并不意味着否定其消极作用,也不意味着简单否定中国学界以往对实用主义的批判。以往被作为市侩哲学、庸人哲学、极端个人主义哲学的实用主义不仅是存在的,而且在一些人群中一直发生着重要的影响。资产阶级庸人、投机商、政客以及各种形式的机会主义者所奉行的哲学,正是这样的实用主义。对这样的实用主义进行坚定的批判,是完全正当的。但是,如果对杜威的哲学作具体研究,就会发觉他的理论与这样的实用主义毕竟有着重大的区别。杜威自己就一再批判了这类庸俗习气和极端个人主义。如果简单地把杜威哲学归结为这样的实用主义，那在很大程度上就是把杜威所批判的哲学当作是他自己的哲学。

四、杜威哲学研究在当代中国的积极意义

改革开放以来，中国政治和思想文化上的"左"的路线得到纠正，哲学研究出现了求真务实的新气象，包括杜威实用主义在内的现代西方哲学研究得到了恢复和发展。以 1988 年全国实用主义学术讨论会为转折点，对杜威等人的实用主义的全盘否定倾向得到了克服，如何重新评价其在中国思想文化建设中的作用的问题也越来越受到学界的关注，对杜威等人的实用主义的研究由此进入了一个新阶段。"五四"时期，由于杜威的学说正好与当时中国的新文化运动相契合，起过重要的积极作用；今天的中国学界，由于对马克思主义哲学和现代西方哲学都已有了更为全面和深刻的理解，对杜威的思想的研究也会更加深入和具体，更能区别其中的精华和糟粕，这对促进中国的思想文化建设会产生更为积极的作用。

对杜威哲学的重新研究在当代中国的积极意义，至少包括如下三个方面：

第一，有利于对马克思主义哲学有更为全面和深刻的理解。

这是因为，杜威哲学和马克思的哲学虽有原则性区别，但二者在一些重要方面有相通之处。这主要表现在二者都批判和超越了以抽象、思辨、脱离实际等为特征的传统形而上学；都强调对现实生活和实践的关注在哲学中的决定性作用；都肯定任何观念和理论的真理性的标准是它们是否经得起实践的检验；都认为科学真理的获得是一个不断提出假设、又不断进行实验的发展过程；都认为社会历史同样是一个不断发展的过程，社会应当不断地进行改造，使之越来越能符合满足人的需要和人的全面发展的目标；都认为每一个人的自由是一切人取得自由的条件，同时个人又应当对社会负责，私利应当服从公益；都提出了使所有人共同幸福的社会理想，等等。在这些方面将马克思主义与杜威的实用主义作比较研究，既能更好地揭示它们作为不同阶级的哲学的差异，又能更好地发现二者作为同时代的哲学的共性，从而使人们既能更好地划清马克思主义和实用主义的界限，又能通过批判地借鉴后者可能包含的积极成果来丰富和发展马克思主义。

第二,有利于对中国传统文化的批判继承。

杜威哲学和中国传统文化有着两种不同的联系。以儒家为代表的中国传统文化是一种前资本主义文化,没有西方资本主义文化的理性主义特质,不会具有因把理性绝对化而导致的绝对理性主义和思辨形而上学等弊端;但未充分经理性思维的熏陶又是中国传统文化的缺陷,不利于自然科学的发展,更不利于人的个性的发展和自由民主等意识的形成。正因为如此,以儒家为代表的中国传统文化往往被历代封建统治阶级神圣化和神秘化,成为他们的意识形态,后者阻碍了中国科学技术的发展、人民的觉醒和社会历史的进步。“五四”新文化运动的主要矛头就是针对儒家文化作为封建意识形态的方面,以此来为以民主和科学精神为特征的新文化开辟道路。杜威哲学正是以倡导民主和科学为重要特征的。杜威来到中国时,正好碰上“五四”新文化运动,他成了这一运动的支持者。他的学说对于批判作为封建意识形态的儒学,自然也起了促进作用。

但是,儒家文化并不等于封建文化;孔子提出的以“仁”为核心的儒学本身并不是统治阶级的意识形态。直到汉武帝实行“罢黜百家,独尊儒术”的政策以后,儒学才取得了独特的官方地位,由此被历代封建帝王当作维护其统治的精神工具。即使如此,也不能否定儒学在学理上的意义。它既可以被封建统治阶级所利用,又能为广大民众所接受,成为他们的生活信念和道德准则。历代学者对儒学的发挥,也都具有这种二重性。正因为如此,儒学除了被封建统治阶级利用外,还能不断发扬光大,成为中华民族宝贵的思想文化遗产。儒学所强调的“以人为本”、“经世致用”、“公而忘私”、“以和为贵”、“己所不欲,勿施于人”等观念,具有超越时代和阶级的普世意义。新文化运动的代表人物并不反对这些观念,而这些观念与杜威哲学的某些观念在一定程度上是相通的。杜威哲学在“五四”时期之所以能为中国广大知识分子接受,在一定程度上正是因为中国文化传统中已有与杜威哲学相通的成分。正因为如此,研究杜威的实用主义思想,对于更清晰地理解儒家思想,特别是分清其中具有普世价值的成分与被神圣化和神秘化的成分,发扬前者,拒斥后者,能起到促进作用。

第三,有利于促进对各门社会人文学科的研究。

杜威的哲学活动的一个突出特点,是他非常自觉地超越纯粹哲学思辨的范围而扩及各门社会人文学科。我们上面曾谈到,在杜威的全部论著中,关于政治、社会、文化、教育、道德、心理、逻辑、科学技术、审美和宗教等各个领域的具体问题的论述占了绝大部分。他不只是把他的哲学观点运用于这些学科的研究，而且是通过对这些学科的研究更明确和更透彻地把他的哲学观点阐释出来。反过来说，他对这些学科的研究都不是孤立地进行的，而是通过其基本哲学观点的具体运用而与其他相关学科联系起来，从而把对这些学科的研究形成为一个有机整体，并由此使他对这些学科的研究可能具有某些独创意义。

例如，杜威极其关注教育问题并在这方面作了大量论述，除了贯彻他对现实生活和实践的重视这个基本哲学倾向、由此强调在实践中学习在整个教学过程中的决定作用以外，他还把教育与心理、道德、社会、政治等因素紧密地结合在一起，从而使教育的内容更加丰富、全面。他的教育思想也由此得到了更为广泛的认同，被公认为是当代西方最具影响的教育学家。值得一提的是：无论在中国还是在苏联，杜威在教育上的影响几乎经久不衰。即使是在政治和意识形态影响极为深刻的年代，杜威提出的许多教育思想依然能不同程度地被人肯定。陶行知的教育思想在中国就一直得到肯定，而陶行知的教育思想被公认为主要来源于杜威。

我们这样说，并不是全盘肯定杜威。无论是在哲学和教育或其他方面，杜威都有很大的局限性，需要我们通过具体研究加以识别。但与其他现代西方哲学家相比，杜威是最善于把哲学的一般理论与其他人文社会学科密切结合起来、使之相互渗透和相互促进的哲学家，这大概是不可否认的事实。在这方面，很是值得我们借鉴。

五、关于《杜威全集》中文版的翻译和出版

要在中国开展对杜威思想的研究，一个重要的条件是有完备的和翻译准确的杜威论著。中国学者早在"五四"时期就开始从事这方面的工作。当时杜威在华的讲演，为许多报刊广泛译载并汇集成册出版。"五四"以后，杜威的新著的翻译出版仍在继续。即使是杜威在中国受到严厉批判的年代，他的一些主要论著也作为供批判的材料公开或内部出版。杜威部分重要著作的英文原版，在中国一些大的图书馆里也可以找到。从对杜威哲学的一般性研究来说，材料问题不是主要障碍。但是，如果想要对杜威作全面研究或某些专题研究，特别是对他所涉及的人文和社会广泛领域的研究，这些材料就显得不足了。加上杜威论著的原有中译本出现于不同的历史年代，标准不一，有的译本存在不准确或疏漏之

处,难以为据。更为重要的是,在杜威的论著中,论文(包括书评、杂录、教学大纲等)占大部分,它们极少译成中文,原文也很难找到。为了进一步开展对杜威的研究,就需要进一步解决材料问题。

2003 年,在复旦大学举行的一次大型实用主义国际学术讨论会上,我建议在复旦大学建立杜威研究中心并由该中心来主持翻译《杜威全集》,得到与会专家的赞许,复旦大学的有关领导也明确表示支持。2004 年初,复旦大学正式批准以哲学学院外国哲学学科为基础,建立杜威与美国哲学研究中心,挂靠哲学学院。研究中心立即策划《杜威全集》的翻译。华东师范大学出版社朱杰人社长对出版《杜威全集》中文版表示了极大的兴趣,希望由该社出版。经过多次协商,我们与华东师范大学出版社达成了翻译出版协议,由此开始了我们后来的合作。

《杜威全集》(Collected works of John Dewey)由美国杜威研究中心(设在南伊利诺伊大学)组织全美研究杜威最著名的专家,经 30 年(1961—1991)的努力,集体编辑而成,乔·安·博伊兹顿(Jo Ann Boydston)任主编。全集分早、中、晚三期,共 37 卷。早期 5 卷,为 1882—1898 年的论著;中期 15 卷,为 1899—1924 年的论著;晚期 17 卷,为 1925—1953 年的论著。各卷前面都有一篇导言,分别由在这方面最有声望的美国学者撰写。另外,还出了一卷索引。这样共为 38 卷。尽管杜威的思想清晰明确,但文字表达相当晦涩古奥,又涉及人文、社会等众多学科;要将其准确流畅地翻译出来,是一项极其庞大和困难的任务,必须争取国内同行专家来共同完成。我们旋即与中国社会科学院哲学研究所、北京大学、清华大学、中国人民大学、北京师范大学、南京大学、浙江大学、武汉大学、北京外国语大学,以及华东师范大学和上海社会科学院哲学研究所等兄弟单位的专家联系,得到了他们参与翻译的承诺,这给了我们很大的鼓舞。

《杜威全集》英文版分精装和平装两种版本,两者的正文(包括页码)完全相同。平装本略去了精装本中的"文本的校勘原则和程序"等部分编辑技术性内容。为了力求全面,我们按照精装本翻译。由于《杜威全集》篇幅浩繁,有一千多万字,参加翻译的专家有几十人。尽管我们向大家提出在译名等各方面尽可能统一,但各人见解不一,很难做到完全统一。为了便于读者查阅,我们在索引卷中把同一词不同的译名都列出,读者通过查阅边码即原文页码不难找到原词。为了确保译文质量,特别是不出明显的差错,我们一般要求每一卷都由两人以上参与,互校译文。译者译完以后,由复旦大学杜威与美国哲学研究中心初审。如无明显的差错，交由出版社聘请译校人员逐字逐句校对，并请较有经验的专家抽查，提出意见，退回译者复核。经出版社按照编辑流程加工处理后，再由研究中心终审定稿。尽管采取了一系列较为严密的措施，但很难完全避免缺点和错误，我们衷心地希望专家和读者提出意见。

复旦大学杜威与美国哲学研究中心的工作是在哲学学院和国外马克思主义与国外思潮创新基地的支持下进行的，学院和基地的不少成员参与了《杜威全集》的翻译。为了使研究中心更好地开展工作，校领导还确定研究中心与美国研究创新基地挂钩，由该基地给予必要的支持。《杜威全集》中文版编委会由参与翻译的复旦大学和各个兄弟单位的专家共同组成，他们都一直关心着研究中心的工作。俞吾金教授和童世骏教授作为编委会副主编，对《杜威全集》的翻译工作作出了重要的贡献。汪堂家教授作为常务副主编，更是为《杜威全集》的翻译工作尽心尽力，承担了大量具体的组织和审校工作。华东师范大学出版社的编辑人员一直与我们有着良好的合作，她们默默无闻地在组织与审校等方面做了大量的工作，在此一并表示衷心的感谢。

刘放桐

2010 年 6 月 11 日

导　言

乔·R·伯尼特（Joe R. Burnett）

约翰·杜威中期著作的第一卷收录了杜威 1899 年至 1901 年期间出版的著作，大致是他 1894 年至 1904 年在芝加哥大学任职中期的作品。和他整个职业生涯一样，在这三年中，杜威超乎想象的忙碌：他积极参与芝加哥和伊利诺伊州的社会和教育改革运动；他亲眼目睹了自己早期为建立芝加哥大学实验学校而付出的努力，越来越受到人们的支持和国家的关注；他在心理学方面的成就，使他成为全美心理学协会的领袖；而他和芝加哥大学的同事们正在确立的研究观念和心理学观念，将为美国哲学带来革命性的变化。最后一项工作，明显开始于杜威在 1900 年所写的一篇论文《逻辑思维的几个阶段》（*Some Stages of Logical Thought*）。三年之后，威廉·詹姆斯（William James）评价芝加哥大学的哲学和心理学工作时说道：

> 在过去的六个月里，芝加哥大学迎来了杜威领导下酝酿十年之久的工作成果。结果无比精彩——真正的学校和真正的思想，也是重要的思想！你过去曾经听说过这样一座城市、这样一所大学吗？这里，我们有思想，但没有学校。在耶鲁有学校，但没有思想。而芝加哥既有学校，又有思想。①

---

① 《致亨利·怀特曼女士的信》（*letters to Ms. Henry Whitman*），载于《威廉·詹姆斯的信件》（*letters of William James*），波士顿：亚特兰大月刊出版社，1920 年，第 2 卷，第 201—202 页；也可参阅詹姆斯：《致约翰·杰伊·查普曼》（*James's letter to John Jay Chapman*），第 2 卷，第 257 页和第 310 页。

詹姆斯于 1903 年如此慷慨的盛赞，是献给他的著作《逻辑理论研究》（*Studies in Logical Theory*）的出版，① 这是杜威的《我们如何思维》（*How We Think*）②、《逻辑：探究的理论》（*Logic：The Theory of Inquiry*）③ 和《认知与所知》（*Knowing and the Known*）④ 等重要著作的奠基性著作。虽然《学校与社会》（*The School and Society*）⑤ 是杜威这一阶段最广为人知的著作，但他同一时期对逻辑理论的研究更能代表其毕生的思索。

杜威中期（1899—1924）的著作和早期（1882—1898）的著作在内容和风格上并没有截然差异，⑥ 不过，虽然其早期著作的主题继续保留在中期著作中，但其中有一些主题却得到了深化和发展，而有一些主题则被视为远离主题，逐渐淡出了后来的著作。得到深化和发展的是杜威在逻辑和社会哲学方面的思想，下面将有更详尽的讨论。越来越不受关注的，是那些有关唯心主义哲学和生理心理学的主题。

在本书中，只有对罗伊斯（Josiah Royce）两卷本著作《世界与个体》（*The World and the Individual*）⑦ 第一卷的评论直接讨论唯心主义——主要是黑格尔主义——传统，而且只有两篇论心理发展的论文（第 175、192 页）与生理学材料关系比较密切。在每一研究领域，杜威都显示出自己对同时代的主题和分析风格的精通，但与早期著作相比，他关注的问题领域越来越集中。杜威以相当专业的知识讨论这些问题，但他谈到它们，主要是为了阐明对他思想发展具有关键影响的其他问题。

在这一阶段，尽管生理心理学几乎完全从杜威关注的视野中消失，但唯心主

---

① 约翰·杜威（与哲学系同仁合作共同完成），《逻辑理论研究》（*Studies in logical Theory*），十周年纪念读物，第二系列，第 2 卷（芝加哥：芝加哥大学出版社，1903 年）。

② 《我们如何思维》（*How We Think*），波士顿：D·C·海斯出版公司，1910 年，修订版，1933 年。

③ 《逻辑：探究理论》（*Logic：The Theory of Inquiry*），纽约：亨利·霍尔特出版公司，1938 年。

④ 约翰·杜威和阿瑟·F·本特雷，《认知与所知》（*Knowing and the known*），波士顿：灯塔出版社，1949 年。

⑤ 《学校与社会》（*The School and Society*），芝加哥：芝加哥大学出版社，1899 年[《杜威中期著作》，乔·安·博伊兹顿编（卡本代尔：南伊利诺伊大学出版社，1975 年），第 1 卷，第 2—109 页]。

⑥ 《杜威早期著作》共 5 卷，由乔·安·博伊兹顿编，卡本代尔：南伊利诺伊大学出版社，1967—1972 年。

⑦ 对罗伊斯《世界与个体》的评论，载于《哲学评论》（*Philosophy Review*），第 9 卷（1900 年），第 311—324 页；以及上述著作，第 2 卷（1902 年），第 392—407 页（《杜威中期著作》，第 1 卷，第 241—256 页；第 2 卷，第 120—137 页）。这篇评论的第二部分出版于 1902 年，载于《杜威中期著作》，第 2 卷；但在当前的讨论中，把这两部分看作是一个整体。

义哲学(虽然不复当年的全面重视)对他而言,依然既是挚爱又是关注到的危险:黑格尔以其仅次于柏拉图的思想多样性和丰富性对他颇具吸引力,这是挚爱之所在;①与他同时代的显要人物的唯心主义是解决人类当下急迫难题的障碍,这是一个需要考虑的危险。在对罗伊斯的两卷著作进行一番研究性分析之后——一篇沿袭地道的黑格尔学术传统而写就的评论,杜威就唯心主义得出了一篇类似于"信仰独白"的结论:

> 要么我们的经验,甚至"我们人类"的经验,具有终极的意义和价值,而**"绝对"**是解释这一意义的唯一充分的可能;要么经验不具有终极的意义和价值,它们无法为**"绝对"**提供内容。但是,仅仅我们的意识和**绝对**在形式或类型上的差异,就一劳永逸地排除了形而上学的方法。②

杜威四部最杰出的后期著作在理智上及时巩固了这一早期的信仰独白。这四部著作分别是:《经验与自然》(*Experience and Nature*)③、《共同的信仰》(*A Common Faith*)④、《作为经验的艺术》(*Art as Experience*)⑤、《确定性的寻求》(*The Quest for Certainty*)⑥,它们为信仰提供了基于理性和经验的支持。人或"我们人类"的问题,成了自然主义哲学的基础。

这些年里,虽然杜威对哲学心理学的兴趣逐渐消退,但他对一般心理学的兴趣——逐渐集中于社会心理学——却从未降低,这些兴趣在《人性与行为》(*Human Nature and Conduct*)⑦一书中达到顶峰。在 1899 年至 1901 年间,杜威形成了对普通心理学的研究方式的认识:1890 年至 1900 年这十年,他兜了一圈又回到原点。在早期,杜威沉迷于心理学研究,他于 1886 年宣称在心理学中可

---

① 《从绝对主义到经验主义》,载于《当代美国哲学》(*Contemporary American Philosophy*),纽约:麦克米兰出版公司,1930 年,第 2 卷,第 13—27 页。参见珍妮·杜威编(其中一部分为杜威自传),《约翰·杜威的哲学》(*The Philosophy of John Dewey*),第二版,纽约:塔德出版公司,1951 年,第 32—33 页。
② 《〈世界与个体〉评论》,载于《杜威中期著作》,第 2 卷,第 137 页。
③ 《经验与自然》(*Experience and Nature*),芝加哥:开放法庭出版公司,1925 年。
④ 《共同的信仰》(*A Common Faith*),纽黑文:耶鲁大学出版社,1934 年。
⑤ 《作为经验的艺术》(*Art as Experience*),纽约:明顿鲍尔奇出版公司,1934 年。
⑥ 《确定性的寻求》(*The Quest for Certainty*),纽约:明顿鲍尔奇出版公司,1929 年。
⑦ 《人性与行为》(*Human Nature and Conduct*),纽约:亨利·霍尔特出版公司,1922 年。

以发现哲学思考的全部方法；心理学实际上是"哲学的全部方法"。① 在《心理学和哲学方法》(第 113—130 页)和《心理学和社会实践》(第 131—150 页)中，杜威开始作出实质性的限定。在这里，他认为，心理学在某种重要的意义上是政治科学，进一步说，心理学应该在"科学向哲学的必然转化中"发挥作用；是将实证、凝固的学科带入广阔、自由的学科的通道(第 129 页)。因此，对杜威来说，在这十年之中，心理学担负着一种完全的转化功能：从哲学的主人到哲学的仆人再到哲学的众多社会学科仆从中的一员(第 150 页)。

杜威对他那个时代的心理学持否定的态度，部分原因可以归于他自己兴趣的转变；但部分原因必定也在于当时大部分心理学的特征，就像他因罗伊斯把人类经验归于一个绝对而拒斥罗伊斯唯心主义一样。因此，他批评心理学家们把人类经验归于意识具体状态的范畴。他认为，只有心理学家们把意识状态从"经验整体"中抽离出来以后，这种意识状态才会存在。

杜威没有对他批评的心理学家"指名道姓"，但是，很明显，他说的是威廉·冯特(Wilhelm Wundt)的莱比锡学派(Leipzig school)的成员，尤其是冯特的来美国工作的学生们——例如，斯坦利·霍尔(G. Stanley Hall)、詹姆斯·麦基思·卡特尔(James Mckeen Cattell)、爱德华·布拉德福德·铁钦纳(Edward Bradford Titchener)，尤其是他们这些人的不加怀疑的追随者。当时，许多心理学家普遍怀有发展一种自成一体的心理科学的愿望。在有力证据的支持下，杜威将他们的任务解释为：思想运行的方式与精神或心智的运行方式在性质上有如此明显的差异，以至于忽略了心智的运作。对杜威来说，这是一个熟悉的问题：几年前在处理反射弧(reflex-arc)概念的时候，他曾遇到过几乎同样的问题。② 埃德纳·海德布雷德(Edna Heidbredner)认为，这项研究对杜威来说，意

---

① 《作为哲学方法的心理学》，载于《心灵》(*Mind*)，第 2 卷(1886 年)，第 165 页(《杜威早期著作》，第 1 卷，第 157 页)；也可参见刘易斯·哈恩的《导论：从直觉主义到绝对主义》，载于《杜威早期著作》，第 1 卷，尤其是第 22 页。

② 《心理学中的反射弧概念》，载于《心理学评论》(*Psychological Review*)，第 3 期(1896 年)，第 357—370 页(《杜威早期著作》，第 5 卷，第 96—109 页)。杜威这篇论文的简述，参见刘易斯·哈恩的《杜威的哲学和哲学方法》，载于《杜威著作指南》(*Guide to the Works of John Dewey*)，博伊兹顿编(卡本代尔：南伊利诺伊大学出版社，1970 年)，特别是第 27—28 页。

味着是"在陌生的、不确定的而显然安全的藏身之所徒然搜寻一个世仇"①。杜威没有再犯过分简单化的错误,也就是说,没有选择心理学中的功能主义方法。他认为,受到制衡的结构主义观点是合法的,而不参与结构主义及其要求的功能主义是危险的(第 116—117 页)。

在 1899 年至 1901 年间,杜威的确把威廉·詹姆斯和雨果·明斯特伯格(Hugo Münsterberg)视为发展自己观念的灵感来源;不过,他从来没有分析性地考察过两个人对他思想方式的具体影响。从他后来所说的话中可以看出,在哲学上,詹姆斯可能是仅次于柏拉图和黑格尔的影响他的第三位人物。② 在 1899 年全美哲学协会主席的致词中,他曾称赞过明斯特伯格;但在不到十年的时间里,他就把明斯特伯格视为实践教育学和哲学理论上的敌人。在詹姆斯刚把明斯特伯格引入哈佛大学以后,在明斯特伯格的早期著作中,杜威感兴趣的是他对意志和兴趣因素的重视。杜威同样认为,这些因素在教育儿童中十分重要;但他同时仍然致力于发展逻辑心理概念的研究(而且,这项研究一直贯穿他的后半生)。根据杜威的思想方式,明斯特伯格在建立儿童学习理论时有一个好的开头,但在哲学上犯了一个经典的错误。杜威乐于承认,"意志"和"兴趣"在学习尤其是儿童的学习中作用非凡,但当明斯特伯格论证意志的作用在任何时候都超过经验中其他因果要素的时候,杜威对此给予了非常严厉的批评。他认为,明斯特伯格的唯意志主义像每一类型的彻底一元论一样面临同样的问题:

> 当经验世界的任一阶段或要素被概括为可以解释其他任何事物的终极或真实的存在点时,这一终极存在就失去了所有独特的或不同的特征,因此,也就成了无用之物,不能解释任何事物。③

杜威与当时盛行的心理学研究方法意见不同,这促使他把兴趣不断地扩展

---

① 埃德纳·海德布雷德,《七种心理学理论》(*Seven Psychologies*),纽约:D·阿尔伯顿-世纪公司,1933 年,第 213 页。
② 参见《从绝对主义到经验主义》,第 21 页。
③ 对明斯特伯格的《永恒价值》(*The Eternal Values*)的评论,载于《哲学评论》,第 19 卷(1910 年),第 188 页。

到其他的研究领域,尤其是逻辑理论领域。比如,虽然《逻辑思维的几个阶段》(第151—174页)只与教育心理学有隐蔽的关联,但它充分预示了思维阶段与《我们如何思维》中的教育观点是密切相关的。就我所知,在这篇论文中,杜威首次全面系统地阐述了自己的探究模式。① 这篇论文的兴趣和重要性主要源自以下几点:第一,这是关于探究的简要理论;第二,这既是"发展逻辑"的理论,又是"发展心理学"的理论;第三,这几乎是一个"文化纪元"或思想"复演"理论。

xu

作为一种探究理论、一种"思想的完整行为"的理论——这是杜威在《我们如何思维》第一版曾使用而在第二版中不曾使用的表述——是建立在《我们如何思维》、《逻辑:探究的理论》和《认知与所知》等著作的基础上,并从中得以提炼的观点。

但是,这里的阶段与哲学史上的阶段相关联,这使得读者自然会推想,当代的思想行为在某种程度上复演了思想在历史发展中的最佳途径,早期的哲学家忽略或至少是没有利用后来的发展阶段。有趣的是,正是在杜威和一些教育者们共事的日子里,这篇特殊论文得以发表,这些教育者们似乎有时完全痴迷于文化纪元或复演理论。② 虽然他那时曾认真看待这一理论,但在他后来的著作中,这

xvi

---

① 然而,应该注意到杜威更早时期(1887年)在《心理学》(*Psychology*)中对知识的"过程"和"阶段"的讨论。这一讨论主要是生理学/心理学的讨论:系统过程和探究阶段的观念差不多是暗含的(参见《杜威早期著作》,第2卷,第1部分:"知识")。

② 这一理论借鉴了已经存在但相当模糊的生物学概念,即"个体发育史复制生物发展史"("Ontogeny recapitulates phylogeny")。这一理论认为,人类个体的发展要经历与生物在进化发展中的阶段相类似的各个阶段。因此,人类的受精卵要经历如下的发展阶段:开始似乎只是一个单细胞,接着是鱼,然后是爬行动物,再接下来是低等灵长类动物,……直到作为高级灵长类动物的原始人类出生。可以大胆地说,文化纪元和复演理论认为,儿童的思想生长复制了西方文化中思想的发展过程。婴儿开始时候的思想像是野蛮人,接着像希腊-罗马时代的史诗英雄,然后是封建贵族,最后是科学家。因此,教育课程也相应地应该是:早期教育中使用神话和寓言,接下来是荷马史诗和维吉尔的诗歌,然后是骑士和国王的传说,最后用牛顿和达尔文的故事把他们带到科学时代。按照斯坦利·霍尔(杜威在约翰·霍布金斯大学的导师之一)的一些追随者的教育思想,婴儿的教育课程应该来自史前的材料,儿童的课程来自父系氏族时代的材料,青少年的课程来自部落时代,青年的课程来自封建时代,成年的课程来自君主时代和科学时代[参见莫勒·科蒂(Merle Curti),《美国教育者的社会观念》(*The Social Ideas of American Educators*),(纽约:查尔斯·斯克瑞纳之子出版公司,1935年),论霍尔的部分]。

和任何简单事物的必然走向一样,受到哲学家们灵感启发的几位教育者将这一特别的观点发展到了荒谬的顶点。特别参见 R·W·普林格,《青少年和高中学校问题》(*Adolescence and High School Problems*),波士顿:D·C·海斯出版公司,1922年。杜威对文化纪元理论(转下页)

一理论差不多完全消失了。但是，在1900年，他的确似乎在尝试一种"合适"的理论变种。

> 我希望能展现思维方式的多样性，在种族和个体的发展过程中容易识别出这些思维方式，它们能够被确定和排列为关系的连续种类……其推测是提问的功能一直在强度和广度上增加，而怀疑则不断地将其追回，在被逼至角落时，进行更为绝望的抗争，从而清除得更为彻底。其连续的站点或追捕构成了思维的阶段。（第151页）

杜威在《逻辑思维的几个阶段》中没有提到查尔斯·桑德斯·皮尔士（Charles Sanders Peirce）的名字，但他通过使用"怀疑"这一概念而含蓄地承认了皮尔士的工作。实际上，杜威在这里把思维定义为一种"怀疑-探究功能"（第172页），和皮尔士一样，明确提出怀疑不是一种主观观点的问题，而是一种未解决的客观情境。

杜威对逻辑理论的兴趣在这一时期的著作中表现得十分明显，而在其后的时光中则继续充分地表现出来。但正如本卷著作的目录所显示的，他在1899年至1901年期间出版的著作主要集中于教育问题。他在教育领域的工作，成就了芝加哥大学实验学校；在他的管理之下，学校获得当时多数教育者的普遍认同。但是，杜威的巨大影响力不仅仅来自实验学校的工作。这一时期正是美国中等教育第一个迅猛发展的时代，而教育成千上万的额外学生所需的资源——教师、管理者、州-学校的法律关系和结构没有出现。美国的教育领袖和政治领袖都把目光投向国外，寻求有助于建立合理化的教育体系的样板，这种体系刚刚"生长"起

（接上页）的最深思熟虑的回应可以在《文化纪元理论解释》中找到，载于《杜威早期著作》，第5卷，第247页；《原始思维释》（*Interpretation of Savage Theory*），载于《杜威中期著作》，第2卷，第39—66页；特别是《文化纪元理论》，载于《教育百科全书》（*A Cyclopedia of Education*），保罗·孟禄编，纽约：麦克米兰公司，1911年，第2卷，第240—242页；以及《民主主义与教育》（*Democracy and Education*），纽约：麦克米兰公司，1916年，第84—89页；也可参见特尔文·C·贝克的《杜威教育理论的基础》（*Foudations of John Dewey's Educational Theory*），纽约：王冠出版社，哥伦比亚大学，1955年，第6章（以及当页注释）。亚瑟·沃斯（Arthur Wirth）的著作《教育家约翰·杜威：他的教育工作设想》（*John Dewey as Educator: His Design for Work in Education*），纽约：约翰·威利公司，1966年。在该书的第8章中，就杜威对文化纪元理论的态度有精辟的叙述。

来。他们最后选定的是欧洲模式,特别是[通过霍拉斯·曼(Horace Mann)和亨利·巴纳德(Henry Barnard)的工作]德国模式。①

那一时代居欧洲主导地位的教育理论,应该反过头来为组织结构提供理智辩护,这或许不是一件值得惊异的事情。不仅教育理论回馈组织结构不值得惊异,而且它为多数人所接受同样不值得惊异。对美国"最优秀"学者的欧洲式(主要是德国和法国)学术训练,已经成为一条美国学术生活之路。美国的哲学家和心理学家需要把灌输给他们的观念当作检测手段。

流入美国的欧洲思想形形色色,在这里不可能充分加以讨论,但有必要一一列举出来。这些思想中,有基督教唯心主义,其教育影响力得到基督教联合兄弟派神学家和教育家约翰·阿摩斯·夸美纽斯(John Amos Comenius)的拥护。夸美纽斯于17世纪著书立说,他的教育理念对英国教育有深远的影响。有源于英国经验主义的模糊传统,约翰·洛克(John Locke)的教育处方"勉勉强强"与这一传统联系在一起——似乎未能认识到他的经验主义是哲学,而他的教育理论是政治的和实践的理论,与他的哲学相隔甚远。有浪漫的唯意志主义,是瑞士教育家约翰·亨利希·裴斯泰洛齐(Johann Heinrich Pestalozzi)对卢梭学说的发挥。他的教育理论受到欧洲和美国对青年教育感兴趣的教育者们的有力支持。有德国客观唯心主义的影响——由黑格尔、费希特(Fichte)和哥德(Goethe)创立——显然深刻地影响了欧洲的约翰·弗里德里希·赫尔巴特(Johann Friedrich Herbart)(也是一位有名望的哲学家)和弗里德里希·威尔海姆·福禄培尔(Friedrich Wilhelm Froebel),以及美国的威廉·托瑞·哈里斯(William Torrey Harris)和斯坦利·霍尔等重要的教育理论家。②

现在正是后者——德国——的影响开始在美国居于主导地位,正如与欧洲的国家监督教育体制最紧密相关的影响力也开始在美国居于主导地位。尽管美

xviii

---

① 关于杜威对同时代教育者的回应,参见特尔文·C·贝克的《杜威教育理论的基础》第6章;也可参见达奈尔·儒科的《芝加哥实用主义者》(*The Chicago Pragmatists*),明尼亚波利斯:明尼苏达大学出版社,1969年。莫勒·科蒂的《美国教育者的社会观念》(*Social Ideas of American Educations*)对世纪之交美国教育发展背景下杜威的教育思想和教育生涯有极好的描述。

② 参见莱吉纳尔德·阿卡鲍尔特编《约翰·杜威:教育哲学讲座,1899年》(*John Dewey: Lectures in the Philosophy of Education, 1899*),纽约:兰登书屋,1966年,第15—20页。阿卡鲍尔特的著作作为杜威1899年在芝加哥大学的讲座提供了一个"清晰的"版本,同时他对本卷的历史背景提供了一篇精彩的导论。

国的多数教师未曾受过哲学训练,但他们依然尝试运用与已采用的国家结构相关的哲学。由于杜威熟知欧洲哲学并对美国教育怀有兴趣,他很快就意识到自己有责任解释、批评和帮助应用"外来的"哲学。

除了在实验学校的工作和卓有成效的哲学专长以外,杜威已经开始创立一种独特的社会和教育哲学,它能够解释美国工业化、技术和城市化的独特方面。他很了解甚至赞同欧洲的理论工作,但已经开始着手剪接一种社会和教育哲学;这套学说以达尔文式的科学方法、美国经验和美国民主概念为基础,一定会对许多美国教育者具有感召力。

在本卷收录的教育论文中,杜威从两种观点讨论教育问题:第一种观点——如何协调逻辑探究与生理/心理的成熟的问题,我们已经提到过;第二种观点,不是截然分离的,除非通过理性的区分,这一角度来自他对丰富、动态和可行的社会秩序的全面思考。

《学校与社会》一书是这一观点的最佳例证。这部著作很容易被仅仅当作一部关注学校和社会化进程的作品,通常,人们也正是这样来理解它的。但事实上,到1900年为止,杜威正逐渐远离对实践教育学的直接关注。他从未把芝加哥大学实验学校看成是大规模仿效的样板:它只是一所**实验**学校。正如亚瑟·沃斯所强调的,它不应该是"训练教师的师范学校,也不是为公立学校的当下问题提供明确答案的示范学校"①。

《学校与社会》是《民主与教育》(*Democracy and Education*)②、《哲学的改造》(*Reconstruction in Philosophy*)③、《人的问题》(*The Problem of Men*)④和《共同信仰》(*Common Faith*)等后来大部头著作的先声。最终完整形式的著作在主题和风格上都不是固定的,正如"文本说明"所指出的,这是一部一边快速行进、

---

① 沃斯:《教育家杜威》(*Dewey as Educator*),第 73 页。参见威廉·布里克曼(William W. Brickman)为《明日之学校》(*Schools of Tomorrow*)所写的"导论",纽约:E·P·达顿出版公司,1962 年。布里克曼引用杜威的"序言"评论道:在他的序言中,杜威写道,"我们已经努力表明当学校把自从柏拉图时代以来的一些理论按其各自独有的方式转变成现实时,实际上会发生什么……",以及"这些应用是如何从理论和国家教育目前采取的方向发展出来的"。这正是本书所要完成的工作。它并不是假装提供了"一套完整的教育理论"或者对教育体系和教育观点的分析,其意图也不是作为一部未来教师的教科书(第 23 页)。

② 《民主主义与教育》,纽约:麦克米兰公司,1916 年。

③ 《哲学的改造》,纽约:亨利·霍尔特出版公司,1920 年。

④ 《人的问题》,纽约:哲学图书馆,1946 年。

一边写作的人为碰巧与他相遇的读者而"拼接"成的著作。著作的主题清晰响亮：工业化、城市化、科学和技术已经带来了一场"历史上从未有过的迅猛、广泛而彻底的"革命（第6页）——一场学校不可忽视的革命。

在本卷著述之后的时期，教育实践在杜威全部著作中的重要性有所降低。截至1900年，杜威已经变成了一位文化哲学家。在4年的时间里，他没有讨论任何实践教育学的问题。甚至《民主主义与教育》，[1]杜威多年来一直将其视为主要的哲学著作。它是一部社会、政治和教育哲学的著作，而不是实践教育学著作，因为书中有他对民主作为一种生活方式的最早、最清晰和最理论化的表达。

在这些重要的年代里，美国公立初级学校和中等学校正在以极快的速度发展，与前20年相比，受教育的人数在数以万计地增长，推动了美国向"大熔炉"或至少也是"沙拉盘子"转化。杜威对共同阵线的学校相当熟悉，但他这一阶段的主要作用是唤起对未来挑战的关注，而不是对现实环境提出细致的和批判性的观察。比如，他没有对这一时期的高等教育提出批评：主要的问题存在于高等教育的预备学校，而杜威关注的重点更多的是论述初等、中等和高等教育的哲学，而不是分析我们的学院和大学系统。正如他后来写的：

> 尽管如果没有给出智力发展的连续性外观（实际上智力发展不具有这种连续性外观），我就无法说明智力发展，但还是存在一些明显的要点。其中之一，是教育实践和教育理论对于我所具有的重要性：尤其是青年教育，因为我对建立在扭曲和脆弱基础上的"高等"教育的前景从未感到多么乐观。[2]

杜威和其追随者竭尽全力支持的，正是这一"扭曲和脆弱的基础"。杜威本人的方法正是通过倡导恢复/发展一种共同体意识的技术而形成的，在那个时代，工业化、科学、技术和城市化破坏了美国原有的以农耕、共同守望和大家庭为特征的共同体。

杜威在芝加哥实验学校时期的回应有些简单化，主要是通过让儿童投入他

---

[1]《从绝对主义到经验主义》，第23页。
[2] 同上书，第22页。

们的家庭和友人所主要从事的职业以寻求恢复/发展共同体。这种说法应该没什么问题，因为杜威在芝加哥期间在儿童教育上花费了很大的精力。而且，他还积极投身于改变芝加哥主流政治、经济和社会权力以外的政治和成人教育。总之，我认为，可以像默顿·怀特(Morton White)和路西亚·怀特(Lucia White)在其挑衅性著作《知识分子对抗城市》(*The Intellectual Versus the City*)①中那样，杜威对旧的生活方式怀有一种乡愁。杜威对职业、儿童心理、初等和中等学校教育、手工训练等课程的作用、历史和地理的观点——统统包罗在《学校与社会》一书中。从《初等学校记要》和《教育现状》两个篇目来看，杜威似乎十分渴望一种具有旧式社会秩序特征的人与人的关系。在儿童教育中，他确实这么做了，但是一定不要忘记在杜威发展着的政治思想中深藏着一条激进的脉络。他的政治思想在 1927 年的《公众及其问题》(*Public and Its Problems*)中首次引人注目地浮现出来。但是，早在 1888 年，在《民主伦理学》(*The Ethics of Democracy*)②中，杜威认为，工业和政治关系要求财富的民主"而不是经济贵族"。他回避了这是否意味着要实行社会主义或共产主义的问题：他在那时及其以后面对的问题是系统性变革，这种系统变革所要求的目的是将社会生活提升至民主概念所体现的伦理理想。

因此，很容易从杜威这一阶段的著作中得出这样的结论：他想寻找一种正式的技术，仅仅通过这种技术就可以为主流群体提供以非正式的、个人的形式萌芽于美国前工业和前科学时代的关系，从而使美国的社会秩序更加民主。从这种观点来看，同样也可以说，杜威主要是想通过改变个人来改变社会——通过帮助个人变得更有交流能力、更富于合作精神、在思想和道德以及技能上更有分析能力而改变社会。他确实希望如此，但以下事实也不应该忽略：在芝加哥的岁月，他未曾放弃对社会重大而系统化的变革同样必要的信念。杜威对以下两种旧有的观点都不赞同：一种观点认为，除非首先改变个人，否则不可能改变社会；另一种观点认为，只有改变了社会才能改变个人。杜威认为，两种途径应该互相配合。

---

① 默顿·怀特和路西亚·怀特：《知识分子对抗城市》(*The Intellectual Versus the City*)，纽约：新美国图书馆，1962 年，第 10 章。
② 《民主伦理学》，载于《杜威早期著作》，第 1 卷，第 227 页。

杜威 1899 年至 1900 年的私人生活没有什么可说的：时间跨度太小，杜威出言谨慎，不在公众面前谈及芝加哥大学的管理和显然为这一管理所挫的他怀抱的希望和雄心。托斯丹·凡勃伦（Thorstein Veblen）根据自己在芝加哥大学的经历，撰写了一本关于美国高等教育的批判性理论著作。① 和凡勃伦不同，杜威从来不谈论导致他突然辞职、没有工作、无职可就的种种困难。他于 1904 年接受了哥伦比亚大学的职位，并在那里结束了自己的职业生涯，但他依然没有公开谈论他在芝加哥大学最后的艰难岁月。②

至于作为公众人物而言，这些年加上之前在芝加哥大学工作的 5 年，是杜威在被称为寻求"知行合一"的方面取得明显进展的时期。③ 尽管杜威在 71 岁时否认自己的思想有重大连续性和系统一致性，他还是指出了自己理智发展中的四个"特殊点"。所有这四个"特殊点"，都在芝加哥岁月中凸显出来。"教育实践和理论所具有的重要性"，既体现在实验学校日复一日的经验中，也体现在论教育的多种著述中；他从"建立一种既可应用于科学又可连续地应用于道德的逻辑"开始起步；"威廉·詹姆斯的影响"主要是《心理学》的"客观脉络"，连同它所扎根的"更早时期心灵的生物学概念……越来越深深地进入他的全部观念之中"。最终，"詹姆斯心理学的客观生物学方法径直指向了特有的社会范畴的重要性观念，特别是交流和参与"。④

1974 年 12 月 10 日

① 参见托斯丹·凡勃伦 1916 年为《美国高等教育》(*The Higher Learning in America*)撰写的"前言"，斯坦福：学术再版，1954 年。
② 比如，参见：由乔治·戴奎真撰写、哈罗德·泰勒作序、乔·安·博伊兹顿编辑的《约翰·杜威的生平和心灵》(*The Life and Mind of John Dewey*)，卡本代尔：南伊利诺伊大学出版社，1973 年，第 5、6、7 章；由罗伯特·麦克考尔撰写、威廉·布里克曼和斯坦利·雷瑞尔编辑的《约翰·杜威：教育大师》(*John Dewey: Master Educator*)，纽约：教育进步协会，1961 年，第 4、5、6 章。
③ 威廉·罗伯特·麦肯齐：《导言：思维和行动的统一》，载于《杜威早期著作》，第 5 卷，第 13—20 页。
④ 《从绝对主义到经验主义》，第 22、23、24 和 25 页。

学 校 与 社 会

出版者说明

本书的前三章是 1899 年 4 月向对大学初等学校感兴趣的家长和其他人所作的讲座。杜威先生根据速记记录作了部分修改,其他一些因出版需要而作的无关紧要的改动和细微修正未经杜威先生过目。因此,讲座保留了未经字斟句酌的特点和口语的语气。由于杜威先生的补充说明或多或少与初等学校相关,因此,也附在这里。

1899 年付印

作者说明

本书再次印刷之际,我要向许多参与合作和支持的人们表达我的感激之情。埃蒙斯·布莱恩(Emmons Blaine)夫人为本书作出的贡献,已经在题词中得到了部分说明。在我离开期间,我的朋友乔治·赫伯特·米德(George Herbert Mead)夫妇以对细节持续不减的关注和艺术家的品位重塑了口语化的文字,直到该书适于出版。结果可以看到它成为这样一种迷人的成果——即它具有流畅易读的形式。对此,我经常向别人提及拥有这样的朋友是一生的幸运。

实验学校激发并确定了书中所呈现的观点。篇幅所限,不允许我把所有为实验学校的建立付出及时而慷慨努力的朋友都列举出来。在这些朋友中,我相信,大家会非常赞同我特别提到查尔斯·克莱恩(Charles R. Crane)夫人和威廉·林恩(William R. Linn)夫人两个人的名字,承认她们作出的贡献是尤为合适的。

　　学校本身的教育工作是一项共同的事业，许多人投身于这项事业中。我妻子清晰而富有经验的思维，体现在学校组织的方方面面。学校教育者的智慧、技巧和热情，使学校从最初一堆杂乱的计划转变为具备清楚的形式与有自己生命和活动的实体。不管本书提出何种观念问题，都是在扩展儿童生活的工作中通过多种思想和行为的协作而解决的。

1900 年 1 月 5 日

第二版作者说明

　　本版对组成著作前半部分的三篇讲座作了一些字词上的细微改动。著作的后半部分是首次收录的文章，其中部分来自作者给《初等学校纪要》（*Elementary School Record*）的投稿材料，并做了一些改动，这个杂志已绝版很久了。

　　也许可以允许作者本人用一句话来表达他的满意，本书中的教育观点已经不像 15 年前那么新颖了；他愿意相信，本书作为教育实验的一个结果，在变革中是有影响力的。

1915 年 7 月

1.

学校与社会进步

我们很容易从个人主义的角度,把学校看成是教师和学生或教师和家长之 5
间的某种东西。令我们最感兴趣的,自然是我们所熟悉的孩子所取得的进步:他
的体格的正常发展,在读、写、算方面能力的提高,地理和历史知识的增长,礼仪
以及敏捷、守秩序和勤奋习惯的改进——我们正是根据诸如此类的标准来判断
学校的工作成效。这种方法是正确的,但眼界需要扩大。最优秀最明智的父母
对子女的期望,也一定是社会对全体儿童的期望。对于我们学校的任何其他的
期望,都是狭隘和不妥的;如果依此行动,必定会破坏我们的民主。社会通过学
校机构,把自己所成就的一切交付给它未来的成员来安排。社会希望借助新的
可能性而实现所有更好的想法,从而为自己开辟未来。在这里,个人主义和社会
主义重合在一起。社会只有致力于构成它的所有个体的充分发展,才有机会忠
实于自己。而且,在如此给定的自我指导上,没有什么比学校起的作用更大,因
为正如霍勒斯·曼所说的,"事物初生之处,一个开创者胜过一千个跟随者"。

无论何时,一旦我们讨论教育中的新运动,采用更广阔的或社会的视点变得
尤为必要。否则,学校制度和传统方面的变革将被看作是某个教师心血来潮的
发明,往坏的方面说,这是变化的时尚;往好的方面说,最好的不过是某些细节上
的改善——这是一个我们在考虑学校变革时习惯性采取的观点。这就像把火车
机头或电报当作个人的发明一样,具有合理性。教育方法和课程上的修改,既是 6
一种变化社会情境的产物,也是为了满足正在形成的新社会的需要而付出的努
力,就像在工业和商业模式中所发生的改变一样。

因此,对于这个问题,我要特别提请读者注意:根据社会上的重大变化,努力

设想大体上可称之为"新教育"的涵义。我们能把这一"新教育"和事件的一般进程相连吗？如果我们这么做，"新教育"将会消除与社会隔离的特征；它将不再是一个仅仅从具有非凡才智的教育者处理特定学生而引出的事件。它将表现为整个社会进化的部分和片段，而且，至少就其更普遍的特征上，它是必然的。我们于是来探讨社会运动的主要方面；然后转向学校，以发现它为跟上社会运动而付出了何种努力。既然覆盖整个基础是绝不可能之事，大部分情况下，我将把自己限定在现代学校运动中的一个典型事件上——即在手工训练名称下所进行的事——如果这件事和被改变的社会条件的关系得以显现的话，我们将易于承认关于其他教育改革的要点。

　　我对未能详细处理正在谈论的社会变化不作辩解。我本应提及的变化如此显著，甚至连快步闪过的人都能察知。我首先想到的是笼罩甚至控制了所有人的变化，即工业上的变化——科学的应用带来了大规模、廉价地利用自然力的巨大发明：以生产为目的，世界市场、供应这个市场的大规模制造中心，以及遍布各地的便宜而快捷的交通工具和分配途径，正在发展起来。从最初产生之日算起，到今天为止，这一变化也不超过一个世纪之久；在其许多最重要的方面，它仍处于继续发展的时期。人们很难相信，在历史中曾有过如此迅猛、宽广而彻底的革命。经过这场革命，地球的面貌发生了变化，甚至波及了地球的物理形态；政治边界或被抹去或被移动，似乎它们真的仅仅是地图上的一些线条；人口从大地的尽头匆匆聚拢到城市；生活习惯正在发生着令人惊异的急速全面的变化；对自然真理的寻求被无限地刺激和推动起来，而自然真理在生活中的应用不仅成为可能，而且成为商业的必需。甚至我们关于道德和宗教的观念和兴趣，位于我们本性最深处而最具保守性的事物，都受到了深刻的影响。因此，认为除了形式和表面风格以外，这一革命不会影响到教育的其他方面——这简直是不可想象的事。

　　工厂制度之前是家庭和邻里制度。今天的人们只需回溯到一代、两代或至多三代，就会发现那个时代的典型工作实际上是在家庭中开展的，或者簇集在它的周围。穿的衣服绝大部分都是在家庭中缝制的，通常，家庭成员都熟悉剪羊毛、纺线、踏织布机的活计。整个照明的过程不是按开关、开电灯这样简单轻松的事，而是从宰杀牲畜到炼制油脂、到制作灯芯、再到浸入蜡烛等一系列辛苦而漫长的工作。面粉、木柴、食品、建材、家具，甚至钉子、折页、锤子等五金，都由左邻右舍生产，在可随时走入、一览无余的店铺里出售。这些店铺常常是邻里们汇集的中心。整个工业过程从原材料在农场中的生产到最后的产品投入使用,完全暴露在人们的眼前。不仅如此,实际上,家庭的每个成员都分担一部分工作。随着体力和能力的提高,儿童渐渐被教以几个工序的窍门。这事关当下的、个人关注的问题,甚至到了实际参与的程度。

我们不能忽略这种生活中所包含的纪律和品格塑造的因素:在秩序和勤奋的习惯方面的训练,在责任心和做某事、制造某物的义务的观念方面的训练。总有确实应该去做的事情,需要家庭的每一成员忠实履行自己的职责,并与其他成员相合作。在行动中生效的人格,通过行动的中介得到培养、受到检验。再次重申,为了教育的目的,我们不能忽视直接接触自然的重要意义,不能忽视直接面对真实的事物和素材,不能忽视亲自参与到支配它们的实际过程并了解它们的使用和社会必要性的重要意义。在所有这些活动中,通过与现实的亲密接触,可以不断培养一个人的观察力、才智、建设性的想象力、逻辑思维和现实感。家庭纺织、锯木工场、磨坊、制桶工厂和铁工场等工作的教育力量在持续不断地发挥着作用。

为灌输知识而组织的实物教学不管有多少,决不能代替关于农场和田园有关动植物的直接知识,这种直接知识是在和动植物亲密相处并照料它们的过程中获得的。学校中为训练的目的而开设的感官训练的学科,永远无法与在熟悉的职业生涯中所表现出的感觉-生活的生动和丰富相媲美。执行任务可训练语言记忆,科学和数学课程可提供推理能力的训练;但是,怀着真实的动机期待着真实结果的出现而行事,注意力和判断力在这种过程中获得的训练毕竟远远胜于通过上述课程得到的训练。课程的训练,毕竟是间接和空洞的。今天,工业的集中化和劳动力的分化已经在事实上取消了家庭工作和邻里工作——至少是取消了为教育目的而设立的家庭职业和邻里职业。但是,哀叹儿童谦虚、质朴、绝对服从的美好岁月一去不复返是无用的,我们无法仅凭叹息和劝说而使过去的好时光重新回来。环境发生了根本的变化,教育唯有发生同样根本的变化才足以应对。我们必须重视需要为此作出的补偿——宽容精神的增长,社会见识的扩大,对人性的进一步了解,从外在的表现识别人的性格和判断社会环境的敏锐性,准确地适应不同的人格和接触更多的商业活动。考虑这些,对于今天城市里成长的儿童意义重大。但是,也存在一个实际问题,即我们如何留住这些优势,怎样把反映生活另一面的东西——要求个人负责和培养儿童与外界现实生活有关的各种作业——引入学校中来呢？

当我们把目光转向学校，就会发现，当前最为显著的一个趋势是所谓手工训练、店铺劳作以及诸如缝纫和烹饪等家庭工艺的引入。

这不是怀着一定要现在的学校提供从前家庭中所提供的训练要素的明确意识而"有目的地"所为的，而是借着本能，通过实验，发现这一工作能为学生们提供有效的支持，给予他们一些任何其他途径所不可能给予的东西。对这一工作的真正重要性的意识还是如此微弱，乃至于此项工作仅是以三心二意的、混乱的和互不相关的方式在进行。同时，为此项工作提供的论证很不充分，甚至常常是错误的。

即使我们盘诘那些最乐于把此项工作引入学校系统的人们，我想，我们会发现，其主要理由是此项工作能吸引儿童们的自发兴趣和注意力。它能使他们主动、积极和保持活力，而不是消极和被动接受；它使他们更有用、更有能力，因此，在家庭中更能帮得上忙；在某种程度上，它是他们以后生活的实践职责的准备——女孩成为更有效的家庭管理者，如果不是厨师和裁缝的话；男孩（如果我们的教育体系只是停留在职业学校层面的话）为他们未来的职业而作准备。我不想低估这些理由的价值。对于儿童们改变态度的问题，我将在下次直接讨论学校和儿童关系的讲座中发表看法。但总体来说，这些观点是不必要的、牵强的。我们必须把木工和铁匠、缝纫和烹饪当作生活和学习的方法，而不是刻意的研习。

我们必须从社会意义的角度把它们看作社会借以存在的过程的形式，看作使儿童明了共同体生活的必要手段，看作人类以不断增长的洞见和才智满足上述这些需要的方式；简言之，看作借此使学校成为真正活跃的共同体生活的工具，而不是留置出来作为课程学习的场所。

所谓社会，就是以共同的精神为共同的目标而共同劳作的一群人。共同的需要和目标，要求思想的不断交流和感情的和谐一致。现在的学校不能将自身组织为一个自然的社会单元，其主要原因就在于缺乏这种共同的要素和生产活动。在操场上，在游戏和运动中，社会组织自发地和必然地产生。某事要完成，某种活动要进行，这就需要劳动力的自然分工、选择领袖和跟随者、互相合作和竞争。学校缺少社会组织的动机和凝聚力。从伦理层面来看，现在学校可悲的弱点是它试图在社会精神条件奇缺的情况下培养社会秩序的未来成员。

当各种作业成为学校生活的明确核心时,由此显现出来的差异不容易用言语来描述;这是一种在动机、精神和氛围上的差异。当一个人走进一间一群孩子正积极地张罗食品的忙乱厨房时,其心理的差异,即从多少有点被动、呆板的接受和拘谨状态向活跃开朗、热力四射的精神状态的转变是如此的明显,以至于在表情上会不自觉地表现出来。实际上,对于那些对学校有刻板固定印象的人来说,这一变化肯定颇为震撼。但是,社会态度方面的变化同样是显著的。只吸取事实和真理是一件极具排他性的个人事件,与人的自私性特征只有一线之隔。缺乏鲜明的社会动机而只追求学识的获得,即使有了成绩,也不能给社会带来明显的益处。实际上,衡量成功的唯一标准是一个竞争性的标准,而且是在竞争这一概念的坏的意义上而言的,即通过比较背诵的结果或考试的结果,看哪个儿童在积累最大信息量方面能成功地领先于其他的儿童。这一风气影响之大,甚至使一个儿童在学习任务上帮助另一个儿童变成一种犯罪。当学校的工作仅仅是学习课程,互相帮助就不是最自然的合作和联合形式,而变成解除邻里的职责的秘密行为。当积极工作在进行的时候,所有这一切发生了改变。帮助他人不是一种使接受者更加依赖别人的施舍形式,而仅仅是一种帮助,使得被帮助者焕发活力、激扬斗志。自由的交往,观点、建议和结果的交流,包括之前成功和失败的经验,成为课堂练习的主要特征。引入竞争不是为了比较每一个体所吸收的信息量,而是为了比较已经完成工作的质量——这是真正的共同体的价值标准。学校生活以一种非正式但更为通行的方式在社会基础上组织起来。

学校的训练或秩序的原则就存在于这一组织中。当然,秩序只是与某一目的相关的东西。如果你的目的是想让40—50个儿童学习某些现成的课程,并在教师面前背诵出来,你的训练方法必须旨在获得这一结果。但是,如果你的目的是发展社会合作精神和共同体生活精神,那么你设立的训练必须脱胎于这个目的并与之相关。事物形成的过程中尚不存在什么秩序,忙乱的工厂必定存在一定的无序,沉寂是不存在的;人们不会专注于保持某种固定的身体姿势,他们不是双臂交叉、正襟危坐的,不会捧着他们的书本,如此等等。他们做着种种不同的事,因而有种种的混乱和喧扰。但是,从职业中,从可产生结果的行事中,从以社会化的和合作的方式的这类作为中,诞生了一种自成一体的训练方式。当我们获得这一观点的时候,学校训练的整个观念都发生了变化。在重要关头,我们都认识到,支持我们的唯一训练转化为直觉的唯一训练,是通过生活本身而得到的。我们从经验中学习,从仅仅只是与经验有关的书本或他人的言论中学习。但是,学校却被如此分化出来,被如此从日常环境和生活动机中孤立出来,以至于儿童们被送去接受训练的地方变成世界上最难获得经验的地方——而经验配得上全部训练的发源地这一名称。只有当一种传统学校训练的狭隘僵化的形象占上风的时候,才会有忽视更深入和范围更广的训练的危险。这种更深入和范围更广的训练,来自对建设性工作的参与。这种建设性工作的成果在形式上是明确可见的,通过这一形式可确定人们的责任,并获得精确的判断。

这样,我们在把各种形式的主动作业引入学校的时候,需要记住的重要一点是:通过这些主动作业,使学校的整个精神得到了更新。学校有机会把自己与生活连接在一起,成为儿童的家;在这里,儿童们通过直接的生活而学习。学校也不再仅仅是一个学习课程的地方,而那些课程与将来可能要从事的生计活动只有抽象、间接的关联。学校有机会成为一个微型的共同体、一个雏形的社会。这是一个根本的事实,从中可得到连续不断和秩序井然的教学。在我们前面描述的工业制度中,儿童毕竟不是为了参与工作而参与工作,而是为了产品而参与工作,由此得到的教育结果是真实的,但也是偶然和有条件的。但是,在学校中所采纳的典型的作业活动没有任何经济压力,其目的不是产品的经济价值,而是要发展儿童的社会能力和洞察力。正是在单纯的效用中的解放,正是向人类精神可能性的开放,使学校中的这些实践活动成为艺术的伙伴和科学、历史的中心。

所有科学的统一性可以在地理学科中找到。地理学的意义在于把地球看作人类职业活动的永久家园。与人类活动无关的世界,不是一个完整的世界。人类的勤劳和成就,离开了地球这个根据地,甚至连多愁善感都算不上,更难以给予一个名称。地球是人类全部事物的最终来源,是人类永久的庇护和安身之处,是人类全部活动的初级原料。人类全部的成就都是为了使它更为人性化和理想化。地球是广袤的原野,是丰富的矿藏,是热能、光能和电能的丰沛来源;地球上有浩瀚的海洋,有连绵的山峦,有无数条溪流,有一望无际的平原,我们的农业、矿业、林业、制造业只占用了其中很小的一部分。正是通过这种环境所决定的职业活动,人类才取得了历史进步和政治进步。正是通过这些职业活动,对自然的理智化和情感化解读才获得了发展。正是通过我们在世界中的作为和对世界的作为,我们才能阅读世界的意义和衡量世界的价值。

用教育的术语来说,这意味着学校中的作业活动不应该只是实践性的设计或一般职业的模式,以此获得作为厨师、裁缝或木匠更好的技术技能;而应该作为科学地去理解自然的材质和过程的活动中心。这是儿童开始认识人类历史发展的起点。这种作业的重要性,通过从学校的实际作业中的选取的例证,比一般性讨论能更好地证明它的现实意义。

对于一个认知水平一般的参观者来说,没有什么事情比让他看到一群10岁、12岁和13岁的男孩、女孩专心编织缝纫更为惊奇了。如果从让男孩子为将来钉扣子、缝补丁做准备的角度来看待这件事,我们获得的只是一个狭隘和功利的观念——这一观念难以解释学校中的这种作业何以得到如此的重视。但是,如果从另一个角度来看待这件事,我们会发现,这种作业为孩子们提供了一个起点,从这里出发,他们可以追溯和继承历史中人类的进步,同时也可以了解工作中使用的材料和涉及的机械原理。把这些作业联系起来,就无异于把人类历史的发展过程重演一番。比如,首先给儿童一些原材料——亚麻、棉花以及刚从羊背上剪下的羊毛(如果我们把他们带到剪羊毛的现场,效果会更好),他们会对这些材料进行一番研究,看它们可以派上什么用场。举例来说,他们会对棉花纤维和羊毛纤维进行比较。直到孩子们告诉我以后,我才知道,与毛纺工业相比,棉纺工业发展得慢一些的原因是因为棉花纤维很难用手从棉铃里分离出来。一队孩子花了30分钟的时间从棉铃和种子中分离棉花纤维,最后成功分离出不到1盎司的棉花纤维。他们可以很容易地算出一个人用手一天只能分离出1磅纤维,因此,也就懂得他们的祖先穿毛纺衣服而不是棉纺衣服的原因。他们还发现,影响棉花实用效应的另外因素是棉花纤维比羊毛纤维短,棉花纤维的平均长度为三分之一英寸,而羊毛纤维的长度为三英寸;棉花纤维表面光滑不容易粘连,而羊毛纤维表面粗糙容易互相粘连,因此适于纺织。在教师的帮助和引导下,通过比较真实的原材料,孩子们自己得出了这一结论。

接着,儿童按照必要的程序把纤维织成了布料。他们"重新发明"了梳理羊毛的第一台架子——两块上面有梳理羊毛的细尖顶针的木板。他们重新设计了纺织羊毛的最简单的流程——一个打孔的石片或其他别的什么重物,羊毛从孔中穿过,捻转石片时就能拉长羊毛;接下来,用一个陀螺,陀螺在地板上旋转;与此同时,孩子们把羊毛抓在手里慢慢拉长,并把羊毛缠在陀螺上。然后,按发明史上的顺序向孩子们介绍下一个发明,并试着把它造出来,由此体会这一发明的必要性,认识它在这一具体工业上的效果和对社会生活方式的影响——进而以这种方式回顾织布机发展到今天的整个历程。我不需要谈到这其中所涉及的科学——对纤维的研究,对地理特征的研究,对原料生长环境的研究,对制造和分配核心的研究,以及与生产机械相关的物理学研究;同样,我也不需要谈到历史方面——这些发明对人类的影响。你可以把全人类的历史浓缩在从亚麻、棉花和羊毛纤维做成衣服的演进史中。我不是说这就是唯一的或最佳的中心,但研究人类历史的某些真实而重要的途径确实因此得以展开——我们由此发现了比在通常的政治记载和编年记录中所显示出的更为基本和具有支配作用的影响力量。

儿童把棉花和羊毛的纤维用于纺织品这个例子的一些情况(当然,我只是提到了其中一两个基础性的方面),也同样适用于其他作业中所使用的原料和使用的流程。这种作业为儿童提供了真正的动力。它赋予儿童第一手的经验,使儿童进入与现实的关系中。它完成了这一切,但除此以外,它通过转化为历史与社会的价值和科学对等物而获得了自由。随着儿童心智在能力和知识方面的成长,它不再仅仅是一个令人愉快的作业活动,而是越来越变成理解事物的媒介、工具和手段——因此,得到了转化。

这个转而会影响科学的教学。在当今时代,所有的活动如果想要获得成功,必须获得科学专家的指导——这是应用科学的一个事实。这一关系应该决定它在教育中的地位。这种作业活动即学校里的所谓手工或工艺为引入科学提供了机会,因为科学能阐明作业活动,能使作业活动充实且富有意义,而不仅仅是手眼配合的事情;不仅如此,通过这种方式获得的科学洞察力还会成为自由而积极地参与现代社会生活必不可少的工具。柏拉图在某本著作中,把奴隶定义为其行为不是表达自己的观念而是表达别人的观念的人。方法、目的、理解应该存在于做工作的人的意识中,他的活动应该对他有意义——这是我们的社会问题,这一问题在现在甚至比在柏拉图时代更为紧迫。

当我们以这种宽广而丰富的方式看待学校的作业活动时,我对经常听到的反对意见感到迷惑不解而又束手无策。这种反对意见认为,这些作业活动不适合在学校进行,因为它们的倾向是唯物主义的、功利主义的,甚至是卑贱的。我经常会想,那些发表这些反对意见的人,一定是生活在另一个完全不同的世界。我们大多数人生活于其中的世界是这样一个世界,每个人都有一份职业或工作,都有一些事情要做。其中一些人是管理者,另一些人是下属。但是,不管是管理者还是下属,关键的一点是每个人都应该接受教育,通过这种教育,他能在自己的日常工作中找到全部重大的属于人的意义。今天有多少工人现在已经完全变成了他们所操作的机器的附庸!这或许有一部分原因可归咎于机器本身,或归咎于过分强调机器产品的社会体制;但是,更重要的原因在于这一事实:工人们没有机会发展他们的想象力和他们的同情的眼光,因此也就没有能力发现自己工作的社会和科学的价值。目前,居于工业体系基础的冲动,在学校阶段实际上要么被忽略,要么被扭曲了。除非建设和生产的本能在童年和青年时代被系统地抓住,除非以社会指向来训练它们,并以历史的解释来丰富它们,以科学的方法来控制和启发它们,否则,我们甚至无法确定经济罪恶的来源,更不用说有效地处理这些罪恶了。

如果我们把目光投向几个世纪以前,就会发现,那时存在着对学术的实际垄断。实际上,"拥有"学识是一件幸福的事。学术曾是一个阶级的事。这是社会条件的一个必然结果。大众没有任何接近知识资源的途径,知识被存储和秘藏在手稿中,需要用很长的时间和几经周折才能得到这些知识资源中很小的一部分。富有学识的高级教士阶层守护着真理的宝藏,而只在严格的限制下才向大众施舍一点知识。这些高级教士阶层正是这些条件的必然反映。不过,作为我们谈到过的工业革命的直接后果,这种情况已经发生了转变。印刷术发明了,知识资源被商业化了,书籍、杂志、论文成倍地增长,费用越来越便宜。由于机车和电报的发明和使用,出现了以邮件和电信为载体的频繁、快捷和廉价的交流。旅行变得容易了,迁徙自由,这样为观念的交流带来了无限的便利。于是,带来了知识的革命,学术得以传播和流通。尽管仍然存在而且或许会一直存在一个专事研究的特殊阶层,但是,一个特殊的学者阶级却从此不可能有了,因为这是违背时代精神的。知识不再是凝固不动的东西;它已经被液化了,在社会所有的支流中流淌。

显而易见,就知识的内容而言,这一革命带来了个人态度的显著变化。知识的洪流从四面八方向我们倾泻而下。那种单纯理智的生活,即学术和学问的生活,因此获得了一种相当不同的价值。学究式的人物和经院气不再是荣誉的称呼,而正在变成嘲弄人的措辞。

所有这一切都意味着学校态度的必然转变,但是,我们至今却远未认识到这种转变的力量。我们学校的方法和大部分课程都是从过去时代继承下来的,而在那一时代,学术和某些信条的指令都是十分重要的。这一时代的理想大部分依然在控制范围之内,甚至那些外在的方法和研究发生转变的地方仍是如此。我们经常听说把手工训练、艺术和科学引入初等学校甚至中等学校,它们因为倾向于培养专家而遭非难——说它们偏离了我们现在丰富、自由的文化模式。这种观点即使不会导致悲剧性的后果,也将是荒唐可笑的。我们现在的教育是高度专业化的、片面的和狭窄的。这是一种几乎完全被中世纪的学术观念所统治的教育。它在很大程度上只诉诸我们本性的理智方面,以及我们的学习、积累信息和掌握学术的欲望;而不是诉诸我们实用或艺术上的制作、行动、创造、生产的欲望。手工训练、艺术和科学作为因技术化和专门化倾向而遭到反对,这一事实本身正可充当证明控制当前教育的专门化目标的证据。除非教育实际上与排他性的理智追求相等同,并与学识相等同,否则,所有这些材料和方法仍将是受欢迎的,仍将受到最热烈的追捧。

尽管为学术职业而训练被当作文化类型或一种通才教育,但训练技工、乐手、律师、医生、农夫、商人或铁路管理员则被当作纯粹的技术性和职业性训练。结果就是,我们在自己周围随处可见——“文化人”和“工人”的分化,理论和实践的分离。全部学生中,只有不到1%的人能接受我们所谓的高等教育;只有5%的人能接受我们的高中教育;而远超过一半的人在完成五年初等教育以前就已经流失掉了。基本的事实是:在大多数人群中,特有的理智兴趣并不占主导地位,他们具有所谓实践的冲动和特质。许多从本性而言具有很强的理智兴趣的人,因为受到社会条件的阻碍而不能充分实现其兴趣。因此,相当数量的小学生一旦获得了基础的教育,一旦具备了在今后谋生中足够用于阅读、书写和计算的符号,就马上离开了学校。虽然我们的教育领袖谈论要把文化的熏陶、个人的发展等等诸如此类当作教育的目的和目标,但是,绝大多数在学校接受教育的人只把它看作挣得一份工资以求生计的单纯实用的手段。如果我们以一种不那么独有的方式看待我们的教育目的和目标,如果在教育过程中引进适合那些主要兴趣在行动和制作的人的活动,那么,我们会发现,学校对学生的吸引力会更强、更长,也包含更多的文化意义。

然而,我为什么要不厌其烦地作出这么一番说明呢?明显的事实是,我们的社会生活已经发生了全面彻底的变化。如果我们的教育想要对生活有什么意义的话,它必须要完成一番相应的完全的转变。这种转变不是突发的,也不是一蹴而就的。它已经发生了，并且正在进行中。我们学校制度的改革，通常仅仅是细节上的变更和内部机制的改良（即使最关心学校改革的人也这么看，更不用说那些旁观者了），实际上，这就是发展的标志和证明。采用主动作业、自然研究、科学常识、艺术和历史，降低单纯的符号和形式方面的教育，改变学校的氛围、学生和教师的关系，引入更积极的表现性的和自我指导的要素——所有这一切都不只是偶然发生的，它们是更大的社会发展的必然结果。全部这些要素还有待组织起来，它们的全部意义还有待评估，其中所涉及的观念和理想也有待于为我们的学校体系所消化吸收。这样做就等于把我们的每个学校变成共同体生活的萌芽，这样的学校中活跃着作为更大的社会生活反映的职业活动，充满了艺术、历史和科学的精神。如果学校带给每个儿童这样的社会中的小共同体成员身份，通过这种方式训练他们，让他们充分领会服务的精神，为他们提供行之有效的自我指导的手段，那么，一个有价值的、可爱的、和谐的社会即将到来。我们对此深信不疑。

20

2.
学校与儿童生活

21 　　上周我向大家展示了学校和共同体的更大生活之间的关系，以及为更好地适应当前的社会需要而变革学校工作的方法和内容的必要性。

　　今天我想从另一方面来考察这一问题，并思考学校与学校里的儿童们的发展和生活之间的关系。由于难以把普遍原则与像小孩子这样具体的事物联系起来，我不得不从芝加哥大学初等学校的工作中抽取大量事例。在一定程度上，诸位也许赞同这个方法，从中提出这些观念本身是从真实的实践中产生出来的。

　　几年以前，我在城市里四处游走，逛遍了教育用品商店，想要找到完全符合要求的桌椅——符合艺术的、卫生的和教育的要求，适应儿童们的需要。我们费了老大力气也找不到所需要的样式，最后，一个比他的同行们聪明的商人发表了这样的评论："恐怕我们没有你们要找的东西。你们要找的是孩子们可以在上面工作的东西，而我们有的这些全是供听讲用的。"这揭示了传统教育的问题。就像生物学家能用一两块骨骼重现整个动物那样，如果我们想象一下常见的教室，里面是以几何顺序排列的一排排难看的书桌，书桌都堆挤在一起，活动的空间无比狭小；而书桌几乎是同样大小，只勉强放得下书本、铅笔，此外放上一个讲台、几把椅子，光秃秃的墙壁上面可能贴着几张画，我们由此可以重现在这一场所上演的唯一的教育活动。这全是为了能"听讲"——因为单纯学习书本中的课程只

22 是另一种听讲，这造成了一个心灵对另一个心灵的依赖。相对而言，听讲的态度意味着消极和吸收。有一些由学校主管、委员会和教师们准备好的材料放在那儿，儿童们只要用最少的时间学会它们就够了。

在传统的教室里,几乎没有给儿童们留出工作的地方。多数情况下,儿童们可用以进行建造、创新和积极探索的工场、实验室、材料、工具甚至最基本的空间都非常缺乏。这些过程中所需要的事物,在教育中甚至没有一个明确认可的位置,它们只是在日报上写社论的教育界权威们一般称之为"一时的风尚"或"不必要的装饰"的东西。昨天一位女士告诉我,她正在到处寻访,想找到一所儿童们的活动优先于教师传授知识的学校,或儿童们有某种要求获得信息的动机的学校。她说,她在访问了 24 所不同的学校之后,才找到一所这样的学校。我要加上一句,这所学校不在我们这座城市。

这些有固定书桌的教室所揭示的是:每一件东西都是为了管理最大数量的孩子,为了从总体上对付儿童而设置的,把儿童视为一个个体的集合;这又意味着,儿童被消极地对待。儿童一旦活动起来,他们就使自己变成了个人;他们不再是一个群体,而成为我们在学校外面、在家庭中、在操场上、在邻居家所看到的那种有个人特点的人。

方法和课程的一致性,可以在同样的基础上加以解释。如果每件事都基于"听讲",你就会得到统一的教材和方法。听讲以及考虑听讲的书本,构成了对所有人都适用的媒介。几乎没有机会去适应儿童的不同能力和不同要求。有一定数量——一个固定数量的已经备好的结果和成就,在既定的时间等待着所有的儿童。正是为了适应这一要求,才发展出了从小学到大学的课程。世界上刚好有那么多想获得的知识,并且刚好有那么多需要的专门技术。接下来就是用 6 年、12 年或 16 年来分割学校生活的数学问题。现在按比例,每年给儿童们全部的一个部分,等他们学成之后,他们刚好掌握了全部。通过在一小时或一天或一周或一年的时间里掌握这么多的知识,最后每一件事都整整齐齐地完成了——如果儿童们没有忘记前面学过的知识的话。马修·阿诺德(Matthew Arnold)的报告告诉我们,这一切的结果就是一位法国教育权威骄傲地向他陈述的:上万名儿童在既定的时间,比如 11 点,同时学习地理中的某一课;在我们国家西部的某一城市,常常是学校的主管向接踵而至的访问者重复这一骄傲的夸耀。

为了阐明旧式教育的典型特征,我可能有些夸大:它的消极态度,它对儿童的机械聚集,以及课程和方法的一致性,一言以蔽之,关注的重心在儿童之外。重心可能是在教师,在教科书,在你喜欢的任何地方,但唯独不在儿童当下的本能和活动中。在这一基础之上,关于儿童的生活也就没什么好说的了。关于儿童的学习可以长篇大论,但学校不是儿童生活的地方。现在我们教育中发生的变化是重心的转变。这是一个改变、一次革命,与哥白尼引入日心说不无共同之处。在这里,儿童变成了太阳,教育要素围绕儿童旋转;儿童是组织教育要素的核心。

如果我们以理想家庭为例。在理想的家庭中,父母足够聪明,知道什么对儿童有益,并能满足儿童所需要的东西。我们会发现,儿童通过社会性交谈和家庭的组织而学习。在进行谈话时,有些要点是对儿童有兴趣、有价值的东西:进行陈述,探究问题,讨论主题,儿童在此过程中不断地学习。他表述了自己的经验,其错误观念得到了纠正。儿童通过对家庭活动的参与,养成了勤奋、守秩序、尊重他人权利和观念的习惯,及其个人的活动服从家庭共同利益的习惯。参与这些家庭工作,也是学习知识的机会。理想的家庭应该设有一处工场,供儿童满足建造的本能;应该具有一所微型的实验室,以指导儿童的探究。儿童的生活应该从户外走向公园、周围的田野和森林。他应该有自己的远足、散步和谈话,只有这样,外面更广阔的世界才能向他展开。

现在,如果我们将这一切加以组织和概括,将得到一个理想的学校。这不是神话,也不是教育理论的惊人发现。这只是系统地和以大规模、明智、有效的方式去完成在大多数家庭中有各种理由能够做到而只是偶然做了又做得很少的事。首先,理想的家庭必须扩大,必须让儿童与更多的成年人和更多的儿童接触,以创造一个最自由、最丰富的社会生活。而且,家庭中的活动和人际关系不是特意为儿童的成长而选择的;其主要目的不在这里,儿童从中得到的东西是偶然的。因此,需要一所学校。在学校中,儿童的生活成为全部可控的目标,促进儿童成长的全部必要媒介都集中在这里。学习?——肯定要学习,但首要的是生活,学习是通过生活并与之联系起来进行的。在以这样的方式集中和组织起来的儿童生活中,儿童首先不是一个静静听讲的人,而是恰恰相反。

经常听到这样的说法:教育就是"引出"(drawing out)。这样的说法很精彩,如果我们把它和注入式的过程相比较的话。但是,毕竟很难把"引出"的观念和3岁、4岁、7岁或8岁儿童的日常行为联系在一起。儿童已经尝试过各种类型的活动。他不纯粹是一个潜伏的生物,成年人必须以高度的戒备和高超的技巧去接近他,以慢慢地牵引出某种隐蔽的活动胚芽。儿童本来就十分活跃,教育的问题就是抓住他的活动并给予活动以指导的问题。通过指导,通过有组织的运用,活动可以造成有价值的结果,而不是散乱无序或成为单纯冲动的表现。

如果我们这样看问题,许多人视为畏途的定义新教育的问题与其说解决了,不如说消解了,它消失了。一个经常问到的问题是:如果你从儿童的观念、冲动和兴趣出发,从这些极其粗糙、任意和分散的、未经提炼或精神化的东西出发,他将如何获得必要的训练、文化和信息呢?如果除了刺激和纵容儿童的这些冲动,我们无计可施,那么,这个问题就问到了点子上。我们或是不得不忽视和压制这些活动,或是迁就它们。但是,如果我们有系统的设备和材料,那么,我们就有另外的途径。我们可以指导孩子们的活动,让他们按一定的规则练习,这样便可以渐渐将其引导到这条道路逻辑上最终要达到的目标上去。

"如果愿望都能实现,乞丐早就发财。"由于愿望不是现实,由于真正满足一个冲动或兴趣意味着实现它,而实现它意味着要克服障碍,熟悉材料,发挥才智、耐心、韧性和警觉,它必然需要训练和知识。以想制造盒子的儿童为例,如果他缺乏想象力或愿望,他当然不会得到训练。但是,如果他想实现自己的冲动,就要明确观念、安排计划、选择工具、测量所需的部件、确定比例等等诸如此类。这其中有材料准备、拉锯子、订计划、砂纸打磨、榫铆配套。工具和工序的知识是必需的。如果这个儿童实现了自己的本能,做出了盒子,那么,他就有充分的机会获得训练和磨砺,施展能力去克服障碍,同时获得大量的信息。

因此,毫无疑问,以为自己喜爱烹饪的儿童对烹饪是什么、烹饪的价值何在或烹饪需要什么所知甚少。它只是一种"乱搞一气"的欲望,或许是模仿大人的活动的欲望。我们当然也可以降低到这一水平,仅仅迁就他的那种兴趣。但是,在这里,如果想把冲动变为现实,它将与冷酷的现实世界发生冲撞,结果是它不得不接受现实;这里再次出现了训练和知识的要素。最近,有个儿童对不得不通过漫长的试验学习技能感到不耐烦,他说:"我们为什么要跟自己过不去呢?我们还是按着菜谱说的来做吧。"教师便问儿童:菜谱从何而来?教师的话的意思是:如果他们只是按着菜谱说的来做,就无法理解他们这么做所为何事。于是,儿童又高高兴兴地继续他们的试验工作。事实上,按照这一思路就能阐明问题的要点。那一天,他们的工作是煮鸡蛋,这是从烧菜到烧肉的过渡。为了得到一个比较的基础,他们首先概述了蔬菜中食物的构成成分,然后与肉中的成分进行对比。他们由此发现,蔬菜中的木质纤维或纤维素相当于肉中的结缔组织,是形状和结构的因素。他们还发现,淀粉和淀粉制品具有蔬菜的特征,蔬菜和肉类都含有无机盐和脂肪——在蔬菜中,脂肪含量低;而在肉类中,脂肪含量高。接下来,他们准备对作为动物食品特征的蛋白进行一番研究,并准备考察正确处理蛋白的必要条件——鸡蛋被选作试验的原料。

27 他们首先用各种温度的水做实验,看它什么时候变烫,什么时候徐徐沸腾,什么时候完全烧开,然后看不同温度下蛋白的变化。这样做的目的不只是煮鸡蛋,而且可以了解在煮鸡蛋过程中所涉及的原理。我不想忽视特殊的偶然事件的普遍性。如果孩子有煮一个鸡蛋的念头,他把鸡蛋放到水里煮了3分钟,等告诉他以后,他再把鸡蛋取出来,这没什么教育意义。但是,如果这个孩子通过认识相关的事实、材料和条件来实现自己的冲动,然后通过这一认识掌管自己的冲动,这是有教育意义的。这就是我所坚持的刺激或放纵兴趣与通过指导实现兴趣的区别。

儿童的另一个本能是使用铅笔和纸。所有的儿童都喜欢通过形式和颜色的媒介表达自己。如果你只是放纵儿童的这一兴趣,让他们无节制地进行下去,那

28 他们只会有偶然的长进。但是,如果让儿童首先表达自己的冲动,然后通过批评、提问和建议,使他意识到他所做的和所需要做的是什么,结果会截然不同。这里以一个7岁儿童的作品为例。它可不是平平之作,而是低年级儿童最佳的作品,但是这件作品例证了我刚才所说的原则。儿童们一直在谈论当人们生活在洞穴时社会生活的原始条件。他们的观念是这样表达的:洞穴以一种不可思议的方式整齐地建在山坡上。我们看到儿童笔下最常见的树木——一条垂直的线段,每边填上一些水平的枝杈。如果允许儿童日复一日地重复这类东西,他将放纵自己的本能而不是运用它。但是,现在要求儿童仔细观察树木,比较实际的树和他们画中的树,更直接更有意识地深入到他的工作条件中。这时,他会根据观察来画树。

29 最后,他结合观察、记忆和想象来作画。他再次绘出了一幅无拘无束的图画,表达他自己想象的内容,但仍受到对真实树木的仔细研究的限制。画面是一小片森林;在我看来,就这幅画而言,它具有和成人作品一样的诗情画意;而且,就其比例而言,画中的树木是符合实际的,而不只是一些符号。

儿童画:洞穴与树木

儿童画:树林

如果我们把学校中的冲动进行粗略的分类,可以将其归纳为四种,其中有在谈话、个人交往和交流中表现出来的儿童的社会本能。我们都知道,四五岁的儿童是以自我为中心的。如果要提出什么新的主题,如果他要说什么东西,那必定是"我见过它"或者"我爸爸(或妈妈)这么告诉我的"。他的视野并不广阔,一点经验必须马上为他所领会,如果他有充分的兴趣把这一经验和其他经验相联系并依次探讨它们的话。儿童的自我中心和有限的兴趣以这种方式无限膨胀。语言的本能是儿童最简单形式的社会表达。因此,语言是一个巨大的,或者说是最大的教育资源。

接下来是制作的本能——建造的冲动。儿童的制作冲动首先在游戏、运动、手势和假扮中得到表达,逐渐变得越来越明确,并通过把原材料制作成可触的形式和固定的样本而找到发泄的渠道。儿童对抽象的探讨兴趣不大。探究的本能看来是由建造冲动和谈话冲动结合而生的。对小孩子来说,在实验科学和木匠铺所做的工作之间没有什么区别。他们在物理学或化学中所做的工作,不是为了得出技术性的概括或获得抽象的真理。儿童只是喜欢做一些事,并密切关注所发生的事。但是,可以利用这一点,引导他走上产生价值结果的道路,也可以任其随意进行。

30　　儿童的表达性冲动,即艺术的本能,同样产生于交流和建造的本能——前者是后者的精髓和充分体现。给建造足够的空间,让它完满、自由而灵活;给它一个社会动机,让它表达一些事物,这样你就有了一件艺术品。试以纺织工作——缝纫和织布——为例来说明这个问题。儿童在工作室中制造出一架原始的织布机;这里,建造的本能发挥了作用。接着,他们想用这架织布机做点事情,制造一些东西。这是一架印第安人的织布机,可以把印第安人编织的毛毯展示给儿童们看。每个儿童都画出了一个理念上和纳瓦霍人(Navajo)①毛毯类似的设计,从中选出一幅似乎最适宜眼前工作的图案。尽管技术资源很有限,但儿童们还是完成了着色和式样的工作。完成这些工作需要耐心、细致和坚韧,这不仅包含历史方面和技术设计原理方面的训练和知识,而且包含充分表达观念的某种艺术精神。

---

① 纳瓦霍人,是居住在美国亚利桑那、新墨西哥和犹他州等保留地的一支印第安主要部落。
　——译者

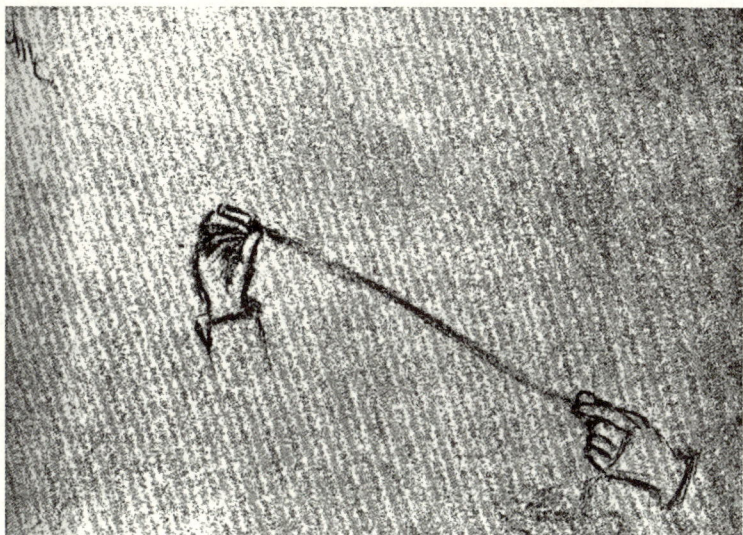
儿童画：手工纺织

儿童画：正在纺织的女孩

还可以举出与艺术方面和建造方面相联系的另一个例子。孩子们一直在研究原始的纺纱和梳毛技术,其中一个 12 岁的儿童画出了一幅正在纺纱的一个年纪较大孩子的画像。这又是一件很不寻常的作品,它比一般的作品要好。上图画的是一双手正在拉羊毛线以备编织,是一个 11 岁儿童的作品。但是,总体来说,尤其对更年幼的孩子,艺术冲动主要与社会本能相关——想要表达、描述的欲望。

现在,牢记这四种兴趣——对谈话或交流的兴趣、对探究或发现的兴趣、对制作或建造的兴趣,以及对艺术表达的兴趣——我们可能会说,它们是自然资源,是未投入的资本,儿童的积极成长依赖于这些兴趣的运用。我想给出一个或两个例证,第一个来自 7 岁孩子的作品。它在某种程度上说明了儿童占主导地位的欲望是谈话,特别是谈论人或与人有关的事情。如果你观察一个小孩,你会发现,他们主要对与人有关的事物感兴趣。这些事物是人类关注的背景和中介。许多人类学家告诉我们,儿童的兴趣和原始人类的兴趣具有一定的同一性。儿童的心理会自然重现原始人类的典型活动;男孩子喜欢在院子里建小房子,操持弓箭、长矛等东西做狩猎游戏就可以证明。问题再次出现了:我们如何对待这些兴趣——弃之不顾,还是激发并把它引发出来呢? 或者是抓住它,引导它有所前进,有所提高? 我们为 7 岁儿童设计的工作采取了后面的做法——利用这一兴趣,把它变成观察人类进步的手段。儿童在直接接触自然界以前,先是想象那些远离他们目前的情况。这就相当于把他们带回到了狩猎人群,带回到了穴居或树居人群,通过打猎和捕鱼获得勉强的生存。他们尽量想象与那种生活相应的各种自然环境,比如,位于山脉附近陡峭的树木茂密的山坡、渔产丰富的河流。他们继续想象经过狩猎时代而进入半农业时代,经过游牧时代进入定居的农业时代。我想要指出的一点是:这样可以为实际的研究提供大量的机会,通过探究可以获得许多信息。这样,虽然本能首先表现在社会方面,儿童对人和人的作为的兴趣就被带入了更广阔的现实世界。比如,儿童对原始武器、石制箭镞等东西有所了解。当他们试验哪种石头最适合作武器时,这些知识就使检验材料的易碎性、形状、质地等矿物学课程派上了用场。讨论铁器时代的时候,提出了需要建造一个大型的黏土熔炉的要求。由于儿童一开始未能正确地画出草图,炉膛入口的尺寸和位置与出口不匹配,这就需要有关于燃烧原理、制图和燃料性质方面的教学。但是,这些教学不是预先准备好的。首先是需要它们,然后才能通过试验获得它们。接下来,他们取来一些铜之类的原料,经过一系列试验,把铜熔化掉,制成一些物件;他们还用铅和其他金属做了同样的试验。这一工作同样是地理课程的继续,因为他们必须想象出不同形式的社会生活所必需的各种自然条件。适合于畜牧生活的自然条件是什么?适合于农业的自然条件是什么?适合于渔业的自然条件呢?这些人群之间交换的自然方式是什么?在交谈中提出这些问题以后,他们在地图和沙盘上把它们描绘出来。这样,他们就得到了地球构造不同地形的知识,并从它们与人类活动的关系角度来考察它们,这样一来,它们就不再只是一些外在的事实,而是与人类的生活和进步等社会观念密切相关的事实。在我看来,这个结果完全证实了这一信念:儿童经过一年的训练而获得的科学、地理和人类学的知识,远远超过以获得信息为目的而从固定的课堂上学到的知识。至于训练方面,他们所获得的注意力、解释能力、推理能力以及敏锐观察和不断思考能力的训练,远远超过仅仅为了训练而让他们去随便解决一个问题所得到的训练。 33

这里我要提一下口述课(recitation)。我们都知道它已经成为什么样子——一个儿童向教师和其他儿童展示他成功地从教科书中所吸取的知识数量的场所。从另一种观点来看,口述课已经出色地成为一种社交聚会的场所;口述之于学校犹如自发交谈之于家庭,区别只在于口述更有组织性,遵循明确的规定。口述成为社交的情报交换所,经验和观念在这里得以交流并接受批评,错误的观念在这里得到纠正,新的思维方式和探究形式在这里得以确立。 34

口述从检验已获得的知识向自由发挥儿童的交流本能转变,影响并修正了学校的全部语言工作。在旧的体制之下,让孩子充分、自由地运用语言,无疑是一件极为严重的问题。理由是不言而喻的,语言的自然动机很少被提及。在教育学教科书中,语言被定义为表达思想的媒介。对受过教育的成人来说,语言可能确是如此。但是,勿庸赘言,语言首先是一种社会事物、一种我们借以向别人传达经验并从别人那里取得经验的工具。如果让语言偏离它的自然目标,教授语言就会变成一个复杂而困难的问题,这不足为奇。想一想,为语言而进行语言教学是一件多么荒谬的事情。如果孩子上学之前有什么要做的事,那就是谈论他感兴趣的事物。但是,如果学校里没有什么真正令人感兴趣的事物,如果使用语言只是为了复述课程,教授母语渐渐成为学校工作的一个主要困难,这就没什么好奇怪的了。由于被教授的语言不是自然的,不是来自想要交流生动的印象和信念的欲望，儿童运用语言的自由就会逐渐消失，直到最后，高中教师不得不想出各种办法来帮助学生自发和充分地运用语言。此外，当以一种社交方式唤起语言本能的时候，这会与现实有持久的接触。其结果是，儿童头脑中总是有要谈论的东西，他有话要说，他有思想要表达，而思想如果不是某人自己的思想，就不能成其为思想。根据传统的方法，儿童只能讲他所学到的东西。在这个世界，有话要说和不得不说点什么之间有根本的区别。当儿童有各种材料和事实并想对它们加以谈论时，他的语言就变得更精炼、更充分，因为它是受现实制约并源于现实的。阅读和写作与口语使用一样，可以在此基础上教授。它可以用**叙述**（related）的方式进行，因为语言作为儿童叙述其经验并获得别人经验的社交欲望的成果，总是通过对所交流的真理起决定作用的事实和与有影响力人物的接触中获得指导。

　　我没有时间谈及年龄较大儿童的工作，他们天生而粗略的建造和交流本能已经发展为某种类似科学指导探究的事物了。但是，我想给出一个从这一实验工作得来的使用语言的例证。这一工作建立在最常见的一个简单实验基础之上，慢慢地把学生引导到地质学和地理学研究中。在我看来，我接下来要引用的句子既富有诗意又充满"科学性"。"很久以前，当地球刚刚诞生的时候，它还只是一团熔岩。那时地球上没有水，到处是水蒸气，同时也有很多其他气体。二氧化碳就在其中。蒸气变成了云，因为地球开始冷却了，不久以后开始下雨，雨水降落下来溶解了空气中的二氧化碳。"地球演化的实际过程，比这里叙述的更为复杂。它代表着儿童三个多月的工作。儿童坚持做日记和周记，但这只是一季度工作总结的一部分。我把这称为诗意的语言，因为儿童对想象的现实有一幅清晰的图像和一种个人情感。我从另外两篇记录中抽出几段话，以进一步证明在有生动的经验支持时对语言的生动运用。"当地球冷却到足以凝结的时候，在二氧化碳的帮助下，水把岩石中的钙**吸出来**（pulled）带到更大的水体中，这样，水体中的小动物就可以利用钙了。"另一段话是："当地球冷却下来，钙沉积在岩石中，这是二氧化碳和水携手形成的一种溶液。随着这种溶液的流动，它**分离**了钙并把钙带到海里，而海里的小动物又从水和二氧化碳的溶液中吸收了钙。"联系化学化合过程，使用"吸"、"分离"等字眼，证明了一种亲身的实感，这种实感迫使恰如其分的措词被表达出来。

　　要不是我在举例说明方面已经用了这么多篇幅，我一定要表明儿童怎样从很简单的实物开始被引导到更大范围的研究,以及与这种研究相伴随的理智训练。我只简单提及工作开始时候的实验。该实验是制作用来擦亮金属的白垩。儿童使用简单的工具——平底大玻璃杯、石灰水和一个玻璃管,从水中沉淀出碳酸钙;接着,研究火成岩、沉积岩等各类岩石在地球表面的形成过程和分布的地域;然后,研究美国、夏威夷和波多黎各的地理情况;进而研究这些岩石在各类地表对人类活动的影响;这样,这一地质记录最后以进入现代人的生活而结束。通过实验,儿童理解和感知到了很久很久以前发生的地质过程和影响今天工业活动的自然条件之间的关联。

在与"学校与儿童生活"这一主题有关的所有问题中,我只选出了其中一个问题,因为我发现,这个问题给人们带来的困难比其他问题多,给人们增添了一块绊脚石。人们可能乐于承认,最向往的事莫过于让学校变成儿童真正生活的地方,让儿童从学校中获得令他感到振奋而且其本身就有意义的生活经验。但是,这时我们听到下面的追问:儿童如何在这一基础上获得所需要的知识,他如何经受所需要的训练? 是的,这一问题浮现了出来。对于很多人,即使不是大多数人来说,正常的生活过程似乎是与知识和训练的获得不相容的。因此,我试图以一种高度概括和粗略的方式(因为只有学校自身在其日常运行中才能够提供具体而有价值的描述)来说明问题如何得到自我解决——如何抓住人性的基本本能,如何通过提供适当的媒介来控制它们的表现,不仅促进和丰富儿童个体的成长,也能够提供同样的甚至更多的曾经是过去教育理想的专门知识和训练的成果。

但是,我虽然选择了这一特殊的处理方式(作为对普遍提及的问题的让步),还是不愿意让这一问题停留在多少有些消极和解释性的状态之中。生活毕竟是件大事;儿童的生活在自己的时段和尺度上和成人的生活一样重要。实际上,如果以为理智而认真地重视儿童在丰富的、有价值的和扩展的生活中现在的需要和力所能及的事,与以后成人生活的需要和可能性相冲突,那才是真正奇怪的事。"让我们和我们的孩子们一起生活",当然首先说的是我们的孩子应该生活——而不是强迫他们在各种不同条件下压制和阻碍他们生长的生活,对这种条件的最长远的考虑是与儿童目前的生活联系起来的。如果我们寻求教育的天国,其他的一切问题都会迎刃而解——这可以解释为:如果我们了解和肯定儿童时代真正的本能和需要,并且探求它最充分的要求和生长,成人生活的训练、知识和文化素养在适当的时候就会全部到来。

　　谈到文化修养,我想到,在某种意义上,我只谈及儿童活动的外围——只谈及儿童向外表达说话、制作、发现和创造的冲动。不用说,现实的儿童都生活在想象的价值和观念的世界中,外部世界只是这些价值和观念不完善的体现。如今,我们常常听到培养儿童"想象力"的说法。于是,我们取消了不少我们自己的谈话和工作,坚信想象力是儿童某一特殊的部分,需要以某一特殊方式来满足它——一般而言,需要以不真实的、假扮的方式或以神话和虚构的方式来满足它。我们为什么如此铁石心肠,如此迟缓地信服想象力是儿童生活的媒介呢?对儿童来说,每一地方以及吸引他注意的每一事物都富有价值和意义。学校和儿童的生活之间的关系问题,说到底不过是这个问题:我们是不顾这一本来具有的背景和倾向,完全不与真实活泼的儿童打交道而热心于我们自己树立起来的僵死形象,还是让这种天生的倾向自由地发挥并获得满足? 我们一旦相信生活,相信儿童的生活,我们所谈到的一切作业和价值,以及历史和科学,都会变成他的想象力所诉诸的工具和文化材料,并由此可以使他的生活变得丰富和有秩序。凡是我们现在只看到外在的作为和外部产品的地方,在全部可见的结果的背后,都有精神态度的重新调整、拓展了的富有同情的视野、对生长着的力量感受,以及使见识和能力与对世界的和人的利益一致起来的意志力。如果文化修养不是表面的抛光剂,不是镶嵌在普通木料上的桃心木,它肯定是这样——在灵活性、视野和同情心方面的想象力的成长,直到个体生命充分意识到自然和社会的生活。如果自然和社会可以进入课堂,如果学习的方式和工具从属于经验的本质,那么,实现儿童生活与自然和社会生活的"融为一体"就获得了机会,而文化修养也将成为民主的通行证。

3.

教育中的浪费

今天宣讲的主题是"教育中的浪费"。首先，我简单谈谈这个题目与前面两 个讲座之间的关联。第一篇讲座从社会的角度讨论学校，以及为使学校在当前的社会环境中有效运行而不得不作出的必要调整。第二个讲座谈的是学校与个体儿童生长的关系。现在，第三个讲座要谈的是学校作为一个机构，与社会及其成员——儿童——之间的关系。该讲座要处理组织结构的问题，因为所有的浪费都是由于缺乏组织的缘故，而组织背后的动机是推动经济和效率。这一问题与浪费钱财或物品无关。钱财和物品是有价值的；但是，首要的浪费是浪费生命，儿童在学校的时候浪费他们的生命，接着又因为不充分、不适当的前期准备而继续浪费他们以后的生命。

因此，当我们谈到组织的时候，我们不是只想到那些外部的东西，想到冠以"学校系统"之名的那些东西——校董会、教育厅（局）长、学校建筑、教师的聘用和提升等等诸如此类。这些东西当然重要，但是，基本的组织是与其他形式的社会生活相联系的、作为个人的共同体的学校组织本身。所有的浪费，都可归咎于相互隔离。组织只不过是让事物彼此相连，这样它们就能容易地、灵活和充分地行使其功能。因此，在谈到教育浪费的问题时，我请大家注意学校系统的各部分相互隔离的问题，注意到在教育目的上缺乏统一性的问题，注意到学校在学科和方法上缺乏连贯性的问题。

我绘制了一张图（图1）。在我谈到学校系统自身彼此隔离的时候，或许更直观，可以节省一些用语言解释的时间。我的一位爱唱反调的朋友说，没有什么东西比图 解更含混不清的了，我努力用图来说明我的观点，很可能只是证明他的话是对的。

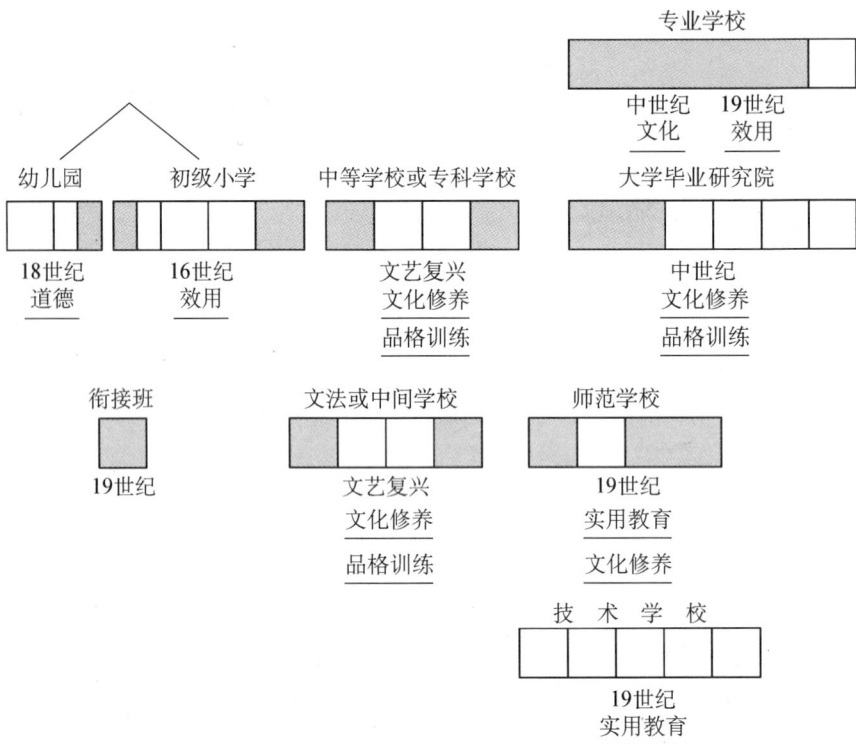

专业学校

中世纪 19世纪
文化 效用

幼儿园　　初级小学　　中等学校或专科学校　　大学毕业研究院

18世纪　　16世纪　　文艺复兴　　　　　　　中世纪
道德　　　效用　　　文化修养　　　　　　　文化修养

　　　　　　　　　　品格训练　　　　　　　品格训练

衔接班　　文法或中间学校　　师范学校

19世纪　　文艺复兴　　　　19世纪
　　　　　文化修养　　　　实用教育

　　　　　品格训练　　　　文化修养

技　术　学　校

19世纪
实用教育

图 1

方块代表学制的不同组成部分,旨在粗略地表示出分配给每一段的时间长度,以及在时间和学科上,学制中各个部分的交错之处。每一个方块都给出了其出现的历史条件和主导理想。

总体上来看,学校制度是自上而下发展起来的。在中世纪,实质上是专业学校——特别是法律和神学学校。现在的大学都是从中世纪发展而来的。我不是说现在的大学是中世纪的机构,而是说它的根在中世纪,而且它在学术方面尚未全部从中世纪的传统中走出来。

20 世纪开始出现的幼儿园,是保育室和谢林哲学结合的产物;是母亲和孩子共同参与的玩耍和游戏,与谢林的极具浪漫和象征主义哲学的联姻。从对儿童生活的实际研究而来的因素——保育室的连续性——仍然是一切教育中富有生命力的力量;谢林哲学的要素成为幼儿园和学制的其余部分之间的障碍,造成了孤立和隔离。

方块顶端上面的线表示幼儿园和小学之间存在一定的相互作用;因为,只要小学在精神上依然对儿童生活的自然兴趣感到陌生,它与幼儿园就是隔离的,因此,把幼儿园的方法引入小学目前还是一个问题,即衔接班(connecting class)的问题。困难在于两者从一开始就不是一种东西。为实现衔接,教师已经不得不攀墙而过,而不是叩门而入。

在目标方面,幼儿园的理想是儿童的道德发展,而不是教学或训练;这一理想经常被强调到滥情的地步。小学实际上是从 16 世纪的民众运动而来的。 42 当时,随着印刷术的发明和商业的发展,学会读、写、算成了商业上的必备之事。其目标显然是实用性的,是效用的;掌握这些学术符号的工具,不是为了学术本身,而是因为它们通向职业生涯。如果不学会这些符号,职业生涯的大门就会关闭。

小学以后的阶段是初级中学(grammar school)。这一称谓在西部地区不怎么常用,但在东部各州被普遍使用。它可以追溯到文艺复兴的时代——比小学诞生的时代稍早一些,而且,即使它们是同时存在的,两者之间也有很大的差异。初级中学必须在更高的意义上处理语言学习的问题,因为在文艺复兴时代,拉丁语和希腊语把人们和过去的文化联系在一起,与罗马世界和希腊世界联系在一起。古典语言是摆脱中世纪桎梏的唯一工具。于是出现了初级中学的原型,它比大学(具有极强的专业化特征)更有通才(liberal)教育的精神,目的是把古典学术的钥匙交到人们的手中,以使人们以更广阔的视野观察世界。初级中学的目标首先是文化修养,其次是品格训练。它比如今的文法学校承载的东西更多。大学中通才教育的要素,由上而下走进了专科学校和高中。因此,中等学校(secondary school)在一定程度上还是低一级的学院(其课程甚至比几个世纪以前的学院还高)或学院的预科,而且在一定程度上是小学效用的圆满完成。

然后,出现了 19 世纪的两个产物——技术学校和师范学校。技术学校、工程学校等等当然主要是 19 世纪商业条件发展的结果,就像小学是 16 世纪商业条件发展的结果一样。为满足训练教师的需要,师范学校应运而生。师范学校既有专业技能的理念,又有文化素养的理念。

无须详述,图中呈现了学制中大约八个不同的组成部分。它们都是不同历 43 史时期的产物,拥有不同的理想和不同的方法。我不想指出过去学制的不同部分之间存在的所有孤立和隔离现在依然存在;然而,人们必须承认,这些不同的部分依然未曾融入一个统一的整体中。就管理方面来说，教育中的最大问题是如何整合这些不同的部分。

我们来看一看教师培训学校——师范学校。这些学校如今处在一种异常的位置，介于高中和学院之间。它们要求有高中教育作预备，同时涵盖了一定数量的学院工作。它们与学术的高端主题相隔离，因为总体而言，它们的目的是训练人们*如何*去教，而不是去教*什么*；与此同时，如果我们到学院去，就会发现这种隔离的另外一半——学习教*什么*，但对教学方法却几乎不屑一顾。学院与儿童和年轻人没有什么联系。学院的成员大多远离了家庭、忘却了自己的童年时代，他们最终会成为具备大量知识的教师，但对于如何将这些知识与受教育者的心智相连却所知甚少。在教什么和如何教的划分上，每一方都由于这种分离而遭受损害。

梳理小学、初中和高中之间的关系，是一件有趣的事。初等学校急速发展，而且吸纳了许多过去新英格兰初级中学所开设的科目。高中则下放了部分科目。拉丁语和代数放在了高年级，这样，七年级和八年级就全部学习旧式文法学校的科目。这些科目是一堆杂乱的组合，其中有些是儿童已经学过的内容（读、写、算），有些是高中学习的预备科目。在新英格兰的一些地方，把这些高年级称作"中间学校"。这个名称听起来不错，其工作只是已经完成的学业和将要进行的学业的中间过渡，而本身则没有什么特殊的意义。

正如其组成部分互相分离一样，其理想也各不相同——道德发展、实用效用、一般性的文化修养、品格训练、专业培训。这些目标分别代表教育制度的不同部分；随着各部分之间互动的增加，每一部分都要求承担一定数量的文化修养、品格训练和实用教育。但是，由于缺乏基本的统一，某一学科仍会被认为适于品格训练，而另一学科被认为适于文化修养。比如，某些算术内容着眼于训练，而另一些则着眼于实用；文学是为了提升文化素养；语法是为了训练；地理学则一部分为了实用，一部分为了文化素养，等等。教育的统一性消失了，各门学科发生了离心；这门学科实现这种目的，那门学科实现另一种目的，而全部学科就变成了互相竞争的目标和独立的学科之间纯粹的妥协和修补。教育管理的最大问题是获得整体的统一性，以消除教育序列中不相关和重叠的部分，减少因摩擦、重复和不恰当的衔接过渡而造成的浪费。

在第二个图（图2）中，我真正想表达的是：整合教育系统各部分的唯一途径是把它们与生活相结合。如果我们仅盯着学校系统自身，那只能获得一种人为的统一。我们必须把学校系统看作社会生活的更大背景中的一个部分。中心部分的方框 A，代表作为整体的学校系统。(1)在方框的右面是家庭，两个箭头代表家庭生活和学校生活之间在影响、材料和观念之间无拘无束的相互作用。(2)在方框下端，是与自然环境即最宽泛意义上的地理领域的关系。学校建筑周边是自然环境。学校应该设在花园中，花园里的孩子们可以走向周围的田野和更广阔的农村，见到农村的全部景象和生机。(3)方框上端是商业生活，以及学校与工业需要和各种势力之间的自由交流。(4)方框的左面是严格意义上的大学以及大学的各个方面——大学的实验室以及图书馆、博物馆和专业学校等资源。

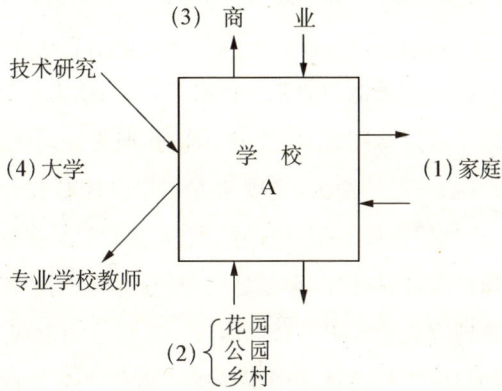

图 2

从儿童的角度来看，学校的最大浪费在于儿童在学校里不能利用他以一种完全、自由的方式从校外获得经验；与此同时，在另一方面，他不能在日常生活中运用在学校中所学到的东西。这就是学校的隔离现象——与生活相隔离。当儿童进入教室的时候，他不得不把在家庭和邻里间占主导地位的观念、兴趣和活动搁置一旁。由于学校不能利用这些日常经验，于是煞费苦心地将工作置于另一方针之上，即采用各种方法和手段来唤起学生对学校功课的兴趣。几年以前，在我访问莫林市的时候，教育局长告诉我，他们发现，每年都有很多儿童在知道教科书上的密西西比河与流经他们家附近的小河有关联时，都惊诧不已。尽管地理仅仅成了教室里的事情，但它或多或少可以启发很多儿童认识到，教科书上所写的内容无非是他们日常所看到、所感受、所接触的事实的正式和确定的表达。当我们想到我们都生活在地球上，我们都生活在大气中，我们的生活无时无刻不受到土壤、植物、动物的影响，受到与光和热有关的事物影响，然后想一想学校的地理课成了什么样子。我们强烈地感受到，在儿童们的日常经验和学校大规模提供的孤立材料之间存在一条鸿沟。这只是一个例子，并且在我们把现在学校中的矫揉造作看成是不自然、不必要的之前，它只不过是我们多数人可以借以反思的一个例子。

尽管在学校和商业生活之间应该存在有机联系，但这并不是说，学校应该让儿童为某种商业活动而学习，而是说儿童的日常生活和他周围的商业环境应该有自然的联系；学校应该厘清和阐明这一联系，通过保持日常联系的纽带的活力，而不是通过引入像商业地理或商业算术这样的专门科目，让人们意识到这一联系。商业合作伙伴关系（Compound-business-Parthership）的主题可能并没有出现在今天的许多算术教科书中，尽管不到一代人以前它还在书中出现，因为那时教科书的作者们认为，如果他们遗漏了什么内容，书就卖不出去了。商业合作伙伴关系的起源，最早可以追溯到 16 世纪。那时，股份公司还没有出现，而且随着与印度和美洲大规模商业的增长，实现资本积累以控制股份公司变得十分必要。有人说，"我把这笔钱投放六个月"；另一个人说，"我想把这笔钱投放两年"，如此这般。这样，通过联合，他们获得了足以运行商业公司的资金。于是，"合作伙伴关系"自然而然地成为学校里教授的内容。股份公司出现了，合作伙伴消失了，但是与此相关的问题依然在算术中保留了二百年之久。在丧失实际效用之后，它们以精神训练的名义依然得以保留——它们是"那么困难的问题，你知道。"现在的算术中，在百分比这一标题下的许多内容具有同样的性质。12 岁和 13 岁的儿童要学会盈亏计算，而各种形式的银行折扣极其复杂，连银行家们在很久以前也不再为此费脑筋了。如果有人指出商业已经不再以这种形式运行了，我们听到的依然是"精神训练"。不过，在儿童的经验和商业环境之间的确存在大量真实的关联，需要加以利用和阐明。儿童应该学习商业算术和商业地理，不是把它们当作自成一体的东西，而是把它们当作与社会环境相关联的东西。年轻人需要熟悉作为现代生活要素的银行，熟悉银行的作为和运行方式；这样，相关的算术过程就获得了某种意义——大大不同于我们算术中随处可见的耗时费力的百分比、分期付款问题。

图 2 显示的是和大学的关联，毋庸详述，我只想指出，学校系统的所有组成部分之间应该有一种自由的相互作用。初等教育和中等教育的教材中有许多极

度琐碎的主题。当我们对它加以研究时，就会发现，其中都是似是而非的东西，而这些东西在以后是可以不学而知的。之所以出现这种情况，是因为我们系统中"低级的"部分与"高级的"部分之间没有有效的联系。大学或学院在理念上是继续研究的场所，是图书馆和博物馆的所在地，是过去最佳资源的集散中心。的确，学校和大学一样，探究的精神只能通过探究的态度而获得。小学生必须学习有意义的东西，学习能扩展他们视野的东西，而不是单单地学习琐碎的知识。他必须熟悉真理，而不是50年前被当作真理的东西，或被一知半解的教师误以为有趣的东西。除非教育系统中最高端的部分和最初级的部分实现完全的互动，否则难以理解这些目标如何实现。

这个图(图3)是图2的扩展。学校的建筑扩大了，而周边环境保持不变，分别是家庭、花园和乡村，以及与商业生活和大学的关系。图示的目的在于表明，为了摆脱隔绝的状态并获得与我们所说的社会生活的有机联系，学校应该成为什么样子。这不是建筑师为我们想要的学校建筑设计的规划，而是我们想在学校建筑中体现出来的理念的示意图。图3的下方是餐厅和厨房，上方是木工房和金工车间，以及纺织和缝纫的纺织间。中心位置表示所有部分汇聚到图书馆的方式，也就是说，这里汇聚了各类智力资源，可以指导实践工作，赋予实践工作以意义和自由的价值。如果四个角表示实践，则其内部表示实践活动的理论。换言之，学校中各种形式的实践的目标不在于其自身，不在于厨师、裁缝、木匠和 *49*

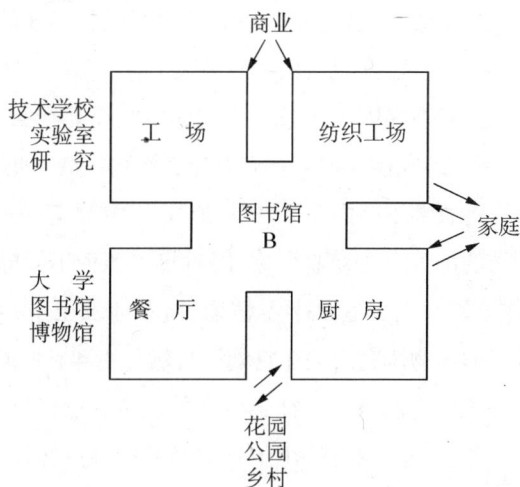

图3

泥瓦匠的专门技巧，而在于它们在社会方面与校外生活的联系；同时，在个人方面，它们对儿童的行动、表现、制作、建设和创造的需要（而不单单是消极服从）作出回应，其重要意义在于保持社会和个人的平衡——图示特别突出了与社会的关联。在这里，家庭是其中的一方。家庭和学校的厨房、纺织间之间来来回回的连接线多么自然啊！孩子可以把在家里学到的东西，带到学校加以运用；而在学校中学到的东西，可以带到家里加以运用。这是打破孤立隔离、实现连接的两个关键步骤——让孩子带着从学校之外学到的全部经验来到学校，然后带着从学校里学到的东西离开学校，并将所学马上用于日常生活。儿童带着健康的身体和不怎么情愿的心理来到传统的学校，尽管实际上他并没有将身心一起带到学校；他不得不把他的心智留在身后，因为在学校里根本就用不着它。如果他有一个纯粹抽象的心智，他可以把它随身带到学校去；但是，他的心智是具体的，对具体的事物感兴趣，而且如果这些具体事物不进入学校生活，他就不会随身带着他的心智上学。我们所希望的是：儿童带着全部身心来到学校，再带着更充实的心智和更强健的身体离开学校。说到身体，尽管这些图里没有体育馆，在图的四个角上所承载的积极的生活带来经常不断的体育锻炼，而我们的体育馆将针对儿童的特定缺陷进行矫正，旨在更有意识地培养健全的心智寓诸其强壮的身体。

餐厅和厨房与乡村以及它的生产过程和产品相联系，这几乎用不着说明。烹饪的教学可能与乡村生活和统一于地理课中的各种科学没有联系，或许通常是在没有真正建立这些联系的情况下进行教学的。但是，进入厨房的所有原料都来自乡村；它们来自土壤，是通过光和水的影响而成长起来的，反映了当地的各种环境因素。儿童通过这种联系，从校园进入了更广阔的世界，对科学研究有了最自然的了解：这些东西在哪里生长？它们的生长需要什么条件？它们与土壤的关系是什么？不同的气候条件对它们有什么影响？诸如此类。我们都知道旧式的植物学是什么：收集漂亮的花朵，把它们压平、裱贴起来；把这些花朵撕成一片一片的，给不同的部分一个专业名称，同时找出各种不同的叶子，按照它们不同的形状和形式分别命名。这是学习植物，而不涉及土壤、乡村或生长的情况。与之相比，真正的植物研究会关注它们的自然环境和它们的用处，不是单把它们当作食物，而是关注它们与人的社会生活的适应。烹饪也就成了对化学研究最自然的入门，给儿童一些能直接用于日常经验的某些知识。我曾经听到一位非常聪明的女士说，她不知道如何把科学知识教给幼儿，因为她不知道他们怎么才能理解原子和分子。换言之,由于她不知道如何把远离生活、高度抽象的事实教给儿童,所以她根本不懂得如何教授科学。在对这一言论付之一笑之前,我们需要问一问自己:是不是只有她一个人才是这样,或者,她是否道出了几乎在我们所有学校中都采用的实践原则。

在木工和纺织车间中,可以找到与外部世界的同样关联。它们与乡村相关,因为乡村是它们原料的来源;它们与物理学相关,因为物理学是应用能量的科学;它们与商业和分配相关,与建筑和装饰的发展技艺相关。它们同样与大学的技术和工程学校有直接的联系;它们和实验室以及实验室的科学方法与成果有联系。

回到标志着图书馆的方块(图 3):如果你想象教室有一半在四个角,一半在图书馆,你就会知道什么是口述教室(recitation room)。在口述教室里,孩子们把经验、问题、疑问和他们所发现的具体事实汇总到一起进行讨论以便获得新的灵感,尤其是从别人的经验和世界所积累起来的智慧中(以符号化的方式贮藏在图书馆中)获得新的灵感。这就是理论和实践的有机联系,孩子们不是简单地做事,而是同时获得有关他们所做事情的观念(idea);从一开始就获得进入他的实践并丰富其实践的理智观念;每一观念都直接或间接地在经验中得到运用,对生活产生影响。几乎不用说,这确定了"书籍"或阅读在教育中的地位。用书籍或阅读替代经验是有害的,但书籍和阅读在解释和扩大经验方面十分重要。

下一个图(图 4)展示了同样的观念。它给予这所理想学校象征性的第二层楼的情况。上方两个角是实验室;下方两个角是艺术工作室,既有美术室,又有音乐室。问题,来自厨房和车间的化学和物理问题,带到实验室里来解决。例

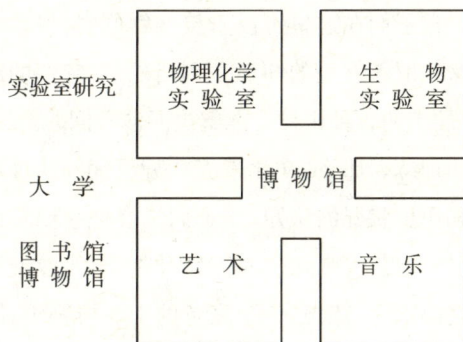

图 4

如,在上一周,参加劳动实践的一群年龄较大的儿童正在使用纺轮,其中一个儿童画出了踏板和纺轮的作用力方向草图,以及纺轮和纺锤之间的速率。同理,孩子们在烹饪时必须用到的植物,可以使他们对植物学产生具体的兴趣,他们可以把这些植物拿来研究。在波士顿的某所学校,数月的科学工作都是以棉株的生长为核心的,同时每天讲授一些新的知识。我们希望用来烹饪和缝纫的原料都受到这样的礼遇。我希望,这些例子可以展示实验室和学校其余部门之间的关系。

绘画和音乐或绘画艺术和听的艺术,代表了正在进行的全部工作的最高顶点、理想化和优美的极致。我认为,凡不是从纯书本的视角来看待这些学科的人都承认,真正的艺术是从手工艺匠人的工作中诞生的。文艺复兴时的艺术非常伟大,因为它们是从生活中的手工技艺而来的。它们不是从孤立的氛围中脱颖而出的,不论这种孤立的氛围多么完善;而是从家庭、日常的生活形式中获得其精神意义。学校应该重视这种关系。单有手工艺的一面是狭窄的,但是,作为无本之木、无源之水的纯艺术则会变得力不从心、空洞无物、多愁善感。当然,我不是说所有的艺术工作都必须与学校的其他工作在细微之处有关联,而只是说统一协作的精神赋予艺术以活力,赋予其他工作以深度和丰富性。所有的艺术都牵涉身体器官——手和眼、耳朵和嗓子;但是,艺术不只是表达器官所需要的单纯的专门技巧。它包括一种观念、一种思想、一种对事物的精神呈现,然而它又超出任何数量的观念本身。艺术是思想与表现手段的生动统一。这种统一的象征说法是:在理想的学校中,艺术工作可被视为车间的工作,它通过图书馆和博物馆的提炼再次回到行动中去。

以纺织间为例说明这种综合。我正在谈论的是一所未来的学校,希望将来某一天真的出现这样的学校。纺织间是一个工场,在里面可以做一些缝纫、纺纱和编织等实际工作。孩子们在这里可以直接接触原料,接触各种丝绸、棉花、亚麻和羊毛织物。与这些原料有关的知识立刻出现了:它们的起源、历史、具体用途,以及进行原材料加工的各种机械。在解决所涉及问题的过程中,孩子们获得了理论和实践方面的训练。那么,文化素养在哪里呢?通过对所有这些原料和工序所涉及的科学和历史状况的认知,孩子们学会把它们看作技术成就和凝结在行动中的思想;此外,把艺术观念带入纺织间本身也是文化的一种来源。在理想的学校中应该有这类东西:首先,一个完备的工业博物馆,展示处在各种制造阶段的原料样本和从最简单到最复杂的各类生产工具;然后是照片和图片,用以展示原来生长的地域环境、它们的故乡，以及它们的制造地。这样的图片系列是一个生动连续的艺术、科学和工业综合的课程。同样，还要有更完美的纺织样品，比如意大利的、法国的、日本的，以及东方的。还要说明已投入生产的设计和装饰花纹颜色的样品。在对世界工业的理想化描述中，文学也会贡献自己的一份力量，比如《奥德赛》(*Odyssey*)——一部文学经典——的主人公珀涅罗珀(Penelope)，是一定工业阶段的社会生活的充分体现。这样，从荷马时代一直到现在，存在一个被转换为艺术术语的相关事实的连续过程。音乐作出了它应有的贡献，从苏格兰的纺车曲到玛格丽特的纺织歌谣，或到瓦戈纳歌剧中的主人公森塔(Senta)。车间成了赏心悦目的彩绘博物馆。工场里不仅有原料——漂亮的木料和图案，而且还将在绘画和图片中给出建筑的历史发展的概览。

因此，我已经尝试指出如何把学校和生活联系在一起，以便儿童能把以熟悉而平常方式获得的经验用于学校的生活，并把在学校中获得的知识用于日常生活，使学校成为一个有机的整体，而不再是各种孤立部分的组合。学科的隔离和学校系统各组成部分之间的隔离消失了。经验有地理方面的，有艺术的和文学方面的，有科学和历史方面的。全部的学科都从地球以及基于地球的生活而来。我们不再有一系列分层的地球，不再有孤立的数学、物理、历史，等等。仅仅依靠其中的任何一层，我们都无法长期生活下去。我们应该生活在一个所有方面相互统一的世界。全部的学科都从一个伟大的共同世界的关联中诞生。当儿童生活属于这一共同世界的多种多样的而又具体和积极的关联时，他的各门学科自然会被统一起来，使各科互相关联不再是一个问题。教师不必挖空心思，求助于各种设计以把一点数学知识纳入历史课程，或把历史知识纳入数学课程。让学校和生活相联，这样，全部的学科必然相互联系。

此外，如果学校作为一个整体与生活作为一个整体相联，学校的各种目标和理想——文化、训练、知识、效用——都不再是各不相同的东西；我们不再必须为了实现一个目标而选择一种学科，为实现另一目标而选择另一种学科。儿童在社会能力和社会服务方面的成长，他与生活更广泛更有效的联合成了统一的目标；而训练、文化素养和知识都构成生长的各个方面。

我想就我们这所特殊的学校和大学①的关系再说几句。问题在于统一教

55

---

① "特殊的学校"即指杜威于1896年创设的芝加哥实验学校，"大学"指芝加哥大学。——译者

育,组织教育,通过把教育作为一个整体与日常生活有机地联系起来而使其各种要素结合在一起。这所附属于大学教育学系的特殊学校,对于从 4 岁儿童一直延伸到大学研究生的工作,有必要提出某些东西,用来作为这种统一的典型。在由系主任所规划的科学工作方面(甚至经常是在细节方面的计划),我们已经从大学中获得了许多教益。研究生带着他的研究课题、方法建议和问题来到我们这里。图书馆和博物馆可以随时使用。我们想把所有教育方面的事物汇聚在一处;打破把幼年儿童的教育和正在逐渐成熟的青少年的教育分割开来的障碍;把低等教育和高等教育统一在一起,从而让人们知道,既没有低等的教育,也没有高等的教育,而只有单纯的教育。

再特别讲一下教育学方面的工作。我想,我国最早的大学教育学教席已有大约 20 年的历史——密歇根大学在 70 年代后期设立的教席。但是,只有一两次讲座试图把理论和实践联系起来。他们大部分的时间通过理论、讲座、参照书本来教学,而不是通过教学本身的实际工作而教学。在哥伦比亚大学,教师学院在大学和师资培养之间建立起广泛和紧密的联系。还有一两所学校本着同样的精神做了一些事。这里,我们需要建立一种更加紧密的联系。这样,大学就会把它全部的资源交给初等学校,为发展有价值的教材和正确方法作出贡献;反过来,初等学校将成为一所实验室,在其中,教育学系的学生可以目睹各种理论和观点被证明、验证、批判、补充和新真理的发展。我们希望学校在和大学的关系方面成为统一教育的有效典型。

略说一点关于学校和教育利益群体的关系。我听说,一位教师出于以下的理由反对我们学校采用某种方法:“你知道,这是一所实验学校。他们工作的环境和我们工作的环境不一样。”做实验的目的,为的是别人不必再去实验;至少不必做那么多的实验,就可以获得某些明确、积极的东西指导实践。实验特别需要有利的条件,以自由、安全地得到实验结果。实验一定要具备所有需要的资源,不受阻碍地进行。如今,所有大的商业企业,所有大的工厂,每个铁路和轮船系统,背后都有自己的实验室。不过,实验室不是一种商业企业;实验室的目标不是为自己获得商业生活的条件,商业公司也不会重复实验室的工作。在发现和验证新真理或新方法,与大规模应用它、使其为许多人所用并使其商业化之间存在很大的差异。但是,首要的事是发现真理,提供所有必备的设施,因为从长远来看,这是世界上最实用的事。我们不想让其他学校亦步亦趋地仿效我们的所作所为。有效典型不是用来复制的,而是用来证明原理的可行性,并用来证明能让典型可行的方法的。因此(回到我们自己的问题),我们在这里想要解决统一性问题,解决学校系统的组织问题,而且在解决问题的时候把这一问题与生活紧密相连,以证明这种组织对全部教育的可能性和必要性。

4.
大学初等学校的三年①

　　学校开始于三年前 1 月的第一周。我将用今天下午的时间对开始实验时的观念和问题作一下简短的回顾,并对实验开始以后工作的进展作一番大致的描述。我们从第 57 街的一所小房子起步,当时有 15 个儿童。第二年我们发展到 25 个儿童,校舍迁到了金巴克大道(Kimbark Avenue)的一所房子。在 1 月,我们又迁到了罗萨利大院(Rosalie Court),这里宽敞的校舍能容纳下 40 个儿童。第三年儿童增加到 60 人,校址依然在罗萨利大院。今年已经有 95 个儿童注册,学校坐落在艾莉斯大道(Ellis Avenue)5412 号。我们希望一直呆在这里,直到我们拥有自己的学校建筑和操场。

　　学校开办第一年时,入学的儿童年龄在 6 岁至 9 岁之间。现在他们的年龄则是从 4 岁到 13 岁——年纪最大的一群儿童是 13 岁。今年是我们第一次招收 6 岁以下的孩子,而这是在我们位于夏威夷火奴鲁鲁②的朋友的帮助下才实现的,他们出资建了一所幼儿园。

　　第一年的两个学期,学校的费用在 1300 美元到 1400 美元之间。今年的费用大约将是 12000 美元。在这些费用中,5500 美元来自学费,5000 美元来自对学校感兴趣的友人捐助,还有大约 1500 美元需要学校进一步筹措。这表明费用在上涨。从一开始,每个小学生 120 美元/年的教育成本基本上没有改变。相对

---

① 这是根据 1899 年 2 月约翰·杜威在大学初等学校家长联谊会聚会上的谈话的速记整理而成的,其中有部分改动。
② 美国夏威夷州首府和港口城市,华人称檀香山。——译者

而言,今年学校费用有所上涨,因为有搬迁费和设备修理、更新费。教师人数的增长扩大了工作量,也增加了学校的开支。下一年(1899 年至 1900 年),我们希望有 120 个儿童,费用显然将会比今年增加 2500 美元。在这些增加的费用中,新招收学生交纳的学费可贡献 2000 美元。学校的人均教育成本 120 美元/年,恰好是大学向每个大学生征收的学费额,是学校平均征收学费的两倍。但是,不能期望大学学费能满足培养学生所需要的花费。尽管出于其他原因增加学费是明智的举措,但这里不增加学费的一个原因在于:从教育的观点来看,初等教育和高等教育需要投资捐助,这是应该加以强调的。我们有充分的理由来解释钱应该花在教育基础工作,以及随后阶段的组织和维持上。

初等学校从一开始就具有两个方面:一方面,对托付给学校的儿童进行教导,这是显而易见的;另一方面,与大学的关系,因为学校处在大学的管理之下,是大学教育学工作的组成部分。

在建校初期,我们头脑中有一些确定的观念——或许称作疑问和问题更合适,以及值得加以验证的某些观点。如果用一种个人化的话语来表达,我愿意这么说:有时候的想法是,学校开始于大量已经确立的原理和观点,需要把它们马上用于实践。人们普遍认为,我是这些现成的等待投入使用的原理和观点的作者。借此机会,我要声明:学校的教育行为,它的管理、教材的选择、课程设计和儿童的实际教学,所有这些几乎完全掌握在学校教师的手中;而且,学校的教育原理和方法有一个逐步发展的过程,并不是固定不变的。教师们从问题入手,而不是从固定的规则入手;如果得到了某些答案,那是学校的教师的功劳。总体而言,我们从四个疑问或问题入手:

1. 为建立学校和家庭、邻里生活更紧密的关系,而不是让学校变成单纯学习某些课程的场所,应该做哪些事,如何去做? 不幸的是,儿童的学校生活与他的其余的日常生活相分离,我们应该采取什么措施来解除这些障碍? 这或许和有时候的理解不一样,这并非意味着儿童在学校中应该只学习那些在家庭中已经经历过的事情,而是说儿童在学校里所采取的态度和观点应该尽可能地和家里一样;他在学校里应该找到同样有趣的东西,在学校里做值得做的事情是因为对事物本身的兴趣,他在使其忙碌的游戏和主动作业中发现的兴趣和在家庭、邻里生活中是一样的。这意味着,学校应该利用儿童在工作和家庭中所持有的动机,这样儿童就不必去获得另外一套专属于学校的行为原则,即独立于家庭的行为原则。这是一个儿童经验的统一性问题,是驱动动机和目的的统一性问题,而不是取悦或让儿童感兴趣的问题。

2. 在介绍历史、科学和艺术教学内容的方式上,我们能做什么?这些教学内容能否对儿童本身的生活具有积极的价值和真实的意义;甚至对最年幼的儿童,在技能或知识上是否存在值得掌握的事物;这些教学内容对于小学生的意义是否和高中与大学科目对于他的意义一样?尽管已经作了许多修正,但各位都了解最初几年的传统课程是什么。已经收集的一些统计数据表明,儿童在学校头三年,75％或80％的时间都花在了形式——而不是实质——的学习上,掌握阅读和书写以及算术的符号上。做这些事情,没有多少真正的营养。其目的是重要的——是必要的。但是,这不代表儿童智力和道德经验的同比增长。儿童的智力和道德经验的增长,应该体现在历史和自然的积极真理的增长上,或者体现在对现实和美的洞察力的提升上。于是,我们想发现的一件事是:在关于他周围世界的知识、世界各种力量的知识、历史和社会变化的知识,以及表达他自己能力的多种艺术形式方面,我们能够给一个儿童多少真正值得他花时间去获得的东西。从严格意义上的教育来看,这已经成为学校的主要问题。我们正是希望沿着这一路径对一般意义的教育作一些贡献;这就是说,我们希望就这一教学内容发展出一套可普遍利用的积极的结构体系,并将其出版。

3. 这些形式化的、符号化的分科训练——精通阅读、写作和计算的能力——如何与日常经验和作为他们背景的职业活动相连?我们以何种方式让儿童通过他们与学科(这些科目因自身的缘故而吸引儿童)的联系感受到将学科与经验相联的必要性?如果真的做到这一点,儿童将非常愿意获得专业能力。这不像我们开玩笑时说的那样,让儿童在学校学习烤面包和缝衣服,而在家里学习阅读、写作和计算。它的意图只是不想让这些形式化的科目一开始就占据如此大的比例,以至于成为关注的唯一对象。儿童应该受他正在做的事情的引导,这样才能感受到掌握和运用符号的需要。在任何一所学校里,如果儿童认识到运用数字和语言的动机,他费尽周折也要获得这一能力;而且只有在他具体运用——而不是一般性地使用——符号的时候,他才能认识到这一动机。

4. 个体关注。通过小的分组而实现——一个班有8或10个人,同时有大量教师系统地监督儿童的理智需要和认知成就,以及身体健康和成长。为实现这一点,我们现在每周有135个小时的教导者时间,也就是每天有3个小时是有

9个教师的,或每组一个教师。只要用几句话,就能讲清楚什么是对个体力量和需求的关注。学校的整体目标和方法,不论是道德的、身体的还是智力的,都与此密切相关。

我认为,这四点清晰地阐释了我们想要发现什么。学校通常被称为实验学校,在一定意义上,这种称呼是恰当的。我不想过多地使用这一称呼,以免家长们认为我们在拿儿童做实验。如果这样的话,他们当然会反对。但是,它是一所实验学校——至少我希望是这样——涉及教育和教育问题。我们已经试图通过尝试、实践——而不仅仅是通过讨论和理论化——试着去发现这些问题是否可以解决,以及如何得以解决。

下面来谈谈为了验证这四个问题和寻找答案而在学校中所运用的方法。首先来谈谈学校里对不同种类的手工劳动的定位。通常有三种主要从事的行业:(a)使用木料和工具的工场工作,(b)烹饪工作,和(c)纺织工作,即缝纫和编织。当然,还有其他与科学相关的手工工作,因为科学很大程度上具有实验的性质。大家可能没有注意到这样一个事实,即大部分最好和最先进的科学工作都大量涉及手工技能、手和眼的训练。一个人如果没有受过操作、使用仪器和材料的训练,就不可能成为一流的科学工作者。与历史工作相关,尤其与年幼的儿童相关,手工工作是以制作设备、武器、工具等等的方式被引入的。当然,艺术工作是另一个方面——素描、油画和模型。从逻辑上来看,或许体育场上的工作不在此列,而是以身体为中介发展道德和理智控制的方式。儿童们每天都有一个半小时这种形式的体育锻炼。按照这种思路,我们发现,多种多样大量的手工劳动在很多种类和很大数量上是儿童在学校内外保持同样态度的最容易、最自然的方式。在学会系统地运用理智以前,儿童通过身体的活动获得最大数量的发现。指导这些活动,使它们系统化和组织化,这样它们就不会像在校外那样是偶然和任意的了,这就是学校工作的目的。使这些形式的实践活动一起连续、明确地进行,使技能与技能之间互通有无,使理智难点融会贯通,这是最大的困难之一,同时也是我们取得的最大成功。各种类型的工作——木工、烹饪、缝纫和编织被选作不同种类的技能,要求儿童具备不同种类的理智态度,而且它们代表了外部世界每天最重要的活动,即安全生活的问题、每天的食物和衣服的问题、家庭的问题、私人活动和商品交换的问题。他同样获得了触觉、视觉等感觉器官的训练,获得了眼和手互相配合的能力。他得到了有益于健康的身体锻炼;因为儿童所需要的身体活动,远远超出一般学校安排的定额。在目的和手段的适应上,在照看工具和设备过程中守序、勤奋和整洁习惯的训练,以一种系统而非任意的方式做事,也需要持续不断地运用记忆力和判断力。于是,这些实践的职业活动再次成为以后学习的一个背景,尤其在年龄小的小组中更是如此。儿童们获得大量与烹饪有关的化学知识、木工中的数学计算和几何知识,以及与他们的编织、缝纫工作相关的地理知识。在了解各种发明的起源和发展以及对社会生活和政治组织的影响时,又引入了历史知识。

总的说来,或许应该对我们的第二个问题给予更多关注。第二个问题是关于积极科目的问题。在历史学方面,如今课程已经十分完备。年龄较小的儿童,从家庭以及家庭的职业活动开始。到6岁的时候,儿童们应该学习家庭以外的职业活动,即比家庭工场大得多的社会工业——农耕、采矿、伐木等等——这样,他们就看到生活所依赖的复杂而多样的社会工业;与此同时,他们偶尔也要去考察木材、金属等各种原料的使用和应用的工序——以此开始他们的科学研究。接下来的一年,让他们了解工业和发明的历史发展——从人还是野蛮人的时候开始讲起,介绍人类向前发展的各个典型阶段,直到铁器时代人类开始进入文明阶段。研究原始生活的目的,不是为了让儿童对低等的、相对野蛮的阶段发生兴趣,而是为了让他知道把人类引向文明的进步和发展的步骤,特别是发明的历程。毕竟,儿童和生命的原始形式存在一定的相似性。生活的原始形式比现在的制度简单许多。通过强调人类的发展过程和所取得的进步,我们希望排除这样的反对意见,即认为不应该过于关注原始生活的粗放和新奇刺激。

接下来的两年或三年时间,即四年级和五年级,或者是六年级,应该开始研究美国历史。应该说,这才是研究历史的开始,因为对原始生活的研究很难称得上是历史研究。

然后是希腊史和罗马史。按照时间顺序,介绍每一年发生的事件,以及与前后事件的关联。

把科学的工作排列起来加以系统化难度更大,因为几乎没有什么先例可循——几乎没有以组织化的方式做的工作。我们现在正按照一个方案而工作,①我不想具体谈论这一方案。前两年或前三年培养儿童的观察能力,引导他

---

① 今年的方案发表在《初等学校纪要》上。

们对植物和动物的习惯产生同情的兴趣,学会从应用的角度观察事物。然后,工作的重点转向地理学习——对地球的研究是最核心的事,以后几乎所有的工作都是从这里开始的,而且都可以回溯到这里。科学工作的另一立足点,是让自然力通过机器服务于人。去年,在电学方面做了大量的工作(今年还会重复这一工作),以电报和电话为基础——学习容易掌握的事物。

64

在机械力学方面,他们为考察机器各种部件之间的相互配合而研究了锁和钟表。所有这些工作,为以后继续学习正式的物理学打下了极为扎实的基础。烹饪使孩子们有机会获得大量关于热和水及其效果的知识。我们学校所选取的科学工作与其他学校的不同,主要是我们特别强调实验科学部分——物理学和化学,而且不单纯局限于对自然的研究上——对植物和动物的研究。不是说对动物和植物的研究价值不高,而是我们发现,可以从一开始就引入物理的方面。

我没有用多少时间谈音乐和艺术工作,这不是因为我们认为音乐和艺术没有价值或不重要——它们当然和学校里的任何其他工作一样重要,不但在儿童的道德和审美发展上如此,而且从严格的理智观点来看也是如此。我不知道学校里还有什么工作能比音乐和艺术更好地发展注意力、观察和连贯的习惯,以及着眼于整体看待部分的习惯。

现在我就学校的管理方面说几句。开始的时候,我们尽量把不同年龄、不同学识的孩子们混在一起,认为这样形成的互相迁就有利于儿童心理的发展,而年长的儿童在承担照管年幼儿童的责任中也可以获得道德进步。随着学校的发展,不得不放弃这种方式,而按照孩子们的能力分班。不过,这些班级不是基于阅读和写作能力,而是基于心理的态度和兴趣的相似性,以及综合的理智能力和心理敏锐力。我们现在正在尝试用其他的方式把孩子们混在一起,我们不想建立“分级”学校的严格阶梯体系。我们尝试迈出的一步,是让孩子们接触不同的教师。尽管这种方式有其难处和缺陷,但我认为,让儿童和许多具有不同人格的人建立亲密的关系,是学校里最有价值的事情之一。孩子们在一般性的集会中

65

也愿意聚到一处,比如歌唱集会和由不同小组的成员汇报全校工作的集会。年长的孩子每周有一个半小时的时间参加年幼孩子的小组活动,而且,如果可能的话,参加年幼孩子小组的工作,比如手工劳动。我们通过各种方式,努力在全校保持一种家庭氛围,而不是把他们分成孤立的班级和年级。

随着工作的需要,师资力量的组织已经逐渐呈现出院系化的趋势。因此,我

们现在把学校工作主要分为科学、历史、家庭或居家艺术、狭义的手工训练（用木头和金属）、音乐、艺术（即素描、水彩、泥塑，等等）和体育。工作进入第二个阶段时，语言和数学同样必然会占据一个更加与众不同和特殊的位置。人们经常说，相互关联或非常协调的工作不可能建立在这样的基础上，但我要高兴地告诉大家，我们的经验表明这没有什么内在的困难。通过倾情投入到儿童最佳发展，通过忠实于学校的主要目标和方法，我们的教师已经证明：在教育中和在商业中一样，最好的组织是通过适当关注劳动、兴趣和训练的自然分化而实现的。儿童获得训练的益处和与各行专家接触的知识，而每个教师则以不同的方式服务于共同的思想，从而使之丰富和强化。

道德的方面，即所谓的纪律和守序方面，或许是大学初等学校最遭受误解和错误表达的伤害。我只想说，我们的理想一直是并将继续是家庭生活的最佳形式，而不是一种僵化的分级学校。在分级学校中，一位教师照管许多儿童，小学生们只有非常有限的活动模式可供选择；在这种条件下，某种固定的、外在形式的"遵守秩序"很有必要。我们学校的条件与此不同，照搬这些纪律和秩序将是愚蠢之举，我们学校的小班化允许而且要求儿童和教师之间最紧密的人际交往和工作的多样化，以适应不同儿童的需要。我们给孩子们比平时更多的自由，目的不是松懈或降低真正的训练，而是因为在我们学校具体的条件下，可以让儿童担负的责任更重大和更精简，而他们身心的全面发展更和谐、更完善。我相信，已经把孩子托付给我们一段时间的家长都会同意，尽管孩子们喜欢或愿意上学，但工作而非娱乐才是学校的精神和教学；而我们学校环境所许可的这些自由，目的是建立和强化品格。

经过三年的时间，我们现在敢说，我们当初的一些疑问已经获得了肯定的答案。儿童们从 15 人增加到近 100 人，费用实际增长一倍，这些都证明家长们乐于接受以个人成长为唯一目标的教育形式。一个有组织的教育团队的出现证明：经过严格教育的教师，愿意把过去长期为高等教育所掌握的同样的训练、知识和技能资源带入初等教育。学校的日常工作表明，儿童在学校的生活可以和校外的生活一样，而他们的智慧、友善和服从的精神同样能日日增长——他们的学习，甚至是年幼儿童的学习，可以把握真理的实质，能够观察和培养知识的形式；这样的成长，是真正彻底的成长，是令人欣喜的成长。

5.
初等教育心理学

大多数公众很自然地对儿童每天在学校里做些什么感兴趣。儿童的父母更是如此,因为他们是为了获得所期望的结果,而不是为了对教育理论作贡献,把自己的孩子送到学校里来。从总体上来看,那些来学校参观的人们确实能在不同程度上发现儿童身上发生的变化,但是,他们很少有兴趣或时间考虑现象背后的问题。对学校工作的这一方面不应失察,因为只有这一方面受到关注,学校才能保住赞助者的信任和学生的入学率。

然而,一所由大学的一个系开办的学校必须有另一方面。从大学的立场来看,它工作中最重要的部分是科学工作——它为教育思想的发展所作出的贡献。以教育一定数量的儿童为目标,很难为大学偏离自己的传统提供辩护——传统上,大学把自己限制在教育那些已经完成中等教育的人上。只有具备堪与其他科学实验室相媲美的科学目的和实验行为,才能使大学有理由维持一所初等学校。这样一所学校,是应用心理学的实验室。也就是说,学校是对儿童发展和表现出的心理进行研究的场所,是寻求看起来最有可能实现和推进正常发展环境的材料和人选的场所。

这不是一所师范学校或一个培养教师的系。它不是一所模范学校,它不想证明任何特殊的观念或信条。学校的任务是根据现代心理学所阐明的心理活动原理和生长过程来观察儿童教育的问题。这个问题本质上是不可穷尽的问题。任何一所学校所能做的事情就是在某些方面作出自己的贡献,意味着在理论和实践两方面必须以这种眼光去考虑教育。既然目的是这样,学校的条件当然必须与之相适应。在阻碍儿童生活的许多重要事实的人为条件下研究生长的过程和规律,显然是荒谬的。

在实践的层面,这一实验室采取建立一系列课程的形式,这些课程与儿童的能力和经验生长的自然历史是协调一致的。在对既定的生长阶段的主要需要和能力以及作出最明确的解答的时候,问题在于选择科目的性质、种类和恰当的比例。我们对于这些问题的知识的局限性和无知的程度,不论怎样充分或坦率地承认,都不过分。没有人能合乎科学地完全把握任何年龄的儿童生活的主要心理事实。声称最适于促进这种生长的材料已经被发现,这纯粹是一种推测。相反,教育实验室的假设是,关于生长的条件和模式的知识已经足以使明智的探讨成为可能;而且,只有依据已经掌握的知识,才能有更多的发现。关键的是,这种实验能增强我们的合理性信心。要求是:保证各项安排允许和鼓励自由的研究,这样才能确保重要的事情不被忽视;保证具备使探究所指引的教育实践能够得到真诚遵守的条件,而不会因过度依赖于传统和先入之见而受到扭曲和压抑。正是在这一意义上,学校将成为教育的实验基地。

那么,从心理学中采纳的主要工作假设是什么呢? 在某种程度上与被采纳的心理学假设相对应的教育上的假设是什么呢?

可以通过在当代心理学和过去的心理学之间进行对比来讨论这些问题。对比从三方面进行。早期的心理学把心灵看作直接与一个外部世界相联系的单纯的个别事件,它所探寻的唯一问题是世界和心灵以何种方式相互作用。如果宇宙间有一个独立生存的心灵,人们所认识到的整个过程在理论上就一定是完全相同的。目前的趋势是把个体心灵看作社会生活的一个函数——自身无法独立运行或发展,而是需要社会媒介的不断刺激,并在社会支持中找到其营养。遗传的观念让个体身心素质来自种族遗传的观念十分流行:个体持有从过去继承下来的一种遗产,并将其传给后世。进化的观念使这样的认识广为流传,即不能把心灵看作单独的、专有的领地,而是人类的思想和努力的结果;它在社会和自然的环境中发展,社会需要和目标对心灵的形成起着关键的影响——野蛮和文明之间的主要区别,不在于每个人都需要面对的赤裸裸的自然界,而在于社会遗传和社会媒介。

对童年的研究同样表明,这一社会习得的遗传只在当前的社会刺激下才作用于个体。自然必须配以光、声、热等物理刺激,但是,它们所承载的意义和对它们的解释都依赖于儿童生活于其间的社会以何种方式对待儿童。单独光的物理刺激不是全部的事实；通过社会活动和思想对它的解释，才赋予其意义。通过模仿、暗示、直接的教导，甚至更多间接而无意识的教诲，儿童学会了判断和处理纯粹的物理刺激。在短短几年的时间里，通过社会媒介，儿童就重新经历了人类用几个世纪的历程所完成的发展。

教育实践表现出对流行心理学无意识的适应和融合，两者都生长于同一土 70 壤。由于心灵被认为是通过与世界的直接联系而获得其内容的，所以，教育儿童的全部需要被认为可通过让儿童与分别被标识为地理、算术、语法的一堆堆外部事实直接接触而得到满足。这些事实的分类只是对过去社会生活的简单选择，这一点常常被忽略；它们是社会条件的概括，反映了为社会需要而找到的答案，这一点也常常被忽略。无论在教材中，还是在教材对儿童产生的固有感染力中，都见不到社会的因素；它完全被搁置在教材之外——在教育者使用的鼓励、告诫、要求，以及教育者为吸引儿童注意只偶然地闪烁一点社会微光的教材而设计的方法。只有当学科不再单纯呈现为外在的学科，而是被从与社会生活关联的角度看待时，才能获得最有效的方式和儿童生活的充分意义，这一点恰恰被忽略了。为了成为儿童行为和品格不可或缺的组成部分，学科不能单纯作为信息的条目被吸取，而必须作为儿童当前需要和目标的有机部分——这些需要和目标反过来又是社会性的，这一点同样也被忽略了。

其次，以前的心理学是知识心理学，是理智心理学。情绪和努力在其中只占据一个附带和派生的位置。关于感觉谈了许多——关于行动却几乎什么都没说。其中也有对观念以及观念起源于感觉还是起源于固有的精神官能的讨论；但是，对观念起源于行为需要的可能性却不置一辞。观念对行为的影响，被视为一种外部的附属品。今天，我们相信（借用詹姆斯先生的话说），理智、感觉和观念的范围不过是一个"中间环节，而我们有时把它们看成是最后的，在可能充满于这个中间环节的、极为多样的认识细节和复杂性中，没有看到它只能有一个基本职能——为我们眼前的或长远的活动定向"。

这同样是教育实践和心理学理论之间的一种预设的和谐。学校里的知识是 71 孤立的，并且自成目的。事实、定律、信息是课程的主要内容。教育理论和实践方面的争论在这两派人之间展开：一派更多依赖知识中的感觉因素，依赖与事物的接触，依赖实物教学，等等；另一派则强调抽象的观念、概括——即所谓的理论，实际上是其他人在书本中表述的观念。两派都不曾尝试把感觉训练或逻辑运作与实践生活的问题和兴趣联系起来。如果我们假设心理学理论代表任何生活的真理,那么,这里再一次指明一种教育转变。

第三点不同,是把心灵主要看作一个过程的现代概念——一种生长的过程,而不是固定之物。按照以前的观点,心灵就是心灵,这就是事情的全部。心灵自始至终都是同一个,因为不论是儿童还是成人,心灵都被装备以同类的官能。如果要作出什么区分的话,那也只是有些现成的官能——比如记忆——发挥作用的时间早一些,而其他一些官能,比如判断和推理,只有在儿童已经通过记忆的训练变得完全依赖于别人的思想以后才开始出现。获得认可的唯一重要区别是数量的总量上的区别。儿童是小大人,他的心灵是小的心灵——除了形体的大小以外,一切和成人都是一样的,有它自己齐备的注意、记忆等官能。现在我们相信,心灵是生长着的东西,因而在本质上是变化着的,在不同时期呈现出能力和兴趣不同特点的东西。在生活连续性的意义上,这些不同阶段的心灵是同一的,但由于每一阶段都具有自己特有的要求和功能,因此,在不同阶段又各有不同。"先长叶,后结穗,最后才是谷粒。"

教育和心理学在这一点上的一致性,无论怎么强调都不过分。即使是无意识的,学习的过程仍完全为如下假设所控制:由于心灵和心灵的官能自始至终是不变的,那么成人的教材,即按逻辑排定的事实和原则,就是儿童的自然的"学习"——当然要经过简化,让它们变得更容易,因为剪过羊毛的羔羊经不住强风。其结果就是:儿童的心灵和成人的心灵在传统的课程中是绝对一样的,只是在总量或能力上的分量除外。整个宇宙首先被划分为不同的类别,称为学科;接着,每一学科再划分为不同的部分,再把某几个部分划定为某一年的课程。没有区别发展的次序——只要早期部分比后来部分容易就足够了。杰克曼(W. S. Jackman)先生在说明这类课程的荒谬性时说:"地理老师一定觉得是上帝眷顾了他们,因为他正好设定了四五个大洲,这样从过去开始学下去,每个年级学习一个大洲,用 8 年的时间刚好学完。这是很容易的,也确实是自然的。"

如果我们再次认真地把心灵看作生长,生长的每一阶段都有其特有的典型特征,那么,很显然,这里又一次指明了一种教育的改造对学科课程材料的选择和分类,必须参照既定阶段中活动的主导方向的适当养分而定,而不是参照既定知识体系被切割成的部分而定。

当然,提出上面那样的一般命题是比较容易的,用它们来批评学校的现有条件是比较容易的;通过它们而推进某种不同事物的必然进程也比较容易。但是,艺海无涯,困难在于把这样的观念付诸实践——在于确定在既定的时间里什么样的材料和方法以何种比例和排列是可利用的和有效的。这里,我们必须再次回到实验室的观念。对类似的问题没有预先的答案。传统教育没有给出答案,因为传统教育基于一种完全不同的心理学。单纯推理不能给出答案,因为它是一个事实问题。只有通过尝试,才能找到这些答案。寻求真理意味着在未知领 73 域的试验。拒绝尝试,盲目坚持传统,就是拒绝能把理性信念引入教育的唯一步骤。

下列陈述只报告了过去五年中开始的几个方面的探索,有些探索的结果刚刚出来。这些结果是试探性的,当然,就其比较明确地意识到问题是什么而言,它们为未来更明智的行动扫清了道路,这是一个确定性的进步。同样应该说明的是:从实践上来看,在许多情况下,由于管理上的困难,由于缺少资金——困难主要在于缺少专用建筑和设备,以及没有足够的资金聘请某些重要领域的全日制教师,尚不可能完全依照已获得的最佳观念而行动。实际上,随着学校学生人数的增长,随着学生年龄越来越大、越来越成熟,在没有足够设备的情况下,将实验进行多久才是适当的,已成为一个严重的问题。

接下来,谈谈为心理学假设而找到的教育答案。这从发展阶段谈起来比较方便。第一个阶段(大致是儿童4~8岁阶段)的特点是社会和个人兴趣的直接性,以及印象、观念与行为之间的直接性和即时性。寻找一个表达的发泄口的要求十分迫切。因此,这三年的主题是从参与儿童的社会环境的生活状态中选择教材,而且,尽量让儿童重演接近社会形式的某些事情——在玩耍、游戏、作业、或微型工艺、讲故事、图画想象和谈话中。开始的时候,材料是最接近儿童自己的东西,比如家庭生活和邻里环境;接着继续延伸至稍远一些的东西,比如社会职业活动(特别是那些触及城乡生活相互依赖性的活动);然后,再延伸至典型的职业活动和与其相关的社会形式的历史发展。材料不是呈现为课程,呈现为需 74 要学习的东西,而是呈现为通过他自己的活动而被吸纳为儿童本身的经验的东西。这些活动可以是编织、烹饪、工场工作、雕塑、戏剧表演、对话、讨论、讲故事,等等。这些东西反过来又是直接的媒介,是原动力的形式或表现性的活动。它们受到重视,将其看成是学校课程的主导,其目的是为了保持这一阶段儿童生活特征的知与行之间的密切联系。于是,对儿童来说,其目标不是把学校当作一个孤立的场所,而是能在学校中重演他的校外经验的典型方面,以扩大、丰富并逐渐表述他的经验。

第二阶段,年龄从八九岁至11岁或12岁。这一阶段的目标是对儿童身上所发生的变化作出识别和回应。这些变化来自他对更持久、更客观的结果可能性的逐步深入的理解。当儿童识别出特别明显的、本身就要求予以注意的、与众不同而持久的目的时,此前模糊而不固定的生活统一体就瓦解了。儿童不再直接地满足于仅仅是游戏的活动,而必须有完成什么事的感觉才行——必须有通向一个明确、持久的结果的感觉。因此,就有了对行动的规则——也就是说,对适合于达到永久结果的一般手段的认识——就有了对掌握特殊过程价值的认识,从而在应用过程中获得技能。

因此,在教育方面,就教材而言,问题在于把模糊的经验统一性区分为特征鲜明的典型的状态,选出那些向人类清楚证明了为实现其最高目标而统摄特定的媒介和思想行为方法的重要性的经验。方法方面的问题与此类似:引导儿童认识到他自己类似发展的必要性——需要获得对工作和探究方式的实践和心智上的控制,这些工作和探究方式能使他独立地认识结果。

在更直接的社会方面,美国历史(尤其是殖民地时期的历史)被选择出来,作为忍耐、勇气、机智以及使手段适应目的的持续判断,即使面对巨大危险和阻碍同样如此的范例;由于材料本身如此的明确、生动和人性化,以至于直接进入儿童的描述性和建设性的想象力之中,并由此成为他自己正在扩大的意识的一部分。由于我们的目的不是要"讨论问题",而是要认识业已取得社会后果的社会过程,因此不需要按年代顺序学习美国历史。相反,可以选取一系列典型:芝加哥和西北部密西西比峡谷;弗吉尼亚、纽约,以及新英格兰的清教徒和朝圣者,目的是把气候和当地环境呈现出来,了解人们当时所遇到的各种障碍和解决办法,认识各种历史传统,以及不同民族的风俗和目的。

其方法就是呈现大量有关周围环境的细节、工具、服装、家用器皿、食物,以及日常生活方式,这样,儿童就能按照生活而不是单纯的历史知识来复制材料。通过这种方式,社会的过程和结果变成了真实情况。而且,在儿童和所研究的社会生活之间的个人和戏剧性的同一以外,现在又伴随产生了心智的同一——儿童设身处地地考虑必须面对和重新发现的问题,尽可能地找出解决这些问题的方法。

一般的观点——使手段与目的相适应——同样控制着科学工作。为方便起见，现在把它区分为两个方面——地理的方面和实验的方面。正如刚才所说，由于历史工作依赖于对提供资源和呈现急迫问题的自然环境的重视，所以自然地理学连同它所研究的山脉、河流、平原、自然运动和交换路线，以及每个殖民地的动植物都受到高度关注。这可以和野外短途旅行相联系，目的是让儿童在复制更遥远的环境的时候，能够从观察中获取建设性的想象力所需要的资料。

在实验方面，对产生典型的有价值的结果的过程进行了研究。儿童早期阶段的活动直接是生产性的，而不是研究性的。儿童的实验是积极行动的模式——几乎接近于他的玩耍和游戏的程度。此后，他试着去发现如何掌握不同的材料或媒介以获得某种结果。因此，它与以发现事实和验证原则为目的的科学意义上的实验显然有别——这与第二阶段是相适应的。由于实用的兴趣占据主导地位，因此，这是应用科学研究而不是纯粹科学研究。例如，对殖民生活具有重要意义的工序被精心地选择出来——漂白、上色、肥皂和蜡烛制造、锡盘制作、苹果酒和醋的酿制，带出了对油料、油脂、初级冶金术的化学研究。"物理学"同样开始于实用的需要，需要对纺轮和织布机的能量消耗与转化进行研究；锁、天平等工具是对机械原理的日常运用，而电铃和电报等都是电学知识的运用。

在其他工作中，同样要强调手段和目的之间的关联。在艺术活动中，必须关注角度、空间和物体的比例、色彩混合和对比的平衡及效果等实际问题。在烹饪中，会涉及食物成分以及烹饪的媒介对食物成分的影响等问题。在缝纫中（比如在缝制布娃娃的衣服时），会用到裁剪、搭配的方法，后来还会用到缝针等技术动作。

显然，工作和兴趣涉及领域的不断分化，带来了不同学科之间更强的个性和独立性，这时必须特别注意在两个方面保持平衡：一方面是不适当地分化和隔离，另一方面是漫不经心地处理大量的主题，对任何一个都没有给予充分的重视和突出特点。第一个原则①造成了工作的机械化和形式化，使它和儿童的生活经验以及对行为的有效影响分割开来。第二个原则（对大量主题漫不经心地处理）使工作变得散漫和模糊，使儿童不能明确控制自己的能力，或者清楚地理解自己的目的。或许只是在现在，手段和目的的自觉关系的具体原则才成为这个

---

① 指的是分化和隔离。——译者

时期的统一原则;我们希望,在全部工作中,对这点的强调将会对儿童的发展产生累积性的、统一的影响。

我们还只字未提扩展和控制经验的一个最重要的手段——控制社交或习俗的符号——语言符号,包括数量的符号。这些工具的重要性如此之大,以至于传统课程或者读、写、算三门课程都是以它们为基础的——小学教育的头四年或头五年中,60%至80%的时间都放在这三门课程上。

这些科目在两重意义上是社会性的。它们代表了社会在过去为理智追求而创造出来的工具。它们代表了能为儿童打开社会资本的财富的钥匙,而这些财富本来处在儿童有限的个人经验的可能范围之外。尽管这两种观点必须永远赋予这些技能在教育中极为重要的位置,但它们同时也要求在引入和使用它们时对某些条件加以留意。在大规模直接应用这些学科时,这些条件未被提及。当前与读、写、算三门课程相关的主要问题是承认这些条件,并根据这些条件对工作作出调整。

这些条件可归纳为两条:(1)儿童在他自己个人的、生动的经验中应该具备与社会现实和自然现实相联系、相熟悉的各种背景。为了防止符号蜕变为纯粹二手的、习惯性的现实替代物,这是十分必要的。(2)让儿童的问题、动机和兴趣充满更平常、更直接、更个人化的经验,促使他们通过阅读找到这些问题的答案,满足他们的动机和兴趣追求。否则,儿童就不会带着理智饥渴、敏锐和探寻的态度走进书本,而最后将是令人惋惜的结果:对书籍的谦卑依赖削弱了思想和探寻的活力,与阅读的结合仅仅是为了偶尔的幻想刺激、情感的放纵,以及从现实世界逃离到假想的天地里。

于是,这里的问题是:(1)在作业、表达、交谈、建造和实验中让儿童有足够多的个人活动,这样他的道德和理智个性就不会埋没于比例失调的书本中的他人经验;(2)通过这一更直接的经验,使儿童体会到利用和掌握传统的社会工具的需要——使他具备这些的动机,让他明智地利用这些工具以提高自己的能力,而不是被动地依赖于它们。如果这一问题得以解决,那么,语言、文学和数字的工作就不再是机械训练、形式分析和诉诸感性兴趣(即使是无意识地)的结合;也不再有任何理由担心书籍以及与书籍相关的东西不能承担它所应该承担的角色。

不用说,这个问题还没有得到解决。常听到人们抱怨说,儿童在这些传统的学校科目中的进步被新设立的课程所牺牲掉了。这种抱怨充分证明，精确的平衡尚未建立。目前为止，学校中的经验即使不具有证明性，至少预示了下列可能的后果：(1)更直接的活动模式、建造性工作和作业、科学观察和实验等，为阅读、书写(和拼写)和计算工作的必然运用提供了大量机会和机遇。可以把这些事物当作儿童经验的有机成果而非孤立学科来引入，问题是如何以一种系统的和发展的方式利用这些机遇。(2)因此，这些学科获得的附加的有效性和意义，使大幅度压缩通常所投给它们的时间成为可能。(3)对这些符号的最终运用，不论在阅读、计算还是在写作中，都更理智和更少机械性、更积极和更少消极接受性；更多的是能力的增长，而单纯的娱乐性则更少。

另一方面，增长的经验似乎清楚地说明了下列几点：(1)在早年对符号的认识和使用的教学中，求助于儿童的生产和创造能力是可能的；原则上，这和在其他看起来更为直接的工作中是一样的，而且儿童还可以通过限定的、明确的结果衡量自己的进步。(2)不充分考虑这个事实，就会使这些工作的一些方面出现不当延迟的后果。其结果是，智力上已经发展到更高水平的儿童，对在早期本来可能是表现能力和创造的活动形式感到厌烦。(3)在用于这些学科的时间计划中，需要有阶段性的集中和轮换——所有需要掌握技术和具体方法的学科也是如此。这就是说，不要依照计划在同一时间以同一速度开设全部科目，而是常常需要让某个儿童学习后面的课程，同时让另一些儿童学习前面的课程，直到让他知道他已经具备继续学习和独立运用的能力或技能。

初等教育的第三个阶段与第二个阶段没有截然的界线。当儿童对各类事实和活动模式有了充分、直接的认识，当他充分掌握了与经验的不同阶段相适应的思想、探究和活动的工具，可以出于技术和理智的目的而专门研究特有的学科和技艺，这时他就进入了第三阶段。尽管这所学校有一大批处在这一阶段的儿童，但是由于学校建立的时间不长，因此，还不能就此得出什么确定性的结论。不过，我们当然有理由希望，通过过去五年的经验所了解的困难、需求和资源，可以带领儿童顺利地走过这一阶段。他们不乏精细，受过心理训练掌握着专门的学习工具。他们一定会积极地扩展生活，对生活持有一种更广阔、更自由和更开放的态度。

79

80

6.
福禄培尔教育原理

　　芝加哥大学初等学校的一个传统，来自学校建立初期一位要来参观幼儿园的访问者。在被告知学校当时还没有成立幼儿园的时候，她询问学校里是否有歌唱、绘画、手工训练、游戏和戏剧式表现，以及是否关注儿童的社会关系。当她的问题得到肯定的回答时，她以胜利的而又义愤的语气评论道，这正是她所理解的幼儿园，但她不理解这个学校没有幼儿园是什么意思。她的说法即使在字面上不正确，在精神实质上也许是正确的。无论如何，从这一说法可以看出，在某种意义上，学校一直努力在所有年级（现在包括4岁到13岁的儿童）中贯彻或许是福禄培尔第一个有意识地提出的某些原理。概括地说，这些原理是：

　　1. 学校的首要职责是在合作和互相帮助的生活中训练儿童，培养他们相互依存的意识；实际上，帮助他们把这一精神落实到公开的行动中。

　　2. 一切教育活动的首要根基在于儿童本能的、冲动的态度和活动，而不在于对外部材料的呈现和运用，不管是通过他人的观念还是通过感觉；因此，儿童无数的自发活动、玩耍、游戏、模仿活动，甚至婴儿的明显无意义的动作——以前这些被当作琐碎的、无益的甚至邪恶的表现——都可能具有教育作用，甚至可以充当教育方法的基石。

　　3. 在维持前述的合作生活时，利用这些个人倾向和活动，对它们加以组织和指导；利用这些倾向和活动，在儿童的水平上复制规模更大、更成熟的社会（也是他最终将踏入的社会）中的典型行为和作业；通过生产和创造性的使用，获得和通晓有价值的知识。

　　如果这些陈述正确地反映了福禄培尔的教育哲学，那么，学校就应该成为他的教育哲学的阐释者。学校以极大的信心和热忱把这些原理用于 12 岁的儿童，并以同样的信心和热忱将其延伸到 4 岁的儿童身上。当然，在幼儿园阶段(4—6岁)的实际工作中，学校对原理作了一些必要的修改。虽然其中一些修改具有明显激进的特点，但它们依然忠实于福禄培尔的精神。

关于游戏

不应该把游戏和儿童的外部活动等同起来。相反，游戏表明了儿童整个心理态度。游戏是儿童全部能力、思想和以具体化的、令人满意的形式表现的身体运动，是他们的意象和兴趣的自由运用和相互作用。从消极方面来说，游戏摆脱了经济压力——谋生和供养别人的必要性——是从与成人的特殊使命相连的固有责任中的解放。从积极方面来说，游戏意味着儿童的至高目标是生长的充分性——充分实现他萌发的能力，使他能连续不断地从一个阶段过渡到另一阶段。

这是非常一般的陈述，从它的一般原则理解，它是如此空泛以致与实践没有什么关联。然而，它在应用中的具体意义，有可能在许多方面、也有必要对幼儿园的工作程序作出根本性的改变。直截了当地说，"游戏"指示着儿童的心理态度而不是他的外在表现，这一事实意味着从遵守任何既定的或规定的体系的必然性中彻底解放出来。明智的教师当然会致力于发现有关福禄培尔所提到的活动的建议[在《母育游戏》(*Mother Play*)以及其他著作中]，发现有关其追随者所提出的活动的建议；但是，她①同样也应该记得，游戏的原则要求她认真考察和挑选这些活动，确定这些活动是真的适合她自己的儿童，还是只适合生活在不同社会环境中的过去时代的儿童。就作业、游戏等使福禄培尔和其早期追随者的理论流芳百世而言，可以公平地说，推论在许多方面都与他们的理论相反——推论认为，在推崇福禄培尔所讨论的外在行为时，我们已经不再忠实于他的原理。

教师必须绝对自由地从所有途径中获得建议，她要问自己如下两个问题：首先，所建议的游戏模式是否诉诸儿童本人？在他身上有没有这一模式的本能基础，这一模式是否能促进儿童本来具有且正在努力展示的能力的成熟？其次，所建议的活动是否为那些能把儿童带入更高意识和行为水平的冲动提供表达的途径？还是仅仅使儿童兴奋一阵，然后依然把他抛回原来的状态，只剩下神经的疲

83

---

① 指明智的教师。——译者

怠和对以后更强烈兴奋的渴望。

有充分证据表明,福禄培尔认真研究了儿童的独自游戏,以及母亲和婴儿之间的共同游戏。他同时还花了很大工夫——比如在《母育游戏》中——指出,某些非常重要的原理是复杂的。他不得不提醒他的同代人一个事实,这些事情并非因为是儿童所为就一定是微小和幼稚的,它们是儿童生长中的本质要素。不过,我看不到任何证据表明,他认为就是这些游戏而且只有这些游戏才有意义,或者他的哲学解释背后有任何超出刚才所提到的动机。相反,我相信,他希望他的追随者继续开展对同年龄儿童的条件和活动的研究,而不是一字不动地坚守他已经取得的研究成果。而且,福禄培尔本人不大可能认为他对这些游戏的解释方法已经超越当时最好的心理学和哲学方法;可以设想,他比其他任何人都更期待出现一种更好、更广泛的心理学(不论是普通心理学、实验心理学,还是儿童心理学),而且他自己会利用这一心理学的结论来重新解释活动,更细致地讨论它们,以使它们为教育所用。

象征主义

必须记住,福禄培尔象征主义在很大程度上是他本人特殊的生活和工作条件的产物。首先,由于对那一时代儿童成长的生理和心理的事实和原则没有充分的了解,他不得不经常对游戏之类的价值作出牵强附会的、矫揉造作的解释。对不怀偏见的观察者来说,他的许多论述显然过于笨重和勉强,他所提供的抽象的哲学理由现在都可以换作简单的、日常的表述。其次,在德国普遍的政治和社会环境下,无法想象幼儿园的自由、合作的社会生活和外面世界的社会生活之间的连续性。因此,他未能把学校中的"作业"看作对共同体生活中的伦理原则的原原本本的复制——共同体生活中的伦理原则限制性和权威性过强,不能当作有价值的原型。

因此,他不得不把它们看作抽象的伦理和哲学原理的象征。与福禄培尔时代的德国相比,今天美国的社会环境发生了充分的变化和进步,这就可以保证幼儿园的活动比福禄培尔的追随者所做的更为自然、更为直接,也更能反映现时的生活。即便如此,福禄培尔哲学与德国政治理想的裂痕依然使德国当局对幼儿园持怀疑态度,并毫无疑义地迫使福禄培尔对幼儿园简单明了的社会意义作复杂难解的理智解释。

想象和游戏

对象征主义的过度强调，肯定会影响对想象的处理。儿童当然是生活在想象的世界中。在某种意义上，他只能"假装"（make believe）。他的活动反映了或代表着他所看到的发生在他身边的生活。由于这些活动是代表性的，它们可称作象征的；但是，一定不要忘记，这一"假装"或象征主义是指向活动的。除非它们对于儿童就像成人的活动对于成人一样的真实和确定，否则，其必然的结果一定是矫揉造作和身心疲惫的，要么是身体和感情的兴奋，要么是能力的消退。

幼儿园里有一种奇怪的、几乎无法解释的倾向，这种倾向认为，由于活动的价值在于它对儿童所象征的东西，因此，使用的材料一定要尽可能人工化，而儿童则一定要小心翼翼地与真实的事物和真实的行为保持距离。于是，我们听到用沙子代替种子的园艺活动；儿童用伪造的笤帚和抹布打扫伪造的房间；他们用裁成盘子形状的平面纸来布置一张桌子（后来甚至只按照几何图形而不是真实的盘子来裁纸），代替了儿童在幼儿园以外常用的玩具茶具。布娃娃、玩具火车、车厢等东西因为过于粗俗——因此，不能培养儿童的想象力——而被禁用。

所有这些，当然不过是迷信。儿童的想象力通过他对自己使用东西的理解、回忆和预测而得到提高。这些东西越自然、越平易，就越能为他的想象力提供明确的基础。儿童们所参与的简单的烹饪、刷盘子、洒扫等，对他们来说就像五子棋一样平实或实用。对儿童来说，这些作业活动负载了太多神秘的价值，而这些价值通常是成人强加在他们自己所关注的东西上的。因此，只要可能，材料一定要"真实"、直接和简单易懂。

但是，原理并没有就此结束——被表征的现实必须同样处在儿童自己的理解能力范围内。人们常常认为，想象力的运用越是代表飘渺的形而上学和精神原则，就越是有益。可以有把握地说，在大部分这样的例子中，成人自己骗了自己。他既意识到了现实，也意识到了象征，并因此意识到了二者的关联。但是，由于所反映的真理或现实远远超出儿童的理解能力，所以，他所设想的象征对儿童来说，根本就不是什么象征，而不过是独立的客观之物。实际上，儿童从象征中获得的是它本身的身体和情感意义，往往再加上他知道教师对他的期望是流利的语言和灵巧的态度——但却没有任何相应的智力上的获益。我们以为自己通过象征教授的是精神真理，而实际的情况是：我们教授的常常是不真诚，灌输感情主义,培养激情主义。因此,儿童所复制的实在事物应当尽可能具有熟悉、直接和真实的性质。主要是由于这个原因,我们学校的幼儿园工作选择以复制家庭生活和邻里生活为中心。这把我们带向"教材"问题。

教材

以房子、家具、家居设施为背景的家庭生活,连同家庭中所进行的作业活动,为儿童提供了与他有直接、真实关联的材料,他自然而然地倾向于在想象中复制这些材料。家庭生活中丰富的伦理关系和道德责任,同样也在道德方面为儿童提供了养料。与许多幼儿园相比,我们的计划不那么雄心勃勃,但是在教材的限制方面却有积极的贡献。当涉及许多教材的时候(例如,复演工业社会、军队、教会、政府等),工作就会出现过度象征化的倾向。这些材料中有很多内容脱离了4—5岁儿童的经验和能力,以至于他实际上从中得到的只是身体和情感的放松——他从未真正进入教材本身。而且,这些雄心勃勃的方案对儿童本人的理智态度有产生不利作用的危险。在由于把整个宇宙几乎全部包括在纯粹伪装的模式中,他开始变得懒散,失去了对直接经验的简单事物的自然渴望,并且会带着一种已经一切烂熟于心的情绪学习小学一年级的教材。儿童生活的以后岁月有其自身的权利,而一种肤浅的、简单的情感的提前使用,有可能对儿童造成严重的伤害。

而且,还存在另一种危险,即会养成一种从一个题目迅速跳转到另一个题目的心理习惯。年幼的儿童已经具备相当多的某种类型的耐心和某种忍耐力。的确,他偏爱新奇和变化,他对不能通向新领域、不能向新的探索渠道开放的活动很快就会感到厌倦。然而,我不是为千篇一律作辩护。家庭的活动、设备和工具中有足够丰富的变化,儿童可以赋予它们连绵不绝的多样性。它会不时地触及城市生活和工业生活;当需要的时候,在不偏离主题的情况下可以引入。这样,就有机会培养基于注意并且对整个理智发展都有意义的感觉能力、一种具有连续性的感觉能力。

这一连续性恰恰经常受到以获得它为目标的方法的干扰。从儿童的立场来看,统一性取决于教材——这里所指的,是他总是只和一件事即家庭生活打交道的事实中。重要之点是要连续不断地从生活的一个方面转向生活的另一方面,从一种职业活动转向另一种职业活动,从一件家具转向另一件家具,从一种关系转向另一种关系,等等;但是,所有这一切都隶属于建立同一种生活方式,尽管此

87

88

时这一特征引人注目,彼时另一特征又跃入视野。儿童的工作一直处在一种统一性之中,他赋予不同的侧面以清晰性和明确性,让它们相互贯通,结为一体。当存在各种各样教材的时候,一般就只能在形式方面寻求连续性,也就是说,在序列的方案中,即"工作群"中,在发展每一主题的严格方案中,在作为工作指南的"日程思想"中。作为规则,这一序列是纯粹理智上的,因此只能为教师所领会,而不为儿童所了解。这样,一年、一个学期、一个月和一周等等的方案应该在对这一时段可完成多少总教材的基础上建立起来,而不应该建立在理智或伦理原则的基础之上。只有这样,才能既有明确性,又富有弹性。

方法

低年级所特有的问题,当然是如何抓住儿童的自然冲动和本能,利用它们把儿童带上知觉和判断的更高水平,并使他们养成更良好的习惯;这样,他的自觉性就得以扩大和加深,逐渐增强对行为能力的控制力。不论在哪里,如果这一结果没有实现,游戏只能带来娱乐而不能带来教育意义上的生长。

整体看来,建造性的或"构建性的"工作(当然,必要时,要利用与建造观念相关的故事、歌曲和游戏进行适当的交换)看来比任何其他方式都更适合用来获得这两个要素——开始于儿童本身的冲动,终结于一个更高的水平上。它使儿童接触多种多样的材料:木头、金属、皮革、纱线,等等;它为以真实的方式使用这些材料提供了动机,而不再仅仅是抽象的象征意义的练习;它唤起了感觉的敏锐和观察的机敏;它要求清楚地描述目标,要求计划机智新颖;它要求执行计划时必须集中注意,必须有个人的责任心,而其结果必须切实可见,以便儿童可以判断他本人的工作并提升他的水准。

对于与幼儿园工作相关的模仿和暗示的心理学需要说几句。毫无疑问,幼儿具有高度的模仿性而且容易接受暗示;同样毋庸置疑的是,他那未经雕琢的能力和不成熟的意识需要通过这些渠道,不断加以充实和指导。正因为如此,很有必要对运用模仿和暗示的两种方法进行区分,第一种方法是外在的,完全非心理的运用;第二种方法则与儿童的活动存在有机联系。一条普遍的原则是,任何活动都不应该从模仿开始。活动必须由儿童发动;可以提供模型或样本,以帮助儿童更明确地描述他真正想要的到底是什么。模仿的价值不在于作为原型复制在行为中,而在于作为概念的充分性和清晰性的向导。如果儿童在行动中不能摆脱模仿展现自己独立的见解,那么,他只能是服从和依赖而没有发展。模仿只能用来加强和帮助,而不能用来创新。

认为直到儿童有意识地表达一个需求之后,教师才能给予他这方面的暗示,这是没有根据的。一个富有同情心的教师,很可能比儿童自己更了解他的本能是什么,意味着什么。但是,暗示必须与儿童发展的主导模式相吻合;它必须仅仅作为刺激,以便使儿童盲目努力去做的事情更充分地产生结果。只有通过观察儿童和注意他对暗示的态度,我们才能分辨这些暗示是促进儿童生长的要素,还是干扰正常生长的外来的、专断的影响。

这一原理甚至可以更有利地应用于所谓指令性的工作。认为任由儿童沉浸在自己未加引导的幻想中和通过一系列指令控制儿童的活动之间不存在中间项,这是无比荒谬的。就像刚才所提到的那样,教师应该知道,在儿童发展的不同阶段分别有哪种能力在努力寻求表达自己,以及何种活动有助于能力的表达,这样才能为儿童提供必要的刺激和所需的材料。比如,游戏室的暗示。从观察已经制造出来用以布置游戏室的东西而来的暗示,从观看其他正在工作的儿童而来的暗示,可以用来指导 5 岁的正常儿童的活动。模仿和暗示自然和必然地出现,但只作为帮助儿童实现他的希望和观念的工具。它们足以使他明白,使他意识到,自己在以一种含糊不清的、混乱的因而是无效的方法努力寻求东西。从心理学的观点看,可以有把握地说,当一位教师不得不依靠一系列指令性暗示时,这正是儿童对于自己要做什么或为什么要做那件事没有自己的意象。因此,儿童通过服从指令没有获得控制的能力,相反却丧失了这一能力——变得需要依赖于外部资源。

最后,需要指出的是,这样的主题和方法直接与 6 岁大的儿童相联系(对应于小学一年级)。对家庭生活的游戏复制,很自然地过渡到对家庭所依赖的规模更大的社会职业活动作更广泛、更严肃的研究上;与此同时,对儿童自身的计划和执行能力不断增长的要求,把他继续带向对更独特的理智主题的更多关注。一定不要忘记,为获得"幼儿园"和"一年级"工作之间的连续性而作出的重新调整,不能完全根据后者而来。学校的变化必须像儿童的生长一样,是渐进和觉察不出的。除非幼儿园的工作放弃使它孤立的东西,热情欢迎与儿童能力的充分发展同步的材料和资源,并因此使儿童总是在为下一个他必须做的事情做准备,否则上述的目标是不可能实现的。

7.

关于作业的心理学

作业(occupation)不是指为使儿童不再调皮捣蛋或无所事事而给予他们的
任何一种"忙碌的工作"或练习。我所说的作业,指的是儿童对社会生活中所进
行的某种工作的复制或模仿。在芝加哥大学初等学校,这些作业包括利用木料
和工具进行的工场工作、烹饪工作和纺织工作。

关于作业的心理学的基本价值,在于它维持了经验的理智状态和实践状态
之间的平衡。作为一种作业,它是积极的或机动的,它通过身体器官——眼、手
等表现出来。但是,它同样也意味着对材料的连续观察,以及连续的筹划和思
考,以保证实践的或执行的东西可以顺利地完成。因此,这样理解的作业必须严
格区别于主要着眼于商业活动的教育工作。其不同之处,在于它以自身为目的,
以生长而不是外在的效用为目的,而生长来自观念与观念在行为中的具体体现,
这两者之间连续的相互作用。

在商业学校以外开展这类工作是可能的,这样,全部的重点就落在手工或身
体的方面。在这样的情况下,工作成了单纯的日常事务或习惯,失去了其教育价
值。不论在哪里,比如在手工训练中,只要掌握某种工具或生产某种物品成为首
要的目的,只要儿童未被赋予选择最适用的材料和工具的理智的责任心,未被赋
予思考他自己的工作模式和计划,以及察觉自己的错误并发现纠正错误(当然是
在他们的能力范围内)的机会,那么,上述的情况就是一种不可避免的倾向。只
着眼于外部的结果,而不在于实现这一结果过程中的心理的和道德的状态和生
长,就此而言,这种工作可称为手工的工作,而不能称为一种作业。当然,所有单
纯的习惯或日常事务的倾向,都是造成无意识或机械性的行为。作业的倾向是

要把最大限度的自觉性注入所做的任何工作中。

这使我们能够对两个重点加以解释：(a)与纺织工作有关的个人的实验、计划和再发明；(b)与历史发展线索对应的东西。前者要求儿童在每时每刻都能敏捷和机敏，以便正确地完成外部的工作，后者则丰富和深化了重塑社会生活的价值的工作。

这样理解作业，为感官训练和思维训练提供了理想的场地。训练感官的普通观察课程的弱点是它们在自身以外不再有释放的渠道，因此就没有必要的动机。而在个人和种族的自然生活中，则总是要有进行感知——观察的理由，总是有要达成某种目标的需要，才能促使他四处找寻能够为他提供帮助的东西。正常的感觉在确定必须进行的活动时起着线索、辅助和激励的作用，它们不以自身为目的。在离开真正的需要和动机以后，感官训练变成了单纯的体操训练，并且很容易蜕变为观察时的花招和诡计，或者单纯的感官刺激。

同样的原则适用于正常的思维。思维同样不是为了自身的缘故，不是以自己为目的。它的产生是为了解决某些困难，是寻求克服困难的最佳途径，因而它导致在思想上计划和设计所要实现的结果，并确定必要的步骤及其程序。这一具体的行为逻辑远早于纯粹的思辨或抽象的思考，而且前者所形成的心理习惯是后者的最佳准备。

关于作业的心理学所启示的另一教育论点，是兴趣在学校工作中的作用。反对在学校工作中给予儿童兴趣以重要或积极的地位，一个常见的理由是：不可能对儿童的兴趣作出恰当的选择。据说，儿童有各种各样的兴趣，其中既有好的，也有坏的，还有不好不坏的。有必要对真正重要的兴趣和琐碎的兴趣作出区分；对有益的兴趣和有害的兴趣作出区分；对过渡性或即兴的兴趣和持久永恒的兴趣作出区分。看来，我们必须在兴趣之外求得利用兴趣的基础。

毫无疑问，儿童对作业具有强烈的兴趣。到任何一所正在开展这项工作的学校走上一圈，就会对此深信不疑。在学校之外，儿童的大部分游戏都不过是复演社会职业活动的缩影和偶然的尝试。有确定的理由相信，由这些作业唤起的兴趣是相当健康、持久且真正富有教育意义的；通过给予作业一个更高的地位，我们能够获得唤起儿童自发兴趣的有效途径，或许也是最佳途径，同时能保证我们所面对的不会是单纯的娱乐、刺激或临时的活动。

首先，每种兴趣都来自某种本能或习惯，而本能或习惯最终都依赖于原初的本能。这并不是说,所有的本能都具有同等的价值;也不是说,我们没有继承在生活中需要加以改变而不是满足于原状的许多本能。但是,在作业中找到其有意识的释放和表现的本能,必定属于一种根本和永久的类型。生命活动必然将自然的材料和力量置于我们的目的控制之中,使它们为我们的生活目标服务。人类为了生活必须劳动。在工作中并通过工作,人类驯服了自然,保护并丰富了自己的生活条件。他们已经清醒地意识到他们自己的能力——他们致力于发明、计划,对获得技能备感欢欣。大致上可以说,所有的职业活动都围绕人与世界的基本关系而展开。在这个世界,他通过获取食物来维持生命,用衣服和栖身之所来保护生命和组织生活,以此为全部高级的、更富精神性的兴趣提供一个永恒的家园。认为曾经经历如此发展历史的各种兴趣必定是一种有价值的兴趣,这没有什么不合理之处。

95

当然,发生在儿童身上的这些兴趣,不但重现了人类过去的重要活动,而且复制了儿童当前环境中的活动。他不断看到他的父兄沉浸在这些工作中。他每天必须与这些作业的结果打交道。他所接触的事实除非参照这些活动,否则便没有什么意义。如果把它们从当前的社会生活中抽走,那么就剩不下多少东西了——不仅在物质方面是这样,在理智、审美和道德方面也是如此,因为这些在很大程度上都与作业必然地联系在一起。因此,儿童在这方面的本能的兴趣,常常受到他所见、所感和所闻的强化。由此而来的启发联想连续不断地呈现在他的面前;他的动机被唤醒了;他的能量被激发起来。再重述一遍:认为被如此经常唤起的多方面兴趣属于有价值的、持久的兴趣,这一看法应该没有什么不合理之处。

第三,反对教育中兴趣原理的论点之一,是由于兴趣以这种或那种方式不断地搅扰儿童,破坏了连续性和彻底性,因而有打破心理系统的趋势。但是,一种作业(比如纺织作业)必然是一件连续的事情。它不但持续数日,而且持续数月和数年。它体现的不是孤立、表面的能量的骚动,而是遵循一定的普遍规则的稳定、持续的能量组织。当然,任何其他形式的作业也是如此。比如,使用工具的工场工作或烹饪工作。作业将原本孤立的、间歇性的多种冲动纳入一种统一的系统中。如果兴趣完全远离那种有规律的发展的行为模式,而不扩展为整个学校的核心,是否还能长期保证在学校工作中赋予"兴趣"原理的重要地位,倒是颇值得怀疑的。

96

8.
注意力的发展

97

学前部门或幼儿园部门正在从事教育问题的研究。这些问题来源于想把幼儿园工作和初等学校工作紧密地衔接起来,并改革传统的教材和教法,使之适合现代社会条件和我们现在的生理学、心理学知识。

幼儿的观察和思考大部分都指向人:他们做什么,他们如何行动,他们从事什么工作,以及工作的结果是什么。幼儿的兴趣是一种个人的而非客观或理智的。其理智对应物是故事形式,而不是任务,不是有意识地界定的目标或问题——故事形式指的是精神性的东西,通过带有情感的普遍观念把各种人物、事物和事件汇聚在一起;而不是指外在的关系或想象的故事。儿童的心灵寻求整体,整体随不同的阶段而变化,行动使整体生动起来,而突出的特征则使整体明确起来——必须有尝试、活动、使用和操作的感觉——对于与观念相分离的事物进行检验。对故事的形式和结构的孤立细节进行分析,既没有感染力,也不能使儿童获得满足。

现存的社会职业活动所提供的素材,可用来满足和培育这一态度。在早期阶段,儿童曾专注于家庭作业,专注于家庭成员之间的相互联系,以及家庭与外界生活的相互联系。现在他们可以自由地选择整个社会的典型作业——从儿童以自我为中心的、为自己打算的兴趣向前迈进一大步,而又仍然处理一些个人的事情和打动他的事情。

从教育理论的角度来看,下列特征应予以关注:

98

1. 在人的背景下研究自然的对象、过程和关系。在一年的时间里,仔细观察种子和种子的萌发生长,观察植物、木头、石头和动物的结构状态,观察地形、气候、土地和河流。教育上的问题就是指导儿童的观察能力,培养他对生活于其中的世界的各种特征具有同情的兴趣,为以后更具体的学习提供解释性素材,并通过儿童的自发情感和思维为各类事实和观念提供传送的渠道。这样,它们就与人类的生活联系在一起了。儿童没有对这项工作的"社会的"方面、它对人类活动以及活动之间的相互依赖的关注,以及关于自然事实和力量的"科学"作出区分——因为自觉地区分人与自然是后来思考和抽象的结果。如果强行将这一区分加诸儿童,不但不能吸引他的全部热情,反而会使他感到迷乱和困惑。环境就是生活的环境;把它孤立起来,使环境单独成为幼儿的观察对象且因其自身而值得观察的对象,这样对待人性很不妥当。最终,对待自然的原本开放、自由的态度被破坏了,自然被缩减成了一堆没有意义的东西。

在对"具体"和"个人"的强调中,现在教育学理论常常忽略一个事实:一件个别的自然物——一块石头、一个橘子、一只猫的存在和表象不是具体性的保证——这是一件心理学的事情,不论是作为一个整体,作为兴趣和注意的自给自足的中心对于心灵的吸引力是什么东西。然而,随着外在的某种程度上消亡的观点而来的反应,经常会假定,对人具有重要意义的必需的衣服只能根据直接的人体模型制成。而我们不断看到只会使伪科学成为可能的关于一株植物、一片云或一阵雨的象征化的东西;它们不能产生对自然本身的爱,只能把兴趣转向某种感觉和情感的伴随物,并在最后放弃兴趣,任它消散、燃尽。而且,即便是通过文学的渠道接近自然的倾向,通过不满意的松树的寓言去研究松树,尽管承认需要有与人的联系,但仍然没有注意到有一条从心灵到对象的更直接的路径——直接与生活自身相连;而且,诗歌、故事和文学的描述有其作为强化和理想化的因素而不是作为基础的作用。换言之,需要做的事不是在儿童的头脑和自然之间设立固定的联系,而是让已经建立起来的联系自由、有效地运行。

2. 这马上引出了通常置于"相互关系"(correlation)名义下讨论的实践问题,即所研究的各个事件和已获得的能避免浪费的各种能力之间相互作用的问题,以及维持心理生长的统一性问题。从所采纳的观点来看,问题在于如何区分,而不是通常所理解的如何相互关系。呈现在儿童面前的生活的统一性,把不同的作业,各种各样的植物、动物和地理条件结合在一起;绘画、雕塑、游戏、建造性的工作和数字计算,都是以生活统一性的某种特征来实现心理和情感的满足的方式。在这一年中,没有在阅读和写作上投入太多的精力;但是很明显,如果认为阅读和写作是值得追求的目标,那么可以运用同样的原理。是教材的共同性和连续性在进行组织和联系,其相互关系不是通过教师运用教育手段把本身不相关的事物强行捆绑在一起就可以建立起来的。

3. 初等教育中两个得到承认的需要常常是不统一的,甚至是相对立的。需要以熟悉的、已经有经验的东西作为基础,以便继续向未知的、遥远的事物前进,这是一个基本常识。把儿童的想象力当作一个要素,至少已经开始获得认可。问题在于要把这两种因素结合起来,结束它们互相独立的局面。在第一个原理的支持之下,在对熟悉的东西和观念方面对儿童的训练已经够多的了,但却未能满足第一原理的要求。不夸张地说,其结果是双重的失败。在虚幻、神话、传说和心理想象之间没有特殊的联系。想象不是要运用事实不可能的教材,而是在流行观念的影响下处理任何教材的建设性的方式。重要的不在于反复叙述他们已经熟悉的材料,而是要通过运用它们建立和领会以前未实现的陌生的条件来激活和启发日常的、常见的、熟悉的材料。这同样也是想象力的培养。有些作者似乎认为,儿童的想象力只有通过古代和远方的神话、传说,或只有通过编造太阳、月亮和星星的奇异故事才能得到表达;甚至求助于对全部"科学"进行神话叙述——作为满足儿童想象力的方式。但是,幸而这些东西是例外,是正常儿童的娱乐和放松,而不是他的追求。我们大多数人都知道,男孩和女孩把他们的想象力放在生活中常见的、熟悉的交往和事件上——父母和朋友、汽船和火车、绵羊和母牛、农场和森林、海滩和山峦。一言以蔽之,我们需要做的是为儿童提供一个机会,让他能和其他儿童交换他的经验、他的信息,让新的观察校正和扩展他的经验和信息;这样,他的想象就获得了发展,他将会把发现和创造当作心理的休憩和满足。

随反省注意力的发展而来的,是改变儿童教育模式上的需要和可能。在前面的段落中,我们已经关注的是作为 7 岁以前的儿童的标志的直接、自发的态度——他需要新的经验,他想要通过建立意象和在游戏中表达意象来弥补他的不完全的经验。这一态度是作者们所说的自发注意或非随意注意的典型类型。

儿童仅仅只是专注于他正在做的事;他所从事的作业完全吸引了他。他专心致志。因此,虽然耗用了大量的精力,但并没有有意识的努力;虽然全神贯注,却没有自觉的意图。

随着对更远目标的意识的发展，儿童需要控制自己的动作以实现这些目标①，我们也转向了所谓间接的注意力或有些作者所习惯使用的随意注意。结果已经存在于想象之中。儿童关注他面前的东西或关注他当下正在做的事情，因为它帮助他获得那一结果。就其本身而言，对象或行为可能是无关紧要或甚至令人厌恶的。但是，由于它被认为是从属于想要得到或有价值的东西，它便借用了后者的吸引力和注意力。

这是向随意注意的过渡，但仅仅是过渡而已。只有当儿童以问题或疑难的方式抱有目的并打算自己去解决时，才真正过渡到了随意注意。在过渡阶段（比如说，儿童从 8 岁到 11、12 岁时），儿童导演一系列以他所要实现的某种目的为基础的过渡活动，这一目的是某种要完成或制造的东西，或要实现的可见结果；这里的问题是一个实际困难，而不是理智的疑问。但是，随着能力的增长，儿童能够把目的想象为某种要发现的东西；他能够控制他的动作和想象，以有助于探索和解答。这恰恰是反省注意。

在历史课中，存在着从故事到传记形式、从对产生的问题进行讨论到对问题系统阐明的转变。历史中经常出现引发不同意见的疑点和有待经验、思考检验的事件。但是，利用这种讨论，把它们发展成为明确的问题、让孩子领会到难点所在，让他利用自己的能力寻求问题的答案，这是理智上的显著进步。在科学中，同样也有从制造和使用照相机的实践态度向对其中所涉及的问题（为实践提供理论或解释的光学原理、角度测量等等）进行智力思考的转变。

总之，生长是一个自然的过程。但是，正确地认识和利用生长却可能是智力教育方面最严肃的问题。从智力方面来说，一个人获得了反省注意的能力，且获得了把握问题和疑难的能力，他就是一个受过教育的人。他受到了智力训练——从属于头脑的能力和服务于头脑的能力。如果没有这一能力，头脑就停留于依赖习惯和外部暗示的恩惠的阶段。求助于一个几乎支配通常教育的错误，对于说明某些困难简直是于事无补。人们常常认为，只要具备恰当的意志或性情，就可以直接把注意力投向任何教材；如果不能实现，那一定是因为不愿意或不服从。把算术、地理和文法课程放在儿童面前，告诉他为了学习要关注这些课程。但是，除非在头脑里有某些疑问和疑惑作为关注的基础，否则，反省注意

---

① 这一主题在《杜威中期著作》第 1 卷第 226—229 页中讨论过。——译者

是不可能的。如果教材中有足够的**内在的**兴趣，那就会有直接的或自发的注意；但是，单单这一点不足以产生思维或内在的智力上的控制力量。如果教材本身没有吸引人的力量，那么（根据儿童的气质和训练，以及学校的惯例和期望），教师或者赋予活动以外在的吸引力，通过"使课堂饶有趣味"去获得或"贿买"学生的注意力；或者求助于对抗刺激剂（以各种方式扣分，以降级相威胁，放学后留校，私下的非难，唠叨责备，不断提醒儿童"注意听讲"，诸如此类）；或者，可能将这两种方法双管齐下。

但是，(1)这样获得的注意只能是部分的或分裂的；而且(2)这样的注意力总免不了要依赖于某种外在的东西——因此，一旦吸引力中止或压力释放了，也就不会再有内在的或理智的控制。此外，(3)这样的注意总是为了"学习"，也即记忆那些已经准备好了的、对别人可能提出的问题的解答。确实，在另一方面，反省注意总是包括判断、推理、筹划；这意味着儿童有他自己的疑问，并积极致力于寻找和选择相关材料以解答这一疑问，考虑这种材料的意义和关系。疑问是他自己的疑问；因此，对注意的原动力，即注意的刺激，也是他自己的；这样所获得的训练，也是他自己的——这是训练，或控制能力方面的收获；也就是一种思考问题的习惯。

传统教育过分强调把已经准备好的材料（书、实物教学课、教师的谈话等等）提供给儿童，儿童几乎只需背诵这些准备好的材料就够了，这样只在偶然的情况下才需要发展反省注意。几乎没有考虑过基本的需要——让儿童把问题看作自己的问题，这样他才能自觉地去注意以找到问题答案。获得这一自我设定的问题的条件被忽略得如此彻底，以至于随意注意的观念被彻底滥用了。如果用是否愿意付出努力来衡量随意注意——被当作需要由外来的、令人厌恶的材料来努力唤起的活动，而不是自己发动的努力。"随意"被当作是不情愿和不乐意的，而不是由个人的兴趣、洞察和能力所进行的自由的自我指导。

9.

初等教育中历史教学的目标

如果把历史只当作对过去的记载，那就很难找到坚持认为历史应该在初等 104 教育课程中扮演重要角色的理由。过去就是过去，可以让死者留下来去埋葬它 的死亡。当前有太多急迫的需要，未来在声声召唤着我们，儿童不应该太深地沉 浸在已经永远消逝的过去中。如果历史被当作对社会生活的力量和形式的叙 述，情况就不是这样了。我们总是与社会生活同行，过去和当前的区分无关紧 要。不论是刚好在这里过社会生活还是在那里过社会生活，都是微不足道的。 尽管如此，它总归是生活；它表现出把人们聚拢在一起和分散到四处的动机，描 绘什么东西是渴求的、什么东西是有害的。不管历史对讲求科学的历史学家意 味着什么，对教育者来说，它必须是一种间接的社会学——揭示社会的变化过程 及其组织模式的研究。对儿童来说，现在的社会既太复杂又离得太近，无法进行 研究。他找不到走出细节迷宫的线索，登不上纵览迷宫全局的制高点。

如果历史教育的目的是使儿童理解社会生活的价值，在想象中发现促进人 类有效合作的力量，理解发展和进步的特征，那么，呈现历史的关键点就是让它 能动起来，富有动感。一定不要把历史表现为结果或效果的堆积，或者对发生事 件的单纯陈述，而是要表现为充满力量的、行动的事物。动机——也就是说动 力——必须突出。学习历史不是为了堆积知识，而是为了利用知识描绘一幅人 们如何行动和为什么如此行动，以及如何和为什么能建功立业或自取灭亡的生 动画卷。

如果把历史想象成动态的、运动的，它的经济方面和工业方面就会受到重 105 视。这些不过是专业术语，表达了人类不停歇地寻求解决之道的问题；怎样生活,怎样掌握和利用自然以丰富人类的生活。智慧使人不再充当自然的小心翼翼的臣仆,而是使人懂得如何利用自然力以服务于他的目的。文明的巨大进步证明了人的智慧。儿童现在生活在一个如此富裕和丰实的社会世界中,以至于不容易看出它的价值和在它背后花费的努力和思想。人类手中握有巨型设备。可以引导儿童将这些现成的资源转译成流畅的术语;可以引导他去发现人类在未能继承前人资本、工具和制造原料之前,是怎样面对大自然的。这样,逐渐地,他就可以遵循人类的发展历程,懂得人类处在那样的环境下的需求,考虑制造能使他对付自然处境的武器和工具,并能理解这些新的资源如何打开发展的新境界和带来新的问题。人类的工业史不是一个实利主义或单纯效用的事件。这是一个智慧问题。它所记载的是人类如何学会思考,如何学会考虑后果,如何改变生活的条件以使生活完全不一样的事情。它同时也是一种伦理的记录,记录人类如何坚韧不拔地创造条件以实现自己的目标。

人类怎样生活的问题,实际上是儿童探究历史材料时最感兴趣的问题。正是这一观点,把过去时代工作的人们与现在工作的人们(也是儿童每天接触的人)联系在一起,赋予儿童具有同情的洞察力的才能。

对人类的生活方式、他们必须使用的工具、他们的新发明以及被由此获得的能力和闲暇而改变的生活感兴趣的儿童,在他自己的行为中热情地重复着类似的过程,重新制造工具,复制工序,重新处理材料。由于要理解人类的困境与成就,必须考察自然的资源与限制,所以,儿童对田野和森林、海洋和山脉、植物和动物很有兴趣。通过建立人类生活于自然环境中这样的观念,儿童学习和把握了人类的生活。除非他认识了自己身边的自然力和自然形式,否则不可能进行这一复制。对历史的兴趣,为他的自然研究赋予了人性化的色彩和更宽广的意义。他的自然知识增加了他的历史研究的视点和精确性。这就是历史和科学之间的自然的"关联"。

这同一个目标,即对社会生活的深入理解,决定了历史教育中传记因素的地位。当历史素材以个人形式呈现的时候,当它集中在某个英雄人物的生活和行为的时候,对儿童的感染力最强、最生动,这是毫无异议的。当然,传记有可能写成故事集,读起来生动有趣、引人入胜,但却无助于儿童对社会生活的理解。当故事中的英雄人物与他的社会环境相分离时,当儿童不能理解唤起英雄人物的行为的社会状况及其行为对社会进步的贡献时,就会出现这样的情况。如果传记写得像社会需要和社会成就的戏剧性总结一样,如果儿童的想象力描绘出亟待解决的社会缺陷和社会问题,那么,传记就成了社会研究的一个工具。

意识到历史的社会目的,可以防止历史陷入神话、传说和纯文学的趋向。尽管我很赞同赫尔巴特学派在丰富初等学校的历史课程方面所做的大量工作,但是,他们的做法颠倒了历史和文学之间的真实关系。在某种意义上,美国殖民地历史的基调和笛福的《鲁滨逊漂流记》(*Rsbinson Crusoe*)的主题是同一个,两者都描绘了已经开化和具备一定成熟思想的人,他们都具有自己的理想和行为方式;但是,突然间除了自身一切都不存在了,于是不得不面对原始的且常常充满敌意的自然,通过纯粹的智慧、能量和坚韧的性格重新获得成功。但是,当《鲁滨逊漂流记》的故事被用作三四年级儿童的课程时,我们不是在本末倒置了吗? 为什么不让儿童去接触范围更广、力量更大、对生活价值更生动更持久的现实,而将《鲁滨逊漂流记》用作在同类问题和活动的一种特殊情况下的想象中的理想化呢? 而且,不论研究一般的原始生活和北美印第安人的具体原始生活的价值是什么,为什么总是要间接地从《海华沙之歌》(*The Song of Hiawatha*)①的故事入手,而不是直接地利用诗歌为儿童先前已经从具体事例中了解到的环境和斗争的知识添加上理想化的升华的色彩呢? 印第安人的生活如果不能向我们展现社会生活中某些永恒的问题和要素,它在教育方案中就几乎没有作用。如果印第安人的生活具有这样一种教育的价值,那么就应该让它通过其自身而显现出来,而不应该让它在精致的、美妙的纯粹文学形式中迷失自己。

我认为,同样的目的、对人物和社会关系的天然依赖的理解,使我们确定了年代顺序在历史教育中的重要性。最近特别重视所提到的必要性,即通过文明实际产生的连续步骤去追踪文明的发展——开始于幼发拉底河和尼罗河谷一直延伸到希腊和罗马时期等等。这里所强调的关键是现在依赖于过去,而过去的每一阶段又依赖于它之前的过去。

这里,我们遇到了对历史的逻辑解释和心理解释之间的冲突。如果目标在于理解社会生活是什么以及社会生活是如何运行的,那么,儿童当然必须与内心上接近的事情打交道,而不是关注遥远的事。理解巴比伦或埃及生活的困难,与其说是由于年代久远,不如说是它们与我们现在社会生活的目的和兴趣相去甚

107

108

---

① 《海华沙之歌》是美国著名诗人朗费罗(H. W. Longfellow, 1807 - 1882)的叙事诗。——译者

远。它未能充分简化,也未能充分概括,或者,至少它未能以正确的方式进行简化或概括。它是通过省略现在看来有意义的内容,而不是通过把这些要素放置在次一级的水平上来完成简化或概括的。其突出的特征,即使专家也难以把握或理解。它无疑呈现了对以后生活有帮助的要素,这些要素改变了时间长河中的事件的进程。但是,儿童还没有达到能够理解抽象的原因和特殊的贡献的程度。他所需要的,是一幅典型的关系、条件和活动的图画。在这一方面,有许多前历史的生活,比复杂的、不自然的巴比伦或埃及的生活更接近他的生活。当一个儿童能够理解制度的时候,他就能够理解每一个历史上的国家所代表的特殊的制度观念,以及它对现在复杂的制度的贡献何在。但是,只有当儿童在其他领域也能对原因进行抽象的时候,才能进入这一阶段;也就是说,当他接近中等教育阶段的时候才能如此。

这一般性的方案有三个阶段:首先是概括和简化的历史——就本来意义或时代顺序意义上而言,这很难称得上是历史,但是其目的在于赋予儿童以深入认识历史活动的洞见和对历史活动的共鸣。在这一阶段中,6 岁的儿童要学习现在城乡人们所从事的各种典型的职业活动;7 岁的儿童要熟悉各种发明的发展历史,以及它们对生活的影响;8 岁的儿童则要接触把整个世界纳入人类景象的迁徙、探索和发现等大规模的活动。前两年的功课显然独立于任何特殊的民族或个人——也就是说,独立于任何严格意义上的历史资料。与此同时,通过为介绍个别要素而设置的戏剧化的方式,儿童们的视野得到极大的拓展。通过对大探险家和大发明家的叙述,过渡到对本地的特殊历史的叙述;本地的特殊历史依赖于生活于特定地域和时代的特定的人。

109　　　这就使我们进入第二阶段。在第二阶段,特殊群体的人们的局部环境和确定的活动在儿童处理有限的、客观的事实的能力的发展中起着重要的作用。由于芝加哥和美国是儿童能最有效地处理的局部对象,接下来的三年的素材就都直接或间接地来自这里。在这一阶段,第三年是过渡的一年,这一年开始处理美国生活和欧洲生活的联系。到此为止,儿童已经准备好不再处理一般性的社会生活,甚至不再处理他最熟悉的社会生活,而是去处理完全不同的社会生活或独特形态的社会生活;探究这一独特形态社会生活的特殊意义,以及它对整个世界历史的特别贡献。因此,下一个阶段将按照历史的时间顺序处理历史,从地中海沿岸的古代世界开始,继而是欧洲的历史,最后是美国的历史。

这一方案不是解决问题的唯一方案。它不是思想的结果,而是年复一年的大量实验的结果。实验目的是探索如何能够有效地抓住儿童并把儿童们逐步地引向关于社会生活的原则和事实更细致、更精确的知识,以为将来专门的历史研究做好准备。

系列论文

"意识"与经验[①]

（心理学和哲学方法）

任何科学的立足点和最终目标，都是由其自身以外的条件所控制的——这些 113
条件是由当时的实际生活所赋予的。在这一点上，其他任何学科都没有像心理学
这样明显。抛开细枝末节的分析，没有人可以否认心理学所特别关注的对象就是
个体的人。心理学想要发现的是特别由个体派生出的事物，以及这些事物和个体
相联系的方式。然而，对个体的认识，对其赋予的价值，以及让人感兴趣的个体的
组成，并不是心理学诞生时才有的。科学视角借助一种反思和转借的方式看待这
些事物。而这些事物是在现实生活中被揭示出来的。独裁社会、贵族社会和民主
社会对个体性的价值和地位的看法差别很大，它们给个体赋予了如此不同种类的
经验；它们旨在激起如此不同的欲求，并按照不同的目的把这些欲求组织起来。
因此，每一种社会的心理必然表现出一种不同的品质。

从这个角度来说，心理学是一门政治科学。虽然所谓的心理学家在其有意
识的研究步骤中，可以轻易地把他的研究对象从这些实际的联系和参照物中剥
离开来，但其研究的起点和目标却是由社会决定的。基于这种认识，我在此贸然
地向可能对心理学专业不感兴趣的听众介绍一个专业技术性的问题，希望能够 114
将其中的人文含义体现出来。

目前，有一种很强烈且日益增强的趋势，就是把心理学看成是对个体意识的

[①] 首次发表于《(加利福尼亚)大学编年史》(*University Chronicle*)，第 2 期(1899 年)，第 159—179 页。
标题是"心理学与哲学方法"，由伯克利分校重印，1899 年，第 23 页；重印时对文字略有改动，改动的
大部分是删节［亨利·霍尔特出版公司 1910 年出版的《达尔文对于哲学的影响》(*The Influence of
Darwin on Philosophy*)收录了此文，第 242—270 页，标题是"'意识'与经验"]。

描述,而个体是独立于外界的。这种假设认为,可以在意识自身的范围内,对意识加以分析、描述和解释。有一种经常出现的说法是:心理学是对意识的描述,即意识本身。这种说法旨在将心理学限定在某个固定的事实范畴中,不去理会范畴之外有什么内容。如果这种想法是正确的,那么,在心理学和普通哲学之间就没有什么紧密和重要的联系。那么,无所不包、无所不及的哲学就应当受一门因材料多少决定其认识程度的学科的阻挡,进而被排除在学术讨论的范畴之外。

但是,也有另一种可能。如果个体作为心理学研究的对象,实际上是社会的个体,那么,任何把意识作为一个绝对独立的范畴进行划分,哪怕是为了科学研究的目的,前提已经是错误的了。所有这些界定以及伴随而生的所有研究、描述和解释,都只是准备性的工作。"意识"仅仅是一个符号、一种组织方式,其生命力来自于自然和社会的运作之中。要了解这个符号,其意识的含义是重要的。但是,存在的必要性不在于其本身,而在于需要一种能够解读事物含义的语言。如果这一假设是正确的,我们就不能如此肯定,认为心理学没有更大的哲学意义。个体既融入社会生活,又推动着社会生活,不论个体在社会生活中的意义是什么,这都具有可供哲学探讨的心理学意义。

这个问题就其重要程度和范围来说,无法通过一次晚间讲座来解决。但是,我仍要探讨其中一部分,并希望所讲的这些内容会对进入更宽广的领域提供有用的线索。我们提出这个问题:如果把心理学的材料当成是独立的,能够毋需涉及更为广泛的领域就可以加以研究,那么会对心理学产生什么影响? 在进行探讨时,我们把这门学科的典型特征定义为:心理学研究的是处于各种状态和过程中的意识"本身"。它旨在将每一部分独立出来,以便于进行准确描述;旨在说出它在一个序列中的位置,从而让我们能够指出事物的因果关系法则,或者是其起源、成熟、消亡的自然发展过程。它既是分析的,又是综合的——说它是分析的,因为它把每种状态分割为若干组成部分;说它是综合的,因为它能够发现这部分组合为复杂整体和序列的过程。它不去理会并避开了这些问题:有效性、这些变化的客观重要性,以及它们在表达真理、带来益处和构成美好事物方面的价值。因为这些关于价值和有效性的问题,正是哲学要处理的问题。

目前,绝大多数的心理学家都持有上述观点。如此普遍的接受程度,是各种不同原因作用的结果。持有这样的观点似乎可以使人跻身于科学研究者之列,而不是归属于形而上学者,何况有些人对形而上学者持有怀疑态度。另外一些人想要细致地一个一个对待问题,避免探究终极问题,卷入宏观的、无穷无尽的新问题和可能性,这似乎是哲学家的使命。持温和态度的人,除了对这种观点表示认同之外,也别无它用。比如,詹姆斯先生说,把自由意志的问题划归到形而上学家的领域之后——"形而上学仅仅意味着特别固执的、力图清晰和有序思维的尝试",而清晰性和有序性要有一个限度。凭着心理学家这种新发现的谦逊,形而上学家可以插话说,某一领域成其为科学,正是因为其单独的领域不必保持相互之间和学科之间的一致性。这种为了让形而上学的良心好受一点的说法,和洛克、休谟以及穆勒的风格全然不同,几乎没有信念的尊严。依我说,形而上学家赞扬心理学家坚守阵地的时候,我们也会想起背后的另一个动机。心理学 *116*
的这种半自觉的自我克制具有讽刺意味。科学把自己变成灰姑娘,这并不是第一次。赫胥黎先生善意地提醒过她,她虽然谦逊,但这不代表她全然不知自己将来有可能阻止她高傲的姐姐,不知道会有某种加冕仪式,让她找回自己。

虽然这些只是可能的解释,但是事实却不容否定。几乎所有现任的心理学家都承认——更确切地说——领导着这种对研究领域的限定。我没有自以为是到要站在这个阵营的反面。我本人也把自己归到那些认为心理学(在某种程度上)和"意识本身"相关的一类人之列。但是,我不认为这种限定是终结性的。相反,如果给"意识"或"意识状态"赋予可理解的含义,我相信,这个概念会成为通往哲学领域的大门,因为这个词本来就具有歧义。对于宣称心理学终于意识到自己的领域和界线,并约定不会跨越界线的形而上学家来说,这个词是一个含义。但是,在心理学家自己的领域里,无论他是如何阐释的,很可能代表着另一个意思。可能心理学家把意识状态看成是有意义的、可分析的和可描述的形式,并凭借这种形式来简化所研究的事物。它们并非存在本身,而是存在的表征、线索、用科学方法加以处理的形态。古生物学家的工作也是如此。他所投入研究的那些奇特的形状和印记不是生命,也不是研究的目标。借助这些标记和记录,他可以建构出一个生命体。同样,水彩画家大可以说他只关心彩色颜料。然而,通过颜色的记录和指示,他可以向我们展示阳光下的草地、成荫的森林和晚霞。这些是"物自身",而调色板上的水彩是其表象。

因此,心理学家对各种意识状态的专注,可能代表着这些状态是一种媒介、具体的条件;借助它们,有意识地简化材料;用这种方法,**通过它们所触及和理解的**, *117*
恰恰是意识状态。然而,对于坚持认为心理学有其确定和最终局限的人来说,意识状态不是出于研究的需要给事实所赋予的一种形态,而完全是事实本身。这个词不是一个介入性的术语,而是给视野划定了界线。在这里,问题自己作了定义。我认为,意识状态(我希望你们能够从广义上理解这个词,让它能够包括心理学上所有具体的数据)在心理学家开始研究以前并不存在,是心理学家创造了它。我们真正追求的是经验的过程、经验出现和表现的方式。我们想要理解它的过程、历史和规律,我们想要了解它的各种典型的形式,每一种形式是如何发生的,和其他形式有什么联系,以及它在保持一种包容的、扩充的、相互联系的过程中所起的作用。作为心理学家,我们要关注的是它的运作方式和方法。

古生物学家的例子在这里也可以派上用场。在某个给定的区域内,他发现了大量的各种足迹。从这些足迹出发,他开始着手建构留下这些足迹的动物的身体结构和生活习惯。足迹是存在的,毫无疑问,就在那里。但是,他在研究时并不把这些足迹当成是最终的存在,而是当作指示物,即现象。当一个批评家告诉这个古生物学家,他超越了自己的研究领域,他所关注的应该是足迹本身,目标是描述每个足迹,将其分析为最简单的形式;对比每个足迹,找出共同之处,最后发现它们在空间中的分配规律。想象一下,听到的人会有什么反应!

然而,直接的数据是且只是脚印。古生物学家的确在某种程度上是按照我们想象中的这个批评家的要求来做的。区别不在于他着眼于其他的资料,不在于他杜撰了不存在的实体及其能力,而在于他的立足点。他的兴趣在动物身上,处理数据时,是以其能否满足这一兴趣需要而决定的。对心理学家也是如此,他不得不时刻关注意识状态的细节和实证研究。但是,这些意识状态既不能定义,也不能穷尽他要研究的科学问题。它们就好比是足迹,是他进行生命过程研究中的线索,尤其是这些足迹不是现成的,而是根据研究需要发展出来的。①

认为意识状态本身就是存在的,并且这种存在给心理学家提供了现成的材料,这种假设是"心理学谬误"的一个典型例子:把经验本身和心理学家思考分析后对经验的理解混为一谈。

---

① 这一事实和内省的性质及价值有一定的关系。反对意见认为,内省"改变"了现实,因此是不可靠的。大多数作者认为,它其实没有必要对现实进行多大的改变,没有改变到不可修复的程度,而且记忆可以帮助修复造成的损害。如果认可了这个事实,问题就简单多了:内省的目的正是为了带来适当的改变。如果内省依然带给我们最初的经验,我们就好比直接重新体验了一番;作为心理学家,我们还没有前进一步。对这一提议的思考,也许能够引出其他值得思考的问题。

心理学家是以某种运作方式、行为和功能作为数据开始研究的。如果这些方面在讨论过程中被忽略了，那仅仅是因为它们在整个探讨过程中依然起着控制作用，并且是回到初始点的媒介，而这一切都已被视作理所当然。像知觉、记忆、目的、爱慕这些行为，都可以作为起点。它们本身就是具体的经验。要理解这些经验，看它们在何种条件下产生、会带来何种影响，这时对意识状态的分析就产生了。这些设想中的意识形态仍然处于未经整理和不重要的状态，除非能够把它们转换为行为。

记忆是一种行为，和钉马掌、保存纪念品一样。求爱、观察、感动是用于价值、行为、运作方式的术语，与消化、出汗、动力方程和无法观察的"物体"一样，但还是有可以被描述的物体（肺、胃、腿部肌肉等等）。通过这些结构，我们发现了功能；好像摆在我们面前，细节表露无遗，并用一个词固化起来。专注于这个细节的解剖学家，如果他乐于（他很有可能乐于专注自己的研究）忽略其功能，去发现那里有什么，去分析，去测量，去描述，那么，他有足够多的事情可以做。然而，功能却是起点，从身体和思想上为以后的研究确定问题和范围。参照功能，就可以发现其中的细节，而不是混杂、不连贯的细枝末节。如果不需要转换为功能，一个人当然可以专注于对一小块沙漠土壤进行细致的描述。意识的状态是某种功能的变体。① 对分析、描述适用的，也同样适用于分类。理解、期望、感觉这些术语并非意识状态本身的名称，而是依照在经验中发现的行为和态度来命名的。②

即使是"经验型"的解释，也是无法完成的。如果我们囿于意识是独立存在的狭隘观点，那么，要判断"状态"及其分类同样是不可能的。感觉总是通过对条

119

---

① 如果要对"结构心理学"和"功能心理学"进行区分，就会让我们失去对功能进行科学理解的可能性，因为这让我们失去了选择、观察和解释结构的所有标准参照物。

② 可以很容易预见到下面的回答：上面提到的运作方式是对的，但仅仅是因为选择了复杂的过程。"理解"这个术语，当然能够表示一种含有复杂参照系统的功能。但是，正是由于这个原因，我们回到了感觉，它才是真正的"意识状态"本身，纯正，完整，简约。脚注的篇幅不足以讨论这一点，但下面几点还是有指导意义的：(1)同一个心理学家会进而告诉我们，感觉在我们的经验过程中是参照网络——它们是可感知的，甚至或多或少是概念性的。由此出发，不论它们是或者不是什么其他事物，感觉这种所谓的自我封闭的存在，看上去就不是意识的状态了。而且，(2)别人告诉我们，为了表达复杂的形态，这些概念经过了科学的抽象。由此出发，看上去，它们便成了解释过程的产物，目的是用于未来的解释。认为更复杂的形式仅仅是聚集体（而不是像视觉、希望等之类的行为），这种错觉使人们不能认可所提出的论点——"意识状态"是一种研究手段和方法。

件的参照而进行定义、分类和解释的。而条件,根据相关理论,是感官和刺激之外的。在这一基础上,整个心理层面所认定的方面远远超过常态。① 虽然还保留着试验,而且收获颇丰,但付出的代价却是失去了逻辑的连贯性。参照纯粹的意识状态所进行的试验,无法让人想象到自然状态的样子,更谈不上采取行动了。参照行为以及它们发生的条件而进行的试验,是一种自然和直接的方式。如果我们假定意识状态是独立存在的,那么,诸如联想这样简单的过程也是无法具体解释的。正如近期心理学所证明的那样,我们还是要诉诸条件,虽然在这个理论中,条件没有地位和基础——习惯的原则、中立的行为,或者事物的其他相关联系。②

我们只需要注意到在心理学上有两个相反的学派,就可以知道这个问题处于一种怎样悬而未决的状态。我们只需要考虑到这两种学派是由于对意识本身独立存在的假设而产生的,就可以找到在科学上这一尴尬实践的来源了。不论话题是什么,不论是记忆、联想、注意力或努力,都会出现两派,都有必要在两派之间作出选择。其中一派,在自己所发展出的区别中迷失了自己,否认功能的存在,因为它所发现的只是客观呈现的意识状态。因此,它抛开功能,认为功能只不过是状态的聚合,或者它们之间只是纯粹一些外部和人为的联系。另一派意识到这一方法非但没有解释经验的价值,而且使其变得更加模糊,试图这样进行

补偿。这一派宣布:某些功能本身从意识那里获得了资料,是和"状态"同时存在的,只不过在价值方面是对状态的无限超越,并通过某种更高的工具进行理解。因此,与心理学分析学派的基本内涵和外部联系相反,也有认知学派的复杂机制,该学派认为,纯粹的自我意识是终极真理的源泉,拥有层级组织结构和现成的官能。当然,这些"精神官能"现在已经差不多简化为某种可理解的模式了——统觉、意志、注意力,或者其他任何可能的流行术语。但是,基本原理是一样的,即认为功能是业已存在的,可以独立鉴别,并对其他的存在产生影响——

---

① 另一方面,如果我们试图认识的是经验的过程和步骤,那么,任何思考,只要有助于区别和理解该过程的,都是完全相关的。

② 为了避免误解,我现在这里对可能提出的问题作一个解释:我的观点绝不是说"意识状态"需要某种"综合的整体",或者需要心灵的特别能力来对它们之间的联系产生影响。恰恰相反:这个理论同时也承认"意识状态"是独立存在的。我的主张是:"意识状态"本身总是方法学的产物,是为了心理学分析的目的,在其过程中发展出来的。

仿佛功能认知和有机组织结构是分开的，从外部以某种方式对组织结构产生影响，并带来一致与和谐。① 按照这种方式对心理学的划分，就好比把植物学家划分为根系学家和花朵学家一样不合理。有人会声称，根是基本和最重要的结构，而对于认为结籽是主要内容的人来说，花才是控制性的"综合"原则。感官派和认知派都假设心理学有某种"客观"领域，或者划定好的经验领域，数据就在里面，业已存在，现成摆在那里，就像河边的鹅卵石，游客可以将其捡起，进行分类。这两派都没有认识到，心理学首先要面对的问题是经验；动物学家、地理学家、化学家、数学家和历史学家也有着同样的经验。心理学家的专业性，并不在于他认为自己所独有的那些资料和经验。但是，这里提出了一个问题——构成经验的**过程和行为**的问题。

在这一点上，心理学对那些认为心理学没有重要的哲学意义的人来说，形成了有力的反驳。实际上，当前认识论也是被称为逻辑形而上学和伦理学讨论的问题，在很大程度上源于(也是让人绝望的组成)这个最初的"意识独立存在"的假设。换句话说，这些问题正是基于认为心理学没有认识论和形而上的本质含义而提出的。这种情况的讽刺之处就在这里。认识论理论家所要解决的问题，通常是用这个提问来表达的：主体可以在什么程度上超越自己，从而对客观世界形成有效的认识。表述这一问题的术语，揭示了心理学在这个问题上彻底的反诘。仅仅因为经验被简化为"意识状态"，成了独立的存在，自我超越的问题才有意义。整个认识论学界的研究——如果我可以这样表达的话——是无休无止和徒劳无益的。**加上必要的变更**，逻辑学、伦理学和美学的形而上问题也相似。在每一种情况下，基本的问题是纯粹的意识状态如何成为真理系统、客观有效的善和超越良好感觉的美的一种载体的问题。我们可以为心理学家没有在逻辑学、伦理学和美学哲学这些专门领域从事研究进行开脱；但是，把心理学家的研究结果强行塑造成某种形状，使哲学问题变得难以确定，只能通过任意截取科学事实来解决，在这一点上，我们能为自己开脱吗？

毫无疑问，我们处于两难的境遇。在我们把发现经验——一系列的行为和情感——的方法这一任务赋予心理学的时候，难道我们不会打破这种对具体细节的限制吗？而这种具体细节，正是心理学的科学之处。难道心理学家不会首

---

① "功能"本质上是指日常行为和思想：视觉、嗅觉、交谈、听觉、记忆、希望、爱恋、恐惧。

先否定把他和哲学问题混在一起的尝试吗？我们需要记住体验的经历和过程这些术语中的具体事实，以避免麻烦。心理学家首先要关注的问题，是非常确定和实证的事实——比如听觉的极限、音调的起源，以及音节的结构和条件等等。同理，地理学家首先得研究特殊的岩石结构，植物学家首先得研究特殊的植物。但是，通过对岩石的收集、描述、定位、分类，地理学家找到了世界形成的宏伟篇章。那些有限的、分散的工作，融汇到了流畅与动态的地球演变中。同样，对植物的研究势必会引向整个生命过程及其演化。

形式上，植物学家研究的仍然是植物的属、种，更确切地说，是植物的组成结构。实际上，他研究的是生命本身。结构是一种指示，是一种表征；通过它，植物学家使在变化的世界中生长的生命之谜明晰起来。毫无疑问，植物学家需要经历林奈①分类阶段——这一阶段着手于具体的细节和固定的归类，把每一部分拆开又拼好，把所有重心放在成熟结构的具体的数字、大小和外观上，把变化、成长、功能视为外部的，只不过是形式或多或少的附加。在这一时期的观察是有收获的；在当代的研究和讨论中，它的暗示几乎让人产生不愉快的回忆。心理学家应该从科学史的介入中得益。进化论与其说是一条额外的法则，不如说提供了特别的视角。固定的结构、分立的形式和孤立的元素充其量只不过是认识过程的阶梯。而上述元素如果不够充分，就会成为理解的终结，也就意味着认识问题的失败。

从自成一体的独立存在转变为对过程的包含，从组成结构向功能的控制统一，从一成不变的形式到生长活动，随着视角的转变，全部的价值体系都发生了彻底的转变。官能是发展的具体方向；元素是结果，又是新过程的起始点；具体的事实是产生变化的指示，是静态的条件调整完成后的形态。并不是说具体的、实证的现象丧失了它的价值，更不是说无法验证的"形而上"实体在毫无关联的情况下被引了进来。我们的目标是发现行为适应环境的过程。如果将这种进化逻辑观引入心理学中，我们会在哪里止步呢？对于某一感官刺激的局限性问题，如听觉，实质上是暂时停顿、调整的问题，意味着对整个有机体有利的平衡。这些问题总体上与感官的使用有关，具体层面上与生命过程中的听觉感官相关。

---

① 卡尔·冯·林奈（Carl von Linné, 1707 - 1778），瑞典自然学者，现代生物分类命名的奠基人。——译者

同时,它与局部的以及可辨知的起源和使用有关;反过来,它又与时空认知的全部问题相联系;还与实物及体验品质等因素相关。当有人告诉我们,空间体验的起源问题和被体验空间的性质及意义没有任何关系时,这样的说法只不过表明说话者仍持有静态的观点;他相信,事物以及关联在脱离了生成经验的具体条件、脱离了生成这些特定条件的特别功能的情况下,仍是存在的和有意义的。

当然,我决不是说每个心理学家都必须经历同样的过程。每个人都可以根据自己的偏好,选择任何部分或更次一级的部分。毫无疑问,这样的分工对科学的进步是有利的。但是,心理学包含着全部的领域,包括找到每一种不同的经验行为,辨析那种需要唤起适宜的特别机制,以应对当时的情景,以及发现使行为进行下去的运行机理。

但是,有人会说,将心理学和哲学分开的那堵墙不能简单地看成是不存在的。心理学研究的是自然历史,尽管也可以说它是经验过程的自然历史;但哲学研究的是价值,是对某种有效性的批评和辩护。有人说,一个研究的是现象的生成,生成条件的起源和过渡都是短暂的;另一个对应的是分析,是永恒的构成。我要重复一遍:这种以僵化的生成和分析来看问题的方式,似乎是从演化之前和史前时代遗留下来的。它表示的与其说是哲学和心理学之间的樊篱,倒不如说使哲学疏远了其他所有的学科。数学家首先认识到了这一点;接下来,物理学家和化学家也在思考这个问题;最后,生物学家也终于领会的道理是:只有耐心研究起源和发展的条件,才可能进行有把握和精细的分析。数学中使用的分析方法是一种建构方法。实验方法是一种生成性方法,是按照生产的历史进行的。所谓"原因"这个术语(如果看成是一个存在的实体),绑在科学的脚后跟上,阻碍着科学的进步。如果解读为过程中出现的条件,就有了普遍的含义。并且,上面提到,演化的概念是为了发现生命的普遍规律,同时也是对所有科学方法的归纳。无论在哪里,如果无法就某一题目从其发生到积累进行后续阶段的分析,如果不能通过发现后续阶段发生的条件,从而控制检验结果,那么,这样的分析就是初级的。它也许会有助于进一步发明进行探寻所需要的工具,有助于定义问题,也可能有助于揭示有价值的假设。但是,作为一门科学,它所呼吸的空气却已经受到了污染。要把从研究议题中得出的结果与自己思考的假设和猜测区分开来,是不可能的。就算是真正的自然科学,在这一方面也不可以。在这里,分析成了经验的自我展开。它所作出的区别,不是只为了我们的方便;它们好比是

125

书架,标记出在过程当中路线的分离。它的归类,不会在掌握基本因素以后就拒绝进一步分析;它们是对所走过的路的忠实记录。认为对本源问题的兴趣,就是对把高级形式的东西简化为粗鄙的形式感兴趣,没有比这个更不合时宜的了。对本源的兴趣,就在于寻找准确和客观的条件;在这些条件下,出现一个事实并有其相应的意义。如果以为在追求"自然历史"(这是一个带有贬义色彩的词汇,但其中却包含了世界变迁的深意)的过程中,我们仅仅了解了能够出现某些给定价值的短暂条件,但是其内在的永恒品质却和以前一样模糊,没有比这种想法更为幼稚的了。自然界不会对内在品质和外部环境加以区分。事物在需要的时候出现,并且按照所需要的方式出现。它们的品质恰恰是对呼唤它们的条件的反应,而它们整体运动的推动就是其内在意义。分析和本源问题的分离,而非作为一个现成的、从理性而持久的哲学构成中提炼出来的方法,用于检验心理学上实证的、暂时的事件,是二元哲学的标志:假定价值是从外部添加、在混杂的方式下静态设置的。

有些人承认"意识状态"只不过是流动的行为的一个切面,保留下来用于研究,排成一定的序列,以便我们重构其生命过程。但是,在我们体验的过程和方法的知识方面,他们会认为我们离哲学的领域还非常遥远。按照他们的说法,经验只是有限个体的历史成绩,它会讲述对真理宝藏的探寻;但是,只能取得部分成功,更大的是不能探寻真理宝藏的失败。但是,他们说现实不是通往现实的路径,并且对迂回曲折的所经之路的记录也不能对所追求的目标作出很好的描述。心理学,换句话说,可以揭示我们作为凡人把握充满事物和真理的世界,我们如何领会和吸收其内容,以及我们如何作出反应。它可以探寻这些方法和观念对个体命运所施加的影响,但却无法智慧地避开或理性地否认这一点:个体的奋斗和成就,与在这些有限活动之外建立并支持自身外部结构的"现实"之间,是有区别的。我们将现实变为零散的、没有定论的体验的过程,和现实本身相去甚远,并不能对现实有所揭示。"普遍法则"属于哲学范畴,"个体法则"属于心理学范畴。

我相信,像上面这些假设,在试图否认哲学和心理学的关系时还是有可能出现的。这里有两个观点是结合在一起的。其中一个观点是:心理学只是也只能是对意识状态的描述,因此对哲学所关注的问题是没有任何启发的。与此相应的看法是:个体的全部意识生活并不是世界的有机组成部分。这一看法的基础和范围不是这里要讨论的内容。但是，就算是一笔匆匆带过，也难免不会注意到这种看法几乎从来就没有一致性。如果对这种看法进行逻辑推演，就会直接引向思维和道德方面的怀疑，即理论通常喜欢以思维特质和品质的方式在暗处出现，而不愿对其自身作出坦率的陈述。即使是为人类的体验过程和宇宙现实仅仅有关联这样不彻底的观点，我们也不得不面对我们最初所提出的问题：关于个体的理论对某一时间内个体的社会性和时间性的依赖。对于个体体验的偶然性、无用性、暂时性的价值的认识和与外界现实的对比；认为个体充其量只是在实现已经完全确定好的自己，这种看法只是和某种思想和政治方案相吻合，并且必须随着这些方案的改变而改变自己。当到了需要重新安排的时候，我们对于自然和心理学重要性的估计就会反映出这些变化。

当人类用来控制行为的方法处于不稳定和混乱中的时候，当使用和运作世界上的事物和力量的工具既匮乏又笨拙的时候，个体把他的知觉和目的直接诉诸直接的现实之外，也就是不可避免的了。在这样的情况下，外部的权威必须占统治地位；那种认为人类经验本身是近似的（approximate）、不是内在的观念，就会不可避免地产生出来。在这样的情况下，提到个体和主体，只是用来解释错误、幻觉和不确定的手段而已。对经验从外部进行控制和支持的必要性，对自身以及源于自身经验的各个要素和方面评估不高。中世纪的心理学只能看成是该时期关于罪和拯救的神学的一部分，这和希腊人的心理学应该属于宇宙学的一章是一样的。

和上述所有的提法相反，下面这个主张提出，心理学向我们提供经验行为知识的同时，还是一个民主概念。既然经验在个体中实现了自己，既然它通过个体的工具性实现了自己，那么，对其这一成就的过程和方法的描述就是有意义和不可或缺的。

只有在智力状况发生改变后，民主才是可能的。它暗含着在我们前进的过程中向真理迈进的工具。拥有了这样的工具，把固定的、无所不包的原则交给所有普遍的、特定的和个体的事物进行评估和规范的做法，才是正当的。如果没有这样的工具，那么，只能用莽汉的勇气来进行民主确立的探索——根据当时确定的事实，根据情景的需要，以作出反应的方式来安排生活。现代生活包含着对现时、现地，对只发生一次，除了其自身以外无法评估其价值的那些具体的、特别的和独特的事物的尊崇。这样的尊崇，是一种过度的崇拜，除非有了神圣的内涵；

除非宇宙存在、运动,并且存在的体验是个体化的。① 这种对个体化价值的信念,在心理学上找到了进一步的表达。心理学展示了这些个体化过程是如何进行的,是以何种方式展现自己的。

当然,这种观点对哲学和心理学同样都有用,可能对哲学来说意味着更大程度上的改造。它需要让哲学不再声称是某些真理的唯一来源和某些价值的绝对守护者。它意味着哲学是一种方法,而不是担保公司和仗义的侠客。它意味着与科学接轨。哲学可能不会为了片面而肤浅的喧嚷牺牲自己,它们有时候夸夸其谈和自以为是地将自己表现为科学。但是,有一种看法是:哲学必须向科学学习,除了科学提供的数据以外,不能有自己的数据;并且,除了科学日常使用的探究和思考的方法以外,不可以接受其他的探究和思考方法。只要它还在声称占据着某一特别的事实领域,或者接近真理的某种特别方式,它就会一直处在一个模棱两可的位置。但是,在心理学找到自己的位置以前,它仍然会这样看。在经验和事物中有某种东西,而物理学家和生物学家还没有涉及。这种东西仅仅是更多的存在和更多的经验,但没有了它们的物质是没有体验的、尚未实现的。这样的科学只是处理什么有可能被体验到;给予体验的内容,假定体验的存在。正是心理学告诉我们:这种可能的体验失去了其微乎其微的假设品质,并且打上了无可置疑的体验经历,用一句话概括,它在某个个体化的生活中如何变成了现时和现地。在这里,就是科学向哲学的必要过渡;在这个旅程上,一个经过验证的、扎实的实体融入了广大而自由的实体当中。

---

① 在这里应该借机提议,为什么在讨论中没有提到所谓的理性心理学。理性心理学假定存在一个单独的、实体化的自我、灵魂或者别的什么,它和特定的经验以及"意识状态"同时存在,相互影响。忽略了这一点并集中于"意识状态"和"自然历史"的讨论,也许会显得我将所讨论的问题不合时宜地缩小了,也减弱了我自己的观点,因为理性心理学好像可以提供一种特别的制高点,可以为心理学和哲学的密切关系进行辩护。随着时间的推移和事物的变迁,这种范围的缩小会消失。但是,我却不能认同另一点,独立存在的灵魂是对个体性的限制和贬低,把它从完整流动的事物中割裂开来,与所体验的事物分离,继而与之形成机械或不可思议的关系。刚刚所作的反驳降低了它的有效性:心理学有其单独的现实,而不是投入所有具体行为的体验中。从这一点来看,"意识状态"这个观点是一个更有希望和结果的观点。当然,它忽略了某些方面,并且当它从忽略转为否认的时候,给我们留下了奇特的象形文字。但是,总是有开启它的钥匙;这些符号是可读的,可能被翻译成体验过程。如果这样翻译,自我、个体既没有被抹去,也没有建构为不可思议的外来实体。它可以被看成是完全体验所有事物时参照和功能的统一,是事物围绕的中心。

［注释:本文没有做什么改动,虽然我现在觉得这篇文章不合适地容纳了远过于一篇文章所能容纳的内容。从 1899 年到 1909 年这十年间,我相信文章中的主要观点愈加清晰了:自然现实主义的复苏,否定"意识"的存在,功能和动态心理学的发展(还有对把功能解释为灵魂物质官能的厌恶)——所有这些趋势都和这篇文章的主旨相符。未加改动的另一个原因是:本册中提出的新功能和实用经验主义一直受到反对,理由是它对知识和验证的理解只会导致主观主义和唯我主义。这篇文章可以表明,把经验和纯粹的意识状态等同起来,是代表评论家的观点,而不是受到批评的经验主义。批评家而不是我应该担心这一观点的主观蕴含意义。本文也明确地提出了这个问题:今天很多心理学家将"意识"和自然及社会生活隔离开来的做法,应该为在哲学上存在的一些非常不现实的问题负责。］

心理学与社会实践[①]

131 　　我希望先讨论一下心理学和社会科学的关系，从而进一步探讨它和社会实践的关系、和生命本身的关系。自然，我预期是要对涵盖整个领域的一些基本原理作一个系统的解释，然后再给其中的各部分作适当的分级和定位。可是，这个讨论现在还没有准备好。然而，我又不愿意完全离开这个课题，因为我在过去几年中，刚好都致力于研究这个主题的某一个方面，所以很清楚心理学与教育学的关系。因为教育从根本上是一个社会事务，教育学也首先是一门社会科学，所以在此，我们要探讨的是整个社会科学领域中的一部分。从某些方面看，通过处理其中某个特例来解决综合问题，或许有利于问题解决。但是，缺少一个详尽连贯的观点，也是可以通过经验来弥补的。有了经验作背景，我们可以检验思维抽象概括的投影能力，可以确保大量的词语和概念在背景上形成特定的图像。因为我期待得出的是这样一个结果，也因为我将从一个特别的角度去进行一个有关这个大领域的调查，所以我把这个讨论提交给心理学家协会而不是教育家的组织。对此，我并不感到抱歉。

132 　　如果没有谨记我的前任最近刚刚发表的几篇出众有力的论文，是不可能处理这个特别的问题的。因此，请允许我借鉴一下他对于此问题的一些观点，有时也借鉴一下其中的词语。也许不用说，大家也知道，我想要讨论的是心理学和社

[①] 本文是在美国心理学协会会议上所作的主席致辞，纽黑文，1899年。首次发表于《心理学评论》，第7卷（1900年），第105—124页，以及《科学》（*Science*），第2期（1900年），第321—333页。作为芝加哥大学对教育的贡献单独重印，第2期，芝加哥：芝加哥大学出版社，1901年，第42页。

会科学这两门学科的理论,而不是任何一本特定的书或一篇文章,这是至关重要的。明斯特伯格(Münsterberg)博士的一些观点,有关教师进行混杂零碎的儿童教学学习,其无用性与危险性;有关神经系统的无条理信息;有关实验室试验中未经加工和诠释的初步结果,对于这些,我大体上都十分同意。毫无疑问,我们必须反对急于将某些心理现象和某些原理强行联系在一起,这样一定会破坏它们的科学形式。因此,也有必要指出,需要对心理素材进行初步的研究,将其与教育上的一些要求联系起来。然而,这些都是小问题,最重要的问题则是:心理科学作为一门研究机制(mechanism)的学科,是否漠视和反对教育对个人在其重要态度及目标方面自由地相互作用的需要。

I

现今的校园教学实践是以心理学为基础的。这些心理学假说已经控制了教师们的教学理论和实践。潜在的心理学原理对教育存在着广泛而持久的影响,这正好成了教育改革的最大阻碍。现存的教学方法是以两个心理学的基本假说为基础的。其中一个认为,儿童心理学和成人心理学的根本区别在于个人的认知领域,也就是各种有助于形成心理能力的动机和条件。另一个是与相似性有关的假说,该假说认为,显著的差异对教育的目标来说是最重要的特征。这里,我指的是,与儿童相比成人在目的和习惯上的专门化,以及儿童充分而自由地生长与各种无差别状况之间的联系。

成人主要是指有一定职业和地位的人,他们必须去承担一些特定的责任,由此就养成了一些特定的习惯。而儿童的主要任务就是生长,他们所关心的是达成特定的目标和结果,而不是了解现有事物的大体结构。不像成人那样直接利用已经形成的习惯,儿童还在努力培养习惯。于是,他专心同周围的人和事物取得全面联系,了解各种生理和心理因素,这些就能够为他将来形成专门化的目的和追求提供背景和素材。他是而且应该是忙于形成各种各样灵活变通的习惯;而评判这些习惯的唯一直接标准,应该是它与儿童完全生长的关系。儿童不能也不该像成人一样,忙于学习特定的技能,即学习那些价值由其与专门化技术成就的关系来衡量。我认为,从心理学和生理学看,这是儿童与成人的根本区别。因此,儿童不论在生理上还是心理上都不能称为"小男性或小女性"。

充分认识这个区别,意味着我们挑选和安排的教学素材和教学方法一定要促进儿童正常的生长,希望其生长中总结出的结果有助于他们未来的职业发展。但是,看看我们的学校系统,问问它有没有教授"3R",无论从教材来说,还是从教学方法来说,它教授的是有关生长、现在的需求和机遇,还是一些将来职业所需要的技术。对地理、语法和历史也提出同样的质疑。心理学理论与现存学校教学实践之间存在着明显的差距。我们很容易看到,现行的学校系统采用的几乎都是在成人心理学上十分重要的立场和方法。

134 　　传统的初等教育课程涵盖的范围十分狭小,逻辑分析方法使用得过多且都不成熟,还假定儿童的观察、记忆和注意力等能力已经发育完全,这些都是理想的正规学科所包含的内容,但愿是孩子们自己选择的吧。所有这些有很多的解释,却独独忽略了儿童和成人之间的心理区别。这些事物已经牢牢控制着学校的教学,除非充分重视这个心理学事实,否则不可能有根本的改变。仅仅有教育界领导和教育理论家引起重视是不够的。除非每一个教师都真正理解这个改革的科学基础和必要性,否则,他们不可能真诚地、全心全意地、想尽办法地实行这些改革。

　　但是,从另一个角度看,有一个关于根本区别的假设,这就是关于保证智力、道德进步的**条件**及其获得的能力二者的关系。① 通过解决个人问题、实现个人目标,通过自己选择相关的方法和素材,通过对素材和方法的学习和应用,以及在此过程中的各种试验和检测,成年人获得了能力和控制力。对此,没有人认真质疑过。实际上,以上三种提升能力的条件,儿童都不具备。对儿童来说,问题和目的是由他人替他决定的,相关或不相关的素材也都是由他人提前替他选好的;而且,在总体上,学校试图教授他一种适合于发育完全的成人的方法来运用素材解决问题或实现目标,而且几乎没有进行任何试验。对于成人来说,我们完全可以假定,心理生长必要的前提条件是一种积极调研的态度,用以解决自己感兴趣的问题。而对于儿童来说,我们认为,前提条件更应该是一个积极的性格,

135 使他愿意处理外部的素材和问题。成人的理想状态就是能够**活跃**,而儿童则是**愿意去学习**。对成人来说,我们认为,在处理问题、提升个人魅力的时候,在承担责任、自主决断的过程中,他们的注意力水平也就得到了发展。而对儿童,我们几乎没有给他们机会,让他们从亲身经历中去发现一些问题;我们也没有给他们

---

① 这一点要归功于大家对我的帮助,尤其是我的朋友和同事埃拉·弗拉格·扬女士(Mrs. Ella Flagg Young)。

机会去自主选择、分类、调整经验和观点，以此找出解决问题的方法。这是一个针对教学定位、教材、教师、教学方法进行的改革；只有真正认识到儿童与成人在心理认知上的这些不同，改革才能有效地进行。虽然改革会遇到很多困难，但它的实现将具有深远的意义。

再次强调，仅仅教育界的领导了解正确的教育心理学是不够的。广大的教职工是直接同儿童打交道的，必须给他们提供足够的心理学平台，使他们认识到自己所从事的工作的必要性和重要性。教师是改革的直接执行者，如果他们没有这种信念，那么就不可能确实有效地实行改革，也不可能有其理想状态要求的那种精神。这样的话，改革很可能会彻底失败。

然而，从这个意义上看，此问题的范围就缩小了。我们都知道，要有人来了解和掌握这些心理学方法和结论，使其促进教育事业的发展，这是千真万确的。然而，这并不是教师的工作，而是广大教育学理论家的工作。他们构成了心理学家和教学实践者之间的一座桥梁。他们应该将改革具体地落实成各种建议和规则，使教师们可以将这些理论成果运用到实践中去。要注意的是，教师面对的是一个个富有个性的孩子，不能用心理学的治学态度去同他们打交道，否则就背离了人性化教学，会扭曲甚至毁掉师生关系；而这种伦理关系对教学来说，又是至关重要的[明斯特伯格：《心理学与生活》(*Psychology and Life*)，第 122 页，第 136—138 页]。

毫无疑问，教育学家和教师之间存在着合理的分工。在通常情况下，那些从事教学工作的人，不太会意识到心理学的基础作用及其在教学工作中的对应体现，也不会致力于研究怎样将心理学现象和原理应用到教学实践中去，使其更好地为教师所用。另一个问题也很重要。我们已经有理由质疑，到底能否将两种不同的观点紧密结合起来，一种观点认为要强制立法，一种观点认为要教师们愿意。教师们能够接受这些"要求强制执行的规定"吗？或是他们真的愿意通过这种新方法来达到教学目的而不只是勉强屈从？改革的结果会不会优于现行的这种混合着经验主义和灵感主义的制度？除了教师作为心理学的学习者，主动地去追根究底，去学习这些建议和规则之外，难道还有别的方法能够避免这样一种消极接受的态度就像那些被动等待将军命令的战士吗？

在此，我要引用一段比较重要的短文："在理论和实践工作之间，难道就没有一个特殊的学科能起到连接的作用吗？在物理学和工厂工人之间存在着工程

136

学,在自然科学和医生之间则有医学。"(第 138 页)这些语句以一种惊人的方式告诉我们:这个问题的本质就在于,通过一个中间学科在两个极端(理论家和实践者)之间找到一个有机的结合点,即理论家的观点通过中间学科的转达,能够确实为实践者所理解和接受,这是起决定作用的问题;实践工作者则通过中间学科的媒介,与理论建立起联系的状态,直接决定实践工作的有效性、实践者的精神自由和个人发展。虽然自然科学理论本身是合理的,但是医生无法理解其基本原理,所以他们不再遵循这些理论,摆脱了束缚。于是,他们的工作不再是经验主义和平庸医术的混杂,而变得更加自由,成为了一个独立的职业。由于工程学只是在形式上联系了物理学和工厂的实践工作,没有起到实质作用,所以我们的工业问题演变成了非常严重的道德问题。工人所得的工资数量、工资的实际购买力、工作的时间和环境,这些都是次要的;最主要的问题在于中间学科仅仅只联系了外在的行为,对内在的思想意识没有起到作用。如果他们懂得了工作的重要意义,对其有了科学和社会意识,就会感觉轻松多了。因为他们要进入的是一个讲伦理道德的社会,所以也就会有一些正当的附加条件,例如工资、工作时间、卫生条件等。在这个意义上看,教师的工作与工厂工人、医院医生的工作是不是有相似之处呢?

可能有人会说,我忽略了一个重要的不同点。医生是同躯体打交道的,躯体是一个单纯的物体,是各细胞组织相互作用的产物,我们可以对其进行治疗,不会有很大的损伤。然而,教师的情况就完全不同了,如果把儿童看成单纯的物体,有可能会毁掉他们的个性。当然,这个不同点并不像说的那么严重。毕竟内科医生要面对的不是毫无生命的躯体,而是各种有生命的官能和运作。我们不能找到几世纪前的医学史,说当时的医生治病是多么直接迅速。因为当时医学落后,各种疾病显得异常强大,除了搞些迷信活动或照搬前人经验,医生根本束手无策。这里的迷信活动,指的是医生使用的治疗方法出自于盲目的类比,或者对宇宙和生命作奥秘的猜想。照搬前人经验,指的是医生只是单纯模仿以前类似病症的治疗方法。在看了医学史之后,我们才懂得,正是由于能够用构造来解读官能,将各种有生命的运作简化成一种系统的各个部分,医疗事业才摆脱了对迷信主义和经验主义的依赖;将一个真正的生命看成物体,医学就取得了进步。这种将生命活动转化为无生命物体的能力,就提供了一个科学标准,能够衡量医生的治疗方法和临床操作,衡量医生作为一个生命对另一个生命所做努力的可靠性和有效性。

当然,仅仅进行类比是不够的。我们必须从教师的行为准则中找出一些具体的原因,使我们相信暂时将人的个性转化为客观结构的心理学不只是偶尔提供帮助,而且是必须融入整个系统中去。总的看来,现阶段教师的努力没有收到很好的效果,有的彻底失败,有的背离初衷,有的毫无成效,因为他们没有分析儿童的性格特征。师生关系完全是具有伦理道德的、人性化的,教师很难走出这种束缚,进行更好更有效的教学。教师的处境正好和当年的医生相同,当年除了将健康看成一个实体,将疾病看成是它的一个敌对力量或一种侵略势力,医生们别无他法。而教师也是一样,把他所知道的一古脑儿地教给学生。正是由于不能将自己和学生单纯地看成是以特定方式相互作用的物体,教师们只能被迫采用专制措施,遵循学校的传统教学,或者借鉴教育学理论家提出的最新方法——寻求学校期刊和教师研究所提出的最新灵方,就像古时候医生求助于迷信偏方那样。

我重复一遍:现在教育力量最大的弊病正是教师孤立地将学生的表现看成是一个实体(不考虑那些动机不正当或者准备不充分的不合格教师),而不是根据其具体构成要素进行分析。如果儿童生气了,教师就把他当生气的人来对待,把生气看成一个实体、一种力量,而不是一个表现。如果儿童不专心,教师认为他就是不愿意集中注意力。教师告诉你一个小孩不专心、不集中注意力的时候,就好像说一张纸是白的,已经是最终的事实了。只有承认注意力是一个系统,意识到各种感觉、意象、生理冲动相互作用是一个客观事实,教师才能将注意力看成一种官能,更有效地进行处理。当然,对其他一些教师想要培养的实践能力也是一样,例如记忆力、敏锐的观察力和良好的判断力。

要仔细想想"机制"(mechanism)和"个性"这两个抽象概念。大多数人只是笼统抽象地去了解,并没有将它们转换成相关的现实情况,这样就很容易遇到困难。这个有着伦常的"个性"并不是赤裸裸地走进学校,它还带着"身体"来作为一种接受各方影响以表达、阐述想法的工具。教师也不是笼统地与"个性"打交道,而是与其表象直接接触——各种智力和实践的冲动和习惯。这种有着伦常的"个性"正在形成,而不是已经形成。教师必须激励学生发展积极、良好的习惯和兴趣。当我们考虑要怎样培养良好习惯和兴趣的时候,会遇到这样一些问题:要给感觉器官提供什么样的刺激?怎样刺激?应该有哪些固定的组合?应该激

139

起哪些生理冲动？刺激到什么程度？怎样才能更好地控制那些有益的刺激，降低有害刺激带来的风险？总之，教师要和心理学的一些因素打交道。这些因素就是要促进一些好习惯的形成，防止一些坏习惯的养成，包括各方面的习惯：学习习惯、情感习惯和外在行为习惯。

此外，教师使用的所有工具和素材都可以看成是精神刺激，当然还需要双方的共同参与和反应，这就是所谓的**因果机制**。教师所做的大部分现实工作，都可以用心理学理论来阐释：在各种固定组合中引进一些特定的变化，巩固一部分特定的感觉运动联结，再削弱或根除剩余的联结。不是说有些老师会考虑到机制问题，其他老师不会；而是有些老师不了解机制这个概念，所以在教学中很被动、很迷信、很盲目，而另外一些老师知道自己在干什么，他教得很自由、很清晰、很有成效。[①]

学校教育使用的素材，也是一样的情况。不论目的论中多么强调个性，不论这个强调多么真实、多么必要，都掩盖不了这样一个事实，即教学是一个使儿童了解具体的事物、绝对的事实、明确的观点和特定的象征符号的事业。象征符号，指的是一些在算术、阅读和写作中的客观事物。观点，指的是历史和科学上的真理。事实则来源于一些特定学科，如地理学、语言学、植物学和天文学。如果认为只要纯粹的个性与个性之间相互影响，加上对教育理论家制定的规则的了解，只要这个具有生理和理想目标的躯体能和儿童的生活有效地相互作用，就是成功的教学，那显然是错误的。这样的教学只不过是一种迷信，是对常规的被动依赖。在 阅读、写作和数字中的象征符号，不管是它们本身还是它们所代表的观念，都是机制中的元素，要让孩子学会运用。除非教师有能力将符号和内容转化成对应的心理学理论，除非他能够把孩子看成一个心理机制，能够提供最大限度的支点，否则，他是绝对不可能把这个改革发挥得最有益、最经济、最有成效、最自由的。

很可能有人会说，现在的问题并不是整体而专制地对待学生及其行为，而是（正如所谓的新教育所关注的那样）太过于把学生当成机制，寻找各种各样的刺激鼓动和吸引他们。也就是说，采用这种心理机制观点，正好是可能使教育仅仅在乎一致性、削弱了孩子们的个性、使他们只知道沉溺于兴奋愉悦的罪魁祸首。

---

① 可以坦率地说，有些教师出于本能，就能够很好地理解这些心理学知识。所以，我们不是要制造教师，而是要强化和启发他们，他们是有教学权的。

欢迎大家提出不同的意见,因为这有助于我们看清真相。教师仍然遵循传统常规,使用专制教学方法,力守智育准则,将对孩子冲动的暂时满足等同于感召力,这是由于他们**片面地理解**了其中的一部分。他们对某些感觉和冲动以及怎样刺激和引导这些感觉和冲动有了一定的意识,但对于更大的机制(单纯看成一个机制)以及他们正在实践的和他们所未了解的心理学知识之间存在的因果关系,就不得而知了。要改正这种错误,不是告诉他们心理学的观点起了误导作用,而是要让他们知道机制作为一个整体,其范围和它各个部分复杂的相互作用。然后,他们就能认识到,当通过运用此理论的浅层部分在实践中取得显著成效的同时,他们正在误排、误置、误组这个理论的基础因素。总之,他所做的事情不像是心理学会做的事,更完整地说,是作为一个糟糕的心理学家对片面心理学的治疗方案。通过漂亮的颜色、兴奋的语调或者愉快的相处,他也许赢得了孩子片刻的注意,却失去了这个机器装置的齿轮,使剩下的零件自由运转,失去控制。在理论上,可以这样对教师解释:一种错误的方法对孩子产生的不好影响,就像在机器设备中,几个错误的构造会造成能量转换率低下。

142

这使我想到,许多观点迥异的人(例如,哈里斯博士和明斯特伯格博士)都认为科学心理学只能运用在病理学上,解决一些与"生理、心理健康"有关的问题。但是,教师的工作与孩子的生理和心理健康无关吗? 孩子的健康不是教师的最终目标吗? 在目的和方法都有缺陷的教学中,就不能使用病理学原理了吗? 我觉得,使用以下两种方法和素材并没有本质的区别:一种方法较为明显,它造成了孩子精神上的不满和疲劳、视力下降以及驼背;另一种方法则较为隐晦,它使孩子们有了强健的身体,部分达到了教育目的,但事实上却阻碍了大脑中视觉和听觉的联系,使大脑的视觉器官不能充分发育。教学上的什么错误是不能用正确的心理学理论来解释的呢? 一种错误的阅读教学方法(说它错误,是从完全的教育学和伦理道德上说),也是一种关于心理-生理机制的病理学案例。一个伦理道德上有缺陷的方法,在培养学生良好阅读能力的同时,却没有监管好他们阅读材料的范围,任由他们"机缘巧合"地读到一些"黄色杂志"、垃圾小说,或者一些对他生命毫无意义的文学作品。如果相关的心理和生理因素没有充分联系、充分发展,这样的教学失败是不是会重演呢? 如果说教师掌握心理学知识,对于那种明显由于教学不当引起的心理疾病是十分重要的,那么,对那些作用和表现都较为隐晦和间接的案例,是不是就更重要呢?

143

概括地说,这个争论既与教育学的伦理特征无关,也与心理学能够将个性简化成一个物体的抽象作用无关。事实上,教师是忙于和其他人打交道的一类人。他生活在这个社会,是社会生活的成员和细胞。他的目标也是社会目标,让孩子学会在各种社会生活中,在其越来越复杂的社会圈中,承担起越来越多的责任。不管他作为老师做些什么,他首先是作为一个人去做的,而且是和其他人一起做的,为其他人做的。就像他的目标一样,他的方法在有效执行的时候,也是实际的和社会的,是与伦理有关的……而不仅仅是**精神上**的。与此相比,有关心理学的材料和数据、立场和方法就抽象多了。心理学将具体的行为和人际关系转换为意识中的一些步骤,而只有通过具体生物,我们才能充分识别这些步骤。说教师的工作是具有社会性和目的性的,说心理学家提出的机制是具有抽象性和部分性的,我觉得都不为过。

是不是因此就可以说任何教师所作的想要发挥这种抽象作用的努力,例如把儿童看成一个机制,把自己的教学看成是因果影响力对机制的作用,都是无效的、有害的? 从这里看,我实在不能理解,为什么有人会说,因为机制是一个机制,其行动、目标和价值都是与生命相关的,所以用前者来阐述的理论是无法用来理解和运用到后者身上的。目标的实现,是离不开必要的方法的。价值经过仔细和精确的衡量之后,仍然是价值。行动,在将其生效机制搞清楚之后,也仍然是行动。认为机制和现实生活不能等同的说法,既不够真实,也没有解决任何问题。现在不可能有什么区别来证明心理学同任何形式的实践活动的关系。这个区别很有价值,也很有必要了解,但它还处在初级阶段。事实上,我们这个讨论的主旨就是要去质疑任何一种过于理想化的方法,不能从一种执行机制中走出来,又进入另一种同样不起任何作用的机制。

曾经有人提出,将石头、钢铁和水泥解释成机制条件的因果联结,这种物理学的成果是与现实生活完全脱节的。这样的说法,在今天是不会引人注意的。每一幢摩天大楼,每一座铁路架桥,都是对其的反驳,一缸子的狡辩也是徒然。即使有人接着争辩说,在这个机制中,还包括举起石头和钢铁的蒸汽起重机,包括建筑师的体力和脑力劳动,包括泥土工人和钢铁工人,也不会引起反响。事实非常明显:系统论和因果论的阐释越全面越彻底,人类目标的探索和实现就越经济、控制得越好。正是由于有了系统论,人类活动更加自由,在成千上万种新的实践内容中取得了成效,其范围之广也是之前无法想象的。从我们的讨论可以看出，讨论心理学这样一个问题可能仅仅是因为我们现在还没取得什么进展，因为我们要实践的这个领域中能够使用的科学实践方法太少了。也可以看出，我们要面临的困难实际上是视环境而定的，而不是内在的、有关学说的。如果我们培养教师像培养建筑师一样；如果学校的经营确实是以心理学理论为基础的，就像工厂是以化学和物理学为基础那样；如果心理学足够地条理和连贯，能够充分阐释人性的系统论，就像物理学阐释物质那样，我们就不用讨论这个问题了。

当然，也不能忽略一些正面的因素。无论如何，心理学的观察和解读都存在 145 很大的困难，但我们也不能忽视其可能存在的辅助作用。由于心理-生理实验室，我们已经付出了代价，我们犯了一些明显的错误。要更全面地控制各种条件，要更加准确地下决断，我们必须有一种孤立的状态，需要抛开通常的想法和行为，否则会造成一定的疏远，也很容易有造作之感。当实验室得出一些结论时，比如重复是影响记忆的主要因素，我们必须记住，这种结果是通过一些无意义的试验得出的——排除了通常影响记忆的一些条件。如果换一种说法，这个结果就是适切的：如果我们排除通常环境因素对记忆的影响，排除的程度越大，单纯重复对记忆的影响也就越大。说重复是影响记忆的主要因素，实在值得怀疑，也很可能是完全不恰当的。

下面是一个一般原理。除非我们的实验结果只是为了生产出人造物品，为了唤起我们的科学求知欲，否则就必须用生活中的相似事物去解读。这些结果可能在形式上非常准确，但在现实生活中运用他们，确实需要小心谨慎，很容易出现错误。总之，实验室不能给我们提供一个最后的避难所，使我们能够避免通常的一些科研困难，例如创立假说、解读结果等等。从某些意义上说（从实验结果的准确性和有限性上说），我们的责任更大了。从心理学上看，学校在许多方面就介于实验室的极端简化和日常生活的极端混乱复杂之间。它的环境是整个生活，是社会的和实际的。但是，当所要达到的目的可以简化成数字的时候，就可以进行试验；因为这样就简化了各种环境条件，可以得出明确的结果。这些目的——养成良好的注意力、观察力和记忆习惯等等，在心理学上看，是最高阶段；但是，在平常生活中却是次要的，不会引起人们的关注。

如果生物学和进化的观点将人脑看成是适应的工具是正确的，那么任何一 146 种方法，只要能在促进适应（或能力）发展的条件下，使我们接近各种各样正在形成的适应，就具有一定的优点，而这正好是组织良好的教育系统应该有的情况。

心理学理论可以指导和启发实践,按其规则进行活动可以检验它的正确与否,对它进行评判,有助于它的修改和完善。总之,心理学成了一个假说,教学工作是实验测试和对假说的演示,实验结果则是实际控制力的提高和理论的不断发展。

II

我必须提醒自己,我的目的不是要下结论说心理学对教育学有促进作用,我们所关心的是一个更大的问题,即心理学和社会实践的关系。到目前为止,我想要表达的是:心理学能够为我们所用,正是由于它用机制论来阐述个人目标和社会的关系。将各种伦理关系简化成物体,我们就能够旁观我们所处的环境,客观地看待我们的传统习惯、空洞的追求以及变化无常的欲望等等。我们能够看清它的形成因素,以此来寻找改善的方法。说物理学和心理学对现实生活的作用等同,也是有道理的。通过对理论的转换,我们的控制范围扩大了,操作更直接,能量得到保护,目标得到启发。

147 学校是一个检验心理学对社会实践的指导作用的理想场所,因为学校的明确目标就是在特定态度和努力下,培养特定的社会个性。至少在思想领域,没有其他的目标可以限制或损害这个目标的支配地位。在商业、政治和其他领域,情况就不一样了,在表面上还有其他的目的;这些目的在许多方面都更加重要,而伦理则退居次席甚至只是偶尔附带。赢得一切却迷失自我,对一个人来说毫无益处,因此对其他所有社会机构的评判标准间接地或最终地取决于其对人类生活的贡献。其他的目标可能会暂时占据首要地位,但终究会转换成手段;它们必须有利于生活,否则就会受到谴责。

换句话说,一旦我们用伦理标准去评判其他的社会机构,他们就与学校站在同一起跑线上了,也就是说,他们都是加大深度和实现生命价值的机构。在这两种情况下,能够实现伦理目标的机制论都是可以实行的,也是绝对必须的。心理学不仅是偶尔对日常任务进行补充。这个观点和这种抽象作用的本质,就是要使我们掌握一种方法来引入价值、实现价值。把个性看成物体、社会关系看成机制以及有关刺激和抑制的一些理论,正好就是用实现目标的方法来解读这些目标。

值得注意的是,人们老是对一些道德标准的无效性如此忽视。人们树立典范,制定标准和宣扬规则,却没有找到任何根本的措施来实现它们。树立典范是为了让人学习,制定标准是为了让人遵守,宣扬规则是用来指导人的行动。总之,制定这些道德规范的唯一原因,是它们能够影响和指导人的行为。如果它们本质上无法做到这些,只是偶然地发挥作用,那么,这比毫无成效还要糟糕。它们就是无耻的冒名者,是逻辑的自我矛盾。

如果人们的道德理想和规范是从风俗习惯中总结出来的,就仍然会通过风俗习惯来实现;但是,如果是从其他一些背离习惯和传统的方法中得出的,如果是有意为之,那么,肯定存在一个事物替代风俗习惯来充当执行的媒介。我们必须了解它们的操作方法,而且必须详细了解。否则,我们越坚持这些绝对规定,越坚持它们的绝对控制,对它们的实际统治力就越无能为力。习俗、道德和心理学有着类似的历史发展过程,而意识则不是,它只是我们在已有目标和对其实现手段的兴趣之间的一种必要等同物的具体识别。同样的情况,我们之前已经讲过两次:一次是关于要实现的价值,另一次是关于实现的机制。只要习俗和传统还占据着支配的地位,只要社会价值还是由本能和习惯所决定,也就不存在有关实现方法的意识问题,心理学也就无用武之地了。社会机构有属于自己的一套,它使一个个成员都融入机构,在它们的控制范围内活动。个人受社会团体的共同生活支配,机构和习俗保障着社会典范和方法。但是,当价值被意识到,苏格拉底坚持反思人生和道德之间存在着有机关系,这就意味着用于阐明伦理典范的机制也成了意识。当我们开始反思道德的时候,就产生了心理学。

此外,作为对个性运作机制的描述,从将生命完整价值的实现限制在一个社会部门的意义上说,心理学是社会的专制和等级观念,是阶级观点的唯一替代性选择。随着在历史和社会学中的运用,心理学不断发展,它试着用心理学中的刺激和抑制去描述不同团体之间人们的相互作用,它见证了我们已经不再把社会形态看成不可置疑的最终形式。现在,社会机构存在分配不均、随意决议和发展受挫等问题;将心理学运用到社会机构中去,才是改变伦理价值的唯一科学方法。这也表明,已经承认心理学原理可以运用到社会生活的大部分事件中;也承认现有秩序不是由命运或巧合所决定的,而是以法律和制度为基础,以现有刺激系统和反应模式为基础,通过可以改变实践结果的知识建立起来的。承认并探寻个性之间的相互作用的机制——它控制了现有的价值分配;或接受一个固定的等级制度——领导人自封为最高个体,广大群众只有被动接受和遵守某些目标和法律,除了上述两种情况,我们别无选择。将心理学运用到社会事物的努力意味着，我们已经确定伦理价值不是只存在于某一特定群体或阶级中，不管其多么优越；而是存在于整个社会生活中，这是针对整体复杂的相互作用和相互关系作出的解释。想要挽救所有的个性，我们要做出类似的努力——用机制论来阐释所有的成就。抛开机制谈个性，会失去它的一部分意义，会使其运用变得变幻不定且独断专制。

很明显，我们现在的社会生活是很不规则的。我们对自然的控制力越来越强，我们运用自然资源创造出越来越多的商品以满足需求；但是，我们发现，这种目标的实现和价值的享受已经不再稳定和确定了。有时候，我们似乎陷入一种矛盾之中，我们生产越多的产品，就越不能好好地利用。难怪卡莱尔(Carlyle)和鲁斯金(Ruskin)主张禁止整个工业文明，托尔斯泰(Tolstoi)提议回到沙漠中去。但是，稳当地看待情况、将其看成一个整体的唯一方法，就是谨记整个问题都是有关科学的发展*及其在生活中的运用*。我们生产出大量商品，实现对自然的控制，是物理科学发展的必然结果——我们能够将事物解释成机制中相互关联的各个部分。现在，物理科学的发展大大超过了心理学。我们掌握了物理机制，能够生产出可能的产品；但是，我们还没有一种关于条件的理论、一种可以将价值实现到生活中去的条件的理论，所以依然受到习惯、随意性和强制力的支配。

毕竟，心理学只是对将意识价值和意义引入人类实践中的机制的描述。随着它不断发展，并逐渐运用到历史和其他社会学科中去，我们可以预料，将来对伦理道德领域的控制力会越来越强。要评判伦理道德的性质和范围，最好借鉴一下发生在物理学上的这场变革；人们通过对物理学规律的了解，提高了对物理性质的操控力。心理学不可能为伦理道德生活提供现成的素材和解决方法，就像物理学不可能在没有准备的情况下得出蒸汽机和发电机的原理。但是，不管是物理学还是心理学，都让我们了解某些结果是由哪些条件引起的，从而使我们找到处理和控制的方法。心理学不可能告诉我们在伦理道德上要做什么，或是怎么做；但是，它能使我们洞察到控制目标形成和执行的一些条件，从而使人类的发展更加健全、更加理性，也更加有保证。我们聚集在此，不是为了吹嘘，或是感伤科学的可能性。最好，我们能够全心全意地做好我们的调研和反思工作。我们有权继续我们的日常工作，因为我们的工作同人类社会的实践努力不是毫不相关的或完全背离的。尽管心理学家的工作似乎离实践很遥远，但他们努力研究的学问能够让人类懂得保护和掌控更多的人生价值。

逻辑思维的几个阶段^①

当你问街上一个行人对于某事有何看法时,即便他听到过这个话题,通常也会回答没有考虑过。这表明思考是一种对信服的或不容置疑的事物的一种补偿,而这种补偿是活跃的和不安定的。当这个行人补充说,他知道这个问题,但没有认真思考过,这进一步说明思维产生了知识;它的目的或目标是保证一种动态的平衡。这篇文章的主题正是有关思维经历的几个主要阶段,以及在这几个阶段中,如何真正努力地达到最有效的工作。

我希望在这篇文章中展示出各种各样在种族以及个体的发展过程中容易被认知的思维模式,可能作为一组连续的关系而被识别和安排,即从"怀疑"到"信任"的一系列不同的态度。据此可以说,"怀疑"的程度就接近"仅仅是默认"。我们假设提问的深度和广度是不断增加的,它孤注一掷地战斗,一个个疑团不断被追击,被逼入绝境,于是彻底地清理其所涉及的领域。这样不断的停驻和追逐,组成了思维的阶段。或者换一个比喻,把人们公认的事实看成是一个确信的物体,一旦它失去了平衡,质疑态度中的张力便会陡然增加,直到再次调整得到一个新的、更不易动摇的平衡。

人类的天性不是将疑问坚持到底,而是尽快地解决疑问。实践工作者对于理论的不耐烦已经成了一种格言,表达的是这样一种感觉:既然思维过程只是在用确定替代疑问时才有用,那么,任何明显的延伸都是无用的揣测,浪费时间而

---

① 首次发表于《哲学评论》,第9卷(1900年),第465—489页;修改后发表于《实验逻辑论文集》(芝加哥:芝加哥大学出版社,1916年),第183—219页。

且使大脑在重要的事情中分神。要遵循最容易的途径，就是要缩短在怀疑与暗示领域的逗留时间，还要尽快地回归到人能够行动的世界。当然，结果是困难被回避或者得到克服，而不是真正地得以解决。因此，尽管遭到潜在实践者的反对，实践、经济与效率的需要本身就迫使怀疑得到不断加深，调查的范围也不断扩大。

我们必须在这一进程中找到思维阶段。最初的阶段里，疑问几乎不能忍受，但也不被接受；它不是一个受欢迎的客人，而是一个急需尽快解决掉的入侵者。可选择的、有竞争力的建议的发展，（观念的）猜测的形成，只需前进一小步。大脑拥有最便捷地消除疑问并重获安全的工具。另一端是确定而有意识地寻找问题，以及精细的、系统化的调查方法的发展——工业与科学技术。介于这两种限制之间的，是那些始于疑问和探究、止于途中的过程。

在思维旅程的第一阶段，信念被看成是固定不变的。对那些使用信念的人来说，信念只是另外一种事实，它们被用来解决疑问；但在他们看来，这些疑问是游离于观念本身之外的。他们从未进一步考虑观念本身必须敞向疑问，本身需要批判与修正。确实，那些使用固定意义的人，甚至未曾意识到，这些固定意义是在为了处理冲突和问题的目的下即时产生和精心组织的。他们认为观念就在一边，就像上天的安排，可以——用来解脱人所遭陷的困境。

153观念的固定化及实体化，一般都是由词汇来负责的。一大串批判，使我们熟悉无法征服的"假设只要有名字就一定有某个相应的实体"的习惯，假设一般词汇与抽象词汇在《物性论》(*inrerum natura*)中都有它们的对应实体，就像有单数名称与专有名称一样。我们知道，英语的经验主义学派用简单的自信心就解释了柏拉图的本体论思索。词汇易于固定知识的内容，给它们某个特定的独立与个性的风格。同样的原理用在那里，也是没有问题的。的确，我们正在谈论的思想态度在某类人身上得到了很好的阐释。这类人为了解决某个道德、政治或科学的问题而去查字典；可能通过了解字典中这一权威术语的意思而终止了关于某一物质点的讨论。这个问题被看作是在科学与知识的探究范畴之外的，因为单词的意思——观念——是固定的、无可置疑的。

但是，词汇的"固化"(petrifying)影响毕竟只是一种表面上的解释，一定存在着某一个意思，否则，这个单词就不能有固定的涵义了。一定会有可以解释用名字作为固化作用的媒介的东西。事实上，单词和其所代表的意思背后的确有某个真实的事实——**既存现实**,这一现实就是社会习俗。查字典的人在其转向字典寻求某一术语的定义时,得到的是既存事实。他找到了这个单词现在用的意义。社会习俗和物理事件一样真实。仅仅以惯例或任何其他随意的手段为参照,是不可能解决习惯用法的事实的。一种形式的社会习俗也不过是和其他的社会制度一样,是一种表达方式的发明。它包含了永恒的态度、对经验中某些反复的困难或问题的习惯。固定于术语中的观念和意义表现的是价值方案,社会共同体用这个方案来评价那些需要考虑的、不确定的问题。它们作为所有成员都要遵循的标准而确立。这里要说的,是这一似是而非的论点的解决方法。固定的或不变的观念是一个表达某一既存社会态度、风俗的事实。它不仅仅是口头的,像所有的习俗一样,而且提供了一种在控制特定的情形时起作用的力量。但是,因为它标志着一种解释模式、一种价值分配方案、一种解决疑问情境的方法,它就属于观念的范畴。否则,谈到个体的生活,固定的意义代表的不是被名字固定的一种意识状态,而是一种信念的习惯性认知方式、一种理解的习惯。

在原始社会盛行的、精确地决定了社会整体感兴趣的所有行为规则中,我们找到了一种适当的阐释。这些规则是事实,因为它们表达且在某种程度上认可习俗。这些规则的含义并不会因为司法的宣判而终止,它们用一种对抗任何要分离它们的人的实用方式来使之立刻生效。然而,规则也是观念,因为它们表达的是在经验中定义疑难问题及重建确定性的一般方式。个体可能不会承认这些规则,那么,外在的参照就很必要了。对于专心于"观念是精神的和主观的"这一概念的人,我知道,最好的方式就是欣赏某个观念的重要性,而不是认为社会判断规则只不过是一种看待及解释事实的方式,就像它是观念一样。

然而,此处对我们来说,特别有意思的一点就是这些观念被看作是固定的、毫无疑问的;它们所适用的情境,本身就被看成是同样固定的。考虑到那些采用这种观念的人的态度,疑问就在于什么样的观念应该被用在某一特定情境中。例如,甚至古希腊的雅典人都长期保留着控诉和审问一棵树或者某些人使用的杀人工具的习俗。有一种规则——固定的观念——用来解决所有因为伤害了其成员而触犯了共同体的人。事实上,被冒犯了的无生命物体,没有目的或意图的事物,不是一个物质环境。这种情况没有什么不同,即没有必要怀疑事实的本质,它像规则一样固定不变。

然而,随着生活的不断复杂化,规则聚集起来,辨别力即某种程度的探究与批判态度就会随之而来。但是,在各种固定的观念中寻找要用到的那个观念,而不是在引导对任何规则和观念都有的猜疑或者试图发现或重建一个时,探究就开始发生作用了。几乎没有必要提到诡辩的发展,教条之间差异的增加或正式法令在累赘的细节上的增多,也没有必要指出这一逻辑阶段可能会有的结果。最根本的就是质疑与质询,既不是受到固有事实自身的本质的管理,也不是观念的价值,而是彼此之间相联系的方式。思维不属于事实或观念,而属于它们的外延。"已经存在某种习俗或法令,在其保护下,每一个可能的争议(即每一种有疑问的或不确定的情况)都解决了,而法官只需要宣布在这个特定的案例中哪种法令是适用的就可以了。"这在司法程序中依然是不可能的。这一观点极大地影响了逻辑学理论的历史发展。

在发展与维持固定的观念上,主要手段或者说最重要的手段就是对指导的需要和对指导的给予方式。如果只是在疑难的情境出现时才用到观念,它们就一定会保留生命力和灵活度。但是,社会总是在教给它的新成员在这些情况出现之前就处理它们的方法。换句话说,为了逃避将来的困难与思维的需要,观念是与当前的疑难分离的,而且远离了应用的情境。在原始社会,这是指导的主旨,而且在很大程度上维持下来了。与其说是纯判决,不如说是预断。当社会使用其资源来固定头脑中的某些观念(即某些解释与尊重经验的方式)时,为了采取一种严格的独立形式,观念就有必要公式化。它们被加倍地从疑问的范畴中取走,态度虽不严厉,但却极其教条,以至于可以问它是否要被指定为一种思维状态。

这样,观念就成为社会交谈的主要工具。与提前慢慢灌输统一的观念——评价所有社会问题和话题的固定模式——相比,司法决定和刑事更改是维持社会机构不变时受限制的和无效的方法。因此,这些固定的想法成为任何群体都力图实现并打算永存的价值观的体现。固定化支撑它们,不会通过环境的磨损而分散,也不会因恶意攻击而遭到破坏。找出这些价值观被放在神明与宗教教派的保护之下的方式,或它们自己正式成为类神学(和在罗马人之间一样)的方法,是很有趣的。然而,这几乎不能给讨论的逻辑增加任何东西,尽管它能够表明观念固定化的重要性,以及用来维护固定方法的完全特性。

具有固执己见态度的保守价值观,认为"观念是固定的"的观点是不可忽视的。当社会没有保护及继续完成其价值观的科学方法时,除了这种具体化之外,实际上已没有其他的手段了。另外,有任何可能的科学进步,固定观念的对等物就必须留下来。我们离行为的需要越近,观念就越需要绝对化。事情的发生往往令我们猝不及防。在需要稳定性的地方,紧急事件不断出现,因为成功的行为不能通过调查的中介来获得。与行为的踌躇、混乱和无用相对立的是引进具有积极可靠特征的观念,但这些特征在严格意义的逻辑上并不属于它们。似乎黑格尔思想中有的就是这种决定,他将其称为"理解"。他说:"除了理解,理论领域与实践领域中都没有不变性和正确性。"他还说:"'理解'坚持特征的不变性与它们之间的区别。它认为,每一个含义都有其自己的存在。"在专业术语中,这也是"布置观念"的意思——强化意义。

　　然而,在认识到智力内容的稳定性是有效行为的前提条件之后,我们就不能忽略随着思维转变成更重要的形式而产生的修正。一开始,稳定性被认为是观念自身的正当所有物;它属于观念,是它们的"根本"。随着科学精神的发展,我们可以看到,正是我们把稳定性引入观念中去的,其目的是使观念的意义能够适应它。稳定性不再是观念的固有结构的问题,而是成为了使用观念的可靠性问题。因此,重要的是我们把观念固定化的方式,即探询的方式,其最终结果是定义。我们接受观念,就好像它是固定的,为了保证行为必要的稳定性。危机过去之后,观念放弃了它借来的装饰,以再度重现。

　　当我们将观念替换为能够裁决现实情境的规则时,观念便被作了适于情境的必要的修改,思维的性质就发生了改变。我们完全可以说,我们又来到了另一个阶段。现在,观念被看成是从根本上从属于变化的、需要被修改以备使用的制造物。决定疑难转变的情境不属于我的目的,因为我头脑中只有一个各时期的描述性阐述。事实上,经过这些阶段,思维经历了探究功能的发展,没有引起其"为什么"和"怎么样"的问题。对于这一点,我们只是要注意到:随着固定观念的计划储存不断扩大,它们在科学问题上的应用也越来越难,时间也越来越长,且越来越迂回。因此,必须找到明确的、合适的观念,并把它们与其他的观念进行对比。这就牵涉到在可能有选择之前,要有一定数量的共同让步与修改。因此,这个观念变得有些动摇了。要与具有同等价值的其他观念相协调,它就必须进行修改。固定概念的积聚,经常需要这一重组。材料的固定负载变得如此之大,以至于如果不重新调整重心,它就无法再支撑自身。简化与系统化是必要的,这些需要沉思。出现了一些关键的情境,在这些情境中,既存的观念或规则是无法

157

158

维护的。要隐瞒"在情境能够得到处理之前，必须从根本上修改旧的观念"，是不可能的。环境的磨损，消失了它们凝结的不变性。判断成为一种立法规定。

在寻找详尽的解释时，我们发现，这一变化在希伯来历史中，在先知判断的不断增大的重要性中，在从使特定情况符合现存法律的行为辩护的转变中，在受到能够使个体在每一次案子中亲自看到法律的个人公正影响的行为辩护的转变中，都是非常典型的变化。尽管这一变化的法律与特定情况联系的概念深深地影响了道德生活，但在闪米特人①中，它并没有直接影响到逻辑学的范畴。然而，在希腊人那里，我们发现了与习俗正面宣战的、持续明显的分离。我们召开集会，讨论并争论，在各种要考虑的事情基础上最后作了决定。辩护律师与行为人肩并肩地出现。奥德修斯（Odysseus）很有经验，不只是因为他知道旧的习俗与方式，更因为他的丰富经验，他可以提出迎接新危机的重要建议。可以说，正是希腊思想中对讨论的强调——起初是初步的决定，之后是立法——才产生了逻辑学理论。

因此，"讨论"是一个适合这一思维方式的名称。它把各种信念集中到一起，动摇它们之间的关系并摧毁它们的不变性。它是各种想法的会话，它是对话，而不仅仅是词源学意义上的辩证法之母。历史上没有什么进步要比走进个体自我意识竞技场的不同人之间的职能转变更常出现了。讨论起初产生于把不同人的观念联系起来，把它们引入竞争之坛，并使它们顺从于关键的比较与选择性的决定。最终，讨论成为个体自身的一种习惯，它成了小型的社会集会。在这里，为了控制权，即最终结论，支持者与反对者被发动起来而斗争。这样，在某种方式上，我们认为需要沉思。

很明显，如果从更早时期固定观念的立场来判断，讨论（观念的鼓动）是一个破坏过程。观念不仅被动摇并分离，它们自身如此动摇，以致其整体生命力都遭人质疑。心智，而不仅仅是信念，变得不确定了。把不同的观念协调起来的努力，意味着它们自身是有差异的。寻求结论意味着那些已经被接受了的观念只不过是观点，因此是个人事务。毋庸多言，诡辩家们突出并推广了这一负面性，即其前提丧失可信性，前后不一致，因而是"主观的"。他们认为，它不仅适用于

---

① 又称闪族人，亦称"塞姆人"，起源于阿拉伯半岛的游牧民族。阿拉伯人、犹太人都是闪米特人。——译者

这种、那种及另一种观念,而且适用于作为观念的观念。因为观念已经不再是固定的内容,它们只不过是个体思维方式的表达。因为没有内在的价值,它们只是表达促使个体这样看而不是那样看的兴趣。它们是由个人观点决定的,因此,如果个体改变了他的观点,那么,它们就是尚未做好的。过去都是固定性,现在都是不稳定性;过去都是确定的,现在除了偏见引起的看法、兴趣、随意选择之外,什么都没有。

现代观点尽管谴责诡辩,却仍经常赞同以诡辩的方式将反思的态度限制为自思或自负。自培根以降,人们鼓吹观察和关注事实,呼吁关心外部世界。真理的唯一保证是诉诸事实,思维就其本身而论是另外一回事。如果沉思不被看成是唯一可变的物质,那么,它至少可以被看成是对事情无止境的研磨。它是想从内心的意识中编造真理的无用企图。它是内省和理论化的,但只是推测。

这种整体的贬抑,忽略了哪怕是最主观沉思中的固有价值观。因为它坚持一种固定的状态,即思维是不必要的,或者它已经完成了自己的任务,就像它已为那些问题缠身、怀疑盛行的情形提供了标准一样。它需要之后产生,因为我们有思维能力来衡量引起思维的情形。无论什么时候,当我们真的需要沉思时,不能直接求助于"事实",因为思维的刺激物出现,仅仅是由于"事实"已经从我们身边溜走了。穆勒(Mill)在他关于维威尔(Whewell)"在'概括'事实时,需要精神概念或者假说"的讨论中巧妙地提出了这一谬论。他坚持认为,概念出自它所存在的"事实",是"从虚无中给我们留下印象"。他还认为,正是事实的"黑暗与混乱",才使得我们为了创造"光与秩序"而产生了对概念的欲望。①

沉思包括扼要复述各种观念,把它们分类,进行比较,尝试找到一个可以把两者的力量合并到自身的观念,寻找新的观点,开发新的提议,提出猜想与建议,作出选择和舍弃。问题越大,质疑的震动、不情愿的混乱及不确定性就越大,"纯思维"过程持续的时间也就越久且越有必要。这与其说是物理阶段,不如说是明显的生物阶段;与其说是化学阶段,不如说是社会学阶段;但是,它坚持了既成的科学。如果我们采用的是数学观点,不是*在它已经被论证之后*——因此,能够用适当的逻辑形式陈述——但是,在发现与证明的过程中,这一阶段的操作主观上是明显的,以至于一个著名的现代数学家曾经说:数学研究者在任何新的领域里

160

---

① 《逻辑学》,第 5 卷,第 2 章,第 2 节。

走过的路,更像那些实验主义者走过的路,甚至像诗人与艺术家的那些路,而不是像欧几里德式的几何学家走过的路。

造成现代研究与比如说希腊人的沉思之间的本质区别,不是因为缺少"纯思维",而是因为存在检验其结果的条件,以及现代实验法的技术中精密的检验和测量系统。思维过程自身现在不是无止境地继续下去,而是通过借助于特定的经验寻找出口。它是由这一参照检验的,然而不是通过在与事实的便利贸易中的使用来检验,就像理论可以通过直接与事实进行对比而进行检验——明显不可能的。它的检验就像在检验玻璃,以一定的意义作为媒介来观察它们是否承载一个更有条理、更清楚的一面,如果它们不那么模糊不清和令人费解的话。

苏格拉底学派反对诡辩学的反应,可以用来解释思维的第三个阶段。这一行为对事实上已被接受的观念的动摇以及所有思维的名声丧失并不感兴趣,而是比较关心对一个常见的、把不同观念联系起来的支配者的实际吸引力。在它们的比较与共同修改中,它看到了对某一标准的永恒意义的管理证据;这种意义在冲突上传递判断,揭示一个普通的参考原理与标准。它处理的不是动摇与结束,而是最终会出现的全面永恒的观念。不同个体之间的争议与讨论可能会导致扩大了的质疑,表明已被接受的观念的晦涩难懂,因此使个体有了不信任的态度。但是,它还牵涉到对双方都会接受的某一单独想法的吸引力,从而结束争执。这种对更高层次的吸引力,实现一个整体持久的和应该缓解有争议的想法的赞同因素,并消除不相容因素的智力目标的可能性,唤醒了苏格拉底式对概念的研究和对柏拉图观念等级说的详细描述,以及亚里士多德系统方法的阐述的活力。柏拉图的观念等级说中较高级的观念证实较低级的观念,而借助亚里士多德的阐述,一般原理可以被用来证明有疑问的命题。至少这一具有历史意义的发展,可以用来解释从第二阶段过渡到第三阶段、从讨论到推理的转变以及从主观的沉思到证明方法的转变时所牵涉到的东西。

无论是我们自己或与其他人的讨论,随着线索的暗示而继续,因为兴趣的最终目的是到处开路。讨论是不得要领的和杂乱的。这使得它有不正当的倾向,在柏拉图的主张"讨论需要与推理联系在一起"中可以得到证明。也就是说,为了定义各自确切的价值观而以这样一种方式被意识到的各种组成言论,需要有理由或者基础。苏格拉底认为,需要强迫普通的支配者(构成各种各样观点的普通主体)来表现自己。他独自给出了一个肯定的、可以用来衡量所有断言的言论标准。除非满足了这一需要,否则,讨论就会成为未判断的、未检验的和混乱摇摆强加于我们身上的问题的一个自欺游戏。

我们已经对"苏格拉底的普遍说和柏拉图的观念是因心理学抽象盲目地转变成自存的实体"的理论非常熟悉。坚持认为它是苏格拉底逻辑学的关键,这是一种讽刺。普遍的客观性代表某些有明确结果的东西的意义及所有沉思的控制,沉思却只是个人偏见的使用。这一意义在现代科学与柏拉图的辩证法中都是很活跃的。苏格拉底认为,他那个时代的道德与政治讨论所使用的术语的固执己见及自负的特性,与教材相比,如果掌握恰当的话,可以结束那些纯粹的观点与议论。

亚里士多德时代,人们对质疑与争执的决定标准是否存在的兴趣,没有对它们在应用技术上的兴趣多。法官稳稳地坐在台上,争议双方认可他的司法权,并且递交他们的主张来等待判决。所需要的是,法官可以应用一种明显的公平方式、得到认可普遍的有明确结果的法律,对特定的问题作出判决。因此,需要对证据规则进行详细描述,它们是指示力的标准,构成了亚里士多德逻辑学的骨架。有一个对所供证言的进入资格及价值观的准则。三段论法的数字与术语,给每一条所提出来考虑的主张的确切联系提供了一个方案。主要及次要前提,主要、次要及中间术语的安排计划,提供了在推理中决定每一个因素的证明力要遵循确切程序的宣言。法官知道允许什么样的证据,什么时间,怎样引出;它怎样能被检举或者减少其权限,怎样安排证据;在作结论时简要的概括,也可以展示其价值。

这就意味着,现在有一个与纯粹讨论和反思分开的、与众不同的思维类型,它可以被称为推理或证明。当我们去思考一种能够找到最终不需质疑的且将给予其他陈述以合理性基础的方法,并探寻这种方法的规律性时,我们便在推理。至于证明,就是把逻辑变量分配给这一命题。证明就是由推理所证实的接受或拒绝。引用穆勒的话说,"给作为其他东西的结论的命题信任,就是用最广泛的角度来推理。我们说事实或主张是被证明了的,如果我们因另外在先的事实或主张而相信这一事实或主张的真实性的话"。① 推理就是整理安排一系列的术语和命题,直到我们能够坚定地把某个有疑问的事实联系到一个虽然遥远却毋庸置疑的事实。这是一种规则的方法,某一个命题被用来给一个不稳定的命题

163

① 《逻辑学》,第2卷,第1章,第1节。我改变了引用句子的顺序,并且省略了一些短语。

施加压力，给后者穿上前者霸道的外衣。直到我们得到这个结果，能走好每一步，并且能保证走得正确，我们就有了证明。

但是，我们还是面临着问题。在保证其他主张的可信性时，我们所依靠的那个事实——我们主要的前提呢？是从哪里得到其保证呢？

当然，我们可以把它交替纳入某个更深刻的主要前提之下，但是，无限的回复是不可能的，最终我们将会悬在空中。出于实际目的，该毋庸置疑的原则可以被看成是表示共同让步或协议——它表明，事实上，它的真实性不被双方认为是有问题的。这并不是为了解决争论和争议，而是一种在那些已经是朋友和邻居的人之间协商问题的方法。但是，科学地说，对某一观念的普遍接受似乎成了习俗而不是真实性，从数字上看，偏见的影响力增强了，但是价值几乎没有变化。骄傲一点都不逊于自负，因为它吸引了很多人的注意力。

那些享有共同真理的人，之后的确开始有了极大兴趣。然而，至少从理论上来说，不是因为共同的协定可以构成主要前提，而是因为它能够为显而易见的普遍特征提供确实的证据。

因此，亚里士多德的逻辑学有必要首先假设某些问题是毋庸置疑、不言而喻、不证自明的；既不是思维创建的，也不是思维修改的，而是稳固的、自足的根本真理。这一假设并非如现代人在形式逻辑中常认为的那样，是推理理论的外在的心理学或形而上学的附庸，可从逻辑中随意省略。它是一个根本的知识因素，是可以通过理智直接理解的必要命题，也是感觉可直接把握的特殊命题。推理之后，可以加入到其中。如果没有真理，那么，我们就只剩下如游戏般主观任意且无用的看法了。判断并没有发生，而且断言没有保证。因此，逐一列举第一真理是所有由确定的证明、确实的认可意见和有效的信念组成的推理的一个有机部分，拒不承认最高原理在亚里士多德及其追随者逻辑学系统中的必要性，就是使它们成为一个社会习俗的游戏参加者。它们真正关心的是实现确信的理由和过程的问题，这个事实被忽视或颠倒了。因此，它们被迫假设最初的直觉，包括形而上学的、物理的、道德的和数学的公理，其目的是为得到能够把那些不可预料的大量命题关联起来的联系点。

如果对于教会、教父、基督教经文、古代那些作家们，以及中世纪时期对亚里士多德等典型权威的尊重，是对那些自身确定的、毫无疑问的事实的这一假设的直接结果，似乎是有些过火。但是，逻辑关联是肯定的。提供不了亚里士多德所能够提供的那些绝对的前提。亚里士多德那一代人及当时的情形中，这一细微的差异相对来说是相对较少的。因为对于大众来说，大批的价值仍然是由习俗、宗教信仰与社会机构来传递的。只有在那些相对小范围内受到哲学影响的人之间，才会需要逻辑证明模式。然而，中世纪时期，所有重要的信念都需要被某一能给予支柱和力量的固定原则集中起来，因为它们明显地与常识和自然传统相反。情形如此，因此需要积极地应用到亚里士多德的思维方案。权威补充了直觉知识的不足，亚里士多德的推理计划经得起精确手段的检测；正是通过这些手段，那些含糊、混乱的生活细节可以受到权威性规则的约束而恢复正常的状态。

然而，只是说明最重要的、根本的前提及可信性所依存的那些无条件的理由是不够的。我们还得说出另一面的出处，即物质本身的不确定性，要求它们必须有外界提供的理由。亚里士多德的思维方案给出的答案是显而易见的。给我们提供那些本身仅仅是暂时的物质，正是意识及一般经验的本质。智力范畴中，有某一部分起源于完全受其毫无价值的起源影响的经验。它永远被认为是经验主义的——尤其（多少有点意外的）根本就毫无理性可言。你不可能从渣滓中炼出黄金，用这种材料能做的最好的就是用自身有保证和分量的原理作为保护。

根据我们最初的评论，在质疑-探究这一功能中，不同阶段展示出不同的程度，我们现在可以表现出这一阶段思维的特色了。与固定观念阶段相比，质疑是清醒的，探究是积极的，但其本身却受到严格的限制。一方面，它受到固定的根本原理的限制，而这些原理的本质就是不能受到质疑，它们不是探究的产物或功能而是调查研究的根据。另一方面，所有的"事实"，所有的"经验原理"，属于一种特定的、随时受到质疑的固有的存在范畴。这一范畴受到大规模的谴责。它本身就存在疑问，不能改革。如果避不开的话，需要借助中间术语来逃脱，直至被我们全部控制。总的说来，使疑问客观化的方式缺少生命力，像被拘禁在一个特定的地方。如果有可疑的特性，应是越少越好。不确定不是作为种种必要的手段，使得有经验的物质显示出其意义与固有的秩序。

这种对探究的限制，使得解释成为这一阶段的给定思维——它只不过是起连接作用，并作为一种中间媒介。它介于最初的原则（其生命力在思维之外）和意义的细节（其地位与价值超出思维的范围）之间。思维是包容——只是把某一特定的命题归入其普遍性之下。思维是包含，为某一有疑问的物质在某一较确定的区域内找到一个地方。思维是应用一般的原理来支撑不可靠的东西——一种提高其地位且不改变其内容的应用手法。这就是说，思维只有一种正式的价值。它可以被用来展示和安排特定的命题：被开释或被谴责的理由，已经存在的且可以被同意的理由，信念可能被合理中止的理由。

用法庭作比喻是恰当的。某一问题可以在那里被证明或被驳斥。作为问题，作为内容，它都是被提供而不是被发现的。在法庭，要明确地找出一个具体的人不是问题；但是，要轻而易举地找出他有罪或无罪的原因却是问题了。不存在指向作为事实的某事物机构的全方位的思维比赛，但是能否举出例子来证明命题中被接受基础的问题已经产生。当我们拿它与实验室里所做的事情作比较时，这种态度的重要性就减弱了。在实验室里，要证明事情就是这样或那样，或者说我们必须接受或反对某一命题不是什么问题，只是简单地去找出我们正在处理什么东西的兴趣就可以了。任何可以显示的特性与变化都可以成为研究的目的或提出的结论，因为它不是通过参考既存原理而是根据其启发性与可能带来的结果来进行断定的。头脑是随时欢迎各种探究的。或者，我们也可以通过对比审计员和保险公司的保险精算师的差异来阐明这一点。一个人只是简单地通过与反对，保证人、对比与结余陈述就已经做出来了。另一个人调查支出与收入的项目，探究怎样成为目前的样子的，揭示了什么事实(举个例子说，牵涉到货币市场的状况、代理商的积极性)与进一步的研究和活动情况。

用实验室和专家来做例子，提醒了我们调查抨击迄今保留的问题的另一种思维态度。例如，文艺复兴时期，思维自由度的增长揭示了思维过程的内在推动力。这并不仅仅是对中世纪经院哲学的反作用，也是对经院哲学家们所开启的机械装置的持续操作。质疑与探究扩展到细节与事实领域内，目的在于发现其结构后进行重组，不再是维持其原样，而是通过将其与某些权威性原则联系起来，使他们的主张得到信任。思维不再满足于通过在价值的某个范围内，根据它们与固定原理的距离来对其进行评价。这一工作进行得十分准确，没有必要再重复了。思维必须找到一个新的出口。它"失业"了，被安排去发现新的领地。伽利略(Galileo)与哥白尼(Copernicus)是旅行者——就好像是十字军战士马可·波罗(Marco Polo)和哥伦布(Columbus)一样。

因此，第四个阶段——包含了目前普遍知道的诱导与经验主义科学。思维方式不再是试验而是推论。正如我们前面看到的，试验是指在联系其他已经被承认或建立的命题的基础上，接受或反对某一给定的命题。但是，推论不会止于任一给定的命题,确切地说,它是关于那些没有给出的命题,它需要更多不同的事实。推论模式下的思维,坚持的是智力前提与我们没有抓住的既存原理在意识上的终止。现在,我们的思维决不是在质疑某些命题后再进行"传递",不会再因为这些命题显示出某些证据,表现出一种被知识阶层上流社会所接受的权力就承认它们。思维努力在展示自身的时候去获得一些东西,被迫放弃一些意思含糊不清或隐蔽的东西。知识通过思维提升或延伸,似乎可以用"推论"这个词来很好地指明。它不是证明那些可疑的东西,而是"从已知到未知"。它的目的在于把知识的边界推出去,而不是在于用路标来标注那些已得到的知识的边界。它的技巧不是给那些已拥有的信念分配地位的方案,而是一种使那些背道而驰的事实与观念做朋友的方法。推论向外伸出,填补沟壑。它的成效不是通过维持其事项的专利,而是通过它所产生的知识的增加量来衡量的。"**发明**"比"**判断**"更重要,"**发现**"比"**证明**"更重要。

随着经验主义研究的发展,不确知或者偶然性不再被看作是大规模影响整个领域的因素;怀疑它,除非它能够在普遍原理的掩护下被看作是主要前提。不确知现在是一个细节问题,是一个关于某一特定事实是否真的如以前被认为的那样的问题。它包括对比,不是某一特定的事实与某一普遍事实之间的对比,而是某一既存理解模式与另一可能更好的理解模式之间的对比。

从推理与证明的角度看,知识领域绝对是提前按量配给的,确知在一个地方,不定性或不确知在另一个地方。但是,当思维变成研究的时候,当质疑-探究功能形成它自己的特点时,问题就变成:什么是事实? *169*

因此,对细节的观察、收集,对特定事件的对比,对结构到组成成分的分析,与对原子、细胞及太空中所有物质秩序的极大兴趣是一样的。显微镜、望远镜与分光镜、解剖刀、薄片切片机、波动曲线记录仪及照相机不只是思维的物质附加物,它们和逻辑推理中的三段论第一格第一式(*Barbara*)、三段论第一格第二式(*Celarent*)①等一样,都是构成调查性思维所需要的工具。事实必须被发现,为

---

① 亚里士多德在逻辑学上最重要的工作就是三段论的学说。一个三段论就是一个包括大前提、小前提和结论三个部分的论证。三段论有许多不同的种类,其中每一种经院学者都给起了名字。最为人熟悉的就是称为"Barbara"的那一种:凡人都有死(大前提),苏格拉底是人(小前提),所以苏格拉底会死(结论)。另一种形式是:没有一条鱼是有理性的,所有的沙鱼都是鱼,所以没有一条沙鱼是有理性的,这就叫做"Celarent"。——译者

了实现这一目的,明显的"事实"必须被分解为元素。事情必须重新进行调整,以避免不相干的环境与误导性建议的侵扰。因此,拓展与矫正研究的手段本身就是思维的组成部分。科学的专门化,几乎每天都会诞生的新科学,这是一种逻辑需要——并不只是一段历史插曲。经验的每个阶段都必须进行调查,每一个特色面都有它自身的特殊问题,因此,这些问题需要它们有自己的调查技术。问题的发现、用质疑来置换静止的接受,要比通过证明来认可信念重要得多。因此,注意到明显的例外、反面的例子、极端的情况以及异常的人或物就非常重要了。兴趣在差异上,因为它能刺激探究,因而不是只此一次就终结在固定的普遍上。因此,可以在地面与天空的徜徉中寻找新事实;这些新事实可能会与旧理论的性质相反,也可能会带来新观点。

要详细地解释这些问题,不啻给每一门现代科学书写历史。对现象增长的兴趣,对事实领域增长的兴趣,对数量、结构与形式等特性发展的兴趣,很明显,都是现代科学的特征。但是,我们并没有总是留意它的逻辑重要性——它使得170思维存在于与新材料接触的控制和延伸中,从而有规律地带来新经验的发展。

从前,事实领域因其自身所固有的偶然性和多变性而遭贬低;现在,提升这一领域,使之成为需要探索和因探索而享受酬劳的领域。这一提升确定了现代科学中更大方面的重要性。这种精神对其实证性特征备感骄傲——它处理被观察对象和可观察对象。对于那些不能通过经验来证实自己的观念,它根本不予理会。仅仅诉诸权威性真理是不够的。即使作为入门材料,它们也很难让人接受。牛顿声称,他不是在制作假说。我们如果反驳牛顿,说在这方面没有人比牛顿更忙碌,而科学的力量通常与想象力成正比,这种做法当然轻而易举,但却文不对题。牛顿所运用的假说、思想都是有关事实的假说、思想,它们的作用在于使我们的思维更精密、更广博。它们是对寻常事实的表述,而非关于借恩典获得救赎的神圣真理。它不再是高高在上、君临万物的神圣之物,而是对它们自身秩序的表达。

因此,神秘力量和特性的缺少就不像其对改变的态度的要求那样成效明显。当思维存在于可观察到的细节的探测与决定时,力量、形式及普遍特性就都没有了用处。它们不像被无价值地放弃那样被证明不存在,而是由于废弃,它们逐渐衰退了。当普遍只不过是事实本身的正常顺序时,中介机制与本质一起消失不见了。存在着等级世界的替代物,在等级世界里,每个等级都有一套由上一等级制订的有关正当的标准,结构与各部分的方案都很和谐。在天上、地上与海洋的最高处,也是如此。从那个不规则的、浪费的、有着不完美动作的地上世界里的价值阶梯,到有着完美的自我回归秩序的恒星宇宙,都与较早时期逻辑学的中间术语相符合。台阶是递增的,从不确定的意义问题上升到理性理解的永恒的和无争议的原理。但是,当兴趣都集中在找出任何事物与所有事物到底是什么时,任何事实都与它的同类一样好。可观察的世界是民主的。使事实成为事实的差异不是特有的区别,而是定位与定量问题,是把所有的事实都摆放在同一水平上的特性问题,因为所有其他可观察的事实都有这些特性,实际上是一起造成了这些特性。规律不是一个把无规律主题捆绑在一起的君主法令,它们是共识,是事实本身的契约,或者,用我们熟悉的穆勒的语言说,是一般的特征,是相似之处。

当代科学的控制重点的起源也是一样。其兴趣在于新事物、延伸和发现。推论是发展到未知的进步,是使用已建立的东西来赢取虚无中的新世界。这一过程中需要应用规章,即方法,不能盲目出击,需要活动计划。因此,所谓的科学的实际应用,如培根的"知识就是力量"、孔德的"科学就是预见"都不是超逻辑的附属物或额外的收益,它们是逻辑方法本身固有的。逻辑方法是为了理解并抓住新经验的有序的研究方法。

研究的方式非常有助于将来。科学在生活中的实际事件(如在固定的发动机与电话)中的应用,在原则上与在实验室进行的通过实验控制来测定光的波长,是没有什么差异的。科学只是存在于对新接触事物的洞察力的安排。康德学派与穆勒学派都一致宣称:判断如果想成为判断,必须是人工合成的且能够提供丰富的知识;它必须有所延伸,有所启发,有所供应。当我们意识到在诱使经验增长的过程中判断的用处不是偶然的,而恰恰是意味着对适当手段的设置与应用时,我们可以说,所谓科学的实际应用,只不过是发现本身所固有的运转进一步更自由的游戏而已。

作为开始,我们假设,思维是被解释成为一种因为要实现我们称之为确定或知识的精神平衡而进行的质疑-探究功能。我们假设,可以根据它们在质疑中所起作用的多少,以及思维与自由探究之间的关联所产生的真实来识别思维的各种阶段。正如我们前面所说,现代科学程序似乎是定义这一过程的理想与限制。它是一种被解放的、普遍化的探究,其唯一目的与标准就是发现,因此它标志着我们描述的终结。然而,隐瞒我们自身是没有用的。作为一种实用的事业,科学

171

172

的程序并没有融入任何连贯的、普遍接受的思维理论,或者任何可以和亚里士多德相媲美的逻辑学教条中去。康德坚信逻辑学是一门"完整的不变的"科学,因其绝对的"特定界限"而自亚里士多德以来就没有失去过也没有得到过什么。令人震惊的是,这一信念与现存的逻辑教条的断言是背道而驰的。事实是,至少存在三种竞争的理论,每一种都声称能够为思维的实际过程提供唯一正确的解释。

亚里士多德的逻辑学并没有失去其断言。如果观察结果与实验探究被认为是真的"证明"过了,它们仍然得符合亚里士多德的逻辑学框架。逻辑学的另一个学派,公然地以现代心理学作为出发点,败坏了整个传统的名声。它保留了亚里士多德的有效性理论,认为只有特定的事实才是自营的,而一般原理所允许的权威是派生的、二手的。第三个哲学学派则声称,要通过对科学与经验的分析来证明:在整个普遍的建设性的推理行为中,"宇宙本身是一个思维结构"。因此,该学派认为,我们的逻辑过程只不过是借助其存在来快速宣读或停止宇宙固有的合理结构的意识及思维这一普遍的建设性行为。因此,它既否定了传统逻辑学,也否定了经验主义逻辑学的主张。传统逻辑学断言,有经验事实只是在客观的基础上有本身合理性的特殊问题;经验主义逻辑学断言,思维只不过是一门训练课程,通过这门课程,我们可以从某一存在的事实跳跃到另一空间与时间都比较远的事实。

上述三种教条中,哪一个可以被看作是现代科学中出现的思维程序的正统代表呢?尽管亚里士多德的逻辑学愿意放弃一个主张从而被认为是实际过程的说明者,它仍然坚持其有效性的唯一最终裁断人或所得结果的证明人的地位。但是,经验主义逻辑学与超验逻辑学成为面对面的竞争对手,每一方都认为它自己可以讲清楚科学所做的事情及方法。

意识到这一冲突,我的讨论必须停步在当前的描述性阶段。然而,在结束时,我要提出一个更深刻的问题。至于我们采用的观念即"思维本身是一个质疑-探究的过程",为了成为经验主义科学方法的说明者,就一定不能否定这三种教条的主张吗?它们都不同意提出固定在探究外的东西既提供材料也给出限制吗?第一原则及亚里士多德的逻辑学的经验主义事实不属于思维过程,谴责后者是一种纯粹外在的、过渡性的媒介,这样的言论已经够多了。但是,的确,固定的细节、给定的事实或者是感觉——无论经验主义逻辑学者的起点是什么——对思维过程和客观受限的探究来说都是现成的,而不是内在的区别与对真理的探求导致的。关于这一点，任何位置的先验都不是要向经验主义扔石头。思维"本身"不是什么探究过程，它被看成是宇宙外在的、固定的结构；我们的思维，包括质疑与调查，完全是因为我们"有限的"、不完美的品格，它们限制我们只能去模仿与恢复"思维"本身，而思维本身却是持久完满、现成和稳固的。

现代实验科学的实际程序与实际假设因为使思维成为一个根本的而不是仅仅偶然的发现过程，似乎与经验主义与超验主义的解释不能协调。无论如何，这里足够引起进一步研究的差异。基于现代科学程序的一种思维描述，难道不需要断言吗？这一主张中，所有的区别及思维术语——判断、观念、推论、主题、断言及判断的联系等是无止境的——都应该被简单地、完全地理解成质疑-探究过程中独特的功能或分工。

心理发展的原则——以婴儿早期为例[①]

　　通过对后继者们施以思维形式及分类方式上的影响（后继者对此只能亦步亦趋），新科学运动的发起者们减轻了后继者们对他们的感情负债。任何运动的开始都牵涉到折衷，它能带来新的事实以及要考虑的事情，而如果不是为了改革，这些最终都一定要大量地修改现在的解释标准与方法。然而，只不过是旧瓶装新酒。新的材料被装在旧的文件夹里，然后根据材料被指定要处理的题目来分类。这个原则在目前的儿童心理学的条件下是显而易见的。它关注的是生长及功能的延续，其支配原则从根本上说是单一的。它肯定是那些构成过去的精神材料的主要部分，是任意的差异与孤立的最有效的处理手段之一。它一定是以用逐渐差异的观念来替代独立的心理官能的概念而结束，或者是以用有机的互相依赖与合作的概念来替换机械的并列与外在联系的观念来收尾。

　　但是，可能主要是受到那位伟大的先驱皮瑞尔（Preyer）的影响，儿童心理学仍然是在最专断的或者说误导性的标题下组织的。例如，皮瑞尔把某些事实归为感觉能力，尽管在每一种情况中所描述的材料都涉及动力作用，就像可以很容易地用眼睛看到和用耳朵听到那样明显，而大部分还涉及智力歧视与识别。他

把感觉，毫无疑问，是与有机的感觉能力紧密联系的情绪，归在同样的主题内；但是，同样肯定的是，如果不是所有的，至少在很多情况下，有机的感觉能力是由动力作用支配的，甚至用他自己的话来说，动力作用越高，就越是依赖于观念。他

[①]　首次发表于《伊利诺伊儿童研究协会会报》（*Transactions of the Illinois Society for Child Study*），第 4 卷（1899 年），第 65—83 页。未重印。

将某些动力的现象孤立为意愿,尽管按照他自己的分类法,很多现象都只是对感官刺激的反应,而其余的则是观念的结果。要把眼睛的运动归为感觉能力,应该给出什么样的合理理由呢?而要把手的运动归为感觉能力,应该给出什么样的合理理由呢?在眼睛的例子中,在对光的刺激反应中,肌肉有一个协调过程;而手则是在对触摸的刺激反应中,肌肉有一个协调过程。当然,从理论与实践上来说,要点是所涉及过程的结合。要将一个事实归入感觉能力的范畴,而将另一个事实归入意愿的范畴,是将上帝最肯定地连接起来的东西分离得支离破碎。在将那些故意的行为全部归为意愿的过程中,也可以发现同样的任意孤立行为,因此,用简单的感觉运动的调和来掩饰其身份。如果需要用任何事物来结束这种混乱,那么,事实上,现在就没有什么东西可以在皮瑞尔的智力题目(除言语能力的发展外)的安排中留下来——就像言语能力本身不是一种明显的动力现象,在其整个的早期发展中,它是受到一般的需要、愿望和一般情绪反应的发展的密切支配的。

近来的研究者只是生硬地照搬了皮瑞尔的观察。最近一个关于幼年的最好的传记描述介绍了一种把所有的行为归为身体发展的变体——甚至包括那些目的在于实现观念并努力执行的行为。而感觉、情绪和智力则是属于心理发展的范畴,与身体的发展互相调和。我在这里提到这些事实,并不是为了挑剔皮瑞尔及其追随者。我们必须感谢他们所收集的大量的详细信息,以及他们工作的全面与精确。但是,仅仅因为他们积累了那么多的材料,或是未分类的或是在字面上符合遗传学的观点产生之前就被想出来的分类标准,在寻找更多的精神发展固有原则来参照对事实的整理和解释时,它就马上变得很必要、很有可能了。无论是出于实践或者自学目的,还是出于科学目的,都急需这一工作。实践中,很多聪明的父母,尤其是母亲,在从事儿童的观察工作中被淘汰了,因为似乎有一个位于同一层面却互不相关的事实丛林,没有任何的观察要点或者参考标准。此外,孩子的个性完全被隐藏在不受控制的一堆事实所带来的不连贯安排中。真正使人感兴趣和吸引人注意力的孩子,他们是教育与注意力的目标,是一个有生命的统一体。从具体的教育观点来看,大量的特定细节只有在其能够被看成是重新发现这一生命体发展的征兆与指标时,才是有价值的。其中一个原因,可能是主要原因,即到目前为止,儿童研究的结果在教育应用中显得非常贫乏,准确地说,因为只见树木不见森林,而且一系列诸如感觉、行为、观念、情绪等非真实的分类标题取代了具体的个体。如果你拿着四五个有关儿童个体的详细传记,能够成功地得出所说的某个特定儿童不止一种性情与性格的观念,那你就比我要幸运得多了。这种管中窥豹和略见一斑的做法,都只是偶然的奇闻轶事与偶尔出现的描述性形容词。

如果这在科学的准确性与完整性的整个过程中都是必要的,毋庸置疑,我们就应该忍受。但是,情况恰恰相反,把不相关的事实积累起来并把它们以这样无条理且大规模的方式编排在一起,与实际上对目前婴儿心理学的限制是一样的。研究植物或动物的生活史,把它们的每一个变化都任意隔离开来,再将它的材料划分为根、茎、叶、花,或者腿臂、躯干、尾巴,这样的植物学家和动物学家会被看作什么呢?总之,通过把观察到的结果强制分到旧的官能心理学的标题下,确切地说,我们错过了遗传学方法的特殊的科学价值。生长延续的事实,在细节上是完全看不清的,尽管一般来说会有很多相关的话题。生长只不过被看成是按时间顺序排列的次序——有些事情发生得较早一些,有些事情发生得较晚一些。没有什么关于延续功能的见识,也没有把早些时期的事实与晚些时期的事实联系成一个有生命的统一体的方式。在任何的生物学研究或使用遗传学方法的研究中,持久的、微小的细节研究绝对是必不可少的,结构与变化的确切连续的微小细节是非常重要的,因为它能够启发到生命过程本身的生长。生命的原理才是研究的真正目的。把观察到的事实挑出来分类装进文件格,而不考虑它们与生命历史的联系,就只能是用遗传学方法的名字而不是遗传学方法的事实。

但是,负面的批评已经够多了,或许是过多了。的确,沉迷于此只不过是为了定义问题:在所有生命的婴儿期所展示出来的现象中,一个典型人物的任何持续功能是否能在其不断增长的差异与分支中被发现并找出根源?作为一个有效的假设,我认为,感觉-动作行为与协调的原则只不过给我们提供了这样一种集中化的原则:一个可以同样被用于生理学与心理学方面的原则。用通俗的语言说,这个单位是一种行为,无论复杂与否。看和听与触及、抓住及移动一样,其实都是行为。"感觉能力"只是行为的一个组成部分。另一方面,抓住、说话及爬行和看与听一样,都只不过是肌肉的或动力现象,它们都涉及一个感觉因素。从遗传学的角度看,眼睛与耳朵是行为及对周围环境进行调节的器官,而触及与抓住则是固定住某些特性或经验的价值的感觉能力器官。它们的区别并不在于把一种划分为感觉能力、另一种划分为行为或智力,而在于每一种所设立的特定调节种类。

　　至于方法，作为一个有效的假设，这个立场有很多明显的优势。第一，正如我们说过，它使生理学的发展与心理学的发展彼此符合。第二，它使婴儿时期的心理学成为真正的遗传学，即使它与生物学的立场协调一致。从生物学角度看，婴儿并不是宇宙中被隔离了的一个实物或实体；在宇宙中，感觉、刺激及观念都只是奢侈品，或者仅仅是科学沉思的一个目标。他是生活在某个环境中并且需要在那个环境中做事情的人。生物学上说，生长中的主要事情，准确地说，就是构建并展示能够作出的必要调整。第三，能够在另一个中观察到的唯一东西就是运动，正如沃纳（Warner）先生曾经极力鼓吹的那样［《心智官能》(*Mental Faculty*)］。这个已经形成的观点把观察者的注意力放在了他要观察的东西是什么上，也就是说，行动。但是，同时也指出，关于行动，重要的是，即行动是一种反应，其价值就在于完成某一行为圈的效率，或更专业地说，是某种协调或调整。观察者必须一直谨记的一个问题是：现在构建的是一种什么样的行为模式。他不用受到错综复杂的、固定的对于感觉能力、观念、目的性选择等划分差异的约束。他的问题被简单地定义为在引起行动时起作用的刺激发现与理解。

　　我们总的观点就说这么多。现在，我计划（由于时间的限制）用它来纲要性地组织婴儿心理学的多数观察者所提出的主要事实。我将从行为、调和或者"感觉-动力"调整的根本事实谈起，通过观察婴儿出生后第一年内的典型阶段或者整个婴儿时期的行为，试图去找到行为生长的根源。

　　为了方便起见，我将把第一年或几乎整个婴儿时期内的事实分为三大部分：当然不会有任何的突然结束或开始，而是对随后而来的信任表明它们是通过某一特定的协调种类而相互区分开来的。这一协调，在它的形成过程中，集聚了该时期的次要事实。约翰·费斯克(John Fiske)曾指出，延长了的婴儿期或个体的无助期是一个非常重要的社会事实。它使得社会分组中某些接近永恒的东西成为必要，也使得谨慎与远见的习惯成为必要。但是，正如我们经常指出的，它也是一个具有同样重要性的心理学事实。人类之前出现的动物，要么有已经起作用的调节物，要么会使用其身边的器械来相对快速地形成调节物。准确地说，延长了的婴儿期或无助期指的是：即使是最主要的调节物，都必须被开发出来并被掌握。动物身上明确的本能，就是人类年轻人身上不受控制的冲动倾向。孩子一生下来就有看、听、触摸、抓握、攻击、移动等倾向，但是却没有现成的能力去做这些事。这个实物的状态及它强加的必要性,可以给我们提供理解婴儿时期第一个阶段的线索,持续时间可能会因为不同的儿童而从 75 天到 100 天不等。这一时期的基本特征,就是相对独立的、以不同器官为中心的协调系统的相伴生长。

生理学研究表明,孩子来到这个世界的时候,只有他的脊椎骨和大脑的较低部分是活跃的。从所有实际目的来说,刚出生的婴儿就像是一个丧失了脑半球的动物。他实际上是一个反射作用的机器。的确,只有几个已明确建立的反射作用,而且即使是这些反射作用,它们也很容易就失去了。其中三个重要的反射作用是:拿食物或喂奶的行为、用手抓取任何塞到他嘴里的物体,以及对温度等条件影响呼吸作用的哭叫声。至于直接应用,实际上,这是儿童全部的惯用做法。另外,生理学的研究表明,当触摸、看与听的大脑中心的感觉运动在第 1 个月开始发展的时候,没有起作用的交流交叉路径。这就与对婴儿活动的实际观察结果精确的一致。当一个生下来就又聋又盲的孩子开始感觉到、听到的时候,这些活动中的每一种都独立于其他活动而发展,每一种都是孤立的。看与触,摸或听,可能有的经验是完全没有关系的。看的时候,孩子只是简单地学习用眼睛和头去追寻并注视光的刺激,由于缺少交叉参考,意义或智力内容与活动是没有关联的。

在以时间为顺序时,首先形成的是眼睛协调,也就是说,能够有效地使用眼睛作为运动器官的能力,从而控制光的刺激。这就牵涉到至少其自身五到六种的协调。在大多数情况下,两只眼睛甚至不会同时运作。作为一种规律,这经常发生在出生后的第一个月,至少是在醒来的时候。尽管不协调的动作在睡眠中还会持续将近三个月,这表明习惯并没有完全形成,以至于在没有光的刺激时无法发挥作用。然后,在第二个月初期,能够去注视或者凝视一个物体而不是没有表情地盯着空中。差不多与此同时的,是用两只眼睛去追寻移动的光的能力。这之后的一个月,差不多是眨眼。眨眼表面上看起来是不重要的,在精神上还是很重要的。它表明了能够控制眼睛的运动能力,可以注意到光和影的变化。第三个月里,更多明确的、与距离有关的适应性调节开始在对远处几英尺远的物体作出反应的能力中显示出来。

没有要详细地理解其他器官功能发展的打算,注意力可以被简单地放在手和臂的活动上。首先,这里的反应是相对独立发生的,也就是说,用于直接接触某个物体时产生刺激,刺激不存在于别的器官的活动中。这一协调的最初暗示就是紧握与抓住不放,它们的确是实际上的反射作用。其反射特点非常明显,不是在于其最初的外在和确定,而是在于大拇指没有被用到这一事实。可能会在第三个月初发生用大拇指的力量是如此重要,以至于差不多可以说它是从第一个时期向第二个时期转变的指标。这表明,手的活动不再是通过赤裸的接触而引起,反而与眼睛看到物体是有关联的。伸出去,抓住,拉回来,都标志着发展已经进入到第二个时期。

第二个时期与第一个时期有区别的思考的本质,可以用来解释心理发展的一般原则,也可以用来提供线索给那些明显没有什么关联的事实。先拿前面的考虑作为例子,正如我们已经说过的,第一个时期的特点是与眼睛、耳朵和手相对应的功能同步而相对独立的成熟——从生理和心理上的独立。但是,当这些功能中的每一个都达到类似恰当操作的地步,并且因此成为一种习惯的时候,它就不会再用这种孤立的方式了。活动的压力现在被转移到了对更大或更全面的协调的详尽说明上,两种或更多的既成习惯作为从属的或促成因素进入这一协调中。过去的目标是自身,与其他的方法一起,现在变成了一种实现更大目标的方法。一个功能一旦形成,它一定会立刻成为一种更久远使用与应用的习惯或工具。试图将其维持在孤立的顶点就意味着恶化,而非完善。

眼睛一开始有规律地并成功地"追光",它就能通过选定目标、适应性调节及追寻头和双眼的活动来控制伸手触及与紧握的刺激。另一方面,只要能够自己伸手触及并紧握,它就给眼睛一些做的事情——它就停下来,让眼睛注意。手的功能是为了把东西拿到眼睛能看得到的地方,而手可以帮助眼睛看到它们正在做的事情。这里有一个很多观察者都注意到的事实解释,虽然我们不一定非常接受它的意义,即孩子看东西的表情在这个时候改变了,它不再是没有表情地盯着或机械地追寻,而似乎是在观看,在观察。它的态度是探究的、专心的,因此,看起来自然地就更加聪明了。在这一时期,孩子把所有的东西都往嘴里放的加强趋向也有类似的解释。在饥饿的刺激下,孩子已经能够将对眼睛活动进行的控制变成用手去触及并取出嘴巴里含着的东西的诱因——因此,至少表示三种协调模式的调整。组织学关于神经系统发展的研究表明,所谓的中枢连接纤维此时开始起作用。这一点是很重要的。

这一时期的其他现象特点还有:直立着头,定位声音的来源(可以通过转头得到证明),(坐下来的时候)找到身体平衡,移动的开始——爬行、推拉或者打滚。很明显,这些都是单独行为类型的共同刺激和加强。在第一个时期,可以在所谓"任意的"与"过多"活动中看到有机组织的活动——甩甩胳膊,踢踢腿,这些渐渐地变得越来越整齐有节奏。但是,这一协调也互相对立,不会受到手、眼睛或耳朵正在做的事情的影响。活动的压力就简简单单地从一个器官传给了另一个器官。但是,在第二个时期,这些更加巨大的活动也受到眼睛和手的刺激。看见什么东西或是摸到什么东西,孩子就会抬起他的头或者试图抬起整个身体。在这个时期,我们可以说,孩子伸出胳膊要别人抓住,或者别人的手只要一碰到它就会"挺起肚子"(护士所说)。很难证明我们认定"孩子有意识的愿望"是正确的,但是刺激肯定相互联系。我认为,没有人能密切地观看一个婴儿坐起来的连续企图,却看不到他很努力地伸手触及、抓住或者更好地看到、听到。

直立着头意味着他能够有效地通过看与听控制头部,而且这些力会产生进一步的用途。昂起头的能力与准确地朝声源方向转头的能力,差不多是在同一时间获得的,这可不是什么巧合。然而,就像在坐立中看到的一样,身体平衡能力的获得是需要考虑的原则的典型形式,因为它意味着触觉、视觉、手和耳朵之间互惠控制的能力。它是把各种各样的行为趋向相互联系起来的平衡。各种功能之间的相互影响,意味着整个有机体的形成。它的心理学对等物就是注意力的可能性。

因此,从智力角度来说,通过之前在孤立中形成的习惯的相互影响,普通的评述"这个宝宝现在开始'像人'了",总结出来的事实标志着这一协调的开始。从它是一个有趣的观察对象这个意义上说,这个婴儿已经不再只是客观上聪明了,而是在他所付出的努力及他所产生的反应中主观上聪明了。智力的开始是很难描述的;但是,每一对父母都可以通过婴儿眼睛的变化及越来越少的机械化笑容而越来越多的人类特征的微笑,看到智力的开始。身体和感觉意义上的生命明显减少了。从社会性角度看,有了一个对假定的态度和其他人的言语所作出的讨人喜欢的反应——这就促使很多的观察者说,3—4 个月大的婴儿已经认识他们的父母或养育者了。用前面说过的原理来解释这些事实,是很容易的。这里,我们使用身体的和感觉上的生命,真正指的是对刺激反应的直接性。当眼睛反应到作为光的光,耳朵适应了作为声音的声音,而手接触的只是接触物的时候,就不再涉及进一步的意义了。说到智力,就是这一点的延伸了。但是,当存在由一种活动的术语转译到另一种活动的术语时，当听到的东西指的是能被看到的东西时，当看见的东西指的是触摸并握着的东西时，就有意义了。一个经验指的是另一个经验的指示牌。这种交叉参考及刺激与方向的相互关系，构成了智力的要素。

婴儿大概6个月大的时候，智力发展到使用感觉区别作为运动反应的基础，而运动反应被用来作为控制感觉器官的方向的方法。这个婴儿已经准备好改变或沿着一条新的路线进步，这个标志可以是用眼睛判断伸手触及的距离的能力。在婴儿获得相当多的抓住和缩回的技巧与兴趣之后，他会高估或者低估各种距离，这一点可以在够不着和伸过头中得到证实。如果他不是真的要伸手触及月亮，他可以这样做，因为他可以用另一个经验来判断这个经验的能力。但是，当这个婴儿大概6个月大的时候，他不再试着去抓住无法触及的东西。这就表明，协调的作用如此之大，以至于他可以通过接触的价值观作为媒介来兑现眼睛开出的支票。这些交叉参考的智力已经构建得很好了，显然已经准备好下一个时期的到来。

正如可能预期的那样，下一个时期，粗略地说，从12个月大持续到14个月大，以利用现在习得的习惯来获得新的经验为主要成分。我们可以从下面找到证据：(1)在婴儿参加的连续实验中；(2)爬行中移动所付出的努力；(3)识别、期望和失望中的情绪与智力现象；(4)原始语言理解的开端。

通过实验调节，我们的意思是，婴儿使用已经获得的用来从其他感觉获得经验的运动控制。当然，不能把太多或太有意的目的归因于这些意图。但是，诸如为了听到更多的声音，婴儿把纸弄皱，听到噪声，然后继续使纸发出连续短促的尖利声，然后撕破，这样的经验解释了意义所在。首先，毫无疑问，这纯粹是偶然事件。但是，现在所发生的事情与前一阶段中发生的事情是有明显区别的。然后，发出的声音悄悄地传下去。现在它得到了足够的关注，因此可以用来帮助维持同样的活动。在这一时期的最初几个月里，这些实验当然是非常粗糙与匆忙的。它们包括：摇动嘎嘎作响的玩具来发出噪声，握住并挤压触摸到的所有东西来获得接触、抵制和肌肉力量；按照物体的轮廓，将手放在物体上，根据不同程度的投影和表面释放来获得物体的粗糙感和平滑感；或者在眼前移动双手，用一只手压着另一只手，等等；总的说来，不管在什么样的击打、旋转动作中，婴儿都会做到有意识地增加经验。

186

之后,会获得更多明确的动作协调与因而发生的经验,因此就发生了有着一定确定性的、有条理的特征的刻意调整。它们的本质,可以通过引用一些复杂度不断增加的观察来解释。第一个例子是一个 9 个月大的婴儿,由《儿童研究月报》(Child-Study Monthly)的霍尔夫人(Mrs Hau)纪录。"这个婴儿用他的勺子敲击杯子,很喜欢这个声音,就重复了好几次。然后,他敲打一个调料盘。因为它发出一种更清脆响亮的声音,他马上就注意到了差别。他的眼睛睁得更大了,并且他敲打第一个杯子,然后转向另一个杯子,多达 20 次。"这个经验中的前面部分——重复地敲击杯子来发出声音——是直接的或最初的类型。这样类似的经验,构成了婴儿这些月中清醒生活的重大部分。经常持续重复直到真的疲惫。但是,在这次经验的后半部分,很明显有应用一些动作来得到特定种类的经验。

187

现在用皮瑞尔报道的发生在第 11 个月的例子。"这个婴儿用一个勺子敲击盘子几次。在他这么做的时候,他碰巧用闲着的那只手摸到了盘子。声音变钝了,并且,这个孩子注意到了差别。现在他把勺子换到另外一只手里,敲击盘子,声音又变钝了,等等。"这里,我们有意识或有目的的调整。很明显,动作作为获得一个激发孩子想象力的目标而使用。

接下来的这个例子,由霍尔夫人报道的、发生在 10 个月大的婴儿身上的事情,给出的是一个更复杂的调整。"这个婴儿被举起来从窗户往外看,这时候,他的注意力被下面的窗户饰带的上部分所吸引,这个孩子用右手的指尖几乎够不到窗户饰带。他还是成功地牢牢握住并且用力地把自己往上拉,直到用左手也能够到饰带。以这种方式,他抬高自己就是为了能够仔细观看饰带。过了一会儿,他忘了是自己的努力举起的,他松开了手又回到了先前的水平。他不断重复之前的努力,直到又找到他的位置,想抓住窗户饰带的时候,他又放松了手再一次掉回来。第三次,他抬高自己。这一次,他用一只手抓住饰带,另一只手拉着遮光物。当他累了,他就换了手,直到用另一只手牢牢地抓住饰带,他才放开抓着饰带的手。"这里,我们不但有用来获得结果的某些行为方式,而且有在过去失败的基础上对新方法的寻觅,还有为了避免劳累并延长经验而采用了有节律的变更。

在身体各个部分之间动作的相互关系的运用中,我们还能看到这一时期婴儿的兴趣所在,首先是爬行,然后是想站立的企图——当然,首先通过抓住物体。爬行的平均年龄大概是在 8 个月大的时候,这就意味着,"看"的动作暗示着处理与操作所看见的物体的行为。够不着的物体就不能自己直接完成。只要婴儿还不能准确地判断距离,他就没有动力去移动。在他能够用眼睛准确地判断出距离后,仍然没有让整个身体动起来的动机,除非看与处理的行为是如此持续地彼此协调,以至于一个行为暗示着另一个行为。要完成这一目标,婴儿开始朝看到东西的方向倾斜,拉动并扭弯他的整个身体。婴儿失去平衡而且跌倒很多次,但是,渐渐地,他能够更好地控制身体各个部分的动作,目的是为了走到看见的或想要的东西那里。在这里,我们还有实验调整——在目前的经验与得到更远的经验之间行为中介的拴住或爬行的出现。随着婴儿能够自由地爬行,当然,他很快就开始仅仅是为了做某事好玩而到处行动——为了获得各种各样的新经验。但是,首先改变身体位置的努力的主要动机,是为了拿到并处理某个吸引眼睛的东西。

从智力角度来说,识别、期待与比较是刚才讨论的事实的对应词。在这一时期的最初几个月,婴儿开始识别少数几个在他的生活中非常重要的、不断出现的人和东西:母亲、保姆、父亲、瓶子、准备食物的符号等等。现在,识别意味着通过某个器官获得的某种经验,不仅仅是刺激或开展一些其他的行为,而且是与其他行为的确定性相协调,从而被视为行为的标志。超出了现存的经验范畴的形象,开头是比较粗糙的。看到母亲、保姆或瓶子,就暗示着与之习惯上相关联的其他经验。因此,期待或期望起初总是与识别相联系的。婴儿根据习惯上与之相联系的一些经验的暗示来识别人或事物,并根据所识别的东西产生期待。识别与期望都涉及一个出现过的经验与一个想象的经验,它们在更大的经验中成为相关联的因素。

比较是随着对关系中更多有意识的识别产生的。婴儿把不同的方法与它们所取得的不同结果进行比较,反之亦然。例如,回想一下,首先敲击杯子、之后敲击茶托从而获得两种不同的声音的那个例子,或者是当手摸到盘子时或没有摸盘子时敲击盘子的例子。当然,从抽象意义上来说,没有什么比较——即从一个完全没有任何实际目的的智力操作角度来说。但是,"两种可选择的结果要从两种不同的行为中得到"这一意识就涉及比较。或者,我们可以在为了实现某一想要的目的而选择行为方法时看到比较。这在引用那个努力维持立脚点并且同时玩窗户饰带的例子中非常明显。

当意象形成的时候,无论多么模糊或粗糙,都会有识别与期待。情绪,就像直接的快乐与痛苦之间的区别一样明显,开始也有识别与期待。直到这一时刻在体验到令人愉快的洗澡等的时候,婴儿觉得舒服;而在相反的环境下,觉得不舒服。但是,在这两种情况下,高兴或痛苦这一特殊事件马上在孩子身上起作用了。当婴儿因为丢失正在玩的东西而表现出烦躁和生气,或者因为得不到想要的东西而表现出失望时,我们就会有一种由某个意象的干预而引起的感觉。例如,婴儿正在玩一个颜色鲜亮的环,这个环滚出去够不着或者被拿走了,他就开始哭。这种事情的第一次出现,标志着发展的不同时期。它表明,不再是直接事件时,经验还是会作为一种意象持续且以意象的形式存在;经验能够影响孩子的满意感。随着发生在六七个月大的婴儿身上的这种经验而来的就是明显的失望,就像婴儿在看到瓶子却得不到时会哭泣一样。这将是不可能的,除非某个满意的意象,不管有多么模糊,干预进来,继而被挫败。婴儿从机械式的微笑到似乎很聪明的微笑的特点转变,也是同样的道理。婴儿因为其他人的出现而表现出明显的高兴,并且经常会在 9 个月或 10 个月大被一个人放在家里时大哭——只不过是感到孤单了。因此,婴儿会在不熟悉的人在场时表现出明显的害怕;当他发现自己处在新的环境时,会表现出惊奇;当母亲或保姆离开几小时或在某些情况下几天甚至几周后回来时,他经常会表现出愉快。同样,在完成或成功地达到了某一目标时,他会表现出愉悦。这里,我们的依据是相当不可靠的,但是不可能误解婴儿在这一时期结束时,他第一次设法自己站起来或开始有个人情绪表现出来的那种欢欣鼓舞的感觉。在做某事时,婴儿在重复做这件事之前努力吸引其他人的注意力,然后根据获得注意力的多少而继续或者中止。

这一时期开始有了语感。在极少的情况下,婴儿会使用好几个单词来作物体的符号。但是,在大部分的情况下,婴儿不但有对不同音调的理解,而且有对某些特定声音的理解。当然,这就意味着,比那些已经规定的协调更间接的显著特点已经在形成。起初,声音可能不超过一个有关联的手势,就像婴儿在学习说"再见"时摆手。但是,当他听到"户外"这个词的时候,表现出期待或满足的征兆,这个意象当然与他马上经历的事情没有直接关系。当婴儿一看到他的帽子和斗篷就开始期待去户外的时候,就表明一种智力的增进。至少这些与外出是有某种实际联系的;他们真的是整个活动的部分内容。但是,"瓶子"这个词是没有这种联系的,它与即将发生的事情之间没有什么意义,只有通过有意识地干涉婴儿脑中的意象才会有意义。此时,婴儿正渐渐地形成间接的或遥远的协调能力,这种能力没有固定的限制。

对单词含义的理解,就像刚才讨论的其他同种类型的经验一样,几乎没有必要坚持这一点。它只不过是一种显著的情况——或许是最显著的——通过使用一组器官得到的经验来获得用另一组器官作为媒介时的经验。在儿童生命中的第一个时期,一个令人愉悦的声音可以使躁动不安的婴儿安静下来,进而停止各种动作。但是,他能做到这样,仅仅是因为把所有的精力都集中在一个给定的释放途径上了。在第二个时期,婴儿会发出某些可以被周围的人识别的声音,这些声音可能是因为饥饿、疼痛、不耐烦或者难受。至于其他的方面,这些声音是征兆,但它们不是有意识的。当孩子一听到某些声音(比如说"等一下"、"户外"等等)就更改他的行为,这不是直接的、有效的表现品质,而不过是为了唤起另一个经验的影像,然后这一意象会影响另一个行为。因此,语言的初具雏形以及对它的理解,标志着一种调整类型的完善;在这种调整中,经验被用来获得并控制另一种经验。然而,在变得间接或象征性的过程中,它标志着向另一个时期的进一步转变,将我们带到超出目前讨论的时期所限制的阶段。

我现在对前面讨论涉及的各种原则作一个概括性的结论:

1. 为了把科学的联系与秩序引入儿童心理学的各种事实,并给它们一些实际用处或教学用处,有必要发现一些单独的、持续的、正在发展的功能。

2. 作为一种感觉的刺激和运动反应的协调,行为原则带来集中原则。

3. 法则是每一个协调的出现,起初或多或少有些盲目,只是通过其对某个刺激的反应而生成的。

4. 这一发展过程的各个时期,随着各种使用或应用期而有规律地改变;在这些应用期,通过积极地与自己的一般顺序的协调合作,给定的协调成为更大的协调的一部分。

5. 发展并不是在各个方向上都是均衡或平等的,有些是摇摆不定的、起支配作用的协调中心。当一个协调增强的时候,所有其他的活动都是次要的。正在形成的协调确定兴趣中心的位置,并在某个特定时期决定努力的重点。

心理发展[①]

心理发展的参考书目

I. 一般参考书

Mental Development: Methods and Processes. Baldwin.
Social and Ethical Interpretations in Mental Development. Baldwin.
The Child: A Study in the Evolution of Man. Chamberlain.
Studies of Childhood. Sully.
Series of Childhood Studies. Preyer.

II. 一些经典的参考书

1. 身体发展

"Growth of Children in Height and Weight." *American Journal of Psychology,* IX (1898). Burk.
Growth of Brain. Donaldson.
The Study of Children. Warner.
The Nervous System of the Child. Warner.
The Development of the Child. Oppenheim.
The Physical Nature of the Child. Rowe.

2. 心理发展的各个时期

The Child, Ch.4. Chamberlain.
Psychologic Foundations of Education. Harris.
Philosophy of Education, Chs.4, 5, 6. Rosenkranz.

---

① 首次由芝加哥大学发表,1900 年,共 21 页,油印本。未重印。

"Harris's *Psychologic Foundations of Education.*" *Educational Review*, XVI (1898) [*Early Works*, 5: 372 - 385]. Dewey.

The First Yearbook of the Herbart Society, pp. 70 - 121. Van Liew.

"Herbartian System of Pedagogics." *Educational Review*, I (1891). De Garmo.

"Constructive Work in the Common Schools." *Educational Review*, XVII (1899). Jackman.

3. 儿童的游戏与竞赛

"Education by Plays and Games." *Pedagogical Seminary*, III (1894). Johnson.

"The Relation of Play to Education." *University of Chicago Record*, I (1896). Mead.

The Child, Ch. 2. Chamberlain.

Psychologic Foundations of Education, Ch. 34. Harris.

Social and Ethical Interpretations, pp. 139 and 242. Baldwin.

"Froebel's Educational Principles". *Elementary School Record*, pp. 143 - 151 [*Middle Works*, I: 81 - 91]. Dewey.

Play of Animals. Groos.

Studies on Children's Games. Barnes.

Social and Ethical Interpretations, Ch. 4. Baldwin.

Pedagogics of the Kindergarten. Froebel, translated by Jarvis.

4. 儿童的艺术

The Child, Ch. 6. Chamberlain.

"Study of Children's Drawings." *Pedagogical Seminary*, IV (1896). Lukens.

"Study on Children's Drawings." *Pedagogical Seminary*, II (1892). Barnes.

Studies of Childhood, Chs. 9 and 10. Sully.

Mental Development: Methods and Processes, Ch. 5. Baldwin.

Social and Ethical Interpretations, Ch. 4. Baldwin.

5. 儿童的语言

"Psychology of Infant Language." *Psychological Review*, I (1894) [*Early Works*, 4: 66 - 69]. Dewey.

The Child, Ch. 5. Chamberlain.

"The Learning of Language." *Pedagogical Seminary*, III (1896). Lukens.

"A Child's Vocabulary." *Educational Review*, VII (1894). Salisbury.

"A Study in Language Teaching." *Pedagogical Seminary*, IV (1897). Street.

"Language of Childhood." *American Journal of Psychology*, VI (1893).

Tracy. (Found also in concluding chapter in his book, *Psychology of Childhood*.)

Social and Ethical Interpretations, Ch.4. Baldwin.

6. 青少年时期

"Study of Adolescence." *Pedagogical Seminary*, Ⅰ (1891). Burnham.

"The New Life: A Study of Regeneration." *American Journal of Psychology*, Ⅵ (1893). Daniels.

"Moral and Religious Training of Children and Adolescents." *Pedagogical Seminary*, Ⅰ (1891). G.S. Hall.

"Psychology and Pedagogy of Adolescence." *Pedagogical Seminary*, Ⅴ (1897). Lancaster.

"Some Adolescent Reminiscences." *Journal of Pedagogy*, ⅩⅠ (1898). O'Shea.

194   一般来说,在人的一生中,受教育的时期也就是前 20 年到 25 年左右。大约可以分为四个阶段:(1)幼儿早期,0 岁到 2 岁或 2.5 岁;(2)幼儿后期,6 岁或 7 岁;(3)儿童期,13 岁或 14 岁;(4)青年时期。根据系列演讲的主题,在此,我们忽略第一阶段,直接进入第二阶段——游戏时期。

第二阶段——游戏时期

在这一阶段,首先要注意婴儿在与他周围事物的活动中所扮演的角色。大约 8 或 9 个月时,婴儿周围会出现许多吸引其注意或引起其反应的事物,这些都与他直接的喜怒哀乐有关,包括与婴儿亲近的人,如父亲、母亲、照顾者;与准备食物或获取食物有关的事情,如去室外等。但是,到 1 岁半时,儿童有了一个自己的小世界,这个小世界里的一些事情与他单纯的喜怒哀乐毫不相关。他意识到,不仅仅他的无边小圆帽和小披风是出门的必要准备,而且对于某些人来说,帽子也是出门的标识之一;他能辨认出门、门把手、抽屉、刷子、手帕、藤条、汤匙,以及一些花;他能辨认一些玩具,如球、积木,也许还能辨认宠物玩偶。这些事物都暗示儿童在一般情况下应该如何使用它们:帽子是可以戴上、取下的,抽屉是可以拉进拉出的,门把手是可以旋转的,手帕是用来揩鼻子的,花是可以闻的等等。当这些目标对象出现的时候,儿童的行动也跟着重复。我们可以观察到,这样的动作即使重复出现 20 到 30 次,儿童的热情仍然丝毫没有减退;而且,这些动作也没有受到任何外来人员的鼓励刺激。当然,有的时候,儿童也许会推开门,表示他想出去;同样,儿童也许会来回地推门,仅仅表示他喜欢这个动作而

195

已。两种情况的出现，机会也许是相当的。对于儿童来说，有些事物会告诉他应该怎么做，比如帽子是用来戴的、抽屉是用来拉的等等。但是，另一方面，有时候他做这些动作，仅仅是因为他喜欢并沉溺于其中。

将这一协调与婴儿初期阶段那些实现了的协调进行比较，有助于总结所取得的进步。设想我们拿来一个擦亮了的门把手。首先，对于儿童来说，这仅仅是一个明亮的刺激物，而不是一个门把手。可以观察到，儿童的反应是眼球对光亮的追随和视线的集中；下一步的刺激就是儿童会伸手去抓，他会感觉到这个明亮的东西很硬、很光滑；据此，孩子开始产生意识。毕竟，对于儿童来说，看和摸的动作开始有了前后对比。它几乎不再是"客观"的。如果为了说明的目的，我们可以设想，儿童已经开始意识到：通过门把手，他可以离开现场，去自己想去的地方。对此，在第三阶段，我们会作解释。对于某些人来说，这件事到此为止，毕竟在客观上这只是个门把手。在我们讨论的一开始，儿童仅仅是想要抓住这个门把手，仅仅是想用它开门和关门，没有别的目的。在本质上，对于他或者对于任何一个成年人来说，门把手只是个客观事物而已。事实上，对于门把手而言，他已经给出了一个定义，尽管他还不能对此作出一个显示智力的简洁陈述，而只能作出一个事实定义。

上述我们讨论的这些现象，是游戏时期的正常过渡。但是，当儿童的反应不再是一种单纯的、感官上的刺激，而是一个完全的物体；当儿童通过触觉、听觉，通过耳朵对物体的反应不再停留在一种简单的独立质感，比如硬的感觉，而开始转向物体的功能时，直接刺激开始转向间接的刺激、暗示等，反应开始转向响应。对于处于这个阶段的儿童来说，物质世界充满了暗示，这些暗示必须遵循。这种从直接引证到间接的、暗示引证的变化意味着一种进步，不仅意味着行动的合理性，也意味着自由的合理性。儿童不再受自己感觉或个人喜好的驱使，而是把这种感觉当作是行动的提示或信号。因此，感觉不再是我们所谓的感觉，公平地说，感觉应该是一种行动的充分刺激。感觉的含义指的不仅仅是行动本身所引起的响应，而是行动与其相关的一些大规模的、有组织的行动的关系，就好比光亮是门把手的一种迹象或者象征。

行动不断增长的自由，是游戏的边界。儿童反复把帽子戴在父亲头上，又取下来，看起来只是为了游戏。对于儿童来说，他是为了获得此行动所带来的一种满足感；这个重复的动作提供了一种寻求满足的出路，这正是我们所看到的游戏

196

的本质。这表明儿童在意识表达上的相对贫乏，也是响应的相对简化形式。这一点，正是响应与游戏的区别。

当某一事物不是通过其惯常的使用而是通过与别的事物的相似性唤起全部的响应时，当暗示变得转弯抹角、迂回曲折时，真正意义上的游戏才会开始。儿童看到一条表链呈曲线状态悬挂，称之为吊床而开始晃动它；看到一条绳子或一条皮带也会摇晃，嘴里叫着"前进前进"或者发出惊叹声；看到一根棍子，把它骑到胯下当马骑，推动一块石头叫着"火车"；看到一扇门就去敲门，进去说"你好"，并且多次重复这些动作。萨利(Sully)先生曾经讲过一个儿童的故事。这个儿童看到琴槌的圆盘时，称之为"小猫头鹰"；看到罗盘的针震动，称之为"鸟"。上述仅仅是一个例子。但是，如果这个儿童继续下去，如果他继续把这种情况看作一只小猫头鹰或者一只鸟，这的确完全是一个游戏了。萨利先生还讲过另外的例子，比如当一个儿童描述一只奔跑后的狗怎么喘气时，他用到了"像火车机车呼哧呼哧声"，此时在游戏中就渗入了智力方面的因素。

比较一下这些例子和前文所引用的例子，我们就会发现它们的区别。在前述的一些例子中，呈现的对象仅仅能够唤起反应。在这些例子中，起作用的仅仅是一些中介物质——从技术上来说，即图像的一部分。儿童不可能真的把下垂的表链与吊床混淆，进而因此把表链当作吊床来摇晃。更合适的解释是，这只是儿童兴趣或满足感的终止。这种现象被归纳为一个大经验中的一个部分的因素，暗示着有更多的反应和自由。因此，当一个儿童看到玩具洋娃娃的头或胳膊折断时没有反应，仍然宠爱它，把它放到床上，事情的本质就清楚地显现出来了。在此，我们看清了儿童式想象力的本质，即儿童能从一个分割的整体的物理属性得到直接的感觉，并在想象的潜意识的基础上对此作出反应。

至此，我们通过后述的例子可以得出一个法则，该法则对于解释想象力有着至关重要的作用。想象力不是我们通常所说的，来源于一系列断开的经验的整合，而是来源于对一些通过暗示的方式给定的经验的扩充和丰富。想象力就是一种能通过部分看到整体、能从整体的角度来分析直接感觉的能力。

从2岁到2岁半，儿童继续扩大他的直接感觉的物质世界。他作出一些与直接感觉对象相符合的反应，在这些行动中，他所扮演的角色特征正好与他想象的相一致。对现实生活中一些物体的反应，如球、石块、玩偶、椅子等，成为发动或开展更大范围的活动时的一些补充因素，如开玩具汽车、用积木搭建房子、给

玩偶喂食、宠爱及照顾一个小婴儿等等。在这个阶段,从整体上来说,应当遵循以下原则:

1. 想象和游戏不再是两件独立的事情,而是一个不可分割的整体。它们是刺激和反应的关系,是较低发展程度的感觉和行动。想象的真正本质就是为其自身找一个行动的出口,即表达和实现想象。从生理上来说,这是没有障碍的。对大脑能量的刺激产生想象,对肌肉的刺激产生行动。唤醒的能量必须要充溢,外显或发动神经是正常的释放方式。这样,行动才能够维持和建立想象。如果不即刻作出想象,它就会消磨或死亡。想象仅存在于自己的发动表达中。因此,这个阶段的儿童表面上看起来精力过剩,他们到处跑,整天玩,其精力之旺盛连大人也比不上。此时,对于他们的恶作剧不要过分呵斥,因为这不仅有助于其身体的健康成长,也有助于其身心的自由发展。

2. 孩提时代适当的游戏有助于减少儿童的特殊化,为儿童提供实验的时间和机会,促进其智力发展和开发其动手能力。这些在当时可能没有什么用处,但对于儿童以后实际生活中效率的提高大有用处,更不用说还会丰富和扩充其个性的发展。儿童的游戏就好比动物世界里的游戏排练,比如小猫抓线团的游戏就是在训练其捕捉老鼠的技能。从深远的意义说,儿童的游戏就是现实生活的预演,而且完全是出自其兴趣和能力。儿童不可能通过游戏来估计领地的范围,也不可能估算出其在游戏中发现的数量,更不可能估算出他所做的试探性的调整的数目,这些在以后经过稍微的努力就可能转变成最适用的经验习惯。那些游戏的范围和品质被缩减的儿童,实际上被剥夺了这种与生俱来的权利。缩减的原因很多,偶尔有些儿童在很小的时候被迫去工作或者乞讨,因此其能力被限制在一个很小的范围之内;但是,更多的时候,是由于父母的经济状况,甚至连儿童充分表达的条件也无法满足。事实上,为了补偿对儿童的这些限制,公立托儿所、运动场、幼儿园等正是政府为此作出的一些努力。但是,环境越优越,儿童的成长反而受到更多的阻碍,因为其父母不愿意为此付出时间和作出必要的努力,或者由于自身文化程度不高而不能给儿童提供适当的条件。在某些极端的例子中,一些父母甚至认为,儿童的游戏是恶作剧的一种表现。

3. 在游戏中,过程和结果、正在做的事与将要完成的事之间没有有意识的区别。游戏本身有其存在的理由、目的,这一点正是游戏与劳动或工作的区别。工作中的行动不能自明,而是有着更长远的目的性,这一点也把游戏与艺术创作

199

联系起来,有些人据此认为游戏和艺术激情在起源上是相同的;这一点,也使得游戏成为自由和自发的同义词。正是活动令人产生兴趣,就像在影像的实现中产生的精力。儿童的唯一需要就是充分地做好他正在做的事:如果是建房子,就要建一所尽可能高的房子;如果是扮演士兵,就要有尽可能多的列队行进及检阅;如果是追捕印第安人,就要有最大化的残暴的破坏;如果表现学校生活,就要把那些特别吸引儿童注意力的特征模仿到讽刺化的程度。

"游戏的兴趣完全存在于活动本身",这一事实以一种明显而有趣的方式呈现出来,来自于反映4—6岁儿童生活特征的图画。图画完全忽视实际尺寸、比例及物体的实际结构。房子的墙是透明的,为了可以露出里面的床、椅子、桌子或人。如果画了房子外部,儿童自己房间的窗户可能是里面唯一的细节,或是占了房子的整个一面。如果鸟碰巧代表其主要的兴趣,那么鸟会比树还大。我们可以在与圣诞节有关的画中,看到长袜比房子还要大很多,以至于不得不把长袜画在一边。换句话说,儿童构思并完成那个代表物体的东西,并不是按照它们本身的样子或彼此之间的关系作画的,而是按照它们与他的兴趣的联系作画。他不是按照外在世界的局部来构思东西,而是按照某种戏剧中的成分来构思。他判断尺寸、比例、材料构成及结构的标准,是他自己的兴趣。

尽管从某种意义上说,游戏与工作正好是相反的——即考虑到它不受任何遥远考虑的控制这一事实——从另一种意义上说,它不是这个样子的。成人一般认为,他是在玩。他感觉到里面虚假的成分,完全不符合实际。对他来说,玩是娱乐,是消遣。所有这些都是因为,对成人来说,它与我们认为的真实的生活事件是相反的——实际的问题是与家庭、职业等有关的;但是,游戏在儿童的头脑中不可能有这种色彩,仅仅是因为对他来说没有什么对比。游戏对于儿童,就像工作对于成人一样严肃——从破坏自发性或逐步侵占自由的意义上说,当然不严肃了;但是,从吸引他的全部注意力,或者对他来说是当时唯一存在的事实这个意义上说,就是一种严肃的事情。

因此,假设"游戏等同于使儿童发笑"或者假设"它与严肃的甚至艰辛发奋的努力是相反的",这是错误的。儿童经常在玩的时候劳动(从他释放最大可能能量的意义上来说)。另外,很多对成年人来说,由于其与日常事务及外在目标有关联是劳动或苦差事的事情,而对于儿童来说就是充满快乐与魅力的游戏,例如洗碗、摆放桌子等等。尤其是,或许从游戏的教育意义来说,有一种忽视儿童的全面吸收及其活动并且夸大虚假成分的倾向。

同样的陈述也适用于对孩子气想象力的解释。它并不等同于纯粹的虚幻或不真实。仅仅凭借对童话故事及神话的兴趣，或者凭借作出不可能结合的能力来识别想象力的范围和生动性，这在心理学上是站不住脚的。通常，想象力主要是实现的能力，而不是对虚幻的想象玩耍。它那起决定作用的特征是：用实际上看到的或经历的事情来作为基础，在这一基础上，相当多的联想及转换被集中和集聚起来。当然，因为儿童的经验是有限的，而且他判断关系的标准是非常粗糙的，这一关联问题的大部分会是不相关和不恰当的。但是，并不是这些特性使它成为想象力。认为想象力的培养和加强，与实际存在的当前材料和对它的想象理解之间的差异是成比例的，这没有任何的原因依据——就像一个儿童用立方体的砖块做船或气球。如果儿童是自发这样做的，那就不会有什么危害；但是，当这些解释是别人暗示给他的时候，事实上就干扰了想象力的发展。在这些情况下，要得到这一幕全面生动的实现是不可能的。儿童很可能养成困惑的、不完全的、实现了一半的意象——这些习惯是教育上智力发展的最大障碍。把神话、童话故事及对自然的有灵论解释看作对儿童的形象化描述特别合适的食粮，同样也是错误的。毫无疑问，随着儿童的性情、教养及环境而改变，这些都是有一席之地的；但是，在大多数情况下，这个地位是相当次要的。在某种程度上，大部分儿童会毫无疑问地设计出怪异的、像神话般关于太阳、月亮、星星、云彩及闪电的故事。但是，幸运的是，对普通儿童来说，与对猫和狗、马和火车的兴趣相比，与对其他真实存在的孩子的兴趣相比，与对实际的职业和实际的活动的兴趣相比，这些是短时间的且相对来说并非那么重要的。当然，主要是由于社会环境的差异。一些生活在艰辛的、有限的及肮脏的环境中的儿童，可能会需要巨大的对比冲击，从而激起并释放意象的形成。但是，受到相当复杂多变的家庭生活刺激的儿童，需要通过有秩序的适当的表达来引出或清除他们的意象，而不是需要通过应用比例不当的纯想象材料来使他们仅仅感到兴奋。在积极的游戏或其他表达中，儿童的意象受到超出客观化可能性引发的兴奋，他不但积聚了大量不相关的和分散的、并与生活无关的意象，而且还形成了一个对持续兴奋的爱好。此外，当这些意象在活动中找不到自然出口时，很可能只是反应成感觉和情绪，因此后者变得不自然，甚至是病态和多愁善感的。因此，关于儿童心理学的知识，使我们极其重视这一意象（image-play）作用时期的价值。同样肯定的是，这种知识指向使用意象的必要,而不是仅仅使它兴奋。意象的唤起决不是自己的终点;通过它自身的运动表达,它有活动扩大与自由的功能。这种表达依次阐明并修正了意象,使它更加明确,并发现了相关的不一致、不可能及不现实。这种表达应该作为一种选择的、有差别的因素不断地起作用。它应该倾向于清除那些不会有什么结果的幻想,重视不但能带领孩子进入更丰富的世界而且与他将要生活在其中的人与物有着更明确联系的那些意象。

203 　　在把整个时期——从 2 岁半到 7 岁——称为"游戏时期"时,当然并不是要忽视或掩盖那些标志着每一阶段特点的重大差别。不幸的是,至今这个时期的所有部分并没有被全面地研究过,因此,我们有可能全面、准确地追溯到它的整个发展过程。通过简单的对比,我们很可能会满足于它较早的及较晚的部分。首先,意象的形成及后来的游戏作用依赖于对某一物体的陈述。这一物体与展现给孩子的某种明显的一致迹象所暗示的意象,有着非常直接的关系。这些都是已经引用过的例子(第 196—197 页)。此外,游戏反应只是存在于做最直接暗示的一两件事——摇晃一根线就好像它是缰绳,嘴里还说着"Whoa"、"Whoa"等等,但是,这个意象很快就增大了范围且越来越不依赖于某个物体的刺激。这个儿童拿来一个椅子代表马,他还添加了给不同人坐的、有大量座位的马车,他把"马车"开到一个特定的地点,等等。与最初的摇晃线相比,这表明通过提供相关的附属品建立并扩大他的意象的必要性。儿童生命第三年的显著特征,就是这种急迫要扩大意象的推动力。有很多这样的证据。这个时候,通常是儿童成为具体化的问题点。他要求知道这种、那种或另一种东西的名字——那些他并不真正关心的东西。他不断地问"为什么"和"为何"。然而,观察结果显示,从任何科学的意义上说,他并不是寻找原因,而只是感觉他所得到的经验是断断续续的、局部的且必须扩充。在很多成年人及那些有理性的人看起来,这是很愚蠢的问题。当儿童问到石头下面是什么,被告知是地面时,他还想知道地面的下面是什么等等无限制的问题。我们有一个关于儿童头脑中渴望扩大意象的很好的例子。连续这样的问题,儿童每一个问题都是他最初开始问的同一件事物的答案,

204 是这一时期儿童特有的行为。如果他真的对原因或解释感兴趣,而不是继续无限定地漫游,他会再次遇到引发最初探究的事实,并研究两者是如何相互适应的。然而,一方面,只要这个儿童的问题是寻求起源或先例;另一方面,关心的是使用,他正在把点滴的经验和之前之后的事联系起来,整合进整个事件发生的过

程中去,这样就可以为客观的联系或真实的解释提供材料了。

其他有关这种儿童对完全及各种意象渴望的例子,也可以在这一时期记忆力的增长中看到。回忆起从前的经历,讲述之前某个特定地方发生的事情的倾向,当然意味着他对经验本身实际的样子越来越不满意,并且试图通过提及它的关联来扩大它的意义。在这一年,经常成为儿童特征的微小的和仔细的观察,也要在同样的基础上进行解释。当一本新的故事书或图画书引起儿童的兴趣时,他会经常仔细地讲述它,并坚持要讲述最微小的成分。另外,在他的故事里,他可能坚持插入每一个细节内容。给这个年龄段的儿童讲过故事的人,都会意识到坚持重复的精确性,而且在语句构造上介绍所有的事情,尤其是介词以及各种连接词的使用,证明了对整体性及心理意象的渴求。因此,这一时期,经常会有反复平衡各种陈述的习惯,以及使用对比与反例的习惯。例如,萨利先生讲了一个故事,这个故事可以高度地解释这一时期的特点。当告诉儿童说"那是个小表"的时候,他会补充说"那不是个大表";或者另一个儿童会说"那是 E 的杯子,不是妈妈的杯子"。这个时候,很多父母会震惊于孩子很明显的、令人费解的撒谎的倾向。最骇人的故事经常是被编造出来的,并且会被坚持,尽管会受到道德训斥或实际的惩罚。在一些没有这么极端的情况下,儿童在编造似乎有道理的理由或对明显不利于自己的情况进行解释以消除指责的方式时,表现出极大的机灵。儿童经常会表现出毫无疑问的实际创造力;在这些情况下,为了获得某个渴望的结果而经常增加的意象,只不过是自发产生的意象的泛滥。接下来的这个趣闻,尽管可能是发生在之后的年龄段,也揭示了这一点。一个小女孩在森林里看到一条蛇,她遇到她的兄弟们,告诉他们:她看到了一条"鲥鲈"(sauger)。他们不相信那是一条"鲥鲈",说:"它的脖子上没有红色的环,是不是?"他们的话一说出口,讲故事的这个人说:"他们的话一说出来,我沸腾的想象力看到了一条这样的蛇,而且我声明它的脖子上有一个环。"作为对进一步暗示的回应,小女孩接着继续说它有伤疤,脖子上还有一个小铃铛。正如我们可以看到的,这一时期的主要心理特征就是要找出并实现每一个意象的倾向,给现实定义良好的客观标准。因此,从精确的真实度到各种说谎程度的转变是很容易的。

在第四年,儿童内在地增大每一个意象的要求,以及外在地增加时间与空间联系的要求,有点儿使自己饱和,就具有了一种比较并把各种各样的意象结合成更复杂的整体的趋向。现在,儿童不仅仅是一个故事的听众了,而是开始把故事

205

组织起来并用自己的话讲出来。语言开始变成语篇，即说出了相对完整的每一句话，以及与某个常见的话题有关的一连串问题。现在，儿童的问题目标不再是进一步地传递某一意象，而是把它与其他的经验真正地联系起来。这就需要真实的解释和诠释。依赖仔细对比的区别也变得更加准确，例如对颜色的正确命名和颜色的细微差别。对经验联系的兴趣，在试图应用时间、数字与生长顺序的区别时，表明其自身的存在——尽管这些努力通常不会成功。在第六年，意象的特征更加明显，即它用这样一种方式把大量的经验包括在自己掌握的经验之内，使它们成为一个有关联的整体。儿童能够与越来越多的人游戏，能够迅速地采用他们的建议而不会与他自己的观念有摩擦，早些时候曾出现这种摩擦；他们还能很容易地服从他自己的即刻行为，从而能够融入更大的游戏中去。此外，现在的游戏大部分是模仿剧的翻版或把相当复杂的社会活动戏剧化。儿童扮演商店、母亲与孩子、学校或者模仿社会生活的某个其他单位。

通常，第六年基本上是一个转变时期。儿童对制作东西或找出某个特定的结果表现出更大的兴趣，例如与比较简单的即刻行为进行对比。随着意象变得复杂，孩子甚至开始在他的游戏中做一些没有即刻正当理由的事情。但是，仅仅作为联系和通往更远结果的中间步骤的这些事情是必要的。这样的行为有标志性的和象征性的价值。它们的意义或多或少都是借来的或传过来的，在于继续指向某一更关键、更有趣的事件。

现在，在儿童的经验中表现出一个很有趣的分歧。他开始在某个结果或成果的基础上获得某种行为控制能力，而不是简单地追求即刻表达的兴趣。这就意味着，有某种设置某个特定的目的作为要实现目标的能力，还有用将来的结果来管理现在的能力。在观察这一年龄段的儿童玩一种像"捉迷藏"的游戏时，把他们分成两组，很容易发现这一点。一组人能够根据要达到的目标来调节他的活动——即在别人之前摸到某一目标。他们会仔细地选择藏身地，观察好机会，然后在达到这一目的时表现出一些技巧。另一组人，除非仔细地指导，否则，将会被活动本身的瞬间激励带走。儿童们来回跑动，对于智力的直接练习的愉悦非常满意。很少有人把注意力集中到要达到的目标的能力上，并采取中间段的措施。前面一组明显地正在形成一种不同的态度与兴趣。

因此，儿童能够在小范围内做一些这样的事情。他会努力地做一些没有直接趣味的事情，因为这些事情被认为是取得有趣结果的必要手段。这些事情不再仅仅依靠自己，它们已经在一个有点广泛的整体中缩小成部分或组成成分了。这个整体的终点是在将来，因此，根据它们所扮演的角色以及在更大整体中的地位来看待和评价它们。现在有了一个评判标准，其中一种评判儿童进步的最好机会就是看他的画。早些时候，我们已经说过，可以在儿童自己的兴趣范围内找到唯一的标准。在这段时间里，儿童凭记忆画出来的画，要比看着物体画的画好，因为他是在表达自己的感觉和愿望。因此，如果试图将他的注意力吸引到某一东西上来，提供一种标准或模式，这个东西就起了干涉作用。但是，有一段时间，这个儿童的表达（尽管它的动机仍然是戏剧性的和用作例证的）需要按照实物来控制。不正确、夸张及曲解，可以通过对物体的直接观察感觉到并进行修正。换句话说，作为具有自身意义的事物，价值不会被瞬间的表达过程所吞没，结果不会充分独立并外于所实施的控制影响力。

这一时期的儿童发展有一个很有趣的背景。同时，他意识到更遥远的结果，而且愿意投身到不感兴趣的或者令人不高兴的事情，因为它们促成了这一结果；他也会对以前曾让他满意的东西表现出嫌恶。任何关心和服务的细小行为，以前曾经只是被作为游戏，或仅仅是为了做游戏而做游戏，或是为了得到社会认可所带来的满足感，现在根据它们的实际目的来看待和判断。儿童本身没有认识到这个目的。他感觉它更多是他母亲或兄弟的目标。它对他来说是很不相关的，在他的目标之外，因此他对与它有关系的所有事情都表现出嫌恶。带着他可以通过自己的行动完成确定目标的意识，在以前更普遍的意义上说，他开始有了自己的意愿。他变得更加不得体，对别人的建议也更加不敏感，他似乎暂时迷失在善于交际与和蔼可亲的气质中。他成为一个意识更加独立的人。这是他的心理态度、构想出目标并因此而努力的能力的自然结果。然而，这标志着儿童道德发展过程中的一个关键时刻。有宜人的环境、洞察力、同情心以及对其他人得体的行为，就有机会引导儿童识别他自己和周围人的目的及目标；引导他领悟到现在的活动和其他人的目标并不像他想象的那样与己无关，而是与对自己的兴趣的恰当理解有密切关系。以这种方式，一个更宽广、更明智的道德体系就替代了孩子以前对他人建议的可塑性的敏感。这一时期的儿童，一方面通过简单地体验到他人对于其拥有自己目的的普通意识的反对和拒绝，而持续不断地依靠他自己；或者，另一方面，在实现目的的过程中，他只是被迁就并给予未受指导的自由，而没有被引导着去根据他人的目的来理解自己的目的，从而用更有意识的条件反射式的自私取代他以前天真的、有着当时兴趣的令人全神贯注的事物。

同时，儿童开始感觉到完成某些相当确定的外在结果的必要性，他的意象比以前的任何时期都更复杂、更全面。因此，他实际的成就及他的智力抱负与信念之间有一个堪称可笑的差距。从观念上说，没有什么东西对这个儿童来说太伟大或太困难，没有什么事情是他不能做的或不打算做的。他可能会成为一个伟大的将军、画家或木匠，或者承担其他曾经暂时引起他兴趣的任何职业。他在头脑中计划做了不起的东西——汽船、铁路、剧院等等——一般来说，他太聪明了而不会向没有产生共鸣的成年人吐露秘密计划。仅仅因为职业与实践之间、愿望与成就之间的不同，这也是智力发展的一个关键时刻。当儿童意识到这一差距，实际上，他可能会屈服于他的意象剧本来解决这一困境。他可能会放弃他的自发性，失去他的创造力，满足于他实际可能性的狭小的限制。因此，他安心于单调存在的相对惯例。曾经充满创造力、创新性及富有个性风格的儿童，在六七岁时常常静心安于做普通的人，因为大部分已经和别人一样了，这是最常见的说法。在其他情况下，想象的倾向与实际的成就之间的差距变得根深蒂固，这两者之间没有任何关系。儿童的外在行为受到外在情形需要的控制，受到上级命令的控制，受到施加任务的控制等等。外在的行为不受到个体的意象作用的启发或阐释，意象在发展过程中也不会受到实现条件的控制。注意力分散的状态伴随发生，儿童或多或少地活在两个分离的世界里。尽管这并不像安心于单调存在的相对惯例那么常见，然而，即使是最普通的儿童也可能过着这种双重生活；而对那些天生就更活泼的、创造力和想象力更丰富的儿童来说，这成为占统治地位的条件。

在缺少对它的心理学原因有意识认同的情况下，这一时期的主要特征几乎已经实现了。这是人们普遍赞成选出来作为学校生涯及有意识指导的开端。当这个儿童开始构想目标并在这些目标的基础上，对实现目标产生兴趣和控制管理自己的精力时，他已经成熟到可以接受指导了。以系统化的方式来保证他所构想的目标本身是重要的、有价值的，这是必要的。逐渐除去那些不会有什么结果的活动，那些不承诺任何有关成就或不变价值实现的活动，这是必要的。有必要使儿童意识到那些构成现在社会并使文明继续的更大目标与目的，也有必要给予他其重要性的意识，这会使他把它们作为自己生活经验的调节动机。在他赏识这些目标的时候，他的能力有必要得到训练（即被培训或指导），成为有效的执行手段。他的自然和自发的意象，必须通过吸收有关世界、自然和社会的知识来加以扩大和控制，必须借用社会生产与相互交往的典型模式方面的知识——读、写、简单形式的手工劳动或体力训练等，将其运动能力培养成有秩序的习惯及执行力。

此外，指导的需要及机会也因为已经提到的有分歧的趋向而得到加强：与社会条件有关的独立个性或意志的成长；以及想象力与执行能力之间的差异。

第三阶段——童年时期

从7岁到12或13岁，是身体发展比较慢的一个时期。这一时期与以前的时期或以后的最初几年相比，男孩和女孩身高和体重的增长都不太明显。代表生长比率的曲线，在这一时期下降得非常明显。尽管这一事实的全面意义很难说清楚，但几乎没有任何疑问的是：外在生长的相对停止，意味着将能量消耗在构建联系和调整上了，这些联系和调整能够使获得的能力更加精炼和复杂。观察资料显示，这是一个剧烈的运动活动时期。当任由他们自己支配时，儿童总是不断地致力于各种各样明显的身体活动形式。他们对倾向于以各种各样多少不 211 受控制的方式来释放能量，感到躁动不安。在较早时期，正常儿童的外在活动基本上是由占据他的大脑的意象支配的。尽管活动是不稳定的、变化的，从一件事情跳到另一件事情，但在很大程度上只是因为儿童的身体活动是易变的和变动的。但是，现在儿童的身体活动似乎可以说是走在他的智力发展的前面。运动释放本身除了要实行的意象之外，多多少少得到了一定的独立。现在的问题是要找出，利用这一可得到的能量并朝合适的方向运作的想法及目标。

儿童身上的重点转变可以在不断增长的从游戏到竞赛的转变中看到，尽管这两者之间没有强硬或牢固的分界线，然而还是有一个明显的心理差异。在游戏中，儿童的意象或多或少是自发地连续下去的，一个想法暗示着另一个想法，外在的活动遵循它的领导。它基本上是可塑的，是从属的。在竞赛中，有些特定的行为是必须执行的，并且是以特定的顺序执行的。一个儿童的活动必须适应另一个儿童的活动，而且有一个需要被观察的特定次序。这一点即使在简单的游戏，如"捉人游戏"、"一只老猫"、"皮和箍"中都很明显。在这之前，如果曾经有任何这样站在外在活动一边的组织，那在很大程度上是因为孩子们与一个成人一起玩，而这个成人了解儿童的发展并且能在合适的时间给出合适的建议。现在孩子们互相游戏,而按照规则维持某一特定顺序是比赛的根本。因此,意象游戏有一些限制是它必须遵守的。在某些游戏中,如扮演印第安人或士兵等等,各种相当复杂的意象内容可以在这些限制中被引导出来,但是在其他构成了儿童很大一部分的惯用手段、更正式更固执的品格身上,简单的调整、行为的排序以及某一目标的实现,或有节奏的或竞争性的,是全部控制的要点。

212 正如前面说过的,这表明儿童现在能明确地、坚持不懈地接受要达到的目标的想法了。但是,这也表明一种新的运动控制的可能性。这个儿童还没有足够的肌肉协调支配能力来玩弹球、抽陀螺或跳绳,因此不可能把很多这样的行为调整进游戏并获得满足感。凭借控制这些动作执行的能力,儿童在一个新的发展方向中获得起点。尽管一段时间内要达成的目标是获得某种积极的结果和某种实际的成就,并在儿童的兴趣和注意力中占据主导地位;然而,不同手段之间同时和有序列的调整,则一直是我们努力寻求的方向。我们将其称为调整位相和手段控制,它逐渐地在儿童的经验中占据主导地位,直到对他来说,它的重要性和已经到达的特定结果一样。例如,在比赛中,他赢得一场特定比赛的重要性与作为比赛者的技巧相比,开始变得越来越小了。那种想要对必要的调整掌控自如的想法(当然,这是心理学对"技巧"的定义),开始独立地凸显出来了。对一般的儿童来说,这种兴趣的转变很可能发生在 8 岁或 9 岁半。游戏变得更有竞争力了,因为竞争提供了一种个人技巧的量度标准。一种爱好发展是为了难题——也就是说,为了那些特定的目的不重要的比赛,所有的兴趣都只在于用方法克服困难的操作。发展正常的儿童差不多很快开始期待一种偶然性的艰苦工作,目的是为了加强能力和技巧的意识。他们也表现出一种不信任,缺乏以前曾经没有表现过的自信心。生硬的结果并不能吸引更小的儿童,因为他不想表现出自己缺乏能力的证据。现在,在某种程度上,他得到了所做事情的反省价值——他意识到工作让他反思。因此,在衡量他的工作时,他也衡量与工作相关的自己,优越感、虚荣感和自夸与自贬,以及不情愿做可能会不成功的心理交替

213 出现。儿童以前自发、草率地实施所有感兴趣的意象的倾向,现在被经常出现的"我不能"制止了。

  因此,这种对实施的干预模式、技巧的拥有以及获得的依赖感,标志着智力生长中一个新的可能性。现在是获得做事情的方法或方式的兴趣的时候了。儿童对技巧的兴趣,以及根据他在特定领域所拥有的技巧数量来衡量自己的倾向,

可以通过隔离某种不适当的个人的和自我中心的性格,转变成一种对方法管理的客观兴趣,这些方法是获得某种结果类型的必备条件。我们可以把这叫做对技术的兴趣。读、写、算和成功地演奏某种乐器,意味着对技术的某种支配——也就是说,对干预措施的排序或调整的控制。有某种调整模式或方法在所有特定的执行行为的差异中,仍然是相当持久的。因此,这个时候的教育问题主要就是把孩子从对某些特定活动和结果的兴趣,转移到对一般方案、安排模式或在各式各样行为中很一致的技术性技巧上来。不仅仅这些特殊的才能和能力对于孩子将来的发展是必要的,而且甚至更重要的仍然是,能力感和能力限制感是孩子将来的健康成长不可缺少的条件。

这个方面正常发展的过程被一种事实弄得异常模糊,这一事实是从整体上看,这种技能或技巧的要素过早地施加到儿童身上。不是逐渐地唤起儿童对其所需要的技巧的判断力及读、写、算等技术性调整联系的意识,而是与对儿童具有内在意义和价值的结果建立关系。过去学校的教学方法,一般都是教 6 岁大的儿童立刻获得和掌握这些技艺。就儿童的运动和智力发展而言,这不仅过早地教授给儿童,而且还超出了儿童天生的心理学关系。因此,它们不是作为行动的模式来吸引儿童,为了获得对儿童有吸引力的结果,他需要这些行动模式;而是仅仅作为孤立的事物来吸引儿童,因为他们的目标没有受到明确的赏识,他们作为手段的价值观也没有被察觉到。这种对心理自然发展过程的干扰,极大地模糊和扭曲了这一时期正在学习的儿童所取得结果的价值。很难说有多少进步归因于发展的自然过程,有多少进步归因于孩子一直工作由此而形成的习惯。

214

值得注意的是,差不多在这个年龄(即从 8 岁到 9 岁半),良好的肌肉调整开始活动。生长是从中枢的或躯干的肌肉协调到遥远的外围的肌肉协调——从根本的肌肉到附属的肌肉。对更微小的调整行为的执行所必要的中枢神经联系,包括手或指头的运动,直到这个年龄才似乎成熟。但是,这些调整的控制对写、画、手工劳动、弹钢琴等等都是非常必要的。因此,到这个时候,儿童都忙于获得有关框架、大纲、更大更粗糙的形式与行为之间的一般联系有关的经验。没有合适的详细的兴趣基础,也没有严格意义上准确的和精致的相互联系的行为排序的充分基础。观察结果(例如,关于儿童的绘画)显示,迄今为止,甚至在声称要复制物体时,这些画大部分还是图表。儿童画苹果,不是带有其显著细节的那个特定的苹果[参见伊尔·巴尼斯(Earl Barnes)的《教育研究》(*Studies in*

Education）]。儿童有能力在做小事情或较大的事情时更加准确地使用手和指头，出现了对观察形式和结构及关系事实的兴趣，这将使在实现一个结果时增加准确性成为可能。因此，当我们发现，到目前为止，儿童主要根据使用和行动来定义物体——它们是如何表现的，有什么好处，这就是我们应该自然期待的东西。然而，现在他们开始更多地根据对东西本身的实际构造来定义，或者根据包括现在被看作从属因素的更大的想法来定义物体。

如果对技巧的兴趣被适时地应用，且在它合适的联系中得到应用，那么其后，儿童把他得到的能力加以运用就是可能的；他会通过运用他对方法的新的支配力，拓宽扩大他的经验。一般而言，的确，专心时间及相对沉思时间似乎与拓宽时间及整体外向时间是交替出现的。然而，在这一特定时期，部分原因是还没有进行充分的研究，部分原因是已经关注的事实，对于结果的解释变得异常艰难。我们不知道有多少生长是源于心理学定义上的发展，有多少生长或多或少是归因于环境中的人为因素，至今还不能给出确定性的观点。

第四阶段——青少年时期

为方便起见，青少年时期一般被分成两个时期：第一个时期是思春期（pubescent）——从 13 岁到 18 岁；第二个时期，根据克劳斯顿（Clouston）所述，大约持续到 24 岁，基本上是建构终生习惯和生活关系的框架的时期。正是在这一时期，人感觉到对某种职业的使命，至少采取初步的步骤迈向职业。就是在这个时期，关于行为、宗教等生活处世的总原则可能已经形成。换句话说，这标志着个体获得对基本生活特征的最终适应的时期。这表明，个体在物质及智力方面，对其他人的依赖转变为获得思考和行为表现出来的精神个性。这个时期的干扰与个性有着根本联系，一方面，它们是自我意识以及与它有关系的所有一切的情绪兴奋（颠狂）；另一方面，是对个性及其所关注的事情的消沉（精神忧郁症）。

思春期的根本特点，当然此时是我们通过性因素建立个人与种族及社会的更大的关系。因此，这是个人兴趣范围、思想范围、行动刺激极大的扩大时期。同样，这是个人重新调整扩大个人视野的时期。我们之前也有机会注意到：任何显著的、行动的领域及方向的改变，都可以使得个体重新完全依靠自己，使得他衡量自己、评估自己有关新的行为可能的能力及想法。这是青少年时期很显著的事实：开始对最基本的关系及生活意义的深远影响有所意识，用全新的观点来思考自己。他感知并且看到自己周围不断扩展的世界。这种新的兴趣来源，表明对自身健康的现象及病态的现象都有了全新的自我意识。它存在于对原来形成的习惯以及已取得的经验的修正，从而使它们与新情境的需要相适应。它在感情困扰和焦虑中显现自己，总是伴随着事件习惯进程的破裂和改变习惯力量来适应新的环境。从各个角度——心理、道德和身体——来说，我们都有一个快速生长的时期。使它与其他快速生长时期不同的是这一事实，即从根本上说，这是一个重建和改造的时期。

从智力上说，这一扩展产生于对原理和普遍化的兴趣，产生于探索并规划一些更大、更普遍关系的能力的增长。既然青少年在社交和情感上感觉自己是更大世界的一部分，并且对自己在这个世界所占的位置及其对自己的意义感兴趣，他的观念试图与这一个人重整同步。他倾向于超越自己特定经验的限制，逃离自己个体限制的束缚，在人类世界及人种为自身形成的世界中发现自己。在历史、文学和科学上，这一时期的倾向是看到更大的整体，试着去把分散的事实聚合起来，并把它们作为局部在全面的整体中集中起来。但是，这个更大的愿景只有以归纳出来的原则为媒介时才成为可能。这种归纳把大量不同的独立事实收集起来，并把它们结合成连贯的相互关联，以至于可以感知或看到潜在的包括一切的全部。

青少年对于事物的经验是统一的或完整的，当然，他能够理解的统一是比较狭隘和肤浅的。然而不止于此，单是这种近乎以自我为中心的兴趣就能够达成统一。这要么必须密切接触孩子，要么能够很容易地被转化成他自己关心的事情。此外，维持统一的联系，严格说来，是那些行动的联系，是事件的过程把细节联系起来。这个整体本质上必须是一个故事、一个片段，必须具有戏剧性。然后，当青少年有能力欣赏技巧的价值时，他会欣赏各个成分的方法或安排，为最有效地达到某一给定目标而共同采用的某些特定手段。这种方法和关系的计划，不会占据整个思维，而只是使实际应用、成就和结果成为可能。

然而，青少年时期开始了对更大世界的认识。在这个世界里，个人只是一个因素。个人兴趣的重心从个体转变到种族——或者，如果重心还在个体，也是在作为种族成员的个体身上。一种关系，一种概括，现在因其自身而获得了某种意味。整理并认识到这个较大的客观世界，是有必要的。它是维持个体，并使其联系、参与到世界中的纽带。甚至可以说，整体的感觉不再是行为或者戏剧性的整

217

218

体感觉,不再是获得结果、获得一个技术性的整体的感觉,而是一种组织的感觉。这种关系——一般原则,是有助于获得所需要的组织感的所有东西。

同时,对细节的看法也改变了。从某种意义上说,迄今为止,个体对细节几乎没什么兴趣。兴趣太自我中心而且过于实际,不允许这样。可以组成一个故事的细节,可以以生动的戏剧性形式来展现一个行动的细节,当然都是很有趣的。但是,对于青少年来说,它们不是细节,而不过是故事中的重要部分;它们是构成整个场景的意象的剧本。之后,青少年对他们想要的结果感兴趣。尽管这样,与对观察或者详情的积累兴趣是相当不同的。但是,当思维有能力接触或掌握一个新的原则时,细节就有了新的意义——它们作为事实,在一般法规的案例中,在例子中,在样本中或者在例证中展现自己。观察或搜集到细节的数量越多,对这一原则的掌握就越生动越准确。的确,掌握这种普遍原理的唯一方法是找出它在相当多的大量事实中的运用,在于看到所有明显的不同之处背后有一个普遍的有效原则。因此,对普遍原理的兴趣与对细节的兴趣不是相互排斥的,相反,它们走到一起;如果使用得当,可以相互利用。我们称为形态学的兴趣、对形式分析及结构细节的兴趣等等的东西,当这些细节作为适当组织之必备条件的一些功能运作的外在表现或迹象,在较大的整体中被赏识的时候,有独立的效力。

智力兴趣的发展,可能与植物、动物和矿物都有关系。青少年首先对立刻吸引他的性质或性能感兴趣,对漂亮的、惹人注意的特征感兴趣——换句话说,给他的活动一个直接的出口。他对拿着石头、敲打石头、刮石头等感兴趣,对采花、闻花等感兴趣,也对各种各样衍生于石头、植物或动物的产品或人类使用的物件感兴趣——尤其是当这些东西与他自己的生活具有联结点时。他还对用这些物体做事情感兴趣——播种、浇水以及有关植物的其他事情;养育和照顾他的宠物;试着用石头建造什么,等等。对形式与结构、生活或原料的原则或法则的兴趣,严格说来,都是附属于我们刚才所说的那些兴趣类型。

之后,当他感觉到过程和结果的关系,当他看到一个给定的经验代表一个目的而这个目的只能通过遵守特定的次序和以某种方式安排并控制事情的时候,他对物体的态度会稍微改变。他可以在自己的行为中欣赏规则——即给定的次序——的重要性,也可以被引导欣赏其他东西的类似顺序的重要性。植物生长的方式,动物生存的方式,石头产生并形成现状的方式,这些都使他感兴趣,不仅是作为故事,而且是作为历史——也就是说,作为一种事件的有序进展。在植物的生长过程中,在植物必须要做的事情中,从土壤和空气中获得食物原料以及营养物质的循环中,所体现的秩序和方法感是此时普遍原则表现出来的形式。对细节的兴趣,通过对很多器官的观察变得更准确、更明确,有利于使这些进程继续下去,并找到正在讨论的植物或动物的特定部位。在这一点上,普遍就意味着秩序规则的改变,细节或特殊意味着为有效完成某件事情必须采用的特殊方式或工具。

在青少年时期,生活的进步与成长变得有趣,成为其自身一个精神的整体,除了实现任何一个特定目标的从属关系之外。它不再是孩子熟悉的这种或那种植物的生长,不是这种或那种宠物的生长,而是诱人的生长本身。它成为一个令人沉迷的兴趣。因为生长是一个精神上的单元,当然就有其自身的法则及原则。仅仅由于这些法则,一旦发现这些归纳,就可以清楚地知道生长的进步到底是什么样的。细节或特殊获得了相应的价值;它们不再是不必要的或分散的,不再是仅仅被用来执行某个明确的结果时才重要。它们有意义,因为它们显示一般原则的全部活动方式。它们是细节——原则的实际体现与证据。

这可以总结为:真理以其自身为内在的、独立的目的。与此相应,调查和发现也自有其价值,因为它们有助于我们发现真实有效的真理。调查显示,青春期以前,自发的批判意识相对淡薄,为解决困惑而去质疑和调查的自然倾向大大不足。遇到事情时,青少年会用自己的经验来处理它们,通过诉诸权威来解决它们。如果多种因素相互契合,为他提供一幅稳定的心理图象,对他来说,这就足够了。现在,一种寻求证据的需要出现了。他们认识到,探索是以真理为目标和标准的过程。因此,他们不会满足于杂乱和偶然的经验。他们知道,存在假定的法则或明显的事实必须服从的某些联系,这是任何可接受的理论必须满足的条件。

在强调此时出现的新的智力观点时,当然不要忽视潜在发展的持续,这也是很重要的。每一个阶段都有一定的东西代表统一、全体及组织。每个时期的概括的因素或整体中的关系、详情或细节,都有与其相对应的东西。如果每一个观点特有的兴趣和态度都被适当地遵守并加以利用,我们就可以期待一个比较容易或者很容易分等级的、从一个时期到另一时期的转变——一个如此自然的,以至于事实上令人有些麻木的转变。它的某种与发生在普通孩子身上的一般事件过程相比有些极端甚至恶劣的特征,现在可能有一种被夸大的倾向,部分原因是在前一时期片面的和人为的发展中,转型带来的冲击太大了。

第四组，发明与职业的历史发展[①]

　　孩子的平均年龄介于 7 岁和 7 岁半之间。在这个小组中有 14 名被试，他们被分为两个小组，由坎普(Katherine B. Camper)小姐领导，并由她制定计划和具体实施。

一般原则

如同之前所说过的，[②]关于想象力、经验事实及两者之间的关系，以及社会关系或者人际关系，还有科学或者物理性质等等，都适用于此。我们只需要注意使这一工作与众不同之处。

这项工作历史悠久。它的组成部分有很深的历史渊源，也就是说，它们不只是在现实社会中存在。具体原因如下：

1. 如果一个单词通过去除部分元素，强调其他成分，被用于简化实际上存在的经验，它就需要更加明确，以求与逐年抽象化的心理统一相一致，旨在形成一种新的概念。例如，农业耕作，就如同往年研究的那样，简单明了地告诉我们：人们在做什么，它们的成长与哪些因素有关，人们怎样利用它们，以及农民怎样为他人服务。从历史角度来看，在借鉴很多历史资料的基础上，我们发现，农业为主阶段强调人们生活的特殊需要；正是这种需要，使得这一行业产生，这也是

它对社会成分产生影响的方式。在一种情况下，整个行业才开始存在；在另一种

---

① 首次发表于《初等学校纪要》(*Elementary School Record*)，第 1 卷(1900 年)，第 21—23 页。未重印。
② 本卷第 97—100 页(即本书边码。下同——译者)。

泥塑碗的形状

情况下,试图去发现一种物质所有的典型动机和影响。历史陈述就成为分析现在社会生活的一种方法,而不只是提供已经消失或逝去的事物的知识,尽管人类学家发现孩子们聚在一起时吃的食物是很多的。

2. 这种历史研究方法要求我们在更广和更明显的特征上特别注意它的发展顺序和发展过程,它使得因果关系的思想和逻辑上的依赖性开始发挥作用,如果这些术语不是具有一个特别奥妙的意义,而是作为一种极具想象力的思考意图。它促使职业模式产生,以及与之相关的设备和发明物出现。这些发明对生活产生作用的方式,以及新动力的产生、新联合方式的存在,引导着人们与迄今为止无法驾驭的自然界物体和力量作斗争。事实上,根据时间顺序而累积起来的叙述,在具体形式下才会有逻辑可循,而这种形式吸引着这个年龄段的儿童。

3. 许多观察者发现,这个阶段暗示着人们原始简单而野蛮的兴趣,也是处于这个年龄段的儿童的特征。我们的目标就是通过采用一些与这种兴趣无关的感性的形象化的特征,而不涉及隐藏在它背后的原始动机和继续前进的动力,或者人们从原始野蛮走向文明开化所采取的方式等等,以尽量避免孩子们过于兴奋和过度放纵自己的这种兴趣。我们在以下几个方面努力,让这种兴趣作为一种目标动力而存在,同时介绍它们容易发生的巨大变化和所具有的缺点,以及人们怎样为之奋斗及其奋斗的原因。这种理想化的文字描述如同亚比月(Ab)①和海华沙那样,并不是用于一个作品的结尾或作为他写作的基础,而是作为发展和活跃实现某些个人特征的一种方式。然而,我们这里要指出的是:这种来自原始社会生活的物质的使用,并不意味着它们与这个年龄段的孩子有任何先天注定的或者说唯一的价值。它们只是很多可能的模式中的一种,选择它们主要是因

224

————————————

① 亚比月是希伯来历的正月。——译者

为它们极其简单，能够为分析现在的社会生活提供一种方式，如同上面说到的那样，如此而已。

4. 我们在第 97—98 页所提到的一般规则是关于观察自然界事物而形成的人类所处的情境，在这里可以通过借助地理学的知识得到简化。在过去的几年中，人们一直在研究生活模式的自然特征，提出来很多不同孩子的不同经验和经历、树木、山丘等等，以及观察和对比孩子们现在所处的环境。但是，今年，就有很多关于这些自然特征的想象抽象和再次重组，这与上面已经提到的站在历史的角度筛选和前后顺序相一致。在工业发展的每一个阶段，我们都将注意力集中于它的自然材料的产地——满山的树木被砍伐等等，以及各种职业的相继产生，孩子们总是在幻想中旅游，直到他们发现某个位置极其合适旅游后才付诸实践。同时，他们会用土和沙堆东西，总是把新环境下的东西加到原来已经建好的城堡或其他什么东西上面，直到所有地形结构的主要特征都被讲述完毕，并置于他们和谐的关系当中。因此，在儿童的身边就留下了一幅关于地表某一部分的图片，在这个图片上，有它所有的特征——山峦、丘陵、河流、山谷，还有海洋；它们犬牙交错，联系在一起，同时还有人类的一些活动。

第五组和第六组的总介绍[①]

在安排学校一般计划时,我们要注意三个时期,这与儿童的成长阶段相一致(参阅第 337—338 页)。在这三个时期中,第一个时期就是利用他们头脑中存在的意象和情感参加一些比较直接和外向的活动,这个通常是身体运动的活动;第二个时期就是以故事、戏剧或者以形象——一个完全心理层面的角度呈现。但是,这两者并不是截然分开的。行动并不意味着思想的实现(儿童的意识),它们只是儿童自发的感情流露和宣泄。儿童的想法并不是可以实现的什么东西,也不是投射将来作为结果的东西。对他们来说,这些行为就是他们生活的意义和价值,这种意义和价值存在于他们做的任何事情。因此,我们把它称为游戏阶段,整个倾向就是他们演绎出自己头脑中的意象,使自己觉得生动形象,找到生活的落脚点。

入学后,头四年的工作(从 4 岁到 8 岁)建立在一套工作理论的基础上:儿童的态度主要就是这种,强加在他们的工作上面为时尚早,他的工作本质从心理学角度来说,就是手段和目的的分离,以及要素、步骤和行为与某种自身存在的观念的分离。因此,相对来说,在他们入学后的第六年和第七年里,儿童会将很小的可能偶尔为之的精力放在阅读、写作和计算方面,并且试图用一种综合而生动的方式将地理和科学引入,而不是采用分析和形态学的方式引入(参阅第 97—98 页和第 224 页)。这不是因为此类东西很"难",而孩子们需要的是娱乐;也不是因为形式和符号在文明开化和个体发展的过程中不被人欣赏,而是因为这个

---

① 首次发表于《初等学校纪要》,第 2 卷(1900 年),第 49—52 页。未重印。

时期儿童的心理态度并不能满足这种工作的专业化需求，因为后者要求将行动和观念相分离，这使得前者成为一种惯例或变得机械化，同时使得后者变得遥远而不可理解。

当然，我们并不是说这一时期不存在手段和目的之间的有意识的联系，或者说没有必要去预期以后的发展。相反，即使是 6 岁的儿童，也能形成对某类遥远的目标的意识，并因此有兴趣去调整自己的行为，以接近他的目标。在观看一个由 6 岁儿童组成的小组玩捉迷藏游戏时，我注意到以下问题：大概有一半的儿童参加这个游戏，也就是说，他们自己制订计划，思考怎样行动去最先达到目标；另外一半的儿童跑开去做自己正在做的事情，如果目标人物要跑得很远，设法不被他们抓住，他就会一直跑，而不管别人正在努力地找他。他们现在玩的游戏就是如此的让人满意，所以你很难去检查和指导他们应该达到什么目标，即使这个游戏的最初目的就是要抓到那个目标人物。

但是，有些儿童还是会指引自己行为的事实，显示了他们态度的变化，也暗示了这种变化很容易发生。因此，在很多活动中，当结果是实际的似乎触手可及时，就比当它是关于智力方面的或者抽象的结果要容易很多。举个例子说，做一个纸盒子很自然显示出很多事情：在这个过程中，儿童对往盒子里放什么东西比较感兴趣，或者做一点谷类食品当午饭吃，胜过学习怎么阅读或者计算以适应长远的需要。六七岁的儿童（第三组和第四组的孩子）所做的一些积极而有建设性的工作，包括怎么样把他的能量与他的兴趣结合起来的活动；这种活动有一定顺序，目标比较明确。因此，这能使儿童形成依据一定步骤做事有始有终并能控制当前所有物的习惯，同时完成一些始料不及的事情。这些习惯会慢慢有意识地转化为一定的结果，当然，这个过程会有些漫长。

第八年似乎是具有过渡性意义的一年。在第九年的时候，儿童会特别讨厌因自己掌握的手段不充分而不能获得想要得到的结果。举例说，儿童反对以前那种满怀高兴所完成的画作，因为他认为它们只是一个结果，有点粗糙甚至荒唐可笑，而不认为它们是自己现在生活的一部分。第十年，他们能够有意识地要求一些"困难的东西"，一些可以测试和释放他的力量的东西，一些可以测试他在选择和适应可用来实现目的的手段效率的东西（参阅《初等学校纪要》，第 1 卷，第 9 页）。

因此，在这个时期，他们需要获得更多的技巧或"技术"，或者称为其他什么东西,当然,我们可以将之用于绘画,也可以用于地理;可以用于音乐,也可以用于烹饪;可以用于阅读,也可以用于历史的学习。从心理学角度来说,它的实现就是将要达到目的的心理呈现,必须进行选择和分析所需要的手段(包括组成元素、形式以及符号);利用这种手段去完成任务,达到一定的目的。

但是,要认清楚一点,这是一个掌握技术、获得能力和技巧以及特殊指导的时期。我们必须记住一些基本的原则:第一,我们已经非常熟悉,生长的过程是逐步的。阅读总是先于写作,两者都先于计算(当然,我不是说儿童对数字的使用没有兴趣,如同把它们与分析相区分,学习他们的规则);在科学产生前,所有这些东西都存在。或许人们会质疑迄今为止的初等教育之所以获得较小的成功,原因之一就是没有发现他们过早并严格地强调智力阶段。我们的经验证明,八九岁的儿童对科学方面的实验更感兴趣;但是,并不是因为他们首先构思某种问题和想法,然后把实验作为一种解决问题或验证理论的方式。与此相反,在十三四岁之前,这种兴趣很难说明什么问题。他们在做某些建设性的工作或者烹饪时要掌控整个实验,这是一个要按部就班来进行的积极表演,在他们的意识中要看到每一步会"带来什么结果"。对历史和文学的兴趣要出现得更晚一些,在这些事物中,兴趣主要处于想象和感觉的完整性中,以故事的形式存在(参阅第97页),持续时间和忍耐目标分析时间最长。

第二,为了不引起发展的停滞,我们对掌握技术、获得技巧的兴趣要建立在大量实际经验的基础上。即使六七岁的儿童,心理上已经做好准备去分析事物,去注意事物的形状和符号,但他们极少具有那些极其重要的经验,以保证能从放弃后者而只专注于前者中获益。因此,我们要再一次强调,经验必须用于能开阔视野和深化想象力和思想的一些事物上面,而不是去分析他们并不具有的经验,或者去学习对他们毫无吸引力的做事情的规则上面。

第三,对技术的引入必须源于一定的目标,而这些目标又要来自儿童自己的实际经验,那些对他们来说就像是渴望已久的目标一样,如同动机之于努力。最频繁使用的假设,对教师来说,就是能看到目标已经足够,这是因为,事实上,儿童需要一种力量,而这种力量要足够强大到鼓励他们去实践。但是,最主要的心理准备是:儿童要能预见并认为这个目标是他自己的目标,这个需要是他自己的需要,要有一种来自于内在的很强烈的动机去分析和掌握那些"规则",也就是说,具体步骤的实施方法。这种积极而富有建设性和表达性的工作,会显示出一

228

些困难,但更多是一种获得某种行之有效的方法的需要。这也是这一时期我们所讲的"相关性"的具体形式。

考虑到这三个规则,教师的意图是在这一时期让儿童掌握并拥有某些能力或技巧:(1)没有突然的过渡;(2)儿童要始终忙于一些积极的事物,而且要参加一些比较直接且富有表现力和建设性的活动,其目的是为了使他们能完成最初感觉困难的一些问题,还要有解决这些困难和问题的决心;(3)技术性实践主要从这些物质出发。此外,(4)为了使整个过程更完善,要提供一些附加的比较具体的材料或者作业,在此过程中,儿童可以利用新获得的能力以实现它的价值。

229

手工训练在初等学校课程中的地位①

为方便起见,初等学校的课程可以归为三个主题。我认为,这种安排同样是有哲学价值的。首先,我们的科目,与其说是科目,不如说是积极地寻求或作业(occupations)——因其自身的缘故而对儿童具有吸引力的活动模式,并且本身具有教育的目的。其次,是为我们提供社会生活背景的教材,这里包括历史和地理,历史记录了与他们现在生活相关的情况,地理是客观情况的描述和人类社会活动的舞台。在更高级的教育阶段,这些学科的专门化会失去与社会生活直接的联系。但是,对于我正谈论的初等教育而言,我认为,从提供社会背景的意义上说,它们是有价值的。再次,我们所拥有的学科为儿童提供智慧交流和探究的形式和方法。阅读、语法、算术技术手法等等的学习,是民族提高智力兴趣的最佳手段。因此,儿童需要掌握它们,从而独立地应用自如。他们可以适应文明的智力产品,很明显,他们构成了大部分传统课程。

观察下列三组活动,我们发现一种变化,即课程从直接的个人和社会的兴趣走向间接的和遥远的形式。第一组提供给儿童与他们生活直接相关的同类活 动,再现他们每天生活的非常熟悉的社会活动。第二组仍然是社会性的课程,而不是提供与现实生活相关的直接现实。第三组是社会性的,代之以最终的目标和效果,即保持文明智慧的延续性,而不是在于它本身,或者是更间接的含义和

---

① 首次发表于《手工训练杂志》(*Manual Training Magazine*),第 2 期(1901 年),第 193—199 页;重印于《今日之教育》,约瑟夫·拉特纳(Joseph Ratner)编(纽约:G·P·普特南出版公司,1940年),第 53—61 页。

联系。

手工训练,建造性的活动(或者是任何一个更谨慎的命名),很明显属于第一组活动,构成了第一组活动的大部分。体育活动运用身体器官,是直接吸引孩子注意力非常必要的阶段。玩耍和游戏就是这样。乍一看,我们不会把它放在学校课程里,如郊游、许多活跃的观察自然和实验等。这些实验活动,根本没有客观的事实,更不用说科学规律。对于儿童来说,最重要的是熟练地运用材料,以及运用能量的简单形式来产生有趣的结果。如果我们终止在实现观念方面直接的体力输出,那么,幼儿的许多艺术活动将会丧失意义,校园也是这样。但是,手工训练,如纸板、木头、角铁、烹饪、缝纫、编织等等,我们必须直接去做。在这一基础上,我们习惯于以"手工训练"来命名这些涉及体力活动的模式。没有人再怀疑手和眼睛的训练。手眼协调的训练(更加重要),直接源自这些训练。最近的心理学使得争论这一事实再也没有必要,即手和眼的训练是一种直接或间接的注意力训练,是一种建设性和复制性的想象力的训练,是一种判断力的训练。手工训练活动与心理学的运动因素日益增长的重要性相一致,大大促进了它的发展。过去把强调的重点严格地放在智力要素、感觉和观念上,现已让位于认知,这种动力要素与整体的心理发展有如此紧密的联系,以至于脱离了前者就不能智慧地讨论后者。

我不想重复这些论证过程,而宁愿相信它们是不证自明且深为人知的。我想继续探究的是,当我们要求初等教育将这些手工活动作为其重要部分时,其实在社会方面,我们并无与此特别相适配的事情。

形式训练的观念,对所谓观察、记忆和推理官能单独、独立训练的观念,都包含着体育文化和手工训练。现在我们已经相信,除了这些训练的实际内容,除了它的社会关系和带给儿童的启发以外,在对手和眼的形式训练方面有着相当积极的价值意义。现在,我们应该更加深入地思考有关建设性活动在教育中的位置的观念。我们不仅应该看到它们在什么地方、以怎样的方式对手和眼进行形式训练,而且应该看到怎样控制整个身体和智力有机体、怎样表现基本的能力倾向和本能来满足基本的有机需要。我们认识到它们能够发展手和眼,而且这种发展反过来有利于身体和心理的发展,这是不够的;还应该看到它们引出的社会需要、社会价值观、智力和情感养分,以及它们带给儿童用其他方式不能传递的内容。为了讨论这个问题,为了更好地认识作为媒介物教育素材的重要意义,把它们和社会生活联系起来,就需要从社会的立场来设想它们对于儿童生活实现的意义。①

教育上的文化纪元理论、生物上的复演理论已经让我们熟悉这一观念,即个体生命的发展对应整个人类种族的发展——儿童在短短几年或者数月里能完成地球生命耗费数个时代才能完成的缓慢进化。尽管从这个教条中也曾得出荒谬的教育学结论(通过忽视教育意味着加速和丰富复演而不是减速或者延长它的事实),但我认为,没有人会否认它是一个确定的重要的真理要素。

在我看来,真理的要素与教育中手工训练的地位有紧密关联。问题的关键在于,未曾试用过自己能力的儿童,由于缺乏经验,对于外部世界和生活的态度与早期人类十分相似。一种错误的观点认为,儿童应该严格地逐级重历原始人的外部环境、表现和错误。儿童会选择相似的态度,这几乎是必然的。以前的观念认为,由于人类必须超越万物有灵论的自然观,达到科学的自然观,那么在儿童能够以直接、真实的方式处理外部事物以前,必须将他们置于多愁善感的、神话式的自然观迷雾中。第二种观念认为,掌握儿童与原始人共有的、根本的深层态度,是教育的事情;这些游戏和表达的目的是为了避免祖先经历过的错误和坎坷,实现原始人类一直在努力实现的目标。

然而,即使承认这是对复演论正确的教育解释,它与手工训练的地位有什么关系呢?恰恰在于这一点:原始人和儿童在他们的活动中确实都是动力。他们都对物体和材料感兴趣,这不是出自苦思冥想或理论推导的观点,而是来自他们能做什么、能够从中获得什么立场。毋庸置疑,我们需要表明,原始人一定是被主要的直接关系生命的问题所主导——获得食物、火源、住处和保护的问题。他关心的是能够确保他不断改善生活的器具、工具和手段。他对自然的兴趣,建立在与他自己的需要和活动直接相关和不可或缺的基础之上。他的自然神话,他对自然力量的敌对或友好的概念,他对日常生活中各种事件的解释,都源自这个产业基础。他相关的生活、家庭关系、政治控制等模式,都紧密地依赖于他的职业。

现在,如果对"复演论"有任何根本的疑问,它表明如下的可能:首先,我们应该发现儿童动力能量的源泉,急切地从环境中释放这些能量;第二,这将很可能

---

① 参见拙著《学校与社会》,第 21—36 页(《杜威中期著作》,第 1 卷,第 6—15 页)。

以类似于人类维持和发展自身的社会职业的形式表现出来。①

　　然而，儿童和原始人之间在一个方面具有根本的差别。生存的压力是原始人必须面对的事情。儿童被保护或者应该被保护，以免受经济的压力和紧张。儿童的能量以游戏—游戏的方式表达出来，它不是娱乐，而是对与生俱来的力量的内在展示。相应地，当发现原始人动力活动的价值主要来自外部的结果——在用以消遣的游戏中或被捕获的鱼儿身上——并且获得技术和见识是偶然的事情，情况对儿童来说则恰恰相关。对他来说，外部的结果仅仅是一个标记、一种象征；实验对他来说，仅仅是一个自身能力的证明和展示。在实验中，他渐渐地意识到自己的动力。他通过看到它们的效果来了解它们。但是，准确地说，主要的兴趣和最终的价值仍然是行动力量的文化，这种力量的获得是通过他们被赋予有效的用途。

235　　如果这些观念有任何真理的衡量标准，那么，学校里使用的作业形式、建造性的工作、手工训练（不管怎么命名它们）必须被分配在一个中心的位置。它们比其他任何学科，比阅读或地理、讲故事或神话，更能够引起并指引孩子身上最基本和最活力的东西；他们是所有时代的继承人，通过这些，他复演了种族的进展。当它诉诸个人的直接感知来取代符号和抽象概念的时候，对教育的理论和实践来说，当然都是一种收获。但是，对由感情或通过视觉和听觉接受印象来说，毕竟不是最终的结果。行动、执行、实行、制作、控制和直接的活动——就这些事情来说，感知和印象是存在的。事实上，看和听远远超过印象；看和听就是做，是大脑、胳臂、手和腿共同合作来完成的工作。这些观念是福禄培尔不朽名声的组成部分。福禄培尔首先是教育改革者，抓住了这个阶段的儿童本性的原始意义。他在幼儿园所做的实验和各种各样的排序，以及更多的建设性工作和作业，也必须在初等学校里做。

　　因此，只要手工训练的主要目的是以实际产出或以生产者所获技能为其达到与否的衡量标准，那么，它在初等教育的课程体系中就永远不会找到合适的地位。产出与技能等都有其地位，但这一地位并不足以左右整个领域的适当安排。首先必须考虑给予儿童内在的本能动力和要求，通过使用他所能够支配的力量

---

① 在《文化纪元论的阐释》（重印于《赫尔巴特第二年鉴》，《杜威早期著作》，第 5 卷，第 247—253 页）里，我已经批评了赫尔巴特源自这一立场的关于文学是课程基础的理论观点。

使之意识到自己的力量,这样他就能够认识到自己的社会价值。为了表达他的本能动力,为了以这种方法做这个实验,应该指导儿童知道生活有其更重要的目的和过程。锯、锤子和刨子,木头和泥土,针和布料,以及这些操作过程,本身都不是目的;它们更是媒介,通过媒介,儿童会主动探究需要人类努力去解决的典型问题,了解人类生产和成就的法则,了解人类获得控制自然的方法。这样,在生活中,使他的理想更加美好。从这个重大的人类意义的问题出发,必须渐渐地把兴趣转向手工训练的技术问题和过程。当兴趣变成纯粹的技术分类时,手工训练的必要性就不再占据一个中心的位置;它属于一个能够找到其他所有专门技术形式的平台。

236

当这样解释手工训练的时候,在它和历史以及自然科学之间就存在必要的相互关系。正如人最初慢慢地知道自然有各种各样的形式和力量,通过与之积极地打交道,通过试图改造自然来满足需要,因此,那些以排序方式引导动力来复演社会产业的儿童,渐渐了解外围世界的事实是依赖象征性的物质和抽象的因果影响力的。在再假定人类的动力态度上,他也复演了促使人类研究自然和发现自然规律的目的。他站在这个位置上,从这个位置可以很容易地获得科学的事实和真理;在这里,他们能够获得最重要的意义。把手工训练和科学联系起来,可能是一个非常外在和人为的事情;手工训练本身的实验,是以技术为目的的——这个目的也在于它自身。但是,当它被看作一个以社会指导来组织孩子的方法时,其范围当然必须是广泛的,包括地理、物理、化学、植物学和数学等学科。这是一个明显的事实。

这样,回到我在开始时提出的三组学科。如果觉得很明白的话,很明显,正确的观点是:作为一种社会努力的背景,手工训练是对第二组学科历史和地理不可避免和不可或缺的介绍。对这些学科的投射和分支是不可避免的,需要教师敏锐地意识到这些联系并利用它们。它是一个形式训练,或者说仅仅是源自这些学科的特定好处,这些学科将使他们限制在有限的位置上。这些限制不是由于它们自己的性质,而是由于没有广泛地看待——不能够从合适的视角来看待它们。与第三组学科的联系一样是重要的,即使更间接,第三组主要是特殊的智力进步的符号和形式。就数量来说,它甚至不能说是更间接的。测量和运用数字,以及认识事物的形状与大小,是儿童必须学会的。儿童不仅获得处理某种数量的事实和关系的专业技术,而且更重要的是,他们得到了一个"数字意识":他开

237

始意识到使用和测量数字；对他来说是一个现实问题，结果在他的经验中有一个非常重要的进一步前进的动力。毫无疑问，一个具有独创性和广泛理解力的教师，他将会发现阅读和写作之间的天然联系，但在这里，就这个方向而言，不需要强制。从整体上说，这里的联系是间接性的。但是，我们也许会确定，儿童获得的一般智力的训练和他的现实感，将会激起他对这些问题的兴趣。他会发现它们的重要性，即使通常不能马上有使用这个建设性工作所提供的动力。这些学习工具与人类整体进步的生产性工作有如此内在的紧密联系，以至于确保对后者的寻求将肯定会反映它自身的动力要素，随着持续的作用，彼此互相致力于发展。

如果"初等"这个词在"初等教育"这个短语中不仅仅是一个时间要素，如果它意味着质量，如果它意味着根本的和基础的东西，那么，建设性的艺术和手工训练就可以被看作是初等教育显著的典型的特征。

书　评

世界与个体[①]

吉福德讲座,第一系列:关于存在的四个历史概念

乔赛亚·罗伊斯博士(Josiah Royce),哈佛大学哲学历史教授

纽约:麦克米兰出版公司,1900 年

如果说摆在我们面前的这本书缺少其他值得一提的特点,那么,它最显著的 241
特点就在于其单一概念的简单有力;同时,以多样的形式遵循这种概念,将其作
为批评的工具,并作为建构的工具。本书用"事物的性质"或存在论的角度来解
读吉福德讲座的主题之一,即自然宗教。这样做的目的是给存在下定义,即得到
某种概念来说明什么是上帝的真实性、什么是与神有关的世界和人的真实性。
我说过的独创性并不存在于此,也不存在于选择走向存在的认知之路。正如罗
伊斯教授认为的,这些都已是司空见惯的东西了。其独特之处,是在于处理认知
理念的性质及处理与存在的关系所用的独特方式,以及为集中讨论整个关于此
类理念的性质所作出的努力。这种独特之处为本书带来了力量和新鲜感,也为
读者带来了重新提出问题的挑战。这种挑战可以帮助读者重新检视自己的认
识,调整自己的方法,即使如这位作者一样,到最后发现自己不得不提出异议。

谈到世界,我们必须先从理念谈起而非从现实谈起。如果我们先谈现实,那
么,我们就"深深淹没在谜海之中"了,因为现实本身就是一个"叛逆的谜"。现实
之中有序和无序形成的对比,现实之中仁慈和残酷的结合,使我们困惑,使我们
愤怒,使我们停滞不前。因为这个现实世界始终变幻莫测,所以我们只好转而向
理念世界找寻答案。我们发现,现实世界的缺陷"实际上仅仅是由我们人类的理 242
念类型引起的"(第 18 页)。为此,我们必须努力批判这种人类的理念类型。通
过这种批判或许会得到净化,也可能上升到一个更高的层面,从而深入地了解现

---

① 首次发表于《哲学评论》,第 9 卷(1900 年),第 311—324 页。此前未曾重印。

实世界。用这种方式方法,可以立即得出理念的定义,并且至少对理念和现实的关系有一个初步的概念。

近来的心理学是通过有机物和环境的概念来观察理念世界的。在给理念下定义的过程中,罗伊斯教授由这种常见的概念入手,并使之与体验的动力面或行为面结合起来。事物的理念,"通常包括对某个事物具有某种理念之后,打算如何对该事物展开行动的意识"。斯托特先生(Stout)作过这样的评述:理念是一种行动计划或建构对象的方法。本书中引用了这个评述,并对这种观点表示赞同。如此一来,理念就代表了一种意愿,或一种主动意义。这是一种意向,或者,用更专门的定义来说,"它是任何简单或复杂的意识状态,这种意识状态一出现就被视为部分地代表一个单一的意识目的或体现了这一目的"(第22页)。举例来说,唱一段旋律的时候,我们意识到这种行为部分完成并体现了一个目的;这种目的组成了音乐的理念,组成了该理念的内在意义。

然而,在作为内在意义或目的履行的形式出现之时,有限的理念往往具有无限的意义。至少,这些理念似乎涉及了超出它们本身的对象。这种第二性的、尚成疑问的方面,我们称之为**外在**(external)意义。例如旋律,可能并不仅被看作音乐目的的履行,而是被看作一种意义,这种意义试图重复或附和一段贝多芬音乐的主题。的确,在我们所有的认知体验中,这样的外在意义似乎是非常基本的。在认识之中,"我们的理念似乎是注定要完成由外在的现实世界所制定的任务"(第28页)。从常识来看,理念的这种指称将会与理念本身脱离。与这些外在的事实保持对应是必须的,这样做才能为理念确保真实,这一点很重要。并且,纯粹的内在意义是不受这种指称控制的,它或者只是一种异想天开,或者是造成误差的积极来源。尽管目前我们还有一些理由来怀疑这种对比是否真的像表面上那么巨大。在一定意义上,理念必须是优先的。除非理念具有意义,具有与对象相关的目的,除非理念承担特别的对应任务,否则作为标准或者模型的外在对象无需被怀疑,哪些现实被用作评判对应是否成功也无从知晓。举例来说,我输入到一头牛的理念里的意义的本质(重述罗伊斯教授的话),是完全无法通过到任何对象的指称来说明的。首先,我们必须找到该理念本身代表什么对象,它为自己设定的指称和对应任务是什么,它本身有何意义,有何意图。然后,我们必须找到理念本身选择、决定的对象。

正是这个概念,为罗伊斯教授的讨论带来了统一和独创性。这个概念最终引导着他作出宣告,即整个外在意义、对象的指称必须从意义本身的内在目的的角度来解读。这个概念还帮助我们解读对外在事物的依赖、表面的外在意义。这种外在意义,事实上仅仅作为充足表达的手段和在理念本身中尚未完成的意义的发展。换句话说,这个概念引出了观点,即内在意义和外在意义之间,理念具有理念的重要性和理念对外在事物具有依赖性之间,所在的整体区别是由目的的部分体现或者全部体现的差别导致的。"现存的人类瞬间意识形式"的缺点,在于"我们并不能完全清楚我们的意图"(第39页)。换句话说,我们的理念只能模糊地、抽象地表达目的,缺少确定性——或者如后文所说,这些都不过是普遍原则罢了。因此,我们的理念并不能满足我们,我们还要寻找"其他",寻找那些虽然出现在理念外部但实际上只是作为补充来完成在理念中部分出现的目的。这种意义的确定完成就是个体。所以,完整的意愿、完整的意义、完整的个体(第40页)是所有理念发展的局限。这里,我们就大概地得到了"什么是现实"这一问题的答案。"现实就是用来表达、体现某一个绝对理念体系的完整内在意义的手段。这个体系尽管只是局部的,但隐含在真正的内在意义或每一个有限理念的目的之中(第36页,同见第341页)。

244

到目前为止,由于评论界的抽象反应,内在意义与外在意义的差异只是被当成一个疑问来对待(例如第33页)。尽管如此,在讨论区别存在论的众多体系的基本理念时,罗伊斯教授指出,有限的意识毕竟是有限的,所以这种差异是固有的、必要的。"体验——而不是定义、表达或其联系的深入观察——只是直接体验——以部分的、残酷的事实的形式来到我们面前。"然而,体验"及其存在对意义进行加工"(第55—56页)。在这方面,我们是具有理念的。这两面是相互斗争着的。残酷的、直接的事实顽固地阻碍着我们的理念。纯粹的体验和纯粹的理念之间具有无穷尽的矛盾。理念试图理解掌控它本身的数据资料,如此一来,便出现了思考。与现实相对比,思考是理念的集合体,同时又试图支配现实;一旦支配成功,我们就可以得到具有意义的直接体验了。

四个存在论的基本概念被作为具有代表性的不同模式来解释两个因素:现实与理念、表象直接性与思考的关联意义。从学术上说,第一个概念是实在主义,它强调对象的外在独立,并从这个角度给现实下定义。而神秘主义研究的是存在于直接体验中的事物,并且认为在现实里,全部差异性都会在表象直接性中丢失,而全部多样性也将消失。第二个基本概念是批判理性主义,它认为现实就是为我们的理念带来真实性和效准的事物。理念和独立的对象都不是现实,可能出现的经验对象是现实,这种体验可以验证我们的理念(第61页)。从对实在主义的批评可以看出,给存在下定义的时候,有必要提及与理念的关系。从对神秘主义的批评可以看出,有必要完成,而不是删去我们的局部体验和有限体验。而从对"体验的可能性"理论的批评看,有必要切实地、分别地体验效准和真实性,而不应该只是大概、抽象的可能。不可避免地,存在引出了罗伊斯教授自己的概念:存在,即在全部理念的真实可能性意义的直接体验中,永恒的、无尽的、确定的、个体的表现——直接欣赏所有有意义的生存体验中的**一切**,也就是绝对意识。既然在其个体中,它完成了所有的有限意识的真正目的和强度,那么,它也就保存并激活了在它内部有限的意愿和个体。

篇幅的限制,使罗伊斯教授无法充分阐述他的观点,以及他对实在主义和神秘主义的批判。尽管如此,罗伊斯教授的安排还是如此的连贯有序,以至只要我成功地把它表述出来,就算是一个简要的总结,具有一定的意义。严格忠实的、极端的实在主义认为,关于理念的对象是完整、独立的,它完全不受理念的影响,"无论如何"都不受影响。因此,该理论只可能把存在定义为不受理念影响——如果理念以外的东西完整地保留下来,那么,任何性质或内容都可能也往往归结于它。然而,很明显,如果存在唯一的定义不受理念影响的话,那么,理念就不能涉及它,不能和与之有关的链接、联系或相似,当然也不能与之对应。因此,对我们来说,这是一个一无所有的领域。还有,既然从实在主义的假说来看,这个存在必须提供判断理念为真理或虚假的标准,那么就不存在任何区分真和假的可能性了。所

有的理念皆是平等共存的,都是同一地位上"现存的实体"——实在主义中"被遗忘的论题"(第134页)。因此,在最深层面上来说,实在主义是自相矛盾的。[①]

神秘主义认识到了理念和实际、表象直接性和对象之间的差异是所有斗争、失败和忧虑的来源。它不仅看到了这样一个存在具有矛盾特征,也看到了它表面的、虚幻的形式是我们所有不幸、理性和道德的来源,所以它认为解决这种冲突的可能性只存在于"其他"之中。因而,它在外在存在的逃避和破灭中寻找存

---

① 必须公正地说,在此处的节取中,我略去了罗伊斯教授的论述中最显著的特征,即关于存在是许多的还是单一的考虑。话说回来,如果我认同他的论点,就证明上述观点是有力的。坦白地说,他论点中的其他部分依我看来,似乎累赘或有些谬误。他详细地重述了实在主义除了纯粹、完全独立于理念这一定义之外,并没有真正的定义。

在,在无差别的纯粹直接感觉的自我中寻找存在。既然可以把存在只定义为我们斗争的目的,只定义为"对比效应",并且如果斗争、有限理念是完全虚幻的,存在本身就不具有任何内容了。这样一来,神秘主义的自相矛盾就产生了。这是"零与无的对比……因此,留下了真正的、绝对的虚无"(第 181 页)。①

实际上,在陈述和评论"体验的可能性"理论的时候,我们对罗伊斯教授自身的立场进行了阐述。这是因为,他一方面"就其现状来说",接受了这个理论;另一方面又坚持为了保留该理论的真实性,现有理论必须进一步发展下去,从所需发展而来的转变带来他自己对于存在的定义。

即使在常识范围内,我们对具有仅与我们的理念有关的存在的对象也并不陌生。然而,这令我们可以毫无困难地把客观实际归结为对象。这样的话,很明247显,客观实际意味着**真实性、效准**。这些存在的例证组成了国家、社会地位、商业信贷界。而且,数学真值 π 的价值,在一定范围内的函数需要在该范围内具有微分函数。还有,就是道德秩序。通过思考像数学真值的实际这些例子,我们突然发现了一个最有启发的特性。在某种意义上,我们似乎在此处面对的纯粹是理念和意义,它们是我们定义里的任意构造。除了要与定义里我们自身体现出来的意图保持一致以外,似乎没有其他必要性。然而,这依旧是数学家的一个问题,关系到他的领域里能否发现新的某些(数学上的)对象。在他关于这些对象所作的陈述里,很可能出现误差——正如在微分函数的例子那样,他通常必须做实验、生产、等待结果和观察结果,跟化学家和天文学家所做的实验相差无几。此外,数学定律和数学计算结果原本是相互独立的,通常到最后以多种形式一起出现,从而得到更新、更出乎意料的值。如此,再一次地模拟了在物质世界的认识里所发生的事情。

在哲学领域里,康德第一个把实际的重要意义与效准等值地带入意识之中。他还总结了这个概念,为整体存在提供线索,当然,除了自在之物之外。他坚称,当我们处理当前理念以外的对象时,我们指的不是任何独立于认识的对象,而是

---

① 就我个人而言,我认为,关于神秘主义的论述是本书中最为有趣和具有启发性的部分。然而,关于评论的确定性还是有一些疑问。能不能说,神秘主义完全从与我们有限体验对反差的角度来定义存在呢? 是不是神秘主义没有专门从我们的现存经验的一部分来给存在下定义呢? 也就是说,表象直接性的部分并不要求全部"有限"经验的虚幻性,而是要求对象的虚幻性,"而非表象直接性的虚幻性,因此也要求收回或者否定这些外在因素"?

可能的经验对象。因此，理念的价值，理念所必须具有的一致，不由独立于理念外的内容决定，而是由体验的经验对象的确定可能性决定。这种经验对象可以让我们的理念变得真实、有效，例如一些关于地球内部的液态或固态条件的问题，关于无法直接观测到的月球部分的状态问题等等。这样，存在的整个问题就成了理念的效准问题，而不是现存的、意识以外的对象性质问题。

248

就像已经说过的那样，罗伊斯教授"就目前而言"赋予了这个概念价值（第251页）。尽管如此，他认为，这样的效准，或者说纯粹的效准，是无效的。理念必须是直接履行，才能达到完全的、确定的真实。理念必须被切实体验，才能成为真正的"可能"。问题演变成这样：效准，终究是一个有歧义的术语（第261和268页）。一方面，总有一些切实的、现存的体验是存在的。即使是在数学领域里，也不能仅仅依靠推理，还必须在内部构造、可观察到的符号、图标等方面具有经验上的认识能力；此外，还要有一定程度发展的实际课程。这一点在我们解释实际情况时是正确的。但是，另一方面，有效的可能体验的范围在我看来，比实际的人类体验更为广泛（第259页）。数学家径直宣告，对象的无限并不真实存在，却是有效的。即使在商业世界里存在着无限的、有效的可能性，例如破产或失败的投资，这些可能性并不会立即被人们发现，事实上，人们也故意不去发现。①

在了解一艘船的情况下，你可以称它为想象的虚构，除非对你来说，它具有比你曾经直接验证过更多的存在，即使是仅作为可能体验里的一个有效对象（第258页）。因而，效准的第二个意义就是自然界、社会生活界、数学真值界具有一个不经试验、不彻底的特征。总之，一方面是有效生活，出现于个体经验之中；另一方面是普遍的、形式的，仅仅是一般的定律。第一层意思具有从经验中来的优势，但又有仅仅是"瞬间的生物"的劣势，是有限的、局部的情况。第二层意思具有永恒、无限和无尽的优势，但它又仅仅是可能的，不是实际的。那么，如何排除歧义呢？很清楚，在存在的概念中，效准的意义将会排除歧义，这些偏向概念的相对优势将会合并成一个和谐的、详尽的个体。

249

---

① 在这些例子里，我们希望为自己选择可靠的收入，而宁愿把破产之类的体验留给上帝，这么说并非不敬。既然这些都是"有效的可能"，罗伊斯教授的论点便是它们不应该只停留在纯粹的可能上，而应该被履行。拒绝履行，也就意味着我们失去了提出从第三个概念过渡到第四个概念的论点的勇气。

我稍后会给出原因：为什么我在这里必须用不长的篇幅来阐述罗伊斯先生从"体验的可能"前进到"以整体的形式出现的个体生活……；事实体系，任何意图的履行，任何有限理念，对它自身的意义是真实的，断断续续地体现着生活。这种生活是一种完整的意愿，也是一种完全的体验，与任何一个有限理念的意愿和体验相一致"（第341页）。目前，我必须假定采取这一步，并记录下此类存在更多的特征。

首先，它为我们解决了内在关系和外在意义的整个问题。一方面，对象可以没有由理念本身的意义或者目的预先决定的必要特征。这里的理念必须是指对象，也必须决定它本身和它的对象之间所需的对应的类型。因为对应随着讨论目的的变化而变化，有时它需要复制或临摹，在另外的一些时候又不需要。即使当它需要的时候，也只是因为理念本身开始变成复制理念的种类。但是，另一方面，既然认识需要努力，既然出现误差是可能的，那么，内在意义并不能精确地预先决定对象，外在意义也就成为必需了。解决问题的方法，就是认识到我们的理念是目的的有限的、局部的履行。正如*履行*，理念预先决定了它们自身的对象；然而，理念本身含糊、抽象又不确定，它并不完全清楚它自己的目的。为了得到完整的意义、目的或意图的个体，理念必须为它的"其他"而努力。但是，如今看来并没有纯粹的外在"其他"，那只是要让理念真正有效、充足和确定所需要的东西（第300—311页，第320—335页）。因此，真正的存在仅仅是指在这个存在里面的理念、内在意义和对象，外在意义不再分离；但是，理念是彻底的个体，而对象是有意义的。

其次，这样的存在是统一的。任何有效的理念必须在意识上是一个体验过的实际。因此，即使我们假定意识的有限形式是分离的，这个真实有效的理念也意味着它们全部存在于一个单一的意识中。这个意识了解它们全部，也了解它们互相之间的排他性。"出现在单一自我意识认识者的认识里的东西"（第400页）。这个抽象的逻辑命题被物质和经验的心理统一性——已知世界的统一性、经验认识者的统一性——增强了。

再者，这个统一性并不会破坏有限理念的多样性。每一个理念或者意义都是一个目的，同样的，又是一个意愿，或者说是意愿的行为。尽管是不完整的，但只要是理性的，都已经体现了一个目的。完整的或完美的实际，只能是这些相同的意义或者意愿的一个彻底的、分别的实现。每个理念意味着，或者渴望着它本身独一无二的实现，这就是它的个性——以无可替代的形式出现的经验。[①] 没有任何东西可以取代它的位置。绝对，是我们所有目的完全实现的部分履行。除了保存、呈现所有的意愿和个性，它还能够怎么做呢？每个生活的意义都是独一无二的，并且独一无二地保留在绝对之中。这正是*活动*在伦理常识中的意义。你自己代表了这个目的，这就是活动。在你的意义中，在你的目的中，你就是你自己，独一无二的个体，那就是自由（第 468、469 页）。那么，这就是存在概括的最后定义。

我曾经说过，为了节省时间，把对罗伊斯先生理论的阐述和评论结合起来是一个便利的方法，虽然他对于"体验的可能性"理论的评论传承到了他自己的理论身上。现在我回到那一点上。就我所能说明的范围，罗伊斯先生归结于效准概念上的歧义，切实的、部分的体验和无限的但仅仅是可能的体验之间的对比，在被评论的理论里并不是固有的，而是由罗伊斯先生对它作出的两个不同的、很不一致的陈述而来。如果他自己的这个歧义可以消除，那么，当然，他自己的理论也可能会具有说服力。然而，如果还是依赖于原来的方法，它就不能成功地消除歧义。

这两个不同的陈述是什么呢？一方面，该理论被认为是局限于"纯粹的可能"、"经验上有效的普遍原理"之中。它"试图有意地把实在定义为明确的、仅仅是普遍性的"（第 240 页和 241 页），它的实体"仅仅是或多或少有效和持久的理念"（第 243 页）。在定义经验的可能性时，它"只告诉你纯粹抽象的普遍性"（第 269 页）。如果我们把（我们也必须把）内在意义与普遍性、经验上的体验对象与内在意义区别开来，那么，我们就可以说，这个理论把"内在对立面和外在对立面看成是最终有效的"（第 288 页）。它"仅把实在当成是一个抽象的普遍性"（第 290 页），"因此，关于对象的一切定义只是该理论纯粹的*实质*"（第 357 页）。

然而，在其余情形下，我们已经清楚地表示过，理念的效准取决于经验。在体验中，从经验上验证该理念。也就是说，理念，作为单纯的理念，并不能是有效的。有效的理念和可能的经验意思并不相同，但感觉经验的可能是决定的理念效准的测验。此外，这个可能，目前只是作为一个*纯粹的、必须*与切实经验的内

---

① 篇幅局限，我只好删去关于个性的有趣论述，甚至也删去了在对象之中，依赖于目的或者意愿的个性。

容相关的可能。毫无疑问，它必须是真实的、完整的现存体验的意义。康德的整体论点就是你无法画出一条分界线，然后说在这边的是切实的，在那边的是可能的。如果说地球是液态的理念是有效的，这是因为存在着某些物质的缘故。这些物质以实在地直接呈现在我们面前，并要求这个理念必须是它自身意义的一部分。这仅仅是现存的一个构造而已，而反过来，从这样的构造中分离出来的现状是毫无意义的。那个就是，当理念效准的检验和"我们根据现象综合的原则得到的感知"（此处文字由我设置为斜体字①）联系起来的时候，罗伊斯先生从康德（第237页）那里引出例子。在此之外，当罗伊斯教授说到（第245页）未体验过的存在的唯一依据，是事实的体验给予我们超过它们自身的、用来解读它们自身的可能体验。这还是一个认识问题，即认识我们"现存的体验是与整个有效体验或可能体验的领域背景混合在一起的"（第248页，此处文字由我设置为斜体字。同见第242页底部及第243页开头；从第254—256页可以看出，即使是数学理念，要成为有效的，需要直接的呈现）。

252

　　这两个观点哪一个更真实地表达了康德的精神，似乎没有什么疑问。实际上，当有人发现"试图把实在定义为明确的、仅仅是普遍性的"与康德的名字联系起来的时候，都不禁要揉一揉眼睛。这个观点很明显，是与批判理性主义不同的理性主义。批判理性主义的康德，他主张思想本身是空洞的，只能产生一致性，是无法带来效准的。罗伊斯教授混淆了康德已经小心区分开了的三个概念，然后依据这种混淆蔑视被讨论的理论，而且还用它来为自己的解决方案提供条件。这个三个概念是：(1)"实在"（当然是感官意义上的实在，罗伊斯先生孤立地看待它）。实在是由思考和间接设想决定的——就目前来说，来自于康德对实在的定义：实在仅仅是普遍的、可能的。(2)"有效或真实的理念"。这里，当然，他整体的观点是说真正的理念并不是大于它的存在的纯粹的理念。它与实在不同的地方，在于它并不是被直接体验的；它与纯粹的思考不同的，是它可以在可能的体验里直接地呈现出来，而我们有理由假定存在着这种体验。(3)因而，"可能的体验"是存在的——用于检验理念。既然是可能的，它既不同于实在，也不同于有效的理念。根据此类理念，是无法给它下定义的，因为它必须与直接经验的内容联系起来（在第247页有一段正确的表述：经验为事实提供依据）。然而，罗伊斯

253

---

① 杜威在书中设定的斜体字，在中文版中改为楷体字。——译者

教授把这三个概念当成是意义相近的概念。①除了这一点以外,他无法提供根据来对比直接但不完整的效准与普遍的、理想的但有限的②效准。他同样也无法提供根据来说明他自己关于真正有效的理念是一种生活体验的积极构想。既然他混淆了这三个概念,那么,他得出这样的结论也就不足为奇了:"所有的效准,作为不完整的普遍概念,都需要另一个效准来完整它的最终意义。"(第341页)

因此,我不得不作出结论:罗伊斯先生的理论尽管提供了"效准"理论必需的补充,但仍然只能算作一个详细阐述的误读。这样的评论并不能说是破坏性的。尽管如此,具有启发性的是:**罗伊斯先生的概念正需要这种振荡来赋予它意义。**从某一角度来说,我们的出发点不是理念,也不是普遍性,而是切实、直接的体验。但是,为了不被当成是有限的、不完整的,为了要求无限的、彻底的对比,这个出发点必须与普遍性、可能性作对比。现在,另一面开始参与进来了;如果这些可能性只是普遍性、可能性的话,那么,当它们的概念判定我们目前的体验具有局限性的时候,这个概念就无法提供依据来证明实际是一种无限的体验了。接下来,场景换到另一幕。现在,我们的体验,仅仅是普遍的、抽象的,仅仅是不确定的;因此,与它作对比的(在此前只有可能性、抽象性)就是切实的、直接的、个体的体验。

罗伊斯教授的论点正处于这种困境之中。除非他能找到一些有利的东西来说明理念,来说明我们的体验,否则要从理念或体验来定义绝对是没有根据的。

---

① 因此,在第248页,"整体的经验"等同于"真实的领域",并且都具有"有效的组成"。"有效的"领域和"可能的"经验的领域是等同的。第259页的内容为我们阐述了"有效的可能经验"。在第236页第一段,我们接触到了"可能经验的对象"(3);在下一段,接触到了"经验具有必须的组成部分"(1);在第239页第一段,全是有关"经验上的有效真实"的内容(2)。在第241页,"物质"、"起因"被作为例子来说明康德的"经验对象"(1),并且它们也是"经验上的有效性的普遍事实"。

② 这里已经没有篇幅让我把论点好好说明了,但是,我想请读者们仔细阅读有关"普遍和特定的判断"的论述(第275—290页),并看看在这些理念的处理中是不是没有相同的歧义。有时候,普遍性是作为抽象、可能、理想构造或推理出现的。这种推理虽然不是真实的,也就是不存在于经验中的,但它也具有作为通过消除可能性来消除不确定性的工具的价值(例如第277—279页)。在其他时候,它是作为我们切实存在的、理念的直接经验出现的。因为是有限的、不完整的,所以它也是不确定的(例如第292页、第295页。当普遍性等同于"内在意义"的时候,它就需要一个"其他"。"内在意义"是真实经验的,但也是"有限的"、"不完整的")。当然,特定的判断都经过了类似的转换。在一段时间里,特定的判断把对象里的存在看成是"外在的"。因此,它们很自然把纯粹的抽象普遍性或理想的构造具体化了。然而,既然"普遍性"是我们现存的,那么,不完整的、内在的意义和特定的判断就作为理想的可能性出现。这些可能性如果实现,将会给我们有限的现存意义带来彻底性和无限性。

因此,有时候,即使在我们面前,他也坚持真正有效的理念是出现在直接体验中的。这个观点的中心意思出现在第 422 页,在那里,他谈到"是全体而非局部,是现存而非我们意识中统一的缺乏,引导着我们去获得一个正面的看法,这个看法告诉我们存在的统一是如何获得的"。在第 424 页,在作者告诉我们有关"绝对统一的形式,引导我们的无可避免地是在我们的过渡意识中的经验的统一"的那里,还有这方面的阐述。当这个必需的同质或共同在头脑中的时候(用于清楚地描述绝对完全是经验或意识时是必需的),效准是指现存的切实体验。在这点上,它必须是对于我们来说的,而不是对于绝对来说的。因此,我们就侧重于康德关于实际的解读。但是,在另一方面,我们必须对我们的理念、我们的体验保持相当的怀疑。否则,我们就无法从根本上区别不完整的、有限的等等的"意识"和无限的或完整的"意识"。否则,我们将会从康德主义开始,也从康德主义结束;从作为一个有机体系的体验开始,也从有机体系的体验结束。因此,就有必要把我们的体验和理念(在前面的部分被定义为直接现实或现存目的)理解为纯粹的意义、不确定的普遍性,也因此需要用无限的体验来履行它们。主要矛盾在于此:(1)我们的体验是被履行的意义或目的。既然实际没有办法从体验中脱离——那么,绝对实际就是被履行的意义。(2)但是,我们的目的只是部分和不足地,仅仅是普遍或不确定地被履行。但是,既然在体验中,绝对的现实就是被履行的意义,它必须是彻底地、永久地履行。绝对立即充足地、完全地体验了一切,这一切是我们试图一点一滴地、连续地、以歪曲的方式来体验的。我评论的要点,就在于该论点由(1)、(2)两条主张之一来决定。它们无法并存又不互相破坏。只看第(1)条,你就会把体验的体系看成绝对;只看第(2)条,你就什么都看不出来。这里我无意冒犯,罗伊斯先生在"有限的"体验上举棋不定。他想为他提出的绝对建立经验的、有重要意义的特征,这一点已经足够好了。但是,当他想赋予他提出的绝对包括一切的、单一的、彻底的特征,我们的有限意识就会处于一种无法证明任何结论的状态。事实上,在这种状态里,连解决它自身本质的问题——纯粹的模糊普遍性、不确定的可能性等等——都没有办法。

从更积极的角度看待这一问题:如果我们的体验为我们提供充足的理由来思考无限、完美的有效理念,那么,我们在这个无限里面就不仅仅是局部或者部分了。我们和它的对比,正如有限与无限的、局部和整体的、连续和断续的,以一种有组织而又深入的方式相互矛盾着。如果是这种情况,我们并不需要绝对的

255

定义,这个定义使绝对成为我们想要的一切却又无法实现,我们意谓的一切却又无法表达。我们需要的是对斗争、失望、改变、局限意识的实际重新思考。这样的思考将会告诉它们:它是有意义、有价值、有帮助的,正如它们为我们所体验的那样(不是被作为绝对的某物)。反过来说,如果我们的意义和实现都不是出现在我们面前,而是出现在绝对面前,我们是局部的、有限的,那么,本质将会赶走绝对,或者赶走斗争。让我们享受食物、享受美酒、享受婚姻吧!让我们把短暂一生里的快乐都收集起来,因为那些严肃的意义,只有绝对才知道它们的意义。那些认真的奋斗,只有绝对才体验过它们的实现——既然他是绝对,那么,在任何情况下,我们都不能抢走他的那些东西,他也不会吝惜给予我们这些乐趣。当我们匆匆走过,我们可以攫取这些乐趣。在很久以前,欧玛尔·海亚姆(Omar Khayya'm)①就已经懂得这个哲学了。

罗伊斯教授已经展示了他勇于怀疑的能力。他曾经表示,只有通过怀疑才能发现真相。但是,他却似乎从来没有质疑过"有限"、"局部"、"飞行瞬间"的康德方式。这是一个积极的、固定的基准。他通过这个基准,建立了他关于真实的或绝对的存在的整体概念——为了完全依照这个基准,他不得不把它同意义、目的、实现之类的性质结合起来。这些性质是和严格的限度相矛盾的,并且需要重新解读。

我似乎没有必要在结尾部分这么说:一个人很有可能从不信服作者的手法,到认识了他的作品所涉及的范围和具有的力量,再到最后仰慕,甚至嫉妒作者安排观点、把观点呈现给读者的技巧,因此他很可能从根本上不同意作者的结论。在我们面前的这本书,连同该作者的《上帝的概念》(Conleption of God),在近期的哲学思潮中,只有布拉德利先生(Bradley)的《表象与真相》(Appearance and Reality)可以与之相比。这本书具有许多明显的、令人称羡的优点,它们能够确保任何有能力的读者可以正确地理解。如果不是这样的话,我就会因为某些局限性而遗憾地只能一窥罗伊斯先生论点的梗概了。与此同时,为了真正见识罗伊斯先生的手法而下一些苦功,就是对他的作品重要性的赞扬——就我看来,这是最高规格的赞扬了。

---

① 欧玛尔·海亚姆,波斯天文学家。他有两件事为受过良好教育的近代人所了解,其一,他是个建帐篷的人,这就是"伽亚漠"的意思;其二,他写过优雅的四行诗。他还是一个有天赋的学者,大半生靠年金过活。他最引人注目的功绩是在1074年修改了穆斯林历,并编写了适合天文现象特点的书。

教育现状

前　言

在接下来的论文部分里，我尝试着说明教育的现状，因为它在我们教育系统的三个典型组成部分里显露出来了。为此，我修改了原先为三个不同部分而准备的论文，也就是国家教育协会的学监部分、隶属芝加哥大学的中等学校会议、哈佛大学教师协会。如果接下来的论文给读者的感觉是一种杂乱的文集而不是一个有机的整体，那么，我多次反复说明把一个单一的社会哲学、单一的教育哲学运用到一个单一的表面上形式多样化的问题是个尝试，也就不再具有意义了。然而，或许我可以说，在每一个情况中，我都尽力地用两方面的关系来解释学校组织中的个体：与过去的关系，过去决定它的现状和形式；和目前的关系，目前决定它的目标和结果——它的理想境界和实现目标过程的失败和成功。学校比任何一个社会机构更能体现与过去和将来的关系。它的现状是对过去的反思和对未来的预测。如果我们注意一下，这是由与学校有关的脑力工作的强度和对教育的兴趣所决定的。

1.

关于初等学校^①

① 首次发表的题目是《关于课程学习的现状》(*The Situation as Regards the Course of Study*)，载于《学校期刊》，第 62 期(1901 年)，第 421—423、445—446、454、469—471 页；也发表于《教育评论》，第 22 期(1901 年)，第 26—49 页，以及《美国教育协会科研论文集和演讲》，1901 年，第 332—348 页。

260   霍勒斯·曼和裴斯泰洛齐的追随者做了独特的传教士工作。他们的工作很全面很灵活，使那些保守党派人士陷入绝境。之后的半个世纪里，道德情感、一大堆的规劝、现行的公式和醒目词在进步中可以看到理论的原理，也就是大家所认为的改革。自我活动的至高无上，各种能力的对称发展，知识的优先性特征，实物先于符号，具体先于抽象的必要性，遵循大自然的秩序而不是人类习俗秩序的必要性，所有这些观念在改革的一开始就已经慢慢地渗透到教育意识里，并且成为教育学写作和集会最常见的话题了。教师可以在此找到灵感和告诫。

    然而，相当明显的是，尽管改革者掌控着理论领域、热情和传教，就目前的学习而言，保守人士在实践领域固守着他们相当顽固的思想。由于他的工作实际上大部分是毫无进展的，他可以忽视这些说法，而且对陈旧的口号进行诡辩和反复的强调。他掌握着对学校情况的控制权，也是他带来理论和学生的最终和实际的联系。当理想和理论最终在课堂里被他们的工作表达出来的时候，他作为一个保守人士，真正希望和实践的与他工作之间的差别是非常巨大的。因此，他

261 们带着相互的满足感进行着这个"巨大的斗争"。每一方在自己的领域里都取得胜利。改革者所取得的进展并不是在课程领域，而是在学校工作的方法和氛围的领域。

然而,在过去的20年或者25年里,在研究对象和研究方法上,人们做了更多的尝试,将理论付诸有效的执行。从理论本身来说,在理论不断转换的过程中出现无意识的伪善。他们自我欺骗地使用理论,仅仅是为了给那些机械化的、本身有很多分歧的学校常规带去理想化的情感光环。这些伪善和自我欺骗越发显得有些明显。因此,改变学校具体材料和学校研究对象所做出的努力,是为了设定一个所谓在学校范围之内和在学生身上可以实现的目标和立足点。

美术、音乐、去野外远足和在校园里的自然学习,手工训练,幼儿园具有建设性活动的继续,故事、寓言、自传、戏剧情节和英雄人物的纪念日,所有这些东西都进入了课堂。它们声称,我们是它们的工作搭档,共同遵循自然规律;保护学生的全面发展;把实物置于符号之前,等等。原先对于教育学原理领域和理想的兴趣,转移到被这些原理和理想所影响的学生身上。教育学规则的重要性减弱了,而学生现有的经验得到更多的重视。

对学生解放的这种信念,超越了对于教育理论家的解放。这种信念广泛传播,它的实现指日可待。显然,我们要做的就是把一些错误的思想排挤出去,然后等待其他观念在事物发展过程中自然消亡;这样,我们期待已久的教育改革就能够实现。

这件事情并没有这么简单。保守派人士依然存在。他不仅在课堂里扮演着教师的角色,而且还是教育董事会的一分子。这是因为,他仍然存在于家长的心目中,仍然拥有和控制着知识界和社会群体的道德标准和期望。我们逐渐意识到,教育改革只是整个社会总体修正中的一个方面而已。

然而,一些不良现象开始显现出来:学业任务不确定地增加着;教师和学生的体力和脑力超负荷地工作,导致课堂任务繁多;学生和教师对于目标和努力的分散和分心。过度的精神兴奋和紧张,经常取代原来枯燥和沉闷的学校常规。在每个社区里,大家都在抱怨学习效率的低下,脑力训练的认真程度下降。这些异议绝非无的放矢。只要看看下面的事实便足以说明问题之所在了:异议普遍存在,这些新的研习经常被看作异想天开和矫揉造作;在课程中,这些研习只具有表面的、机械性的地位。全国许多城市都把目光瞄准了士气。当危机以社区的财政紧收和学校的商业行为形式出现时,新的教育大厦经常倒闭。也许这个大厦并不是全部建立在沙子上的,但无论如何,它决不是建立在岩石上的。纳税人发表意见,而那些反映儿童对称发展的研究,以及那些主张对儿童教育要由具体而抽象的研究，则走向衰退。

对于那些相信进步、相信改革、相信新目标的人来说，他们很乐意把这些反动归结于这个顽固的一代，当他们看到好的利益的时候，他们可以任性地拒绝去接纳这些利益。把这种行为看成是野蛮人的行为是适当的，因为他们只对使前进的动力停止感兴趣。然而，最简单的事实是：教育是美国人毫无保留地相信和尽力去做的事情。有时候，事实上，我常常认为，在多变、混乱的美国社会和道德派别中，教育的必要性是唯一不存在争议的观念。如果美国公众在关键时刻不能支持那些刚刚进入教育界的人，那是因为，这些人本来还没成为整个教育的一个有机部分，否则不可能被排挤；他们并没有真正地融入教育运动统一体中，否则也不会被阻止。他们仍然只是插入者和附加物而已。

我们再来看看新的科目被引入课程的浪潮。有人觉得，他（现在更经常用的是她）所在城镇的教育系统落后于时代的发展。在教育方面所取得的进步有很多的传闻：某些新的重要的方法被引进；教育被它本身在大肆改革着；学校主管人，或者教育董事会的成员，变得有些不安；教育可以由个人或者俱乐部来掌管；学校教育系统的管理者开始有压力；写信给报社；主编本身更喜欢使用他的力量来推动发展；社论开始出现；最终学校董事会规定，可以在某日或者某日过后一个新的学科——不管是自然学科、工业美术、烹饪、手工训练，或者是任何其他形式——在公立学校教授。胜利获得了，除了那些压力过重或者心烦意乱的教师，每个人都互相祝贺采取了这么进步的措施。

下一年，或者下个月，有人要大声疾呼说儿童不用再像以前那样读、写、算；由于没有掌握必要的学习工具，高年级学生或者高中学生无法完成必要的课业。有人告诉我们说，他们还没有为商业做好准备，因为他们的拼写能力很差，他们的加乘法很慢、很不准确，他们的书法随心所欲、毫无法度。一些热心人士在学校布告栏里提议此事；报纸上也开始出现此类的报告；调查开始了；布告提议必须给学生在基本的读、写、算方面更多的训练。

还有，在过去的一两年里，有很多迹象表明，旧的传统的学科不能被忽视。在很长一段时间内，如前所述，保守派人士很乐意退出知识界和情感领域、理论和理想领域，让位给改革者。他很满意，因为他毕竟还掌控着所有的行动。但是，现在又有另外一种态度的迹象；可以说，保守派人士开始自我意识到知识和道德。他声称，在他的保守主义里，他代表的不只是过时的习俗和传统。他声称,他代表工作的真实性,代表稳定性,代表彻底性,代表单一的目标,代表机构的集中性,代表一个可行的简易性。他在积极寻找改革者。他正在询问个人和智力训练的保证、控制的力量和工作能力。他正在询问,教师和儿童在课业可能增加的情况下找不到方向是否会带来某种危险。他正在询问必要的休闲,为了让知识消化,为了接下来更好地发展。他正在询问,为了引起兴趣和爱好而把特征一体化,而这些兴趣和爱好并未带来实质性的结果,这是否会带来某种危险。这些并不仅仅关乎学校程序或者形式学科的安排,而是关乎知识和道德成果的基础问题。进而,近来的一些杂志似乎说明,至少有少许的改革者开始退却;他们显然在困惑新型的儿童会不会是"弗兰肯斯坦"(Frankenstein)①式的人——反过来摧毁创造者。他们看起来好像要说:"也许我们处于走得过快过远的危险中,我们所关心的事物的界限是什么? 在哪里?"

虽然我的概述不完整,没办法覆盖整个细节,然而还是希望它符合逻辑。从这些连续的报告中会产生什么? 它们意味着什么? 这是否不足以说明我们处于一个形成发展的阶段而不是定型的阶段? 历史表明,我们缺乏学术组织,我们对任何这样一个组织的影响因素正在不断加强认识。从这点上来说,从理论出发,传统课程的追随者能重新坚持己见是一件值得庆贺的事情。这表明了,我们正在从一个现实挣扎的阶段过渡到一个知识诠释和调整的阶段。然而,我们并没有教育标准的意识,通过这种标准,我们可以检验和认识每个热心的要求者。我们有很多的理由来支持或反对这个或那个研究,但却是没理性的。由于没有经验的集合统一,每个学科分支与这个集合统一的关系不确定,因此,我们没有判断和决定的标准。我们让步于目前的压力和要求,一方面是对进步发展的本能,一方面是人的惰性。每一次进步的结果,不管是自然学科或是拼音法的进步,不管是美术或是算术方面的进步,不管是手工训练或是书法方面的进步,都被看成是孤立而又独立的。正是由于这种分隔,这种缺乏实质的统一,才导致了现在的困惑和争论,而这又成为教育现状的显著特点。缺乏统一的哲学,我们就不具备产生关系的基础,我们的论述变得支离破碎和经验主义,完全受外界环境的

————

① 《弗兰肯斯坦》是英国诗人雪莱的妻子玛丽·雪莱创作的科幻小说。"弗兰肯斯坦"是小说中那个疯狂科学家的名字,他用很多碎尸块拼接成一个"人",并用闪电将其激活。"弗兰肯斯坦"后来用以指代"顽固的人"或"人形怪物",以及"脱离控制的创造物"等。——译者

控制。

学科课程中所出现的问题,实际上是存在于我们生活组织里各个范围更大的、更紧迫的问题的一部分。我们拥有过时陈旧的方法和标准;我们面临着新的办法、新的手段;我们困惑于众多新产生的机会。我们今日的困难并不是来自方法的缺少或低劣,而是来自超越我们目前使用和管理能力的各种各样的方法。我们已经逃离惯例和传统;我们还没有完全掌控目前的一切。统一、组织和融洽是生活各个方面——政治、经济、科学——的要求。教育在转换过程中产生困惑,要求重组,这是一种鼓励的源泉而不是失望的来源。它证明了,学校是如何与整个现代生活的进步融为一体的。

因此,现状并不是所谓的旧教育与新教育之间的冲突。在某些过时的地理学领域里,已经不存在任何旧的教育了,也不存在确切的、最重要的新教育。我们所拥有的是某些至关重要的趋势,这些趋势必须结合起来;每种趋势代表现实的一个阶段,并且促进着效率的提高。但是,由于缺乏组织,由于缺乏组织可以依赖的统一见识,这些趋势多种多样且非常分散。更多的时候,我们只是机械化地把它们结合起来和非理性地加以折衷。那些更重要的预言,常常来自对它们彼此冲突产生的困惑。我们一直在新瓶装旧酒,那些之前被预测过的趋势又变成旧的了。

认识到目前的情况并不是新旧教育之间的全面对抗。在共同的情境下,对某些重要因素进行合作性的调整,就是要放弃党派性偏见。现在,我们应该放弃相互斥责和自负,寻找一种更为全面的目标而不是那种分散而不统一的目标。要预测这个研究最终的准确结果是不可能的,只有时间能够告诉我们答案。然而,我们首先要做的,不是以一个党派人士的身份,而是以一个学生的身份来研究目前的情况;在分析了目前最重要的因素后,仔细思考是什么引起它们之间这种相互抵抗的竞争状态而不是友好的合作。

问题是:为什么新的学科,如美术、音乐、自然科学、手工训练与旧的学科会彼此冲突而不是彼此加强呢?为什么实质性的问题都无非是表面上的合并或是机械化的折衷呢?为什么对于相互冲突的因素彼此排挤,对局部环境和临时反动的压力没有采取调整呢?

我相信,寻找这些问题的答案是进一步深入了解的必要前提。我们的学科大致分为两种:一种代表着学术生活的象征,是文明本身的手段;另一种是某个

266

正在接受教育的人直接、当下的能力的体现。历史充分表明,前者代表的是传统教育,后者是改革者所做的努力。从本质上说,假设这两种学科之间有任何根本性的,甚至细微的对立,那是没有任何理论上的根据的。这种假设意味着文化进步的要求与个人发展的要求会产生实质性的矛盾,意味着社会赖以存在的机构与个人经验深入和扩展的形式产生冲突。除非我们愿意让步于生活结构中存在的根本性冲突,否则,必须坚持目前的争论仅仅是局部和暂时情况的结果。

对于这类冲突的解决,我提供以下建议:

那些在很长一段时间之内能够体现教育的目的和内容的、象征性的正式学科,那些创造出管理和教学机制的学科,要进行充分的自我调适。这些机制构成了实际工作中管理和教学的体制。在这些学科已经失去理论上至高无上的位置时,那些适合它们的条件在很长一段时间还存在着。这些冲突、困惑、折衷并不是本质上存在于新旧两种学科群之中,而是存在于旧的学科得以实现的外部条件与新的学科的目标和标准之间。

我们很容易把学校组织和管理机制看成与教育目标和理想没有多大的关系。我们认为,学生的分班学习、年级的编排、学习课程的制定和实施所参考的机制和方法,教师的挑选及其任务的安排、薪酬和晋升的机制,这些只是出于实际的权宜之计。我们忽视了,正是这些控制着整个系统,即使只是带来某些特殊的教育效应。不管已经被认同的规则和理论是什么,不管学校董事会的规定是什么,不管学校主管人的指令是什么,教育的实际情况是基于教师与儿童之间面对面的接触。那些调节和支持这种接触的情况,主宰着教育的现状。

单是在这种接触中,我们就可以洞悉教育现状。不正视这种接触就是无知,是自我欺骗。正是在这种接触中,所有书本上的课业学习才得以实现。目前,决定儿童与儿童、儿童与教师之间接触的现状,从总体上说,是对在实践上毋庸置疑的 3R 占据主导地位时期的复活。它们的有效性,来自能够意识到那种教育形式的目标和结果。它们不去关注较新学科的目的。因此,我们并没有从新旧学科中获得很大的好处。它们的目的是相互协调的。如果学生只是被教导在阅读、写作、算术和综合科取得进步,那么,现状所拥有的优势就会消失,因为使用了一些不相关的材料并且**转移它们的立场**。新学科并没有机会来表现它们自己,它们遭到某些机制的阻碍,而这些机制是为其他目的设置的;它们没有自己独特的机构设置。诚然,这种冲突存在着,值得惊叹的是:这种混乱实际上并没有那么严重，而且，我们正在保护着实际已经产生的积极结果。

让我们把构成冲突的因素一个个来加以分析，以更加细致的方法来研究这种冲突。在学校工作机构方面，我第一次提到每个班级的学生数。这个数字在实行分级的学校是从 35 个到 60 个。这很难说是一个很理想的情况，即使是要从阅读、写作、算术、地理和历史方面取得均衡的进步。但是，比起巩固 50 个学生中每一个学生在体能、智力、道德、审美的均匀和全面的能力发展，它肯定能更好地巩固这些进步。从后者的目标出发，差异之大，以致现状要么荒谬，要么是个悲剧。在这种情况下，我们还如何继续宣称个人的全面发展是教育努力的最终目标呢？除了一些在这种条件下冒出来的天才，学校机构和环境迫使学校工作变得更加机械化，以承载更重要的目标。

当我们把考虑的对象从特定年级的儿童数转移到年级的安排，我们也会得出同样的结果。不同年级的独立分布，每个学年都有特定的范围要覆盖，每个年级仅有一个教师的安排，同一个教师年复一年地被限制于同一个年级，除非她被"升迁"到更高的年级，所有的这些都造成了一种孤立。我暂且不说良好的工作效益，这种孤立对于那些有效地支配品格和能力的持续性发展来说具有摧毁性。儿童发展的统一性和全面性，必须要求有相应统一和持续的学校环境。任何分割学校环境、使学校环境孤立的行为，必然对处于教育发展的学生产生不好的影响。

然而，或许我们应该承认这些条件，虽然被认为和学校目标有着同样的重要性，但是却和课业学习、教学使用的教材几乎没什么关系。只要稍加反思，我们就知道学习的材料必然受到严重的影响。这种环境迫使学生做同样的事情，迫使他们在一个群体中领先，这就使得我们必须去关注这样的一种学习：不需要太多个人的积极性、判断或探究，就可以成功地获得某种特定的结果。新学科价值取决于个人的占有、消化和表现，而对新学科必要的关注却是偶然和肤浅的。这样的结果通常是令人不满意的，常常要承担那些不良后果的责任；我们没办法追溯到产生这种结果的当时环境和条件。大体上，它是对这些学习活力的一种表明，表明在这样一个环境中，结果并没有那么糟糕。

除非教师有机会从整体上研究教育过程，而不是把它分为 8 部分、12 部分，或者 16 部分进行研究，否则，他不可能有效地处理儿童全面发展过程中所遇到的问题。把对前景的展望限制在儿童在有限的一年时间内的发展，必将导致下面的两种结果：要么是教师的工作变得很机械，因为实际操作的工作被局限于一年内的工作，而且跟儿童发展的价值毫无关系；要么是儿童在生长过程中的一个短期阶段内停滞不前，这个阶段通常是儿童兴趣培养的阶段，它们被超出范围地夸大着。由于新的学科经常在过度的和引起轰动的呼吁中充当帮助者的角色，因此，它们必须为接下来出现的不良后果负责。实际上，困难在于对教师工作的孤立和限制，使他们没办法考虑到艺术、音乐、自然科学在儿童持续和全面发展中的重要性，因此问题就出现了。

这种统一和全面性必须引起人们的关注。由于没有以教师对整个学习过程的理解为基础，而他们本身在这个过程中又是一个有机的成员，那么就必须更加关注连续课程学习的外部条件和环境、外部监督和考试及升迁的机制。我们必须把各个连续的年级的组成部分有机地结合起来。督导、校长就是这方面可以依赖的人。并不是通过教师的意识对儿童产生影响，而是通过规定的方式来决定行为方式，不可避免的趋势就是对教材的组成部分加以关注；而这些教材又参与外部的活动和联合，从而给美术、音乐、手工训练带来深远的影响。它们自身重要的目标和精神被大打折扣，甚至让位于课程设计的必要性，这种课程设计具有年度之间相互衔接的特点。因此，它们放弃了自身独特的价值，在某种程度上，增加了教师和儿童学习常规学科的数量。它们本身没有自己的目标，只是增添了旧学科的负担。毫无疑问的是，当这个负担过重时，就有人要求它们应该被看成是教育系统的赘生物而被废弃掉。

从一个年级到另一个年级的提升，也会对课程学习产生同样的影响。从儿童的角度来说，我们所提及的孤立和外部条件的结合是来自教师方面的。精神性的事物很难接受以考试的名义出现的外部审查，也不接受定量的衡量。技术的熟练程度，技能和知识的掌握，并没有那么困难。因此，学校课程的传统学科再一次引起了人们的重视。对于3R、历史和自然的分类、音乐、美术、手工训练的技术方面的问题，可以进行机械化的处理。必然维持连续性和秩序——即使不是精神的秩序和方法，那么，至少也要维持外部环境的连续性和秩序。如果混乱无序，我们将会一无所得。在这点上，保守党派人士是完全正确的，他们坚持要保持已经建立起来的学校传统，把对学生能力的测试当成是升级的参考。然而，他们忽视了另外一种情况，即他们所抱怨的学生能力和能力测试的松散、混乱、模糊，这可能归因于新的学科本身，而不是来自他们操作环境的不合适。

我曾提及这样一个事实：目前，教师很难从整体上看待整个教育过程，因此相应地不能把各种各样的外部组成部分集合成一个整体。当我们考虑学习过程的方式时，也会得到同样的结果。学校董事会、学监，这些任课教师以外的力量，独自制订了课程安排；这一事实如此明显，无人不知，无人否认。然而，人们可以比较容易地隐藏它们巨大的重要性。教师毕竟是学校系统中真正的教育者，只要他们在学习过程中没有处于确定和权威的地位，那么对儿童们来说，课程设计便只能是由外部强加于他们身上的东西。[①]

学校董事会或学监可以指定学习过程，详细到具体说明每一年、每个学期、每个月要讲解的课本页数。它可以规定整数和分数，在教授过程中，让儿童熟悉这些。它可以直接或间接地规定美术中的具体形状，或者在烹饪课程中谈及要用到的食谱。毫无疑问，教师作为儿童生活和这些东西的联系者，他个人的经验在学习过程中将是次要的。但是，只要教师没有一定的发言权，对他们的关注就不会多，这进一步使得一般教师对所涉及的问题进行的研究将是偶然和次要的。如果他的工作只是执行分配给他的任务，那么，他的时间和精力将会集中在完成任务上。在教材的本质价值问题和儿童生长需求的适应问题上，他们将没有动机去培养重要且活跃的兴趣。他也许因行政命令的要求，或者出于环境的压力，

会成为教育学著作和期刊的专家；但是，外部环境不会要求他成为现实生活中最根本的教育问题方面的专家。

教师需要研究那些成功地执行所规定的教学问题的机制，他并不需要研究教学问题本身，或者它在教育上的意义。不用说，这个对于实际学习过程的影响，是强调给这些学科以及学科的状态更多的思想和时间，以完成所规定之事。3 R 再次被加强，新学科的技巧和程序方面更容易把那些赋予它们以深层的智力和道德意义的因素排挤出去。然而，因为学校必须改变它的单一性，必须拥有"兴趣"，必须多样化和再创造，这些学科就很容易成为介绍必要的兴趣和快乐的工具。那些明智的观察者可以深入表面看问题，但却没有认识到根本，从而轻估了这些学科。同时，3 R 的实际效率因增加了使用时间的新方法而受阻和降低，不论这些新方法是常规的，还是令人感到新奇的。

---

① 参见《学校中的孤立》(*Isolation in the School*)，埃拉·弗莱格·扬著，第 31—32 页和第 106—109 页。

可以很容易地说，教师目前所受的教育还不足以让人信赖他能在课程形成中发挥作用。我放弃了基本的问题——民主的问题——如果我们不把更多的责任加给教师，那么，我们是否能够保证儿童获得必需的教育。这种异议说明了目前学校教育过程中的另一个基本问题——从选择和任命上看待教师地位的问题。

真正的学习过程是从教师到儿童身上。儿童所接收的知识依赖于教师的思想和意识，依赖于他的思维方式。正是通过教师，儿童才能接受有意义、有价值的东西，甚至是教材的使用价值。教师对教材内容的理解程度是至关重要的，如果他的理解是充分的和全面的，那么，儿童同样能充分和全面地理解材料；如果他的理解是机械的、肤浅的和受限制的，那么，儿童的理解也是如此相对的限制。 *274* 如果上面的说法是正确的，如果教师不继续接受教育的话，那么，很明显，课业学习的大量扩展计划将是无效的。我并不是否认教师有能力去教育一个渴望接收新思想的学生；但从整体来说，教师在教学上的成功，学生在学习上的成功，取决于教师本身的知识装备。这个说法是毋庸置疑的。

把那些与教师个人文学欣赏无关的文学设置到课程学习中来，暂且不说对这个事实的判断是否正确，这种设置的出发点就是错误的。在某个城市的各个年级设置某一天应该用来自然学科方面的学习，这无疑会带来困惑和烦心。设想要求音乐和美术必须是课程学习中的一部分，而只是让学校董事会规定，在具有一定的基础上，学生的某些时间必须用于铅笔和纸张上，某些时间必须用于音乐方面，这种设想是荒唐可笑的（如果它不是悲剧性的）。没有一种魔力，可以把印刷在课本上的知识传递到儿童的意识里。如果教师在与儿童的关系上没有特定的价值标准，没有对儿童亲密的个人情感，对培养儿童相应的智力和情感态度的方式没有一定的概念，那么，学习就会变成他们的原状——转瞬即逝的娱乐、炫耀的方式或技术上的训练而已。

由于一般教师没有做好充足的准备，从这些新的科目中获得最好的结果，专门教师就出现了。然而，这种特别的教学法不是解决问题，而是转移问题。我们已经说过，问题是两面性的：不仅是学什么的问题，而且是**如何学**的问题。自然学科或艺术方面的教师可能较好地掌握到底要教什么知识，但是在特定的学科与学生的其他形式的经验之间的关系上理解不足，从而对学科与学生成长的关系理解不足。我们用"暴君"（King Stork）来替代"昏君"（King Log），就是一个例 *275*

子。由于过度专门化的教学模式，我们用一个充满活力但片面的教学取代了一种无知、肤浅的教学。专门教师，不管是手工训练方面的或者是其他科目的教师，没有教育哲学——也就是说，他的学科是整体中一部分的观念——就会孤立这种学科的学习，只是在自己学科的范围内教学。他的开始和结果，包括中间阶段用的材料和方法，都只是在手工训练的范围内。这也许会提供技术上的灵巧，但它（除少数情况下）不是教育。

这并不是对专门或者分科教学的攻击。相反，我已经指出，这种教学方式的产生完全是出于实际的需求。由于我们现在的绝大多数教师接受的是旧式教育，所谓的全面发展的教师在很大程度上是不可能存在的。那种设想通过让教师学习很多学科的知识以期培养全面发展的教师，也是错误的。首先，人类的能力是有限的。在设置分级的学校里，我们并不要求教师全面发展。他处于伟大的科学、工业、政治事业的最前沿，即使我们认为一般的教师可以掌握十门以及五门截然不同的学科知识，如果没有学术组织，没有对这些学科之间相互关系和与整个生活的关系独到的理解，没有能力在理解的基础上把这些学科的内容教授给学生，那么，我们仅仅只能给那些负荷过重、困惑的学生带来负荷过重、困惑的教师。总而言之，为了使新的学科的教学方法更加有效，不管是专家式的教师，还是全面发展的教师，除了有某个特定学科的专业知识外，还要求教师具备健全、坚定、系统化的心理倾向。那种认为在对学生教育的同时不需要对教师进行教育的想法，是十分可笑的。

教师的存在，使得名义上的学习过程成为现实。对于获得与他们相关的一些其他方面的问题，如果我想简单地涉及，那么，这个过程可能将是无止境的。然而，我们不能不注意到这个问题是政治问题，也是学术组织的一个问题。对于整个现状有一个全面的观察，必须考虑整体的社会环境和社会现实，而这个环境取决于能够提供给课堂教师的数量。如果学校教师的任命受到个人阴谋、政治协商的支配，或者受到那些想通过赞助来取得社区中某些权力的努力的支配，上面简要概括的对于候选者，对即将成为老师的那些人进行教育，可能在很大程度上是不起作用的。认为只要这些力量影响到那些直接作用于儿童生活所接收的东西，学习过程中就可以产生具有决定性的改革，这种想法是非理性的。

我们也不可能以更全面的观点对商业和政治改革的需求保持沉默。出版公司不仅影响着教材、仪器、课程自身表现的方式，而且直接影响着学习过程本身。

由于一些出版公司凑巧有那些使学习成功的书籍,新的学科便出现了。由于旧的学科背后还隐藏着既定的利益,那些应该被完全取代的旧的学科(如果新学科的引进具有某种逻辑)还被保留着。如果大型的学校系统可以摆脱源自这些课程的拥挤和纷扰,那么它就是恰当的。然而,还有一些人讨论他们乐意称作新教育和旧教育的相对价值,似乎这只是一个抽象和智力上的问题。

但是,我们无法进一步深入。如果我们能够认识到一些典型的标志,那就足够了。这些标志说明了,把学科的理论讨论或学科的实际效率与学术和社会条件分开来是不可能的,这些学术和社会条件一开始就是无关的。如果我们能够认识到学科的问题就是知识、生活、社会组织的问题,那就足够了。更直接的是,如果我们可以认识到目前学校管理计划中的某些情况深刻影响新学科、手工训练、艺术和自然科学学习所带来的结果,可以认识到不把这些情况加以考虑就来讨论后者的价值是可笑的,那就足够了。我再次提到我原先的提议:这些学科并没有它们自己的轨道,不会展示它们自己的力量,但是却受到学校组织的阻碍和妥协。这些学校机制是着眼于不同的目标而创立并发展起来的。真正的冲突不是来自 3 R 的某个学科组之间,也不是来自那些反映儿童自身成长的其他学科,而是来自那些所谓的目标和用来实现这些目标的手段之间的冲突。

然而,最普遍的想法刚好与此相反。大家普遍认为(不仅仅是大众思想,而且存在于那些与权威机构直接对话的人的思想中),两组学科在各自的目标和方法上,在对儿童智力态度的要求上,在来自教师各种各样的任务上,都是完全对立的。我们假设,在处理知识的形式和符号上,在通过机械训练掌握的学习上,在要求对学生关注和提供现有的满足程度上,两组学科都是有冲突的。这种设想的反对已经在最近的教育公文里清楚地体现出来。下面是我详细引用的:

> 关于教育,我们可以把能力分为两种:一种是行动能力,一种是思维能力。所谓行动能力,我指的是那些机械化的习惯,它们对于知识的习得很重要,又是纯粹的艺术,比如阅读技巧、准确快速的数学运算能力的技巧、字迹清楚、语法清晰地表达想法的艺术。这些艺术只能通过教师和学生多次辛苦地练习,才能被掌握。它们不需要教授,需要的是反复的操练,直到学生能够轻松快乐地运用它们。忽视这部分习惯的传授,会给儿童带来不好的后果。没有什么可以代替这些,虽然其他学科的教授需要更多的思考、较少

的技艺,但作为再创造,可以把它们混合在一起。

　　我还从来没见过这么紧缩而又全面的关于教师和学生彼此不相融的目标和方法的声明。一方面,我们有"行动能力",也就是指纯粹外在的能力,我们可以在所谓的"艺术"里找到——纯粹的常规的能力。这个能力的获得,依赖于教师自身的训练和学生持续辛苦的练习。思维不是在其过程中所要求的,也不是"教授"的结果——即心智的真正构建;结果仅仅是对能力的掌握,对他们自身之外价值的掌握,是获得进一步教育的工具,"对于知识的掌握很重要"。对比学科的计划,发展得不是很好。显然,它们要求思想而不是机械化的习惯,它们是通过指导而不是通过练习来进行的。其中也意味着儿童的训练要付出劳动,同样也得到更多的乐趣。换句话说,在儿童的生活中,训练有当下的价值,而不仅仅是更深入学习的工具。学校工作的现状包含这样一个建议,即基于单纯的训练和辛苦的反复训练的机械能力必须是基础教育的组成部分,而那些包括思想、完善心智、扩展生活在内的学习,"作为再创造,可以把它们混合在一起"。换句话说,允许他们在课堂上从辛苦反复训练更重要的学科中获得偶尔的轻松。

　　这个是分界线。这个分界线有点被破坏了,开始有分歧了。看起来,它好像一直在竭力前进着,直到思想和讲授的学科在学校的时间和工作上占据了很大一部分为止。但是,分界线仍然是存在着的。这些机械的习惯培养仍然还是课堂上的重点,它对于知识的习得、阅读技巧的掌握、数学演算的操作、表达思维的清晰性和完整性都起着很关键的作用。自然科学的学习、手工训练、音乐和艺术很容易被提及,因为它们自身所带有的"兴趣",因为它们要求有思维的能力,激起普遍的智能,增添知识储备。一座自身分裂的房子是会倒下去的。如果目前这个系统的结果没有结合起来,并没有给人们带来满意,那么,我们是否就应该专注于指责和反指责——让旧的学科反对新的学科,或让新的学科反对旧的学科,或者我们是否就应该为学校系统本身的机构或者所缺乏的机构以及学术和管理负责? 如果旧的瓶子不能再装新酒,我们不应该指责瓶子或者酒,而是应该指责使这酒和瓶子成为机械的外在联系的条件。

　　关于目前状态的支离和矛盾所做的研究,我的结论看起来有些过于消极。然而,与认为新旧两种学科在目标、结果和方法上基本相反的观点对比起来,我们应该认识到,这种观点本身是比较乐观的。有一种理论认为,儿童目前和将来的需求,他生活所要求的立即有营养的材料和为将来所准备的材料,是有根本冲突的。人们认为,在那些助长学生智力发展和提供知识习得的手段上,还是有根本冲突的。它声称,在脑力活动中,技巧习得的方式和发展的方式存在着一个基本的反对意见。实践结果的悲惨性,正如思维上彻底的矛盾。如果反对是个本质的问题,那么,今日课堂上的冲突和混乱将是永久的,而不是暂时的。我们总是在两种极端上徘徊:现在我们充满热情地介绍艺术、音乐和手工训练,因为它们给学校工作带来活力,给学生带来缓解;我们又吹毛求疵地抱怨这样带来的后果,坚持过去那种阅读、写作、拼音法和算术授于课堂所带来的积极结果。从理论上说,由于要在新旧两种学科中找到有机的联系、合作的关系是不可能的,那么,新旧学科在课堂中的相对地位必须由专断的和外部的基础所决定。最好的结果,是我们得到一个妥协;最坏的结果,是一个带有情感光环的最大量的常规,或者是大量的浅薄闲谈。

与这样一个观念相比,有个观念本身是比较有鼓舞性质的。它认为,这样的冲突不是学科本身具有的,而是来自于学校条件的失调,来自于教育管理方式的残存,而这些教育管理方式的设置不同于我们现在所面临的目的。这个问题开始是一个知识上的问题,后来变成一个实际操作的问题。从知识上说,所要求的是一种组织哲学:教育过程和教育材料的有机结合,以及这个整体中,每个组成部分所占的地位。我们所要了解的只是阅读、写作、计算能为目前的儿童生活带来什么,以及它是如何做的。我们需要了解的是在烹饪、商店工作和自然科学学习的研究对象所隐藏的思维方法,这样它们能够使得训练更为有效,而不仅仅只是目前满足感的来源,不仅仅只是释放的中介——因此,它们成为为社会需求做好有效准备的方式,就像阅读、写作和算术一样。

我们的心智有着对整体现状明智和连贯的看法,就可以尝试着慢慢而积极地去改变现存的方法步骤,以期能够把理论转变为实践。然而,在决定下一步要做什么的问题上,我们不可贸然、轻率。我们应该牢记,很多时候,最实际的问题就是**知识方面**的问题,是对其中涉及的理论因素有清楚和全面的概观。现在的情况虽然模糊和混乱,却给那些朝着这个方向前进的人暗示了很多聪智的方法来改正和清除某些东西。这些人对于他所要达到的目标很清楚,对于前进道路的障碍也很清楚。愿景的启发是实际上有效运行的前提条件。保守派人士也许会在课堂上致力于阅读、写作、算术,所以他们可以把儿童生活中的需求连接起

280

281

来,能够提供伴随着成就、感情而体现出来的对于目前能力的满足。改革者或许未能详尽和全面地攻击这个问题,但是攻击了最重要的一点,即艺术、手工训练或自然学科是否将所有的精力放在学生组成的教师和教育共同体上,教给他们基本价值观的知识,从而促进个体心智的成长和获得学科所呈现的共同体生活。保守派人士和改革者都致力于提供给教师更好的教育,致力于扫除障碍,为课堂安排合适的教师,致力于扫清教师定岗后继续成长的障碍。美国人认为,教育高于一切。当教育者在"什么是教育"的这个问题上达成一致时,共同体成员很快就会按照他们自己的意愿,配备必要的设备和资源,使他们的理想成为现实。

在结尾部分,让我再次强调,要认识到继续前进道路上的障碍,而不是庆贺已经取得的进步。这些异常和困惑毕竟也有用处。在某些方面,教育历史上最后两代盲目的冲突提供了一种改变现状的更好办法,而不是大范围推理式的重新安排。真正的生长方式总是来得比较慢。新的学科为了在课程中有一个立足之处所做的努力,加上伴随而来的困惑,是一个大范围内的实验,是对那些适合在教育形式中存在事物的自然选择的实验。

然而,有这样的情况,那就是盲目的实验法让位于某些更加直接的方法。这种抗争会让我们理解问题涉及的因素,所以就能更聪明地解决问题。努力抗争、经验式的调整、不断的尝试、组合出当下可行的权宜之策,此进彼退、让进步的本能和惯性的习惯协手并进。这些,在想象力的突破,在对现实进一步更清楚的揭示中,都产生了一个结果。对于彼此不相容的倾向之间的冲突,要延长它们是浪费的。它会使我们矫情地相信,它会减弱判断的勇气和实施的力量,使我们妥协于那些阻止我们竭尽全力争取的目标实现。

我的话题是关于初等教育的现状。以一种比我之前看待问题更加狭窄和精致的角度来看问题,我相信,我们现在正在结束那个尝试的、盲目的经验主义式的实验法;正在实现把我们工作的计划建立在经验一致的哲学上,建立在学校学科与经验之间的关系哲学上。我相信,我们可以因此稳定和聪明地开始付出努力来改变学校的环境并实现目标,这个目标赢得了我们智力上的赞成和道德上热情的支持。

2.

关于中等教育[①]

在一大群从事实际教学工作的教师面前,我很犹豫来传授关于他们在实际中遇到问题的解决方法。我的任务会比较受欢迎,仅仅是阐明和确定难点,这些难点在当前的讨论中已经让老师感觉到了。那些关心中等教育的人士已经意识到,他们的精力必须特别地集中于某些问题;他们发觉有些问题很紧迫,必须赶紧全力解决。我在随附的课程大纲里已经尽量地收集这些实际问题,有序地安排它们;通过这种分类,我可以清楚地知道问题的根源在哪里。

I . 与教育系统中中等学校的连接相关的问题

1. 等级的调整

a) 学生的辍学:程度和原因。

b) 教师的各种准备;方法的调整,等等。

c) 教学与学科目标和方法的突然变化。

d) 将传统的高中学科引入高年级;科学课程,等等。

2. 大学的调整

a) 进入大学的方式;考试;资格,等等。

b) 各种各样的入学要求。

c) 公立和私立高中的各种问题。

[①] 首次发表的题目是"中等教育的目前问题",载于《学校评论》,第 10 卷(1982 年),第 13—28 页。未重印。

d) 特定目标的指导 VS. 训练和方法。

II．与入大学前的准备和生活中其他追求相适应有关的问题

1. 同样的教育为它们做好了最好的准备,这是不是正确的?

2. 如果是的话,那么,我们该采用哪种标准来衡量另外一个特征?

3. 如果不是的话,应当依照哪种规则和原则把工作区分开来?

4. 如果不是的话,为了将来的使命和大学生的成长,我们是否应该做一些专门的和确切的准备?

III．把工作调整到适应个人

1. 运用于某种特定的学科、课程和学科群所选择的原理的属性和限制。

2. 鉴于对职业选择的帮助,熟悉历史、环境和个人的能力。

3. 青春期是否呈现异质特征,是否需要对现在中等教育的工作作出显著性的调整?

IV．源于中等学校工作社会性的问题

1. 社会机构组织的教育利用:辩论、音乐、戏剧社团;体育运动。

2. 学校纪律以及社会方面的治理。

3. 与社区的关系:学校作为社会的中心。

V．前述的影响课程的问题:学科以及学科组的冲突

1. 更老的一个问题

古老的语言和现代的语言各自要求之间的调整,语言与科学、历史与社会科学、公民学、经济学等学科之间的调整,以及英语作文和文学之间的调整。

2. 新的问题

a) 手工训练和技术工作的定位。

b) 好的艺术的定位。

c) 商业性质的学科。

我今天早上所要谈的内容中,并不想把这些问题一个个地再次说明。我更愿意简单明了地展示我选择目前这种分类的原因,这就要求谈及问题背后隐藏

的历史和社会现实；只有在这个基础上，我才相信这些问题可以得到解决。展示那些看起来以一种社会哲学的方式来处理学校的问题，人们未必不热衷于此，但还是支持那种认为同样的力量可以解决这些问题，从而把这些问题变成学校运行体制中的中心问题。问题并非无缘无故地产生，它总是有原因的；这种原因产生于学校系统结构内部，或者是学校外的社会结构本身。正是这个原因，学校系统机制的纯粹改变，无论是管理，还是研究对象外部条件的变化，都仅仅是暂时的措施而已。有时候，当一个人做了很精细的安排来解决所遇到的困难时，如果该计划没被采纳、没被传播，或用生物学的话来说，没被选择，那么，他很容易把同时代的人看成是顽固的。这样的看法并不是因为其他人的无情或智力上的盲目，而是因为有这样一个事实，即任何在学校范围内真正永久成功的调整必须被传播出去，成为社会范围内的调节力量。

具备一些社会哲学和社会见识的人可以发现，在人类的机构里有两条规则同时起着作用：一种是倾向于专门化，而后引起孤立；另一种是倾向于彼此联系和互动。在国家这个机构里，我们最初看见的也是分离，是尽可能地使我们的生活成为一种固定的民族方式，以避免它被埋没，保护它的独特性。我们在商业上寻求保护政策，在国际关系中尽量少地与其他国家有关联。这种趋势走到尽头了，开始往另外一个方向摇摆了。互惠互利，通过不断接触和更广的交易来扩展我们的生意，这已经成为商界的口号了。扩展，在其他兄弟国家占领，使我们成为世界强国，这已经成为国际政治的规则。科学在发展的过程中，也显示了同样的规则。一段时期专门化，一段时期相对孤立，确保了每一种自然现象有机会独立发展而不迷失，或者不被通则或过多的细节模糊掉。但是，总有这样的时候，我们发展的方向会走到尽头，那么就很有必要尽力地知道联系的脉络，可以把不同的专门学科统一起来，成为连贯一致的整体。目前最活跃的学科似乎都是要用分号来拼写的，比如天体物理、立体化学、心理物理学等等。

这并不是盲目行动和盲目回应的前进。一种趋势就是另外一种趋势的完全发展。某种程度的分离，对于保护任何力量的畅通和成熟的发展来说，是必要的；在实际运行中掌握它们，也是很有必要的。我们必须分隔，才能克服困难。但是，当我们的个性化达到一定程度时，必须使事物相互制约来实现某种利益，这种利益来自孤立的那段时期。分隔的唯一目的，是作为一种方式来终止更有效的互动。

现在,我们来谈谈学校问题中这一抽象哲学的意义。学校系统是一种历史的进化,它有着传统和自身的发展步伐。它的根源追溯到过往,或许可以通过连续好几个世纪的社会阶层来追溯。跟其他机构比起来,它有独立性,有庄重性。在长达 2500 年的发展过程中,处于某种必要性,它孤立了一段时间,赢得了自己的特色。只有通过这种孤立,它才能从其他机构的兼并中解脱出来:家庭、政府、教堂等等。这种分隔是必要的,使得劳动的分工成为可能,以最大的程度发挥所要求的效能。

但是,有优点也必然有缺点。人们开始关注学校系统的事情,好像他们只关₂₈₇注系统本身,而对其他社会机构只是间接地提到。学校的教师经常怨恨提到外界的接触或者是外界的因素,好像它们真的仅仅是外界的干涉而已。在过去的两个世纪里,毫无疑问的是:人们把更多的精力放在构造一个本身高效率的学校系统机制,而没有关注它与家庭生活、教堂、商业或政治机构的适当联系。

然而,在获得这个相当让人满意和高效率的机构后,一个更紧迫的问题摆在我们面前:我们应该做什么? 我们如何从服务和成果中获得这些? 这些成果仅仅证明在建立机构中所花费的金钱、时间和精力是正当的吗?

在这点上,某种冲突和问题开始产生了,一方面,为获得学校适当的相互作用而产生的当代需求;另一方面,来自学校系统运行的需求被当成是独立的具有历史意义的机构。每一位教师,不管他有没有意识到这个冲突的存在,都必须解决每个来源于这个冲突的细节问题。他会被来自于两大社会力量冲突所产生的矛盾所阻碍。人类也是根据这个来划分的。我们发现,有一组出于本能而不是有意识地把他们自己划分在现存的学校系统的维持上,声称必须改革现在的工作来提高效率;另外一组嚷嚷着要做基本的改变,这个改变可以使学校更好地适应当代社会的需求。更不用说,每一组都说明了现状的基本需求和基本因素,每一组都代表着一种不可消灭的力量。

不考虑这个深刻的社会冲突和社会改革的必要性,接下来我要说明这个问题是如何产生的。这个问题,我已经在随附的大纲里归为五个标题。我们首先关注的是高中教育与整个教育系统的连接。高中教育一方面实行分级,一方面通往大学之路。是什么样的历史影响造就了高中教育的居中地位,赋予了中等₂₈₈学校特殊的难度和责任? 简单来说,在历史方面,初等学校和大学展示了独特不同的力量和传统。初等学校是民主运动在伦理道德方面的产物。在 18 世纪后半期之前,初等学校只是教育来自社会底层的小孩子所采取的呆板工具,教授对他们将来有用的东西——阅读、写作和算术的基本原理。民主剧变使人们对政治平等产生了需求,也更加渴望知识精神和道德机会和发展的平等。像卢梭这样的教育家的重要性,并不是通过他所建议的某种进步来衡量的,也不是通过他个人所沉迷的某种放纵的言行来衡量的。他的重要性在于号召努力争取初等教育彻底改革的必要性,使它成为智力和精神发展的一个重要因素,而不仅仅是教授某些对社会某些行业有实用的东西,在这些行业的发展中存在着不可逾越的障碍。卢梭作为一名作家,他与当时法国的情绪的关系,正如霍勒斯·曼作为一个行动者与当时美国实际情况的关系。他有力地坚持:让民主精神带着它的道德重要性,进入普通初等学校中去;这些学校的完善组织,使它们成为人类发展过程中最有用的方式。

尽管有些影响仍然存在,限制了初等教育的范围和程度;尽管这些影响使17世纪受限制的功利主义的学校得到复原,位于高中教育之下的这部分教育系统仍然代表着广泛的民主运动。在某种程度上,在它发展的很多阶段,高中教育也是同样刺激下的产物。在某些方面,它有着相同的历史,代表着相同的观念。它也深刻地受到其他不同根源的东西的影响。它把高层文化的传统看成是社会某个特定阶层所拥有的。它表达了贵族化的思想。如果我们追溯它的历史,无法挖掘我刚刚谈到的它在民主运动中所被总结的全部意义。我们知道,古代的文化是沿着某种渠道流传下来的。我们知道,过去的智慧和教化被某些特定的阶层掌握和传递,这些阶层大部分是在大学或者更高一级的学术团体里,这些学术团体也是大学发展的某些产物。某些机构关注于学习财富的继续和传递,我们发现,高中经过这些机构长久的塑造和引导,就像经过接下来要提到的民主影响的塑造和引导一样。总而言之,现存的高中教育是两种力量碰撞的产物,正是它,而非学校系统的其他任何部分,承担着调整的责任。

我并没有提及,在中世纪的大学或者文艺复兴中的高等教育里,学习的传统仍然保留着;也没有出于诋毁的原因,认为它是贵族化的。长期的警戒是自由的代价,长期的关心和爱护是保持战胜过去的代价,是防止庸俗主义复原的代价,这种庸俗主义风气是肤浅教化和生硬教条的结合。如果它过去不是为贵族的工作所服务的,那么也就没必要讨论今日的民主了。

在现实中并没有高中结合的两个问题,一个是关于年级,一个是关于大学。

在底层有个问题,那就是把大众对于完整训练的需求调整为对高一层学习的保持和使用,这种学习对少数人来说是非常重要的。当然,初等教育和大学一样,受到同一问题的影响。各个年级部分的工作就是对传统贫瘠的东西进行补充和丰富,对体现着作为高等教育产物的智力本质和财富的唯物主义课程的补充和丰富。大学面对的一个问题,就是使它积累的知识能为更多的大众所接触,使它在日常生活中发挥更大的作用。

290

但是,高中是个衔接阶段,它必须承担主要的压力。除非我预言错了,否则,我们应该认识到:过去 15 年里,在高中和大学的关系上,人们给予了关切的注意;如今,人们把这个注意力转移到高中和年级之间更为有机和重要的关系问题上。为了民主运动不受到阻碍,为了有它自己的范围,这个问题的解决方法很重要。这对于大学和更高等的教育是同样重要的。目前存在的任意连锁中断,在两个方向来说都是令人不快的。

第一,它限制了能够进入大学的人群,减少了那些知道摆在他们面前的机会并且朝大学方向行进的实际人数。第二,它限制了某些人的研究领域,这些人能够同情而又产生共鸣地感觉到大学的影响,进而感受到:那些与大学的福利有关的东西,对他们具有直接的重要意义。今天,大众对大学的态度是好奇的,但这种好奇不是直接的兴趣,而是一种远远旁观式的兴趣。实际上,有时候看起来,只有运动表演才可以形成大学和社区生活最直接的联系。第三,很容易产生一种障碍,阻碍教师群体流向大学之外,去寻找各种适合的工作,这就造就了初等教育的视野狭窄和资源贫乏,而这些正是初等教育的固有标志。第四,在大学和社会生活的关系中,它孤立了大学。

现在我们转向第二个大问题——一方面与为大学做准备有关,另一方面与为生活做准备有关。这不是一个不同的问题,而是同一个问题产生的不同结果。几年前,流行着一个恰当的准则:为大学所做的最好准备,也是为生活做的最好准备。这个准则是这么的恰当,如果它真可以解决一切实际问题,那么也就没什么需要讨论了。但是,我似乎看到,该主张不像以往那样被人们所采纳;实际上,291只要这个建议有人提及,那么就跟以前一样,按照各自的轨迹运行。

这个准则的无效率,是因为它的模糊性。它并没有讨论"什么是什么"这一类基本的问题。它是为生活准备确立标准的大学做准备,还是为生活做准备而生活提供了大学充分准备的适当标准?高中课程是否应该首先依据那些要去上大学的人的需求而制订,假定这样也可以最好地满足那些进入生活其他职业的人的需求？或者,高中应该竭尽全力地使学生以更全面的方式为生活做好准备,允许大学在之前所做的工作基础上挑选其入学的必要条件？

出于某种原因,我并不打算解决这个问题。我相信,现状本身蕴含着力量,它们正在努力制订一个不可避免的解决方案。不去顾及高中和大学的关系,在其中所取得的每一个更合理的进步,都把这两者紧密地联系在一起。我非常乐观地认为,我们比想象中的更靠近这个难题的解决方案。不依赖于任何大学入学的必要条件或者高中的准备,大学本身经历着很显著的发展甚至是转型。我把课程本身的发展不仅看成是哲学学士、理科学士和旧的经典课程的介绍,而且是朝着商业和社会学科的一大进步;我也提到大范围内的所有大学都保持技术学校的一个趋势;我还提到这样一个趋势,那就是使大学的工作更好地适应那些为生活中某个职业所做的越来越多的准备。实际上,国家现在所有规模较大的大学都有特定的安排和调整,要求至少一年的本科课程等同于法律、医学或者神学的专门课程。现在,当这两种潮流都取得了他们各自的成果时,高中本身也致力于它自己课程的扩展,我相信,我们可以察觉到高中和大学都已经达到共同的某一点。大学课程将是很广泛和多样化的。从任何组织完善、管理统一的高中选择有远见、有智力的学科群体,把它们当成是为大学做的准备,这是具有可行性的。一方面,传统大学课程的狭窄性;另一方面,高中课程内容的不足,这两者造成了我们共同尴尬的大部分。

我必须快速、扼要地简述一下第三和第四个要点——它们与个体需要的调整有关,也与学校的社会效用有关。我觉得这些也说明了同样普遍的原理,这原理一直在讨论着。学校的传统不仅体现于它在整个教育系统中的地位和适当的课程,还体现在关于学生的纪律和管理的方法和理想。

毫无疑问,很多传统与学校之外事情的普遍趋势是不一致的——在某些情况下,它们的分歧还是很大的,以致高中的传统超越了外面的潮流。这些影响之一,在家庭、教堂和国家机构表现出同等的趋势:释放纯粹外部权威的枷锁,给予个人能力更大的自由,要求个人发挥更高的主动性,要求他具有更强的个人责任感。学校在何种程度上应该屈服于这种趋势,或者应该努力地对抗它,或者应该尽力地使用和指引它,人们有不同的观点。然而,人们都认为,必须对个人给以更长久和足够的研究,研究他的历史、环境、主要能力和喜好,还有特别的需

求——请注意,我同时提到了需求和喜好。我认为,大家的观点都是一样的,认
为学校对个人正常成长的影响必须给以更细致的研究,个人目前的力量必须和
他将来的职业以更有效的方式连接起来,必须对这种方式给以更细致的研究。
我不继续谈论这个原则的限制,它对于引入选修课程这类问题的意义。我们没
时间对这些有分歧的地方进行细致的讨论。然而,正如我以前说过,个人承担一
个职位以获得更多的积极考虑和关注,以及相应的不同的待遇,在这点上,我不
理解怎么会有分歧。然而,在没有声明坚信我们会找到最后的解决办法,并不是
通过那种选举或非选举的机械化的方法,而是通过对个人心理和社会关系进行
持续和谨慎的研究,我是不会逃避这个话题的。

我保留了关于课程形成的一组问题。然而,从现实的角度来说,我们在此或
许会发觉那些摆在大部分教师面前的问题是紧迫且长久的。我认为,这是因为
有其他的影响因素冲击着。高中教师经常面临的一个问题,就是如何分配时间
给算术、经典著作、现代语言、历史、英语和自然科学——物理和生物。人类能力
面临的一个挑战,就是如何适应不同学科的学习要求,并且得到一个和谐和可行
的结果。然而,这个问题并不是孤立的。这个问题很紧迫,因为它是其他力量的
汇聚点。学科的调整和学科课程,是其他问题的实际解决和指导性调整的基础。
正如那些根深蒂固的、深远的历史和社会原因一样,学科的冲突也必须得到
解决。

在那些第一眼看起来就非常令人丧气的实际问题的背后,总是还有另外一
个问题。在我们把旧的问题解决到某种令人满意的程度时,新的更大的问题又
摆在我们面前,似乎要压倒我们。目前的教育状况就是如此。对于已经谈及的
关于调整的问题,曾经在过去的 30 年里花费高中教师很多的时间和精力,这个
问题的讨论似乎是足够的。实际上并不是如此,在我们取得大家的一致观点之
前,大城市里的学校至少可以发现新出现的冲突——仍然是其他的学科和学科
范围需要得到人们的认同。我们已经建立了商业性质的高中和手工训练的
高中。

首先,由于独特和独立的高中学校的建立满足了这些目的,避免或规避了问
题的困难。看起来,现实是在朝另外一个方向发展。30 年前,我们必须把手工
训练的课程孤立出来,才能得到该得到的关注,在非常有利的影响下顺利地进
行。15 年前,商业性质的课程也是如此。然而,现在很多迹象表明是互相影响

的时期,问题是介绍手工和商业课程,把它们当作城市高中学校完整的有机组成部分。在艺术、美术、音乐、设计运用于工业等方面的工作介绍是必需的,专门的社会学学科数量的介绍也是必需的,这些独立的学科已经自然地成为所谓商业课程的一部分。

我们已经说过,在解决旧问题的半途中,介绍新问题一开始是极其令人悲伤的。但是,很多时候,最复杂的办法结果是解决问题的最简洁的方法。当新问题出现时,它毕竟意味着旧问题中某些重要的条件已经被忽视了,因此,通过那些所谓被识别的因素所取得的解决方法可能是不完整的、暂时的。以目前情况看来,我倾向于认为,这些新问题的介绍将最终证明是具有教化意义的,而不是令人困惑的。它们有助于概括旧的问题,使它们的因素更加清晰地体现出来。

在将来,对于古代和现代语言各自优点方面的担忧显得不那么重要了,对于科学对人文主义研究的内在价值也不那么重要了。发现观察某个更大的分歧将来得更为重要,它同样可以影响个人的性情和能力,影响社会对于学校要武装个人的要求。在我看来,用几年的时间,把某些学科以机械化的方式拼凑起来,已经不是很难的事情;而依照学科间的相互关系和强化,把学科分组以获得某些显著的目标则显得更为棘手。

由于这个原因,我欢迎大家讨论商业学、社会学、美术、应用艺术、工业训练的课程。我想,今后某些基础性的问题将会凸显出来,而且必须在更广的基础上和更大范围内解决。正如我所看到的,这个改变要求把注意力集中在两点上:第一,什么样的学科群可以最好地辨识劳动的典型分工和社会的需求,这种需求对于社会物质和精神理想都是不可缺少的;第二,不去伤害个人真实的文化教养,如果这听起来是个消极的说法,那么去帮助个人获取全面使用和掌握他自己的能力。从这点上来说,我想,之前被提到的某些问题,比如语言和科学之间的冲突,人们将会从另外一个角度来看待,并从不同的方面来解决;由于有这种新的办法,过去困扰我们的很多棘手的问题将会消失。

请允许我以某种更加清晰、直白的方式来复述我们所得到的利益,在普通的高中为商业、手工和体育的扩展腾出空间方面所获得的利益。首先,它将为我们做好准备来认识和体现那些在社会中存在的所有典型的职业。其次,它使得中等学校和社会的关系更加自由和全面。它将完成一圈的行程——将缠绕目前分散的弓形部分,使它成为一个整体。现在这个事实,将使我们重新认识学校学科。在整个人类活动里,我们会以它通常占据的那个位置来对待它。只要学校仅仅是部分地体现社会价值和目标,我们就不可能运用社会价值的标准。我们从一个虚假的角度来看待现在的学科,在现在的学科中,存在着一种反射和扭曲的观点。那些学科被看成是为生活而非大学做的特别的准备;而那些学科并没有得到全部的意义,没有被正确地对待,直到生活在学校里得到更全面、更平稳的体现。然而,从另一方面来说,如果我可以用学术学科这个词,只要课程中未列入那些赋予这些学科以存在的终极理由并赋予它们在整个生活中应用范围的分支学科,那么,更多的学术学科无法适当地彼此联系。

对于某种心智来说,代数和几何有它们自身存在的理由。它们要求学生拥有它们提供的智力上的满足感,为今后学科智力上的自由做准备。但是,对于另一种心智来说,这种学科相对枯燥和无意义,除非被某些显著的意义包围着,比如手工训练课程所能提供的。后一种心智,当被孤立的时候,就会导致过度的功利主义和狭窄。正如生活中对于科技的追求扩展并影响到生活的各个方面。所以,在学科里,相对应的学科就必须被包含在一种更广更深的矩阵中。

再者,就如之前所提到的,对于高中的说明并没有使那些为大学准备的问题复杂化,相反,使它们简单化了。这是因为,大学在介绍相似的工作程序上也正经历着相似的发展,正朝着科技和商业的方向发展。我们可以确定地说,美术和运用艺术在实际中仍然被遗漏了;我们还拥有对过于专业化的温柔的怜悯和或多或少唯利是图的机构——学校出于赢利目的,美术和运用艺术的教授或多或少可以看成是个交易。某些影响曾经使医学和贸易教育免于出现同样的情况,附加给它们大学里更广的视野和更专业的研究方法,这些在艺术的教授上也会及时产生影响。

第三,高中排除了在把个人当作个人问题上的很多困难。它使个人之间有更大的接触范围,因此有可能更全面、彻底地来测试个人和个人能力;并通过均衡他身上的影响,有可能了解并且修补他的弱点。在我看来,我们用选择对规定(election *vs.* prescription)的方法来处理的很多问题,如果改用弹性对严格(the elastic *vs.* the rigid)的方法进行处理,可能更准确和有效率,弹性只存在于有幅度的时候。我们需要提供个人全面发展所需要的广泛和均衡的机会,并且提供给他可以激发和引导他的事物,这比起那未经实证、反复无常的个人选择来得更为重要。

最后，如果我们仔细思考一下，就会发现，那些通常用来激励高中的异议是其本身存在的最好证据。我所谓的异议是：从训练人的自由文化角度来说，手工训练和商业学科是个胆小的妥协，妥协于那些对某些狭窄的要求给予特别对待的功利主义的要求。在任何学习和职位中，从来都不存在那些使得自身没有多少可行性的东西。这不仅仅是拉丁语的句法结构和词源学内容，它们使拉丁语在很长时间内是不可超越的教育手段。那些半野蛮部落的方言，在情感结构的复杂和关系的微妙方面，与拉丁语是等同的。从人类文明的历史来看，正是拉丁语的上下文关系本身富有联想和建议，才使得它带有这样一个意义。

现在，那些由手工训练和商业学科所体现的职业，对于人类的生活是不可缺少的。他们提供了人类大多数永久和稳定的职业。它们给人类呈现了最复杂的问题；它们刺激他做到最大的努力。给这些职业贴上低等或者狭窄的标签——在文化和训练上不足，与此相比，控诉整个国家则是一项令人感激的工作。公开宣称自己是"文化"专家的那些人，不会去打头阵。也许，这些赋予他们以功利主义和唯物主义特性的职业本身并没有什么，正是那些排他性的自私自利，才促使他竭力去掌控和垄断精神成果。

因此，高中就有了相对应的学科。由于被孤立，它们有可能由于自身的缺点而被控诉。但是，它们在这一方面遭受控诉，仅仅是因为它们首先由于孤立受到责备。作为人性严肃和永久利益的代表，它们拥有一种固有的尊严，而这个是教育者要考虑的方面。在教育系统里，忽视否认它们公正的地位，就是认为在社会本身内，在所谓的物质和精神利益两者间存在着分歧，而这个分歧也正是教育者要努力去克服的。这些学科植根于科学中；在人类历史上，它们有自己的基础，作为最公正和最有价值的人类服务自我完善着。

正是由于这些各种各样的问题，我相信，学科调整中新出现的问题将有助于而不是阻碍旧的争议的解决。很长一段时间里，我们都在尽力把课程固定于某种含糊的、概括的教育理想的基础上：知识、效用、训练和文化。我相信，我们大部分的不成功归根于对术语缺乏界限的和可控制的定义。当衡量标准仍然受到个人观点和愿望支配的时候，这种讨论还是必要的。任意从人群中挑出几个人，不管是如何聪明和尽职，让他们从文化、纪律和效用的角度来评价和安排学科，他们必然会取得很多不同的结果，这取决于他们各自的性情和偶然的经历——而这依然是由于他们的智力和责任感。

围绕着高中满足社会的需求，这个标准也在变化着。它不再是这些模糊的抽象概念了。相对而言，我们遇到一个具有科学性质的问题，有着确定的数据资料和研究方法。我们不再通过文化或训练的衡量标准来关注学科的抽象评估。我们的问题是研究社会生活的典型需求，在个人需求和能力上研究个人的真实属性。我们的任务，一方面是鉴于已经发觉的个人属性来选择和调整学科；另一方面，是要对这些学科进行排序和分组，使它们能够最明确、最系统地体现社会努力和成就的主要路线方针。

在实际中，这些问题的难度也许存在着，然而它们肯定可以被解决。发现、研究人的自然属性，他成长中最需求的东西，这是一个明确的、科学的问题；发现、研究社会的典型职业，找出哪种学科分类可以最好地促进这些职业，这也是一个明确的、科学的问题。驱散意见的迷雾，抑制那些抽象、自负的论证，鼓励深入实际地进行调查研究，通过已经科学发现的事实来深化学校行为的管理，这些都是我们所获得的利益，是伴随着高中问题来临时所期待获得的利益。

3.

关于大学教育[①]

　　从实际情况来看,初等学校和人类普遍的需求有着最紧密的联系。它是公 *300*
立学校、普通学校的系统。在它自身范围内,它瞄准了普遍性,包含所有的儿童。
它有着广泛的基础,每个公民都是其纳税人。学习机构的级别越高,伴随着大众
情绪的反复,它们受控于公众意见的程度就越小。在专门选举出来的领导控制
下,它们好像被分离了。它们被一种教育原则和政策更加持续的系统所支配着。
它们的根源是属于过去的,是智慧、见识和过去岁月里资源的保护者。或许它们
是国家系统的一部分,但是它们以一种比初等学校更间接的方式来影响大众。
中等学校是处于中间阶段的:它是处于上层和下层的中间阶段,一方面,它受到
来自当前公众意见压力的控制;另一方面,受到来自大学传统的控制。公立高中
对于前者比较敏感,而私立学院对于后者比较敏感,然而它们都无法摆脱这两者
的影响。

　　初等学校和公众意见有着更为直接的联系,这有好有坏。它可以更快地对
公众当前的需求作出回应;但是,它比较容易受到公众自身需求的波动和困惑。
高等机构更大的疏远和孤立,也是有好处和坏处的。其好处在于可能有更为明
确的领导,他们长期在持续的教育标准和教育方法里受到训练,不受公众情感任 *301*
意的起起落落的影响。其坏处概括为令人不快的"学术"的内涵,在于建议生活

---

① 首次发表的题目是"学校是否做了人们希望它做的事情",载于《教育评论》,第 21 卷(1901 年),第
　459—474 页;再版题为"大众与学报",载于《今日之教育》,约瑟夫·拉特纳编(纽约:G·P·普特
　南出版公司,1940 年),第 36—52 页。

在过去而非现在、在修道院里而非世俗机构、在抽象领域而非实际情况中。

低一级的学校总是变动性很大,当公众情感之风吹到它们身上时,总是很容易频繁地变动着。它们缺乏安定性。传统初等学校课程在很大程度上是搞形式上的东西,缺乏实质的内容,导致它没办法对外界附加给它的压力作出反抗。由于在学识和培训方面的标准,它们总是远远低于高一层的学校,师资力量也不稳定。但是,无论在哪一方面,这都没有贬低它作为公立学校,作为普通学校,把人们的兴趣广泛和紧密地联系在一起。毕竟,它强调必须对人们的需求作出回应,而不是对各种各样的传统或者习俗作出回应。

高等机构总是带有这些传统,它们的课程体现了几个世纪以来长久的经验和思想。它们作为连接物,把今日的我们和中世纪的欧洲、罗马和希腊的文化联系在一起。它们由某些人领导,这些人是受到统一训练支配的,有着几乎完全相同的想法,并且认为教师是一个专门的职业而不是附属品。与初等教育相比,在管理方法上,他们会更远离公众的意见和情感。

然而,这是否意味着,大学教育可以不必满足公众的需求,不用根据社会情况来运转,或者,在满足需求这一方面,它的问题、功能是特殊的、与众不同的呢?毋庸置疑,我们的答案是后者。如果大学教育更多的是来自过去,这仅仅是它更有效地把过去的资源让现在随意使用。如果它远离公众需求的压力,这应该被认为是强加了一种责任,而不是授予多余的特殊待遇。它强调稳固和阐明公众意识的责任,强调使它不那么间歇性、不那么优柔寡断的责任,强调授予它连贯性和组织性。大学教育承担着保持文化连贯性的责任。但是,文化不应该是一个受保护的产业,它的存在是不能以目前社会交流和互动的自由性和完整性为代价。我们保护文化连贯性的唯一理由,是使这种文化可以在现代生活、日常生活、政治和工业生活中起作用,正如你所希望的。

把这两种功能区分开来还是相对容易的。一方面,从整体上来看,我们可以建立文化大学,这种大学在课程和方法上忽视目前情况的需求,坚持主张实行过去那种全面匀称的教育。这种教育是全面的,因为我们阻止了现实的迫切需求对它进行破坏。另一方面是有特色的专业技术学校,它为目前的职业工作作了专门和特定的准备,必然以那种明显一致的方式来对目前的社会需求作出回应。

但是,谈到学习的高等机构,我们可以清楚地看到,这两种机构形式都似乎是通过过度简化的方式来解决问题的。这并不是说每种机构没有起到自己该发

302

挥的作用,而是表明这种作用并非高等机构整体上该有的作用。它们的问题是把目前那些被分开的文化因素(这里指的是了解过去那些被认为似乎最好的因素)和现实的因素——或者,更确切地说,社会因素,适应目前需求的因素,把它们结合起来。

然而,也许你会问,这种主张实际上会产生什么样的效应呢?如果把它付诸实践,那么会对现存的大学课程和方法产生什么样的影响呢?比如,它是如何影响这个正在被讨论的问题,关于语言或人性与科学的关系?关于必修课和选修课的问题,它又有什么样的意思呢?它对教育的方法这个问题又有什么样的意义呢?在保证学生有一个稳定的视角和连贯的材料这个问题上,它是不是应该教条性的或学科性的呢?或者它是不是应该带有刺激和自由,注重调查判断和行动的能力呢?

学科不断增加,由此引发课程拥挤,进而造成各学科为获认可而相互冲突。一门学科如不挤掉另一门学科,则其自身便无法自存。为实现各学科课程之间的折衷,学校把选择的麻烦丢给学生,任其制订自己的课程。所有的这些问题都反映了社会活动本身缺乏统一性,反映了社会体制中进一步和谐与更系统的必要性。这种学习的多样性并不是学校的产物。前一百年里已经创造了一个新的世界,已经开始了新的物质和社会的世界。教育问题并不是我们潜意识的希望和意图的产物,而是当代世界条件的产物。

我们以对科学的介绍和定位来说明问题。设想我们有时听到这样一些议论,它们潜在的意思是某些自我意识的人发明了科学,现在由于文化的狭隘性,这些人在大学课程里有了显著的地位。然而,我们需要将这种隐含的意思公开,才能意识到它是怎样地被歪曲了。这些学科就是那些造就我们现代化生活的产物。它们是某些机构的体现,而我们文化的继续完全是依靠这些机构的。它们不是来自专业化的需求,而是来自人类的需求。由于它们在生活的各个方面都有运用,因此在学校里也发现了它们的运用。所有紧急的工业问题都是来自那些与自然力量有关的新发现,它们的终极解决并不是依赖于对自然真实情况或科学进步的进一步深入。由于自然科学进步而产生的工业革命,反过来影响所有的职业。这种影响触及市政府和个人卫生学;它影响了牧师这个职业,同样地,或许间接地影响了律师这个职业。这样范围内智力和社会的发展不可能产生,也不会使我们的教育课程处于分散不确定的境况之中。

当有人问我们：对于那些自身没有组织好的学科，没有精心制作为教育材料的学科，我们为什么不对其置之不理？为什么不把我们自身局限在那些为教育目的而组织的学科中呢？当我们面对这些问题时，就会遇到逻辑上的自我矛盾和实践的不可能性。

这种逻辑矛盾可以在一个事实中找到，即新的学科与旧的学科并没有完全彼此脱离到可以用任意的方式割裂它们。尽管有冲突和困惑，人类思维的活动是一个整体。新学科的发展并不仅仅是给旧学科增添大量的信息，它体现了对所获得知识的深刻调整和重建——特性和观点上的改变。在现代大学课程里，科学学科和人文学科的冲突并不能通过解除科学学科而终止。同样的冲突也可以在剩余的语言学科中立即体现出来。科学的方法已经侵占这个领域，并声称这是它自己的领域。那些体现语言独特的"科学"方面——语音学、语言学、严格的历史发展进程、分析性的测定，等等，与那些被宣称为纯粹的文学欣赏之间划分界限。通过探索，我们将对现代历史和社会学科做什么，这个观点就体现得更为清楚。当所有的竞争者在黑暗中挣扎时，战争的中心在尽力地使它移到另一点时，争论中的事实没有比这更反复的了。当一切清晰后，不仅有新的战场，还有一个处于被讨论的新的要点。古典主义和科学主义之间的斗争持续着，一组新的研究已经逐渐形成，并且坚持自己的主张。历史、社会学、政治学、政治、经济或许会声称，它们是代表人性博爱的。和很多语言现象一样，它们代表着人类生命的基本价值，它们是科学方法的产物。如果不是那些根本的生物观点和进化的科学观点，那些被我们称为科学精神的、更难以捉摸的氛围就不会存在，也不会进入课程。知识结构本身就是一种精神上的有机组织。我们根本不可能在某些地方删掉一个成员，在另一个地方删掉一个机构。问题不在于如何消除，而是在于如何组织和简化；并非通过否认和拒绝，而是通过和谐的方式。

然而，现代生活简单的需求会促使大学面临全部范围内的学科，即使科学哲学并没有迫使它。几年下来，人们会更清楚地认识到，19世纪最显著的特点是应用科学的发展。19世纪前半叶，是各种各样蒸汽运用于工业革命中；接下来的几十年，是各种各样化学、物理能源更广泛的运用；再往后的几十年，是生物科学发展的运用了。由于在化学、生理学、细菌学的运用能力，我们并没有意识到医学行业目前改革的程度。应用科学越来越多地涉及那些基础工业过程——农业、乳产品业等等。细菌学家涉及了疾病的治疗，以及黄油、奶酪和啤酒的制造。关于科学和日常生活事务多样化的重要关系,我们可以很快地列举出来。一个新世纪的开始,将会见证我们从政治和道德科学转变到应用方面。

在这种情况下,如果说会将课程限制在几种学科中,我们不介绍引入其他的,因为它们之前不是经典课程里的一部分,因此也就不能很好地组织在教育目的中,那是荒谬之极的。大学现在面临的难题,并不是它自身之内的问题,或受制于大学的问题。现代生活很多影响仍然存在,这种影响也在大学里存在着。在那些关于大学课程的议论中,我们缺乏观点,缺乏明智,缺乏影响力。这些议论认为科目已经确定,认为我们已经有现成的标准来衡量各种主张,认为剩余的问题只是挑选这个多少、那个多少,只是结束那些困扰我们的困惑和冲突;这种困惑和冲突一定会存在,除非人类学习的各种学科已经达到哲学上的组织,除非他们运用于生活的各种方式非常明确和全面,并能够让日常事务也有所引导。当我们有足够的工业和政治组织时,就可以假定有一些非正式的捷径能够解决教育组织问题。同时,如果有人认为存在一套特别的教育方法,学院机构的领导人可以依靠它来分发各种学术的东西给那些对学术渴望的人,这是很可笑的。

到目前为止,我一直谈论的这个问题已经在课堂里出现,它出现在学科的增加和冲突中。当我们谈及目标和方法,包含道德目标和基础的学术态度,并没有发觉事情的状态有太大的变化。我们把文字、信息、训练和文化看成是设定目标和控制我们的方法。我们忽视了这样一个事实,即每代人都必须重新定义这些术语,以保持其真实性和生动性。我们谈论起每个术语都有特定明确的完好组织的意义;我们好像相信某种数学比率是可能的——通过文化比率、训练比率和有用信息的比率,我们可以获得全面的教育,或者从问题最紧要的角度来看,我们可以猜测在管理层为学生选择的材料上和学生自身的选择有个比率,假定在外部训练与个人性格自由之间有个特定的比率。我们所有的大学都面临着这样一个问题,使那些平常认为课堂里严格的纪律文化因素去适应职业因素——法律、医学或其他学科的准备。普通的权宜之计,可实行的措施,使得大学最后一年的课程依赖于两个方面,即代表普通文化纪律的学历和代表专门职业训练的学历。把那些实际的权宜之计和成功问题转到教育哲学的问题上,这种妥协让步意味着什么呢?关于基础价值,普通文化和职业能力之间的关系又是怎样的呢?

当我们深入问题时,我认为,大部分人都应当承认对这些术语本身以及它们之间的关系是有疑问的。我们所谓的大学教育的最高目标或者次要的目标具体是指什么呢？这个题目适宜演讲，不允许有盘问反诘；但是，假设有人必须明确老实地回答他如何把大学课程里的每种学科联系起来，每个学科的每天课程是什么，以及如何获得正确合适的品格——答案应该是什么？事实上，在现代情况下，我们正在追求的或者应该追求的品格又是什么呢？品格不仅包含适当的目标，也包含某种效能。生物学家使我们注意到，现在效能是适应的问题，是适应条件控制的问题。现代生活的条件是不是已经非常清楚地确定，可以让我们非常清楚什么道德习惯和方法对于获得最大的效能是必须的？我们是否知道如何调整教学来获得这个最大的效能呢？

要充分定义我们所谓的品格以及它与教育的关系，是一个很大的难题；但是，与谈到训练和文化的重要性所遇到的困难相比，又是一个小问题。

什么是训练？我发现，有些人，一方面强调执行教育和给以训练的重要性；另一方面，反对某种工作，其理由是这种工作给以过多的专业化训练。在谈到培训某人成为教师或调查员时，那些在经典学科或数学里高举训练旗帜的人，会谴责商业、技术甚至医学学校，认为它过于专业化，带有功利主义和商业色彩。使一个人从事某一职业的训练是受到称赞的，而使他胜任另一种职业的训练则受到谴责，为什么会有这种让人反感的区别呢？我所能找到的关于这个问题的唯一线索，就是假定一般训练和专业化训练之间存在着一些不可思议的区别——好像人在学习拉丁文和希腊语所受到的训练，是某种适应人、作为人的训练；而那种把数学、物理运用到工程，或把历史、地理、政治经济运用到商业中去所得到的训练，只是触及了人的某种狭窄的部分。这种假设的理由源于何处呢？在工程或工业职业里是否需要一个完整的人？如果目前这个完整的人在这些职业里还未找到机会和方法，产生这些结果是不是大学的主要任务之一？认为某种训练一般说来是好的，仅仅因为它并非某种专门化的训练，这种假设很难找到任何充分的哲学依据。培训、训练必须用应用性和可行性来衡量。训练就是训练成为某物或为某物而训练。

这使我想到了文化的问题。毫无疑问，现行的蕴涵似乎普通文化和职业效用是彼此独立的。毫无疑问，绝对对抗性的概念正在消退着。类似于选定和不能重生这样分际明显且固定的观念，无法承受现代生活自由交流和相互影响的压力。我们已经不可能再满足拥有这种信念，认为学术老师必须致力于高级精神理想,而医生、律师、生意人致力于粗俗的功利主义的唯利是图的追求,但我们不可能重建整个问题的理论。我们对于文化的理解仍然受到来自休闲阶层贵族隔离时期遗留物的影响,休闲意味着不用参与白天的工作。引用我一个同事的恰当词组来说,文化已经被珍视为"使人不快的区别"的手段。如果我曾经冒险进入在你看来是形而上学的领域,我可以认为现行的文化理想属于前生物学时期——这是一个时代的幸存,在这个时代里,思维被当作是独立的实体,完全独立于环境之外。

现在,我们回到整个问题的根源上。文化的概念广泛、全面地包含那些大学所代表的东西。建议大学应该做那些人们想要做的事情,这种建议就是攻击伤害大学理想的神圣性。大众、暴民(the mob)、大多数人都不想要文化——事实上,他们有能力去做除了文化之外的事情。大学代表着遗迹,它是少数人的避难所,这些人能够支持反对功利主义的高尚理想。要求大学做社会想要做的事情,就是屈服或妥协于文化理想,通过要求引入职业因素——为生活中的某种特定职责做准备。

310

所有这些,我直白并强调地说,我把它认为是过去二元论的残留物——来自那个二元政治的社会:阶级观念很强,智力学术二元性,物质和精神之间有着严格的隔离。在世间杂事和思维之间也有着隔离。社会的民主就是要废弃这种二元论,它意味着共同的命运、共同的任务。对于现代生活的人种学来说,认为在不同的水平上有两种不同的生活目标,受过教育的人将生活在孤立的高级文化中,而许多人辛苦工作却仍然为了物质而在奋力着。这种想法恰好是带有某种敌意的。现代生活的问题就是扫除持续这种区分的所有障碍。如果大学无法使它适应这种潮流,情况将会更加糟糕。不仅如此,它注定也会失败,除非它使自己去顺应,使它成为缩小这种差距的主要机构之一,使社会各个职业相互影响。

这对大学事务产生的意义也许非常抽象、细微,但有一定的事实是可以具体说明这个主张的。

我提到过我们生活在一个应用科学的时代,这在目前看来,意味着人类所从事的职业变得越来越少地依据经验主义模式,通过缺乏才智的学匠而学到的技术熟练程度也越来越少。他们越来越有推理能力,越来越能通过调查推理而明白事理。总而言之,他们依赖于科学。追求真理而产生的训练,和文化与现代生活中的职业有着亲密的关系。拒绝承认这种关系,至少要倒退一个世纪。我并不是说工程师、医生、牧师、商业人士已经意识到理论和实践相互依赖的必要性，已经意识到他的活动依赖真理的程度，对真理态度的重要性；也没有说职业阶层已完全意识到他们生活中职业的尊严和提升，然而，这种意识的缺乏使大学的任务更加明显。大学必须使它的事务能让人们获得生活的真理。职业必须依靠科学，依赖于观察大量事实，掌握方法。所有人都应当清楚这一点。

社会需要把专业知识和技术性的学科结合起来；这种学科，大学可以独自提供，把职业和生活事务结合起来。大学教育和管理即便是盲目的，也不可避免地往这个方向发展。认为目前大学面对的事实是职业训练，这不会引起多大的误会。这似乎意味着，大学重要的本质特征也只是预备的或者随附的。事实真理是存在于医学院、法学院、工程学院的。然而，我认为，大学的事务越来越接近提供专门知识，提供那些可以使个人适应职业的专门训练。至于这种趋势如何在形势和客观环境下实现，并不是目前要讨论的问题。我们可以确定的是，那些学术和道德方针把大学课程的文理科从职业学校区分开来，将会逐渐变得模糊，最终注定消逝。

所谓的普通训练和普通文化是中等学校的职责。最近，有个作家声称，大学正在受到来自两个方面的攻击，一方面是高中，一方面是职业学校。这正好说明 了我的观点——除了我并没有把这些手段当成敌人，而是当成古代无组织大学所承担的职责的双重区分。

从形式上看，大学前两年的工作也许属于第二个阶段。现在不适宜探讨什么是普通训练以及它与中学教育工作的关系。它意味着学生各方面都被激发刺激，学生应该进行至少一个月的关于宇宙万物各个阶段的调查。通过这个调查、这个探索，他开始认识自己和宇宙，或许他会知道自己的定位——在万千世界中自己的位置。有了适当的教学成本和对课程的协调安排，一般的学生在 18 岁或 20 岁时能够获得这种成果。

找到自我后，学生就会开始准备专业训练。这种训练，使他为适合他自己能力的那份职业做好了准备。这种训练，无论冠以什么名称，就是职业训练。我们并不知道大学在多大程度上往这个方向发展，因为首先，它们的早期课程中仍保留有大量的初中课程；其次，对教师职业的训练和特殊研究，被人们从医生、律师、工程师的职业训练中划分出来。实际上，学生接受的训练使他们成为实验室里的专业人员或指导员；这种训练和技术学院或医学院的训练一样，都是职业训练。

然而,还是有大量的重建工作要做,还有大量的所谓的大学工作,这种工作在本质上是不合常规的。它并没有为学生提供能够唤醒他们意识到自己的能力以及与行动世界的关系的教育,也没有提供专门职业的特殊训练。从性质上说,它既不是真正的中等教育,也不是学院的教育。它希望在某地发生某种奇迹。有人坚持认为,传统大学一方面免受高中的侵犯,另一方面从职业学校的侵犯中完全脱离出来。在我看来,这些人是主张让那种无组织的和虚伪的东西永存。从历史上看,和中世纪的大学一样,这些大专院校是一个大的职业学院,它最初的任务主要是为政府部门服务,偶尔为那些有职业知识的人服务。这种职责渐渐地逝去,然后为普通文化采纳越来越多的教育形式。现在,高中适合承担这个职责。它的合法扩充必定要承担越来越多的职责。在专门训练时期停止后给予最大的普通文化,以松散模糊的方式为将来的生活作准备——这些都是不规则的,通过恢复大学作为职业机构的地位将得到改正。

我相信,这种趋势是稳定的,不可避免地朝着一个方向前进,一方面,要把大学和高中教育区分开来;另一方面,要和职业训练区分开来。第二个阶段的训练必定是个人和文化训练,让大脑保持清醒,知道自我需求,有能力处理与生活的关系,恢复新鲜和活力。学院机构将提供专门训练,获得对那些系统的专业化知识和研究方法的控制;这些知识和方法,会使个人去适应对职业的追求。

我们每个人都有职业,只有那些奢侈或无业的闲散之人,只有那些时尚休闲阶层或贫困阶层来破坏这个规则。当高等教育开始从道德和物质方面关注职业的普遍性和重要性,全面坦诚地承认它们并使其课程和方法去适应时,大学自身才会一致,与社会的关系才会一致。正是朝真理和效用结合的方向发展,才弄清楚了现存大专院校机构的问题和目标。

313

杂 记

大学初等学校①

致大学校长：

先生们，我在此提交关于1898—1899年附属于教育学系的大学初等学校的报告。

学校位于爱利斯街道5412号，平均每年入学人数为95人，包括4到12岁的学生，一年总的花费为12870.26美元，同期的学费为4916美元，比前一年增长2200美元。大学设置七种免费奖学金，总计840美元回报学校的服务。所需总额的剩余部分由个人捐赠，最大的捐赠如下：卡索家族（捐给幼儿园）1500美元；W·R·林内女士200美元；C·R·克瑞恩女士1000美元；A·C·巴特莱特先生及夫人750美元；爱德华·B·巴特勒先生200美元；威廉·肯特夫人100美元；还有来自教育系主任关于学校工作三个系列讲座的报酬，这些讲座也已经再版为书，书名是《学校与社会》。

最大的一部分开销是工资，为9160美元。我们很有必要把花销集中于这一部分，这样可以保证专家和有能力者不仅可以教好课，还可以科学的方式来研究对象。本年工资清单上有13位老师，大约平均每人为700美元。总数相对而言比较少，部分原因是有4位老师并非全职的，更是因为大部分的老师放弃其他待遇更好的职位，因为他们热爱这份工作。完全依赖于教师们的奉献，显然是不公平的。因此，工资普遍增长的问题在不久的将来一定会解决。

---

① 首次发表于《校长报告：1898年7月至1899年》(*The President's Report：July, 1898 - July, 1899*)，芝加哥：芝加哥大学出版社，1900年，第198—199页。未重印。

本年的主要教育工作有对前三年学习的总结。在这一计划构成要考虑的要点如下：(1)在相继的几年里，儿童活动和兴趣的不同类型，以便挑选研究对象和方法，尽量让所有的儿童都参与每个阶段的活动；(2)确定研究对象的顺序，以便上一年可以控制下一年的问题和材料，而下一年的工作正好可以利用上一年的工作，可以不重复地进行评论；(3)对研究对象逐渐进行更专业化的区分——历史与科学区别开来，生物科学与物理科学区别开来；(4)提供机会对阅读、写作、算术的符号进行持续的介绍，满足日益增长的对辅助书的需求。一年研究历史，辅修科学学科，这种计划正在考虑之中。大家都相信，朝这个方向实验的时期已经结束了。

同一年大家比较关注的另一个教育问题，就是如何把艺术、纺织、工厂这三种具有表现力和创造力的工作与对历史和科学的研究结合起来。我们在这方面已经取得宝贵的成果，特别是我们有可能对纺织给予实践和理论的课程，这和对历史的研究是相同的，也有可能对基本的历史观点进行介绍。

对于在不寻常情况下从事的工作与公立学校的关系问题，时间会给予我们答案的。有人会反对，说情况很不一样，在初等学校的成果不适合其他学校的工作。我们的主要目的是要说明教育的根本原理，而不是创造那种可以任意复制的方法和材料。经验说明有三个方面的直接影响：(1)某些学校会以系统的方式来执行新的原则，它们的存在不自觉地却积极地改变着教育氛围，使大家对其他地方的变化准备发表自己的观点。大量参观者在学校开放日聚集在学校里，就说明了这种影响。所有学校对建设性工作日益重视，特别说明了这种结果。在整个国家，那些正在逐步发展的学校已经开始介绍制纱、织布机、纺织等方面的工作。(2)准备大量的专家，他们富有学校工作的理论和实践知识，也会在其他领域从事相同的实验工作。需求很有可能超过供给，而扩展中的唯一问题就是缺乏资金。保守观点认为，位于不同地区的八所或十所学校做着相似的工作，这会产生巨大的影响。(3)现在学校工作的成果公开了，给教师带来前所未有的实用性。起初，解决处理这些材料需要非凡的条件；现在发展后，只要在平常的条件下就可以进行了。再次说明一下，学校影响进一步扩大的主要障碍是来自经济的而不是理论的。

学校不久的将来要面临的主要问题，是我所提到的影响方式更系统的发展，比如学校日益扩大带来的组织操作问题；大量专业化教师的各种兴趣必须协调一致;初等学校阶段的方法;大学里的理论教学和学校工作之间有机联系的进一步发展;包括提供对助教的教育监督,提供更专业化的各种各样的训练课程。 320

学校的主要需求如下:(1)教学楼的设计、建造,配备各种设备用于学校工作。如果没有一定的实物设备,教育原理和理想无法展示或实施,而这些硬件与所做的工作是没有直接关系的。(2)永久的捐赠。我们无法表达对那些慷慨捐赠的朋友的感激之情,是他们的捐赠,才使过去每年学校工作的扩展得到实现。然而,学校的基础还不稳定,会给有关人士带来很多要求和焦虑,除非它拥有可以依靠的确定的年收入。

校长:约翰·杜威

敬呈

威廉·詹姆斯的心理学原理①

321   渊博的学识、创新的论述和不败的建议这三者结合起来，对我而言，这是对现存高级心理学问题的最好研究。它比我所知道的任何一本书都做得更好，更能把心理学放在科学的研究位置上。对已经确定的结果的表达，对问题的进一步深入和处理，也都是从科学的角度出发的。

---

① 首次发表在《与教师关于心理学的谈话和与学生关于某种生活理想的谈话》(*Talks to Teachers on Psychology and to Students on Some of Life's Ideals*)，威廉·詹姆斯著(纽约：亨利·霍尔特出版公司，1900 年)，第 303 页。

附　录

1.①

大学初等学校:历史及其主要人物

大学初等学校创立于 1896 年 1 月,当时有学生共 19 人,年龄从 6 岁到 9 岁。学 325
校由之前在库克镇师范学校的米歇尔(Clara I. Mitchell)小姐负责。不久之后,教育
学专业的毕业生斯梅德利(F. W. Smedley)先生参与负责手工训练课程。学校此次
的办学持续了六个月,办学期间,学生人数 16 个至 20 个不等。1896 年 10 月,大学初
等学校再次开学,校址设在金巴克大道 5714 号。此次办学参与的学生年龄从 6 岁到
11 岁,总人数为 32 人。米歇尔小姐负责文学历史课程,原在布拉特学院教学的坎普
小姐参与负责科学和家庭艺术课程,斯梅德利先生仍然负责手工训练课程。此外,有
三个助手尽量抽空来学校帮忙工作。

1897 年 1 月,得益于家长和朋友的慷慨解囊,学校搬到位于罗萨利法庭和第 57
街交叉处的旧南部公园的俱乐部中心。新校园的膳宿条件优越,光线和空气大为改
善。俱乐部中心的大厅可作为健身房使用。那年春季,米歇尔小姐辞职,她的职位由
哥伦比亚学院毕业的摩尔(E. C. Moore)先生和史密斯学院毕业的丘吉尔
(Churchill)小姐接任。随着师资队伍的不断壮大,学生人数逐渐增多,此时学生注册
人数已达 46 人。

学科和方法

作为大学工作的一部分及教育整体利益的一个循环,本文旨在从在校的孩子角 326

---

① 首次发表于《大学(芝加哥)记录》,第 2 卷(1897 年),第 72—75 页;再版于凯瑟琳·坎普·梅因和
安娜·坎普·爱德华兹合著的《杜威学校》(*The Dewey School*),纽约:D·阿普尔顿-世纪出版公
司,1936 年,第 26、27—30、31、32、34、36 页。

度出发考虑问题。

I. 手工训练——由大学女子体育馆的安德森（Anderson）小姐指导监督的体能文化课，是一门常设基础课。除此之外，所有的儿童（男孩、女孩所受的训练很是相似）都有厨艺课、缝纫课和木工课，以及其他使用纸张和粘板的手工活。每周都安排一至两个小时的学习时间来学习各个学科。烹饪课上，每个小组的儿童每周自己准备一次午餐，包括摆设餐具、接待宾客，以及上菜等礼仪。这门功课既有学习烹饪本身的积极意义，也有其社会价值。在木工店里，并不严格要求学生做一些体力活。木工课的目的在于协调儿童自身的体力、脑力，以及工具使用和材料之间的关系。儿童制作出来的东西，首先必须是学校教学用得上的东西。比如说，最近儿童为体育馆制作了很多靶子、哑铃架和靶架，还为实验室制作了许多带有砝码的简易天平、试管架，以及简单的实验仪器。当所制造的物品学校用不上时，通常鼓励儿童设法制作一些物件带回家去。儿童最热衷于设计玩具、椅子及桌子等。同样，在缝纫课上，儿童会制作做饭时用的围裙和袖套，还有体育馆里的沙包等。

手工训练之所以至关重要，有以下原因：

1. 手、眼以及其他相关器官的同时使用，是很重要的。因为在实践中，手、眼等器官的同时使用，使儿童能够最容易最直接地获取经验，以及了解熟悉的材料和平常生活的全过程。这是保证和保持注意力方面的最佳选择。同时，它能够培养儿童的社会精神。在实践中，劳动分工、手工合作可以激发儿童的热情，以有益于所在社区的方式工作。

2. 在儿童具可塑性的阶段，手工训练有利于培养儿童刻苦勤勉、持之以恒的工作习惯，以及获得个人的灵巧和机敏。儿童在自由而非机械的方式引导之下，个人计划的独立性以及执行力都将得到最充分的发展。事实一再证明，在儿童培养自我肯定能力这一积极情感和激发孩子表达能力和创造力方面，没有任何一种手段可以与手工训练相媲美。

3. 手工训练还不断地促进学习其他学科。就以烹饪为例，学习烹饪是了解简单基础的化学事实和化学原理的自然通道。同时，自然而然，烹饪还需要学习、研究作为食物原料的植物。在缝纫课上，缝纫就会涉及材料及其加工，还包括研究发明的历史、地理（生产制造以及生产线的地区分布），以及像棉花和亚麻的生长和栽培。这些学科还包含了对测量学的要求。木工要求儿童不断地计算，以与其相关的方式进行计算，从而培养真正的数字意识。

II. 历史和文学——一开始就设置历史课程，其指导理念是培养儿童的社会生活洞察能力。历史不是对过去的一种记录方式,而是对现有社会构成和演变的一种认识方式。因此,历史课通过两条主线开展:一是对人类进程中各个典型历史纪元的学习,从最混沌未开的时期开始(人们居住在丛林和天然洞穴里),一直到目前的钢铁时代;二是研究希腊生活,特别是对荷马时期的研究,这样能够洞察发达的艺术文明背后简单自然的生活。一年以后,开始学习现有的社会职业,了解乡村和城市生活的差异,以及两者之间的依存和相互作用,并对过去和将来的每个链接点进行研究。因此,在这里就不仅仅从字面上理解所谓的"文化纪元理论"。

在历史学习中,因为学习被视为洞察社会生活的一种模式,所以十分强调人性和自然的典型联系。这些都是衣食住行、人类居住、工业发展的缩影。因此,历史课与手工课以及科学课程之间的关系就会不断地得到协调和平衡。

至于文学的学习,与现有其他学校采用的方法最大的不同之处,在于这里把文学视为社会生活的反映。因此,不是通过学习文学来学习历史,相反的,是通过学习历史来学习文学。我们相信,这是看待文学恰如其分的观点。它避免了一种误区——用故事来分散或者过分刺激儿童的注意力。对儿童而言(或许对一个成人而言),故事只是故事。以创造希腊生活的作品为例,所有为儿童创作的作品都是很严格地讲究文字。除此之外,它们当中的许多作品,把一些传奇故事平民化为希腊文人轶事和社会发展中的凡人小事。

III. 科学——不论是自然研究(即通过观察,对明显的自然现象进行的研究),还是试验性研究工作,从一开始就被列为学习课程。不论是 6 岁的儿童,还是 10 岁的儿童,都一样在实验室学习,被同等对待。这两种研究都有助于发展儿童智力和促进儿童技能、操作灵敏性的习得。就这点而言,毫无疑问,实验室工作和手工训练能够彼此强化。鉴于现有小学生的年龄,教学目的不在于传授对客观事物的分析性知识,或者关于科学原理的准确具体的公式,而在于激发儿童的好奇心和培养儿童的调查能力,唤起他们对所处世界的意识,训练他们的观察能力,不断对他们灌输发问、质疑这一科学方法的实用意义,最终逐步地在他们的头脑中形成典型的动力,以及所有自然变化过程的意象。至今,结果表明,儿童很热衷也很执著于这种探索模式。

很幸运,在科学工作的导向方面,我们的实验学校和芝加哥大学有着联系。芝加哥大学的老师和毕业生都对我们的实验学校表示理解和支持。他们提出了各种建议,为这所学校找寻材料,还偶尔给儿童举行讲座。在植物学首席教授考托(Coulter)博士倡导下,植物学课程得以筹划和开展。在此希望,能够逐步同其他系开展一些类似的合作。我们彼此的合作,以及事实上很多专家的亲自参与,都保证了儿童所接受

328

329

的材料价值不菲,而非琐碎冗杂;所接受的知识连贯系统,而非随意拼凑。

这些学科自身的内容积极,意义深远,要求学生具有质疑的精神和积极的态度。这也是学校工作的核心所在。学校的宗旨在于,像阅读、书写、拼读、数字、地理、历史等正式学科的学习,都应该从属于学科内容或者事实,并得以发展起来。这些学习只能作为儿童必须掌握的手段或者方法(相应具有一些积极目的),而不代表他们各自独立的个体本身。

随着越来越多的人咨询有关教学和阅读的问题,以及学校利用书本的态度,以下的一些说法可以说是恰如其分的:

书本和阅读能力本身仅能被看作是手段。儿童必须像应用其他工具那样,学会应用这两种手段。这意味着,他们必须很明确这些手段的功用,以及应用这些手段的动机和所要达到的目的。因此,对 6 岁的儿童不需要特别地花精力去教他们如何阅读,甚至对 7 岁的儿童也不提倡,除非有迹象表明,这个儿童觉悟到自己有阅读的需求。目前,学校系统不成熟的阅读教学,使得儿童的眼睛和神经系统过分紧张。阅读耗费了他们本可以花在正式学习所包含的学科上的时间。对于这些学科,他们不用很紧张,只要做好准备,就可以在很短时间内掌握知识。而且,如果儿童懂得如何阅读,几乎也不需要其他的必读材料了。

阅读的目的在于让儿童熟悉语言的用途,使之成为发现未知世界、与别人共享自己所得的一种手段。因此,阅读作为一门科学,与历史以及其他学科都有着紧密的联系。儿童只要了解阅读的目的和拥有一定的技术设备,那么,所有的印刷材料对他们而言不是教材,而是设备的辅助材料。现行的材料有两种弊病:其一,儿童形成了依赖课本的习惯,本能地认为书本即便称不上是获取信息唯一的手段,也可以算是主要手段;其二,课本作为教材,禁锢孩子们的头脑,让儿童处于被动状态,养成全盘接受的习惯。儿童只是纯粹地在学习,而没有任何质疑精神。

阅读需要面对的主要困难,在于缺乏合适的阅读材料。学校希望在明年添加印刷设备。借助印刷设备,在某种意义上,儿童可以完成他们的功课;同时,教师可以选择和演示恰当的材料。这些材料得以适时准备和试行成功以后,可以大量印刷并普遍采用。

学校组织的大纲

就学校的行政组织而言,主要由三部分构成:初等教育、中等教育和高等教育或者大学。这些阶段并不是任意划分的,每个阶段都有自己的主导目的或主要兴趣,以及所采取的相应方法。

大学初等学校涉及了这三个阶段中的前两个阶段。初等阶段开始于 4 岁,一直延续到 13 岁,其中包括九个学年。这一时期的目的在于:(1)使儿童对社会和自己的本性充满积极质询的兴趣及意识;(2)使儿童对自己的能力有积极的认识;(3)逐步引导儿童掌握在将来工作中所需的技术手段,比如阅读、书写以及计算。

因此,这个时期最突出的目的,不在于给儿童某些技术设备或者让他们掌握某些知识,而在于在儿童的意识中建立对他所处世界准确得当的认识,了解他上学之前感触最深的东西,比如家庭或者邻里生活,并逐步扩大社会圈子。丰富多彩却又有条不紊的生活经历,是材料和活动选择的最终主导原则。

九年的初等教育分为三个阶段,或者说三个级别,虽然这些分级的标志不是那么明显地体现的。

第一个级别包括从 4 岁到 7 岁的儿童。这一级别从儿童已有的社会经验入手,一方面努力让儿童对生活的内涵拥有更加明确清晰的认识;另一方面,形成为社会服务的习惯,以及控制眼、手的能力。在这个阶段的最后一年,简略地向儿童介绍书面语言,以及典型的算术过程(通过界尺、天平等等)。

第二个级别是从 7 岁到 10 岁。这一级别主要的目的在于保证儿童掌握方法。利用这些方法,让儿童形成他们更准确、更精确的行为。这些方法包括在烹饪课上、木工店里、实验室里应用工具和器具的能力,以及达到某种特定结果之前整条工作线的操作。它还涉及阅读、书写、算术的更广泛运用。这些学科不是作为独立的学科被应用,而是被应用到其他学科中的报告、记录、计划及引导工作中。

第三个级别是从 10 岁到 13 岁。其主要目的是保证儿童具有洞察能力,能够提出一些自己的问题,以及选择和明确适合自己的方法。在第二个阶段,希望儿童实实在在地掌握方法和用途。在第三阶段,他能够再现这些方法用途而且看到技术术语就能作出反应。作为洞察历史、文学、地理以及科学等问题的辅助,这意味着更深入、更正式地使用书本。

在第三个级别,将向学生介绍一种现代语言、拉丁文、基础代数学,以及建设性的几何学。这样,准备大学阶段的年限将被缩短一至两年。这样的预测并不是想入非非,盲目乐观。对那些不想进大学深造而选择工作的人而言,他们不仅积极而又清醒地认识所处的世界,而且拥有了理解和处理这个世界所必需的基本理智方法。

第二阶段的工作并不是如上面所陈述的。但是,它的主要目的在于更正式地对不同的学习主体进行区分,以保证每个学生都能够平衡、适度地过渡到他们的人生成就,或者他们兴趣和能力所在的特殊领域,最终为他在高一级的工作或真实生活中的专业化作准备。第二阶段真正持续到大学的二学年末期。但是,很自然地,大学初等学校只是在它最初的三年里涉及这一部分。这个阶段是用来形成各种学习主要准则的总论,以及收集所有体现和诠释这些准则的细节信息。如果初级阶段得到充分利用,那么,儿童就可以获得在各个方面的积极经验,保持对知识的渴求和迅速调查的主要方法。这样,毋庸置疑,儿童就能够在相对短暂的时间内比较容易地获取大量的技术总论以及特殊细节。

总论

333　　关于学校的精神,学校的主要目的在于保证自由随意的社区生活形式。在这样的社区里,每个儿童都觉得自己是社区的一分子,也明白自己的工作。这些主要是让儿童明确标准和训练的一般内涵。我们相信,真正的秩序和训练形成于儿童对他们必须完成的工作的尊重,以及对共同参与某项工作的其他人的权利认识。正如以前提到的,学校强调的是各种形式的实用性和建设性活动;这些活动唤醒儿童的社会意识,以及对彻底和诚实工作的尊重。

　　学校强调自身作为道德主导的社会精神,还强调个人的社会精神。为了方便起见,儿童被分为几个小组。根据工作的类型和儿童的年龄,每组的儿童都包括8岁到12岁不等。在群体工作中,希望教师们注意到每个人的优势和不足。这样,不仅可以发掘儿童的个人能力,而且能够有效地补偿每个人的能力不足。教师对每个人的关心,包括体力和智力两个方面。每个儿童都要在体育馆里接受体能测试,所发现的不足都将报告给父母,那么,儿童就可能需要某种锻炼来弥补。每个儿童还要参加芝加哥大学心理实验室举行的考试。学校中20%的学生家长会收到一份出自某位知名医疗专家的报告,报告表明他们的孩子需要哪些特殊的锻炼,或者需要特别注意眼、耳、喉等某种器官。

　　学校的另一整体特征,就是努力使手工训练、科学和历史等各方面专家同心协力。现在,存在从一个极端走向另一个极端的趋势。学校聘请了一些专家,而每个专
334　家都是独立地完成各自的工作,这样,儿童的生活就失去了统一性,成为大量专家的个人品位和习得的代价。为避免这种情况,我们所做的努力是让每个教师负责整个科目,从而出现另一个同等严重的问题。问题不在于某个专家在某个方面不专业,而在于他无法做到方方面面都很专业。在手工课、科学、文学每个科目的教学中,每个专家不可能在每个方面都很擅长。这是一种从生理和心理而言都无法达到的要求。

相应地,在有些方面,工作无法深入开展;而且因为没有专家的技艺可遵循效仿,有些工作无法获得完美的工作方法。因此,学校努力让专家们掌控各类工作,然后,通过儿童不断的质疑和合作,以及各位专家在相同的总则之下对不同学科和职业的调控,最终达成一致。专家教学产生的不当分歧,不是方法问题,而是缺乏对统一计划的监督、合作和控制问题。

2.①
大学初等学校:学校工作的总纲

导论

总立足点

　　整体而言,学校组建的基础是尽可能地利用日常生活、个人经历以及正式的学校生活三者之间的关联。大家认为,教育的过程、引导的材料以及产生知识和训练的精神方式都是一样的。它们是没有学校围墙之隔的。因此,可能的话,课程导向工作可以称作儿童熟悉的日常表达方式和简单的生活经历的延续。在学习中,也会渐渐地介绍差异,任何时候都与日常行为紧密地联系着。学校教育的最终目的是儿童的成长、知识的增长,以及儿童对精神力量的控制。

　　因此,学校的问题在于保证仪器设备的组织能够提供儿童各自典型的经验所需的材料。这样的安排,是为了深入、持续、有序地成长。学校可以提供的是材料安排和行为模式,这些正是家庭和邻里间非正式生活所缺少的。比如,提供最有价值的信息,去除最无意义的那部分价值;不断增强对隐含经验之下的总则的洞察能力;深入掌握工作的方法——质疑、讨论和反应。学校的教学楼不应被视为讲授知识的房间

的集合,而是作为设备良好的和组织良好的环境。在这里,可以有特定的工作模式,保证有一定数量的经验和形成某些习惯。这里设有木匠店、实验室、工作室、体育馆、图书馆、厨房以及餐厅,还有一个可供缝纫和纺纱用的棉纺工厂。讲授室既是会议

---

① 首次发表于《大学(芝加哥)记录》,第 3 卷(1898 年),第 253—254 页;再版于凯瑟琳·坎普·梅因和安娜·坎普·爱德华兹合著的《杜威学校》(纽约:D·阿普尔顿-世纪出版公司,1936 年),第53—54 页。

室,也是会客室。在这里,教师和儿童可以交流经验、解决问题和表达见解。值得相信的是,在对学习过程本身意识最少的情况下,反倒能学得最多。在关注本身有价值的目标的时候,大多数的训练也得到了保证。

相关关联

从在学校教室里所经历的自然方式中,我们就发现"相关问题"已自身大致解决了——问题已经荡然无存。各式各样的学科和真理之间建立的关系,和儿童所从事的各个工种,与他自身还有学校之外的各个环境之间的联系是一样的。这两者有共同的基础,儿童都是基于这个基础成长的,而又是致力于这个基础而努力的。如果所学的科目没有与儿童的生活脱离关系而孤立的话,就不需要一个科目与另一个科目之间的强制关联。任何特殊方面,在特定事实面前,只要需要和目的性被感知到——像算术、阅读、书写等等——在这个特定的方向上无需犹豫。儿童所感到的必要性,应用所得来丰富和深入其他学科的可能性,都为所需要的联系提供线索。

更具体地说,不同形式的建造性工作,厨房和商店提供不同的经验模式,产生了一系列问题。这些问题在其他课堂里,有更专业和更正式的形式;同时,这些工作以丰富的形式,不断地应用所有在其他地方习得的实用技能和知识。这些形式不仅向孩子介绍了材料,还介绍了手段、过程和应用材料的模式。这些材料自然而然,不可避免地与算术、几何、地理、矿物、物理、化学等学科有着联系。进而言之,当相互关联建立在需求和应用的可能性上的时候,很多的学科就可以相提并论了。比如说,一方面,地理和历史有着关系;另一方面,和科学有关。同样地,数算与建筑活动和科学都有关联。语言在阅读、拼写、写作各个方面都与其他的学科有着联系。最后,音乐、线条和颜色中的艺术是表达和交流任何可在经验中实现的价值的不可或缺的模式。

学科的区别

大学初等学校组织共分为三个阶段,或者说三个时期。然而,这些时期是从一个阶段逐步进入另一个阶段的,以至于儿童几乎没有发现两个阶段之间的差异。第一阶段从 4 岁到 8 岁或 8 岁半。① 在这个阶段,与家庭以及邻里生活的联系无疑是特别紧密的。儿童言语和行为大部分是直接的交际和外露的行为模式。很少试着让儿童有意识地形成某种智力,反映某种意识,以及掌握某种技术。然而,随着工作的逐步复杂,以及儿童认识区分问题的责任感的增强,儿童有必要掌握特殊的方法。

---

① 这一年,学校(得益于卡索家族的慷慨)第一次有了年龄四五岁的儿童;相应地,因为亚初级的工作尚未完全形成,故而没有在这份报告中描述。

因此,在第二个阶段(从 8 岁到 10 岁),强调的是阅读、书写、算术等能力。这里,强调的不是这些学科本身,而是作为涉及更为直接的经验模式的必要辅助。同样的,在不同形式的手工活和科学中,越来越注重做事方式得当和有效地达到结果。这与只是简单地做事不一样,是保证工作规则和工作技术的特殊阶段。

在第三个阶段,一直持续到 13 岁,习得的方法运用于确定调查和反思的问题,从而认识意义和概括的必要性。当达到后者,明确的中等教育就开始了。第三阶段体现在各行各业、历史、科学以及科学的各种形式上。一旦掌握了各个阶段所应用的方法和工具,只要掌握了这些,儿童在某种程度上就达到了真正的学习。如果儿童在第一阶段拥有的是各不相同的背景,第二阶段了解如何阅读、书写、算术和使用材料等等,把这些学科作为质疑的手段,那么,他就为专门化做了准备,从而免于陷入学科孤立和行为突兀的境地。

3.^①

与早期教育有关的游戏和想象力

几乎没有必要说教育游戏有别于娱乐。教育游戏并不是指单纯的普通游戏,这 339是儿童活动的一种形式。约翰·费斯克博士指出婴儿期的延长对教育和社会进化的意义。延长的婴儿期,意味着某个特定时期的推迟。而在这个时期内,人们进行生活所必需的活动——谋生——相应地,在这一阶段,人们持续进行能力的练习,这种练习并无明确的目的,仅以自娱自乐这种练习本身的价值为目标。这种自然自发的表达是游戏,相应地,儿童所有的不为到达某种外在目的而进行的活动都是游戏。因此,以下三点可供参考:

1. **教育游戏是可以被传授的,不是玩耍**——也就是说,教育游戏的本质是儿童自身态度、倾向、意象等的成长和表达。其他人可能会给他们指定方向,并利用游戏的随意性;可能通过模式、建议及其他刺激物来引导儿童,但儿童必须内化这些东西使之成为自己的东西,或者纯粹地通过某些外在活动。而这些活动,成人可能会悟出理想化或者精神化意义,但是对儿童而言,这些只是感官的或者机械的一种形式。

2. 我们还必须避免成人对儿童所做的关于游戏和工作的区分。对儿童而言,游戏就是他的活动、他的生活、他的事务。游戏是一个严肃的问题,他会全神贯注地投入其中。这是一份工作。因此,很多事情对成人而言是工作,甚至是苦差事;对儿童而言是一种游戏,比如扫除冲洗、卫生打扫、洗刷盘子等等。所有这些,都是由于儿童 340注入了情感。如果儿童为了乐趣而做这些事情的话,这是游戏。如果儿童只是为了

---

① 呈现给芝加哥大学心理学院的论文,1899 年 4 月,得到芝加哥幼教学院的赞助[这份小结报告最先出版在《幼教杂志》(*Kindergarten Magazine*),第 2 期(1899 年),第 636—640 页]。摘要同时也出版在《学校期刊》(*School Joural*),第 58 期(1899 年),第 589 页。未重印。

一些外在的结果,那么在成人看来,这是工作。但是,自然而然地,游戏就是儿童的工作,工作(如果真正引起儿童的兴趣的话)就是游戏。

3. 我们必须把事情想得简单些,儿童都需要游戏。这仅仅是因为儿童对游戏更加严肃和专注。我们可以介绍有积极意义以及对儿童有正面引导作用的材料。因此,儿童应该自然地度过这段时间,在不断变化中,实现从普通意义上的游戏转换到更加明确的学习,确立并实现适合年龄大一些儿童的目的。在一所普通学校里,我们很难区分幼儿园的终点和小学的起点。

想象就是简单的游戏中内在的精神方面。游戏除了体力的外在表现和锻炼之外,每个游戏的价值是游戏中体现的意象。如果认为想象只是涉及虚假的、古怪的、非真实的情境,那是错误的。儿童的想象就是用真实生活的一部分来代表更多的生活。比如说,当小女孩玩着布娃娃和碟子、男孩子玩着蒸汽船和火车的时候,情况都是如此。通过对现实的拓展延伸,用现有的事实代表未来的事实,儿童增强了自身的能力,如洞察力,以及拓展了兴趣和同情的范畴。儿童健康的"象征手法"仅仅是把某种元素作为象征源,逐步地象征和建立更为广阔和深远的整体,而不是用一个整体代替一些不真实的观点。

因此,想象必须是真正有建设性的,必须找到一些对儿童而言是真实的东西。意象最终必须落实到行动之中。行动可以让儿童超越不完美的意象,进而修改这些意象。因此,错误在于刺激和激发想象,却没有建设性地训练它。唤起想象,然后听之任之,这是在简单地诉诸情绪和情感。这样做,会削弱品格,驱散精神力量,这种危险广泛存在于多类故事中。

341   只要建设性的行为有其游戏形式,儿童就会再次发现意象文化。儿童实现着社会和人类价值,并为社会服务着,把一些意象扩展成为对大人而言是平凡和实用的东西。很大一部分,是日常家庭活动、家居环境,以及文化想象中最健康的户外活动。所有的工作,学校中所有的学科(历史、地理等等)和象征性游戏、天赋的运用、高度完美化的故事和文学的讲述一样,是发展创造性想象力的手段。

讨论

杜威博士建议一系列有别于福禄培尔的教育工具。这些工具可能是原始人及其家庭的职业,它们应该被复制,认为它们不仅是有用的,而且具有教育意义。

在持续的讨论中,(威廉·托利)哈里斯博士就前几位演讲者所陈述的内容提出以下问题:

幼儿园应该明白象征主义到底意味着什么？这不是终点。但是，我们以此作为出发点，并最终摆脱这个出发点。儿童和人类思考有所差别。儿童只抓住一些片段，而现实是一系列互为因果的事物。一个儿童到 6 岁的时候，在象征主义方面进步神速；但是，他并不明白动力学。最终，他发现，幼儿园的伟大之处在于有半自发的游戏。在 1872 年和 1873 年间，福禄培尔发现了游戏的价值，选择当时最聪明的游戏。在他之前，没有人写过"做"（doing）的教育价值。福禄培尔在这个学科是一个经典人物，理解福禄培尔的精神很重要。没有这种精神，他就很难创立我们在《幼儿园教育学》（*Pedagogics of the Kindergarden*）论文集中看到的所有理论。幼儿园的目的，不在于教儿童如何去玩，但是包含了随意的游戏。儿童对游戏中的很小一部分进行虚构。幼儿园尝试在一场球类游戏中引入随意的想法；球类只是斗争的空白形式，它象征着真正斗争所争取的事物。幼儿园不是在讲授符号，只是选取一小部分来代替整体，而且教导如何凭借一个事物想到全过程。

麦克里什女士（Mcreash）说：

杜威博士似乎只是考虑到了城市里的儿童而非农村的儿童。在农村，儿童很自然地融入自然世界、动物以及蔬菜。建设性想象力得到良好的发展。我们必须面对如何平衡艺术性和建设性这一问题。首先，应拥有对自然和动物世界的同情心。然后，寻找建设性工作的机会。建设性的工作可以是农场的某一苦差事。这种对自然的同情大大有助于保卫宗教生活，这种活动可以让儿童感觉到神灵的存在，以及灵魂大致来源于和大自然的交流。我曾在两个男孩身上做实验，来展示动物世界和蔬菜的关系。第二天，其中一个男孩自发地感叹道："上帝好神奇啊！"他已经把这个试验的缘由归结到上帝。太多的故事讲述导致不良的后果，有许多例子证明好的头脑因此而消逝。

杜威博士以如下内容结束这个有趣的讨论：

关于儿童要与熟悉的事物保持多远的距离这一问题，我应该说，幼儿园的事情应该全部由幼儿园教师来规划。作为一个探索者，儿童的每个探索步骤都是从他们所了解的到他们所不了解的。球类和积木当之无愧是历史悠久的玩具。我不会把它们排除在外。我不是为规定做辩护，而是强调扩充材料。这就依赖于儿童的洞察力、智力，以及教师的经验。在符号作为片段的特性上，我同意哈里斯博士的观点。我们需要为原理搭建更为宽阔的平台。

福禄培尔是除裴斯泰洛齐之外的最伟大的实验家和调查者。我们想了解儿童的本性。他拒绝承认自己是新游戏和儿童工作的发明者。他尝试找出儿童的行为，以及对儿童有吸引力的事物。在回复关于家庭杂务会使儿童变得缺乏想象力和灵感、破坏自发性的这些批评时,杜威博士说,他并不觉得洗盘子就无需想象力和没有趣味性,因为他自己有过如此的经验。

我觉得,儿童在洗盘子时可以培养想象力。儿童一旦拥有行为的自由,他们就是诗人和艺术家,他们把想象力投入到他们手头的工作中。儿童的思想是无穷无尽的、模糊不清和情绪性的。他应该对操持家务的母亲拥有同情心。想象力应该在诗歌这一部分得到发挥。就布娃娃而言,布娃娃身上承载着民族和社会的元素,儿童可以发现这些元素并赋予布娃娃这些元素。

至于麦克里什女士的问题,我想说,我亲眼看到幼儿园里一些小朋友的游戏,游戏中刺果是茧,儿童是毛毛虫或飞蛾。这一点表明,城市的小孩也和自然是有关联的。

文本研究资料

文本的校勘原则和程序

这套《杜威全集》中期著作(1899—1924)大致依照年代顺序编排,为读者奉上杜
威所发表作品的一个权威的校勘文本。

当某个文本具备以下条件时,可以被称作权威文本或定本:(1)编者就确定所有
包含那个有待稽核的作品于其中的那些遗存文献在整体上或部分上的权威性已经竭
尽所能;(2)该文本基于该作品发表历史中所产生的那些最具权威性的文献;(3)所有
那些适用文献的完备文本资料都有案可查,它们与被选为范本(copy-text)的版本(被
编辑的文本的底本)之间的所有分异都有充分交待,以便研究者可以复原在准备该被
编辑的文本过程中所使用的任何一个文献的那些有意义的(实质性的)异读。

当一个文本具备以下条件时,可以被称作"校勘"文本:编者不是满足于忠实不变
地重印任何单一文献,而是有所介入:要么依凭自己的权威纠正范本中的缺陷和偏
差,要么参考晚于选作范本的那个版本或稿本而出现的某个权威版本的订正和修正,
对范本加以更正。①

确立某个校勘文本的第一个步骤是:确定那些文本在早期版本中的确切形式,明
确有关它们彼此关系的事实,而且务必旋即在"版本"与"印刷"或"印次"之间作出重
要的区分。从技术上讲,"版本"由某个特定的排版构成,与这个排版或印版在不同时

---

① 此处用来描述文本校勘原则与操作的各种术语,在弗雷德森·鲍尔斯的下述论文中有详尽的论
述:"定本与权威版本",载于《哲学季刊》,第 41 期(1962 年),第 1—17 页;"文本批评",载于《现代
语言和文献中的目标与学术方法》第二版,詹姆斯·索普编(纽约:美国现代语言协会,1963 年),
第 23—42 页。

间的印次无关。①

　　最常见的文本变更情况,往往出现在出版社因为这样或者那样的原因重新排版的时候,因为在通过自动排字机把文字从原稿转化为某种新形式的机械过程中出现某些变动是不可避免的。其中的一些变动倘若是出自作者本人抓住新版机会来订正或修正自己的著作,那么就是有授权的变动;除此之外的其余变动则是没有得到授权的,因为它们可能源于出版社的校对员或排字工,范围从体现出版社常规印刷风格的变动到无心却十足的差错,不一而足。

　　为了确立用于当前版本的那些文本,我们对于及至1952年杜威去世时的所有实际版本都进行了校勘。对于它们的实质变异都记录在案,并且就总体上看某些新版本,是含有作者的修订,抑或只不过是任一系列无人负责的重印中常规可期的变动,都一一作了决断。一旦某些新版本有证据表明的确得到了作者的修订,那么,我们则旋即致力于把作者自己的订正、修正与源于出版社和印刷商的、没有授权的变异区分开来。

　　通常情况下,杜威不会纯粹为了文采而修订其作品,而是为了澄清、扩充、甚或更改他的意思。是故,凭借所出现的那些变动的性质,通常足以确定杜威本人是否修订了一个新版本。

　　另一方面,在准备加印更多副本的时候,印版可能会有各种各样的更动,从而形成一次新印次或新印刷。这些变动通常源自出版社。出版社的校对员倘若在早先印次中发现了印刷错误以及其他实际的或自己以为的错误,就会趁机修版。虽然这些校正可能证明是如此必要和如此可嘉,以至于某个编者也希望予以采纳,但是倘若并非出于杜威本人授意,那么,当然缺乏基本的权威性。况且可能发生这样的情形,就是印刷商在按照出版社所要求的更正来重排一行文字的过程中,可能因为粗心而另外出错;而针对修版改动之处通常都是随便校对一下,这种惯常的做法难以发现此等错误。此外,纯粹的机械原因也可能造成类似错误,比如,印版在两个印次之间的储存过程中的损坏,或印刷商试图对过度磨损的印版进行修整,在不告知出版社或作者的情况下重排整页或一页中的部分内容,结果形成新印版,或者使旧印版大幅度改动。

　　出版社校对人员所进行的那些订正有别于修订,几乎不可能与作者进行的订正区分开来,除非看起来与出版社的特有风格很不吻合——在这种情况下,它们的非授

---

① 在目前这一版中,诸如"版本"、"印次"(或"印刷")、"版次"和"版前印本"等文献术语的用法遵循的是弗雷德森·鲍尔斯在其下述著作中所提出的使用建议:《文献描述原理》(普林斯顿:普林斯顿大学出版社,1949年;罗素出版社胶印本,纽约,1962年),第379—426页。

权性质是显而易见的。另一方面,有意义的修订,比如 1889 年和 1891 年重印《心理学》时,杜威授权的那些印版修订,因其特殊的性质和范围总是可以识别出来。

有一点,编者必须考虑到,就是在作者的有生之年,不仅每一新版本,甚至每一印次都具有作者进行订正或修订的可能性。因此,确立目前这个文本的第一步是:搜集每本著作已知的所有版本和印次情况,然后通过考察文本的内外证据来决定它们的顺序和关系。也就是说,出版社的标识可以表明不同印次的次序,就像在"美国图书公司"《心理学》的数次重印中所发现的那样;不过,有时却没有可用的外在证据,抑或外在证据并不可信(比如忘记在扉页上更改日期),那么就必须使用基于印版磨损和退化之上的内在证据,并结合对它们的修复情况,把无法区别的印次彼此区分开来,从而决定其在该版次印刷史上的次序。

编辑部已经获得了这样的证据。编辑们借助"西门校对机"细致稽核了每一已知版本的现存副本,得以发现印版在其印刷史上发生的一次次变化。所有这些变化都 350被记录了下来,以便这样的证据成为编辑部使用的事实整体的一部分。获得杜威任一作品的版次和印次关系图(stemma),以及它们的次序证据,为进而探索文本变动及其发展序列的完备证据奠定了必要的坚实基础。就决定某个给定版本或印次中的那些变动的权威性而言,这是一项至关重要的工作。

在编辑作者某个文本的过程中,为力图从每个角度确立其权威性,现代校勘者已经在如下方面形成共识:就总体的权威性而言,印刷商使用的手稿拥有不可替代的地位,因为它与作者意图具有最密切的关系。根据这部手稿制作的印刷版本在权威性上,唯有在一种情况下胜过作者的手稿,那就是有证据表明作者在其上作了特定修正,而这向我们透露了作者最终的、修订了的意图。编者的任务是:把这些修订意见与其他变动,比如由排版工人造成的、在校对过程中没有发现的那些差错,区分开来。尽管在作者的清样修订与排版工人对文本的润色之间作出区分并非易事,但对手稿和印刷文本之间的大量实质性的变动进行校勘上和文献学上有根有据的考察,通常会达到令人满意的结果。

就是说,一旦涉及意义,就能做出甄别。但是,就像手稿和印刷版本之间在拼写、标点、大写和断词方面数以百计、有时甚至数以千计的变异情况那样,倘若没有涉及意义,那么一个不可避免的假定就是:作者本人没有时间来做如此大量的校样改正工作,人们通常可预期的出版社常规印刷风格,有时肇端于出版社的校对人员,但总是完工于排版工人。

因此,发展出文本词汇即"实质用词"(substantives),与这些词汇在拼写、标点、 351

大写或断词方面的呈现形式即文本的"偶发拼读"(accidentals)之间的一种区别。①
编者的校勘工作可能是尝试评估实质用词的权威性,但他必须认识到:与印刷商手中的手稿相比,付印的版本在偶发拼读方面并不拥有充分的权威性。

另一方面,有的作者,比如杜威,就常常如此。因为对于那些不规则拼读相对漠然,寄希望于印刷商在出版的时候"拨乱反正",所以对于在手稿中拼打出偶发拼读极不在意。于是,在某些方面司空见惯的是:印刷版本在偶发拼读方面的形式,就前后连贯性甚至准确性而言,可能胜过手稿。然而,每位作者,无论有意还是无意,无论前后一致还是前后不一,都的确把其文本的偶发拼读作为"传情达意"的方法来使用。比如,杜威经常大写那些他希望人们当作概念对待的一些词汇,如此使它们在意义上区分于相同词汇的非大写形式。他在这方面固然前后不一,但是这改变不了他使用了这种手法这个事实。对此,编辑必须予以尊重。

由此可见,就无时不在的可能性——已出版本中的实质性变动可能代表作者的清样修订而言,印出的初版中的词汇较之文本手稿中的那些词汇具有总体的优先权威,虽然不是独一无二的优先权威。另一方面,只要其在正确性和连贯性上切实可行,作者在手稿中的偶发拼读比在印刷版本中的形式具有优先权威,因为后者是经过校对人员和排版工人处理过的。

352　　　在这些情况下,一个校勘文本可以说是一个择优文本,它致力于通过采用某个文本的两个主要因素(手稿偶发拼读和印本实质变动——译者)的最佳形式而糅合两者各自的权威性;其中,尽管编辑出于恢复真正的权威性或纯洁性而作出的干预可能使之出现必要的改动,但两个主要因素的最佳形式,各自都是以其在接近作者本人习惯或意图方面具有独一无二的优先程度的形式呈现的。

这个编辑原则可以从逻辑上扩展到以下情形:在作者的手稿没有保存下来或者已经无法使用的情况下,唯一直接来自作者手稿的初版必然取代作者的手稿而具有首要的权威性。假如作者没有介入随后某个印次或版次中的那些变动,那么,初版在该文本的两个要素方面仍然是唯一的权威;因此,尽管它要接受编辑校订,但是必定成为权威文本的范本或底本。后来的那些印次或版本可能未经作者授权而改动,甚至订正文本;除非作者本人授意这些改动,否则,它们不具有权威性,只是向编辑提示

---

① 瓦特·格雷格爵士在"范本的理据"[载于《文献学研究》,第3卷(1950—1951年),第19—36页]中首倡这些术语,并且应用于作者文本的不同部分拥有不同的权威性这个编辑原理。如需进一步的扩展和附加阅读,请参阅弗雷德森·鲍尔斯的"当前的范本论",载于《现代语言学》,第68卷(1950年),第12—20页。

可能的订正而已。的确,在这种情况下,一个文本的历史,通常就是历史地蜕变为错讹更多的一些异读的历史。

另外,如果作者在以后的印刷或版本中亲自作出修改订正,那么,这些修正反映了作者意图的变化,编纂者对此必须加以注意。不过,特别的事需要特别处理,随后我们会对规则的两种例外进行讨论。目前,我们只需要牢记,接受认可作者的修正的意愿是确立经过鉴定的版本的普遍原则。早期的出版物应该保留,以便那些关注它们在作者思想发展过程中所占位置的研究者利用;但是,就文本本身而论,如果编纂者打算印制一份复合文本(combined text)的话,这些早期的文献必须让位于记载作者最新意图的版本。因此,一个经过校订的印次或版本中的内容普遍高于之前的各种印次和版本。

早先的编辑倾向于把作者某个作品在有生之年发表的最后版本当做范本。其假定是,只要作者修改或修订过,那么,这个版本就具有最高权威。这套程序已经不再流行,因为它卸除了编辑稽考作者是否确实有过任何修订这个必须的步骤,通常导致编辑(在没有作者介入的情况下)重印错讹最多的版本。即便在之前的出版史上有过授权修订,幼稚的编辑也会把最后版本中的所有实质变动作为必然的作者修订接受下来,结果产生出一个真正的修订与某次重印不可避免的讹误共存的非学术性版本。

因此,任何未经校勘就接受某个版本(无论其有否修订)的所有实质性异读的做法,不符合现代学术性的文本校勘标准。评估一个文本在历史上累积的所有变动,并且基于校勘学和文献学的证据来甄选显然出于作者的异读,摈弃那些显然出自印刷商的错误异读,本是编者职责所系。①

然而,如上所述,在手稿已经不可复得的情况下,初版的偶发拼读必然在总体上比任何一个后来重印本的偶发拼读更有权威性。初版中的偶发拼读固然已经部分带有出版社特有的印刷风格,但这些偶发拼读毕竟直接源于作者的手稿,这个事实通常会影响到排字工对手稿形式的采纳。无论如何,它们必定比任何一个重印本都更代表接近手稿形式的偶发拼读;重印本源于另一个印刷版本,只是一个进一步带上出版社特有印刷风格的印刷本而已。在作者要求的一个修订本中偶发拼读的可能变化固然无法析取,但是必定少于实质性改动,毕竟实质性改动才是作者干预的主要理由,像杜威这样的作者尤其如此。

₃₅₃

₃₅₄

---

① 纳撒内尔·霍桑的《有七个尖顶阁的房子》初版可以引为例证。在这个例子中,经过编辑的细致研究确认,手稿和初版之间那些实质性变动中,有三分之二在印刷时没有得到授权,应当予以拒斥。参阅《霍桑百年纪念版》,第2卷(哥伦比亚:俄亥俄州立大学出版社,1965年),第 xlvii—lviii 页。

所以,根据现代校勘学上的"分离权威"原则,本版《杜威全集》范本的采信稳定在最接近作者最早授权的版本,通常是第一版。① 所以,在手稿不可得的情况下,杜威文本的偶发拼读之确立,根据的是基于手稿印刷的第一版中那些偶发拼读形式。只要确定在后续印次或版本中没有作者的修订或订正,那么,第一版对于实质用词而言,也仍然是最终的权威版本。另一方面,当后来的印次或版次中有实质性修订的时候,编辑部认定具有作者授权的那些修订优先于第一版中的那些异读而得到采纳,如此这般确立起一个择优文本;择优文本的实质用词选自该文本的那些修订形式,偶发拼读选自该文本最接近手稿的那个版本,体现了这两个方面最高权威的一种结合。简言之,本全集范本仍然采用第一版;但是,在其偶发拼读的形式中,插入了甄别代表杜威变化了的意图的那些修订异读。

在特殊情况之下,关于文本和订正版本的处理方式,这一经典原则可以有所变通。首先,像某些作者一样,杜威有时也会对自己的著作进行大面积的修改。这样,为方便那些希望见到著作的历史原貌的研究者,有必要把原作连同经过修改的著作一同出版。修订过程中,问题和看法都会发生复杂、彻底的变化(比如在《教育中的道德原则》,或《伦理学》,或《我们如何思维》中即是如此),以至于根据惯常的变量重现此前的著作已行不通。对于一些不可解决的文本问题,双重文本原则往往是唯一的解决办法。其次,有时候订正没有那么彻底,尚需要像上面说的那样把两个版本同时出版,在这样的情况下,现实的选择是构想一个折衷的或经过鉴定的版本,把订正的内容纳入原来的版本。但有时也会出现这样的特殊情况:订正——往往是很长时间以后——对原来版本中的重要观念遮蔽得如此严重,以至于事实上创造出了另外

---

① 杜威的绝大多数手稿没有保存下来,而那些保存完好的手稿有些则在私人手中,无法拿来重新编辑。那些得以研究或利用的手稿表明,交付印刷商的原稿在可读性和风格上彼此可能有很大出入。按照其助手的说法,杜威用打字机写作的时候,通常把页边空白留在左边,鲜有留在右边的情况,结果有些单词会打在打字机的压纸卷筒上,而不是打在纸张上。(杜威的)打字机习惯上设定为每空两行打字,然后把修订和增添打在空行里,以至于最终的页面看起来好像本来没有空行打字似的。(更有甚者,)机打材料上不仅添有手写注释,而且还添有对机打材料的手写修订。

杜威在拼写方面的漠然态度是出了名的;标点符号的使用也是零零星星,甚或完全不加标点符号。同事们曾经谈及应杜威之请对其手稿进行加工,弄成可供印刷商使用的形式。亨利·霍尔特出版公司长期负责杜威著作的那些编辑中的一位曾经说过:"……我一次又一次地尝试'改进'他的文风,但是,每当我作出实质性改动的时候,便发现我也已随之改变了其原意,因此我不得不重新恢复其原文。我确实与他一起反复推敲过许多段落,他做了改进。杜威固然允准我们使用本公司特有的印刷风格,但我们还是尽可能地保持其原有样貌。"(引自1964年6月25日查尔斯·A·麦迪逊信函,现存于伊利诺伊州卡本代尔的南伊利诺伊大学"杜威中心"。)

的独立的材料。确实,被摒弃的早期内容变动列表还是能让读者重建原初的版本及其被改变的内容。不过,在早期著作之中,呈交以订正的内容为基础的这样一份文本,有时会与从历史维度看待杜威思想发展的观点(本系列即是按照历史顺序呈现杜威的著作)发生激烈的冲突,并扭曲这种从历史角度所得出的结论。比如,把杜威直到 1931 年时才表述出来的成熟观念突然嫁接到他 1902 年的思想中(就像一个经过修订的版本的做法那样),这会是十分怪异的。只要修订中有这种引人注目的意识形态差异,杜威的著作就会在适当的历史位置保留其原初的早期版本。不过,由于校勘措施可以帮助读者详审两个版本之间的差异,第二类别与第一类别有所不同。因此,对修订著作中的变动的历史校勘就并入早期文本的附录。这样,早期文本的读者只要愿意,就可以同时查阅后来版本的内容。

在编辑过程中,我们贯彻了以下原则:在偶发拼读方面,各个作品都被当作独立的单元来对待。也就是说,各个单元都有自己的范本难题,印刷商的原稿本质与出版社特定印刷风格所赋予它的本质存在不可避免的变异,其变动范围从各种杂志中发现的那种变动到不同的书籍出版商所要求的那种变动都有。因此,虽然我们力保每个单元之内编辑结果的一致性,但是在目前这个版本中的那些独立作品之间,仍然会有某些特征差异。例如,倘若属于偶发拼读方面的拼写或其他某个特征在给定作品之内有所出入,那么,编辑部力图根据杜威手稿中的确凿风格来减少这些出入,以达到一致。另一方面,倘若在一个编辑单元中的某个这样的特征方面不存在出入,即便我们明明知道其与杜威本人的惯例不符,该范本也要予以维持,亦即编辑部采用了狭义的权威观,除非变动本身表明可以还原到具有授权的常规,或者认定的错误需要订正,否则,不在这些方面改动范本。

除了下面罗列的少量默认变更之外,在所选定的范本中的任何编辑改动及其直接来源都一一记录在案,而且提供了最初范本中实质用词方面或偶发拼读方面的异读。整个说明见诸各个校勘列表。

在拥有重印史的绝大多数文本中,某些变动是十足的差错或未经授权的不必要改动;对此,本版编辑部不予采纳。所有此类实质性变动,无论发生在那些新印次中还是新版次中,都予以记录在案。此外,在印版历史上所有发生在范本版本中的偶发拼读都记录在案,以便这些材料的研究者能够最大限度地掌握这些信息;编者则借此来评估这些偶发拼读变异是否经过作者授权。① 然而,当文本在一个新版本中彻底

①　为了纠错而造成的印版中的变化,本应通过编辑介入,在文本中予以默认处理(参阅后面),但是出于完整性的考虑,仍然予以记录在案。

重排的时候,过多的偶发拼读难以一一列出。此外,鉴于编辑部届时将把所有得到授权的偶发拼读变异纳入"范本校勘"列表,倘若再罗列出版社或印刷商对文本进行的数以百条计的规范处理,则没有多少帮助。

鉴于上面提到的那种未被采用、但值得记录在案的变动①数量相当有限,所以没有给予单独列表,而是整合到相应的校勘列表中。

在校勘列表中,页码前的星号所表示的是此条中记录的校勘或不予校勘的理由,都在该列表之后的"文本注解"中得到了讨论。

特殊情况下,文本材料内的独立列表可能取代了基本的范本校勘列表。例如,在早期著作第1卷所收录的早期文章中,以大写来标示区别于非概念词汇的概念意义,就需要由编辑根据手稿中前后不一致的用法而着手加以修正,以获得所需要的意思。为提醒研究者关注它们对于这些修正的关键词汇的意义的重要性,应该专门开列一个单独列表注明。否则,如果任其埋没在一大堆普通的修正表中,就很容易被忽略。如在第355—356页中所阐明的那样,如果已经决定在本卷重印最初的文本,并且文本的状况允许以列表形式让读者知道后来所作的改动,那么,就可以用一种新的列表把以后订正的内容方面的变动列出来。一些卷册还列出了完整的、正确的引文,作为杜威的参考书目清单的补充。

编辑部对范本已经作了许多默认改动,主要关涉文本的机械再现,与含义没有什么关系,否则就会予以记录在案了。

这些默认改动中最普遍的一类,与杜威在正文中、脚注中抑或他可能附列的授权列表中的参考书目体系有关。我们不仅就这些参考书目的准确性进行了核验,而且为方便读者起见,大写、标点和文献出处细节都得以规范。当参考书目在正文之内的时候,其形式可能沿用杜威自己的浓缩样式;读者若希望获得进一步的信息,则可以去权威典籍附表中检索参考文献。除了我们提到的那些默认校勘和校勘列表中出现的变动之外,杜威的脚注仍然以原初的形式和位置保留下来,因为它们的参考书目已经完备收录在附加的"参考书目清单"中。

在所编辑的杜威的文本中,所有引文都依杜威书写的原样保留了下来,因为它们虽然不尽准确,却是杜威的观念奠基于其上的那种形式。"引文勘误"部分提供了完

---

① 晚于范本的那些版本中的此类未被采用的异读,有别于因偏爱随后的修订或订正而未被采用的范本异读。对于后者,这些异读当然都有校勘记录。

整准确的引文,有助于读者从精确或有出入的引文形式去断定,杜威究竟是从面前打开的文献来源引述,还是仅仅凭借自己对文献的记忆落笔。

脚注或正文(以及未被采纳的范本异读)中出现的所有与言下作品中涉及的要点有关的参考文献(无论是向前参考,还是向后参考),在目前的全集版本中都有适当的页码编号,取代了适用于范本本身的原有页码编号。

另有一大批未经记录的改动与杜威用英文出版的文章有关,英文版的出版人以自己的方式选用了美国的拼写、标点体系,以及其他形式的偶然因素的风格。为照顾美国读者的习惯,有时候也是为了自动恢复手稿(作为编辑所据的文本)的确定无疑的特征,这类文本中具有英国风格的因素,当其与杜威本身的用法相背时,悄无声息地美国化了。因此,单词"emphasise"悄悄地改成了"emphasize","colour"改成了"color",与引文标志相关的标点的位置也改成了美国式的用法。不过,对那些由美国机构出版但在偶然因素方面采用了英国特征的杜威著作,情况有所不同。因为在这种情况下,要想在英国风格和当前版本为服从杜威本人的习惯而规范化的印刷风格之间作出区分,是不可能的,但可以记录下来。因此,这些文本的读者可以推知,在英国出版的著作已按照美国的习惯(也是杜威的习惯)——只在这些方面——规范化了,但那些最早是在美国出版的文本为规范化而作出的修正却有记录可寻。

所余默认改动是机械方面的,涉及对于不至误为真正异读的那些排印错误的订正,比如理顺不合规范的排印习惯或字体使用,扩充绝大部分缩写,等等。一些典型的例子,包括去掉标题后的句点和破折号,把"&c"扩充为"ect.",为符合逻辑体系而变更了罗马字体或斜体单词(或斜体段落)后面的句法标点,扩展诸如"教授"或"州长"这样的称呼,补充外来单词中的重音符号,以及使德语的"ue"无论大小写都规范为"ü"。章节标题中的罗马数字默认改为阿拉伯数字,就像涉及它们的所有参考书目的情况那样。

上述这些介绍,关涉的是目前版本中绝大多数文本的一般性处理。当特殊情况需要特殊处理的时候,在有关文本注释的特别说明中将予以通权达变或有所添加。无论从大处还是从小处进行编辑处理,抑或进行文本信息的记录,本版本的立意都是为广大读者提供清晰的阅读文本,并且附有析取的专业化材料,以期为研究者提供查考之便。

总之,我们想以最具权威的形式逐字逐句地确定杜威的最终意图,使杜威著作远离无论在范本中还是在随后的那些印次或版次中存在的文字错讹。在这个至关重要的目标之余,我们力图在一个合乎逻辑地构想出来的偶发拼读系统(受控编辑理论根据保留下来的各个作品的文献证据,尽可能逼近确立起来的最具权威性的形式)之中,再现杜威最终的字面意图。

弗雷德森·鲍尔斯

1974 年 1 月 10 日

(王新生　刘时工　译)

文本说明

杜威在世纪转折时期的三年间[①]的作品,呈现出极大的文本复杂性。此版以前,其中九篇文章[②]只出版过一次;《学校与社会》在 1899 年至 1953 年(杜威去世以后)出版过两次,第一版有 11 个印数,第二版有 17 个印数。上一批次中的九篇文章没有什么编辑方面的问题。与其余部分相关的专门问题和编辑的决定在随后的章节进行讨论。

《学校与社会》

1899 年 4 月,杜威就芝加哥大学初等学校举办了三次系列讲座,听众主要是学校的学生以及他们的父母。学校成立于 1896 年 1 月。学校从这些讲座中"筹资约

[①] 除在本卷中所收录的已出版作品以外,本评论结尾处收有 1899—1901 年间其他 12 份演讲报告和课堂讲座笔记抄本。

这里略去了一份 J·罗伊斯和杜威联合署名的演讲《哲学的历史》,载于《哲学和心理学辞典》,詹姆斯·马克·鲍德温编辑(纽约:麦克米兰出版公司,1901 年),第 1 卷,第 480—482 页。因为这是由罗伊斯执笔完成的,杜威只是顾问编辑。在第 1 卷的"编辑序言"中,鲍德温对文章标记的大写体系作了解释(第 xii 页):"另一种情况是两个人之间用逗号而不是连字号的签名(A. B. C. , X. Y. Z.)。这表示文章是 A. B. C 写的,X. Y. Z 未加任何修改,但把自己的权威赋予了文章。"《哲学的历史》签名为 J. R. 和 J. D. 。

关于大学初级学校的两篇文章,以附录 1 和附录 2 的形式出现在这里。虽然两篇文章都没有署杜威之名,它们可能还是出于杜威之手,是向家长和赞助人报告学校工作的宣传册子。

[②] 它们是:对 J·罗伊斯的《世界与个体》第一系列的评论;《心理发展的原理——以婴儿早期为例》;《心理发展》;两篇有关第四组、第五组和第六组的初等学校记要文章;《手工训练在初等学校课程中的地位》;关于大学初等学校的两篇论文,以及关于詹姆斯的《心理学原理》的阐释。

350 美元",这成为该年学校的一部分收入。① 此次讲座不久,杜威离开芝加哥大学到加利福尼亚大学担任春季教职。他从伯克利又去了夏威夷,6 个月后,他于 10 月回到芝加哥。在此期间,杜威着手结集出版《学校与社会》。该书汇集了杜威在 4 月期间的讲座和之前在 2 月份举办的题为"大学初等学校三年"的讲座,两份讲座报告均为打字速写记录。第一版在"出版说明"中提到,"杜威根据速记报告,对讲座进行了部分修改;为出版需要,在杜威缺席的情况下,编者进行了一些不涉及内容的修改和调整"。② 杜威后来在第 2 次印刷的"作者说明"中说,这些修改和调整是由他的"朋友乔治·赫伯特·米德夫妇"做出的。这就是说,1899 年 11 月第 1 次印刷的文本未经杜威审阅。③

《学校与社会》初版印数 1000 册,印刷和发行所需的全部费用 510 美元来自艾妮塔·麦克寇米克·布莱因(Anita McCormick Blaine)(埃蒙斯夫人)的赞助,此书即题辞献给她。第 2 次印刷 1500 册的费用,来自第 1 次印刷的盈利。④

363 　　虽然到 1900 年 3 月底为止,第 2 次印刷的三分之二都已售出,但出版社直到 4 月下旬才开始讨论是否继续印刷。彼时,新成立的麦克科留尔·菲利普斯公司正积极地与杜威接洽,希望为此书出一个新的"版本"。出于对芝加哥大学出版社财务安排的不满,⑤以及对出版社主任本人所承认的出版社的"优哉游哉"不满,⑥杜威于 6 月份某个时间,与菲利普斯公司达成协议。第 3 次印刷 5000 册旋即于 1900 年 7 月出版发行,用的是芝加哥大学出版社第 1 次印刷的固定排版,菲利普斯公司和芝加哥大学出版社联合署名。菲利普斯出版公司前后共印刷《学校与社会》3 次,分别为第 3 次、第 4 次和第 5 次⑦——此后,杜威重新把芝加哥大学出版社确定为自己的出版商。

---

① 参见本卷杜威呈报给威廉·瑞雷·哈勃校长关于大学初等学院的报告。
② 《学校与社会》,第 3 页。
③ "在我缺席的情况下,米德夫妇以自己的趣味、对细节的执著关注以及艺术品味重新修订了注释,使其适于出版。""作者说明"(为 1900 年 2 月印刷所写),第 3 页。
④ 纽曼·米勒(芝加哥大学出版社主任)致约翰·杜威,1900 年 3 月 27 日。《校长文件,1899—1925》,"特别藏品",约瑟夫·瑞根斯坦图书馆,芝加哥大学,芝加哥,III.
⑤ 杜威本人明确抱怨财务安排的信件没有找到。不过,从纽曼·米勒致杜威(1900 年 3 月 27 日,1900 年 4 月 21 日,1900 年 6 月 11 日)和致哈勃校长的信函(1900 年 6 月 23 日)中,可以明白看出杜威对出版社缺乏权威和出版费过高的抱怨(《校长文件,1899—1925》)。
⑥ 纽曼·米勒致 W·R·哈勃信件,1900 年 6 月 23 日,《校长文件,1899—1925》。
⑦ 由菲利普斯公司承担的第 3 次、第 4 次印刷,都与一家英国发行公司 P·S·金和桑合作发行,该公司也列在标题页中。

菲利普斯公司没有找到杜威终止与该公司合作的时间和原因等记录;杜威与芝加哥大学出版社关于《学校与社会》的第一份正式合同,日期为 1905 年 7 月。① 制作卡显示,1906 年 11 月,芝加哥大学出版社装订该书 1500 册,这些图书显然是菲利普斯公司 1905 年 2 月第 5 次印刷时剩下来的。1907 年 8 月,芝加哥大学出版社用原来的钢板第 6 次印刷该书。第 6 次印刷时,对标题页做了部分改动以调整日期,并删掉杜威的芝加哥大学学校标题;但奇怪的是,在出版说明中,菲利普斯公司却得以保留。标题页的反面被重排,加上了"芝加哥大学出版社编辑印刷"的提示。第 7 次印刷时,恰在 1909 年 12 月 29 日装订之前,整个书的标题页被重新设计并重排。制作卡上写着"从出版说明中删去菲利普斯"的指示,出版时这一条指示得到了贯彻。不过,第 7 次印刷和装订时,书脊上菲利普斯公司的名字依然被保留下来。芝加哥大学出版社的出版记录只能找出 1905 年的合作,合同的有效期从初版第 6 次印刷一直到第 11 次(也是最后一次)印刷。到 1913 年 8 月,著作共"发行 19619 册"。这一数字与总排行为 I^{1-11} 的卷 I^{11} 的版权页上的 19500 册一致。

　　前两次印刷用的是固定排版,此后的 9 次印刷用的都是单张字版。② 初版第 1 次印刷,杜威没有介入其中,这使得这一版本印刷中的偶然因素获得了固定的权威性,它同时还是与报告的速记打字稿最为接近的文本。1899 年 11 月第 1 次印刷的版权留存文本,为当下版本前 4 章的出版文本。

　　除无从查找第 9 次印刷以外,③每一次印刷的文本都与第一次印刷的文本进行了比较。只有第 2 次和第 3 次印刷有些改动;从第 4 次到第 11 次印刷,文本没有

① 杜威早先与芝加哥大学出版社的合同是非正式的。在杜威开始考虑把书移交给菲利普斯公司以前,双方都没有注意到他们之间缺少签字合同这一事实。纽曼·米勒谴责杜威利用了"没有明确的合同"这一便利条件,杜威回应说:"从始至终,没有任何只言片语告诉我说,这本书的出版与通常的商业协定有所不同。它不是像通常的协定那样限制在一个时段以内,并且可以随双方中某一方的意愿而终止合作。而且,不签协议的责任也并不在我。" 1900 年 6 月 12 日,杜威致"学校出版部门",芝加哥大学出版社朗格雷办公室;杜威致哈勃,1900 年 6 月 28 日,《校长文件,1899—1925》。

② 纽曼·米勒致杜威,1900 年 5 月 19 日,"如果你愿意自己出资制作字版,你当然享有对字版的支配权。字版费用为每页 54 美分"。亦可参见米勒在注释 13 写下的排字说明。《校长文件,1899—1925》。

③ I^1 国会图书馆版权留存 $Lb8_{75}$ 在,$_466_{23}$;I^2 南伊利诺伊大学$_{370.1}D_{519}$ s;I^3 杜威中心(a);I^4 辛辛那提大学 5777^1;I^5 杜威中心(a);I^6 杜威中心(a);I^7 杜威中心(b);I^8 杜威中心;I^{10} 芝加哥大学 $LB8_{75}.D_4 I8c._3$;I^{11} 杜威中心(a)。

任何变动。

在准备第 2 次印刷时,杜威对《学校与社会》作出了一系列内容上的修改,或许提升了第一次印刷的文本。[①] 直到杜威从夏威夷归来,他才见到第一次印刷的版本,这时他加写上了他的"作者说明"。第 2 次印刷时,杜威本人作出了 75 处内容方面的改动,因其反映了杜威本人的意图,所以收录于现在这个版本中。在为 I^2 而作出的 23 处次要方面的改动,16 处看来经过了杜威之手,这些改动收录在本版修订表中。在这 16 处改动中,6 处直接来自内容方面的改动,分别在 12.39,18.24,31.10,31.12,39.8 和 49.9 处;4 处改变了句子的意思,分别在 38.20,39.16 和 46.15(2);4 处澄清了原来的意义,分别在 5.22,5.30,13.23 和 14.36;1 处漏写的标点,在 18.39 处;54.9 处的"oriental"换作大写。另有 7 处次要方面的改动,包括 I^3 中恢复的 3 个漏掉的标点符号,[②]则未加采用。

由菲利普斯公司所承接的第 3 次印刷,在排版前对固定版式又作出了 24 处内容方面的改动,这些改动显然来自杜威的意图,被全部收入经过鉴定的文本之中。除已恢复的 3 处标点以外,I^3 中另有 4 处次要方面的改动也被收入权威文本中,分别在 18.28—29(2),37.16 和 64.3。[③]

366 1915 年早些时候,芝加哥大学出版社的雷英(G. J. Laing)与杜威就新版《学校与

---

① 杜威为 I^2 专心准备文本的证据,来自 1900 年 4 月 21 日纽曼·米勒致杜威的信。在信中,他列举了印刷 I^2 的费用,"我得说,这包括校正稿件和修正次要方面因素。字版第一次使用之后,在搬运过程中可能会导致一些错乱,而第二次出版时里面也会出现一些新的错误。当然,对内容进行修改是可以理解的。"《校长文件,1899—1925》。

② 它们是 15.34 处"activity"后的逗号,22.23 处"schoolrooms"中的行尾连字号,54.23 处"pictures"后的句号。漏掉的标点符号应该属于米勒在前文所引述的信中所说的次要方面的因素。该书制版以后,在 I^{3-11} 中再没有出现此类的疏忽。

③ 《学校与社会》第一版出版以后,1899—1901 年间,共有 6 篇书评,一致赞该书及书的作者。这些评论是:《伊利诺伊儿童研究协会学报》,第 4 期(1899 年),第 100—101 页;《日晷》,第 29 卷(1900 年),第 97—98 页;《教育评论》,第 20 卷(1900 年),第 303—306 页;《大学记要》(芝加哥),第 5 卷(1900 年),第 159—160 页;《肖托夸》,第 30 卷(1900 年),第 589—592 页;《教育评论》,第 7 卷(1901 年),第 31 页。严谨的《日晷》评论说,"虽然篇幅不大,该书在这一时代的教育学著作中将渐渐获得大名并非全无可能,正如学校在这个国家的众学校中已经享有大名一样。"苏顿(W. S. Sutton)在《教育评论》中,以不那么拘谨的口吻评论说:"(杜威)善于把握本质的真理,善于把它们置于他的听众或读者面前,既不会陷于陈词滥调,也没有任何盛气凌人。他的确名副其实。"《伊利诺伊儿童研究协会学报》对普遍的批评性反应作出概括,指出:"该书是清晰叙述的典范,是那些对社会或学校发展有兴趣的人们的无价之宝。"

社会》开始讨论。① 5 月，雷英在一份备忘中向出版社主任纽曼·米勒描述计划中的著作：

这一题目获得了不同寻常的成功，相信采纳一些新的特色的新版会使该书获得新生，继续大卖 10 年乃至 15 年。建议新版在现在版本的前 3 章以外，增加来自《初等学校纪要》的下列论文：

福禄培尔的《教育原理》

《初等课程心理学》

《职业活动心理学》(sic)

《反思性注意》

《初级教育中历史教学的目标》

现在版本的最后一章应该删去。修改应该由作者本人完成，论文在《学校与社会》中应该占据 45 页的篇幅。新版中需要删去现在版本的最后一章是 17 页，这样，新版在篇幅上净增加的页数不超出 28 页。

在一封附信中，雷英说："(杜威)已经返还了前 3 章的修改校样，……(并且)建议另外增加一篇约 10 页的论文。"②

该备忘录中建议的一册题名为《教育实验记录》的副卷从未出版。这本副卷的内容同样来自《初等学校纪要》，其中还收有杜威的陈述《大学初等学校三年》。雷英建议说，应该把这一篇陈述从《学校与社会》第 2 版中取出。为本卷而辑录的《学校与社会》的完整合并版，把第 1 版最后一章作为全书整体中不可缺少的部分收录其中。

1915 年，雷英预言《学校与社会》修订版将"继续大卖 10 年乃至 15 年"，这预言实际上太保守了。1915 年第二版的最后一次印刷，是 1953 年 5 月的第 17 次印刷。不久以后，一份流通于各办公室之间的备忘录说，找到的复本不够好，不能用作胶印，这本书重印前应该重新制作一番。1955 年，印刷模板在总共印制 14000 本以后终于损坏。

《学校与社会》第二版由第一版前 3 章和新加的 5 章组成，新加的 5 章本是《初等

367

---

① 尽管《学校与社会》第二版在本卷所横跨阶段之后 14 年才出版，其中全部内容在 1899—1900 年间已经出版。

② 建议增加的论文还包括《学校报告》第 1 组、第 2 组和第 3 组，同样也来自《初等学校纪要》(芝加哥：芝加哥大学出版社，1900 年)。

学校纪要》的 6 个章节(芝加哥:芝加哥大学出版社,1900 年)。① 此外,现在的版本还收入了第一版的第 4 章。② 如前所说,前 4 章的文本来自第一版第一次印刷。第二版 5 个新章节的文本,来自早先出版的《初等学校纪要》中的文章。

对第二版 17 次印刷与现在版本进行机器比对发现,③在第二版用一套字版来印刷的 48 年历史中,只出现过 2 处改动,而且这 2 处改动都出现在第二次印刷中。其中一处,76.36 "and"后面添加了一个逗号,显然是编辑的改动,没有为本版采用;另一改动是 82.26 处,对打字错误(satisfying)的纠正。现在版本中纠正过来的 5 处打字错误,出现在第二版全部 17 次印刷中:11.26 处的"organzies",55.2 处的"arthmetic",36.16 处第 1 个"a"的重复出现,44.18 结尾处"com"重复出现,47.24 处第 1 个"the"重复出现。

对第二版第 1 次印刷前 3 章(在第 1 版中出现过)与 I^{11} 的两册复本进行机器比对发现,第二版第 1 次印刷和第一版第 11 次印刷共有 145 处次要方面的改动、42 处内容方面的改动。去掉了斜体字,也去掉了"ae"连写;规范了某些单词的拼写(用 fullness 替换了 fulness,用 guarantee 替换了 guaranty);许多使用连字号的组合词,去掉连字号(textbook, sandpapering, sawmill, gristmill)。在诸多次要方面的改动中,有 5 处在 I^{2-11} 未经授权的改动(在 12.27 处删掉了逗号,在 14.22 处"utilities"后面增

加了一个句号,在 29.6 处"proportions"后面删去了一个句号,在 I^{3-11} 中漏掉了两处打字错误,即 33.12 处的"recitaton"和 33.13 处的"placer")恢复为 I^1 中的原貌。

---

① 虽然《学校与社会》第二版是第一版篇幅的 2 倍,且在内容上有很大的变动,但这一点却没有被人们普遍注意。《波士顿手抄本》(1915 年 8 月 25 日)、《书目》(第 12 卷,1915 年),以及《教育》(第 36 卷,1915—1916 年,第 123 页),都简单提到这一事实。另外两本刊物《初等学校杂志》(第 16 卷,1915 年,第 67—69 页)和《教育杂志》(第 82 卷,1915 年,第 357 页)给予了更密切的关注。《初等学校杂志》用 3 页的篇幅评论说,"在现在这个版本中,作者显然认为删去第 4 章是恰当的;但那些熟悉原来版本的读者则会认为,删去对杜威教授所创立的重要实验的讨论乃是一大损失"(第 68 页)。评论称赞了著作的第 2 版,"当然杜威教授对自己的著作产生的巨大影响应该感到欣慰,书写教育的经典只是少数一些人的工作。自从斯宾塞写完他的文章至今,没有哪一部著作比杜威的《学校与社会》对教育革新的贡献更大"(第 69 页)。
② 尽管第二版中故意省去了第 4 章,但不论是杜威,还是出版商,都忽略了在"出版说明",I^{1+} 中曾提到过这一章,在由第二版印刷的所有印数都是如此。这一段的解释是这样的,"由于讲座要求对初等学校的工作有所了解,杜威先生就此内容的补充说明被添加上了"(第 xi 页)。
③ II^1 国会图书馆版权留存 A_{4I025}8c. I;II^2 杜威中心(a);II^3 杜威中心(a);II^4 杜威中心(a);II^5 宾夕法尼亚大学 49503^8;II^6 佛蒙特大学 I02.259,I91D5I5^{82};II^7 莱克星顿(Ky.)公共图书馆$_{54}$605;II^8 坦普尔大学 26$_{494}$;II^9 纽约州立图书馆 3^{88}I94;II^{10} 杜威中心(a);II^{11} 杜威中心(a);II^{12} 俄亥俄州立大学 3777^{62};II^{13} 加州大学伯克利分校 M5I5954;II^{14} 杜威中心(a);II^{15} 杜威中心(a);II^{16} 杜威中心(a);II^{17} 杜威中心(a)。

第二版内容方面的修改吸收进了文本中,这些修改可能是杜威本人在准备出版的复本过程中作出的。在次要方面的改动中,其中有 37 处修改为版本所采用,与第一版相比,这些改动更符合杜威本人的习惯用法,比如,"criticize"的拼写和"middle ages"的大写。某些次要方面的改动与内容方面的改动相伴而生,但与第一版第 1 次印刷和第 2 次印刷之间的改动相比,这种情况少之又少。到目前为止,以 II¹ 中的新内容为基础的在次要方面最密集的修订,是为澄清意义而对标点符号进行的修订;有理由相信,这一精心修订的版本中的每一个修订,都是杜威本人意图的反映。

作为第一版的一部分,现在版本的第 4 章中所作出的改动和订正已被讨论过了。如提示所说,第二版中没有收入这一章。

《学校与社会》第二版最后 5 章最早以出版物形式出现,是在《初等学校纪要》中,之前这些材料只以《初等学校纪要》的清样出现过。对《初等学校纪要》和 II¹ 进行比对后发现,在次要部分方面,二者之间的改动和对前 3 章的改动如出一辙,也就是说,主要是风格和为澄清意思而作的改动。在总共 92 处改动中,属第 2 种范畴的 40 处改动作为修订保留在本版中,剩下的 52 处改动为未经杜威许可的改动。新版中有 21 处内容方面的改动,被全部收入鉴定文本中。本版另外作出 24 处改动,去掉了涉及原来版式的地方——改动了题目,增加了章目号,删掉了为《纪要》而写的致辞,以及提到"本刊"的地方。

1956 年,芝加哥大学出版社的菲尼克斯分社把《学校与社会》与杜威的另一本著作《儿童与课程》合并在一起重新制作,平装出版。第三版现在已经第 11 次印刷,共发行了 260000 本。

370

《"意识"与经验》(心理学与哲学方法)

1899 年 5 月,杜威在加州大学伯克利分校的哲学协会发表演说;其演说辞以《心理学与哲学方法》为名,首次发表在该年度 8 月份的《大学年鉴》(加州),第 2 卷(1899 年),第 159—179 页。首度出版以后,1899 年 8 月,加州大学出版社用固定版式,以 23 页小册子的形式为哲学协会重印了这篇文章。这次重印只在形式和打字方面略有变化,改动了分页,去掉了页头书名中的"大学年鉴"。这样,《大学年鉴》(加州)(U)中的该篇文章就成了现在这个版本的文本。

首次出版 11 年以后,杜威对《心理学与哲学方法》进行了修改,将它放到《达尔文对哲学及其他当代思想论文的影响》(纽约:亨利·霍尔特出版公司,1910 年),并把书更名为《"意识"与经验》。1910 年 4 月 23 日,该书登记出版,版权号为 A26I4I。所有能找到的复本版权页上都注有"1910 年 4 月"的字样。霍尔特出版公司资料中的一部分清单记录显示,大约在 1917 年曾有过第 2 次印刷;对《达尔文的影响》(D)中杜威这篇论文的三个复本的比对发现,①文章在文本方面没有什么改动。

对第 1 次印刷的文本和 1910 年修订版文本的次要方面进行比较,就会发现,D 中的大部分的改动或属于形式方面的改动,或属于内容方面的改动。大部分的这类改动都作为应有的修订而收入本版:有 27 处,D 把 U 中的单引号改成了双引号,同时把 19.6 处"equillibrium"的拼写改正了过来。对文本的次要方面也进行了修订,因为这些改动看来是经过鉴定的:在 124.26 处的"a-going"之间,以及 125.20 处的"subject-matter"之间,插入了连字符。由于内容方面的修改而在 126.6 处增加一个句号,在 129.1 处"individual"后面删去一个句号,117.31 处增加了一个感叹号,121.32 处使用了斜体,126.27 处增加了引号,另有 5 处的标点符号作了修改,以使句子的意思更为清晰(113.17,113.18—19,114.4,125.30,128n. 23)。

杜威把他在 1910 年为收入 D 而对文章作出的修改,称为"细微的字句方面的改动,多为删改"。② 事实上他确实删去了许多对于 U 更为自然的插入语表达,但与此同时,他也往其中加入了许多术语,以及他 1910 年的想法:"实在"基本消失了,取而代之的是"事实"或"材料";"心理学感觉主义学派"换成了"心理学分析学派";"精神一类"换成了"经验"。

D 中出现的一类内容方面的改动,是把限定性从句中的"which"一律改做"that",这类改动共有 12 处之多。由于杜威本人行文方式的变化,其中许多改动也可能出自霍尔特出版公司的某位编辑之手。但是,现在已经不可能在编辑的规范化修订和出于杜威本人意图的改动之间进行区分了,因为在杜威重写的段落中也有这一类的改动。本版因此继承了这些改动,而大量无疑出自杜威之手的内容方面的改动自然保留在本版之中。

《心理学和社会实践》

1899 年 12 月,杜威在纽黑文美国心理学协会会议上发表的题为"心理学和社会实践"的主席致辞,于次年 3 月首次刊载在《心理学评论》,第 7 卷(1900 年),第 105—

---

① 国会图书馆,版权留存 A₂6I481;杜威中心(a)和(b)。版权留存复本和杜威中心(a)复本在主题页上标的都是 1910 年;杜威中心(b)中的复本版权页上没有标明日期,这一复本无疑来自第 2 次印刷。

② 《达尔文的影响》,第 242 页。

124 页,以及《科学》,第 2 卷(1900 年),第 321—333 页。

11 月,在发表致辞之前,杜威写信给《心理学评论》的副主编詹姆斯·麦克科恩·卡特尔,他说:"很抱歉,我成了打破 1 月份发表主席致辞的惯例的那个人,我可能没法及时把稿件传给你。"①卡特尔是杜威亲密的职业伙伴,同时也是《科学》杂志的编辑,以及《心理学评论》的副主编;杜威推迟发送稿件,这意味着,卡特尔是在 1 月或 2 月的某个时间收到稿件的,之后卡特尔在两本刊物上都发表了这份致辞。虽然杜威说的是"手稿",他送去的可能是打字稿,这是他截止到 1900 年之前更为经常的做法,而卡特尔的双重编辑职务使他有可能用一份打字稿在两份刊物发表同一篇文章。两家杂志社都在纽约,这也使卡特尔能够先把复本给《心理学评论》,然后再把同一份复本给《科学》杂志。

文章显然是同时发表在两份刊物上的。《科学》杂志是周刊,发表杜威文章的那一期是 1900 年 3 月 2 日。《心理学评论》是双月刊,一般在发行月份的前一个月下旬开始印刷。这样,《科学》杂志就可以在《心理学评论》之前几天发表该文,尽管后者才是发表美国心理学协会主席致辞的传统刊物,而且该刊在 1 月份已经预告将登载杜威的文章。毋须关注文章发表的前后顺序,与文章发表相关的这些因素赋予两刊文章以同等的文本权威。

对两份出版物进行比对之后发现,二者之间有 12 处内容方面的差异和 20 处次要方面的不同,在合并版(在一行的末尾处有损坏)中有两处次要方面可能也有改动。通过对这些次要方面的改动进行研究,可以重建杜威所丢失的打字稿的细节。在包括 2 处可能的变动在内共 22 项次要方面的变动中,《心理学评论》(PR)在总体上更忠实于杜威的打字习惯,在 22 处中有 15 处呈现出这一特点;而在剩下的 7 处中,《科学》则更忠实于杜威的意图。《科学》135.10 处的行尾连接字"text-book"和《心理学评论》145.23—24 处的行尾连接字"re-viewing"都符合刊物的内在一致性。"Re-viewing"看来不是一直破损模糊的字,除非《心理学评论》在文本中以这样的形式把它印刷出来,以符合杜威句子的需要。《科学》在 132.33 处没有用逗号,而《心理学评论》在该处未经许可,把"identity"和"reality"两个词连用;《科学》在 135.22 处也没有用逗号,在该处,《心理学评论》用一个逗号把主语和动词分割开来。《科学》在 146.36 处有一个逗号,而《心理学评论》在该处用分号把一个复杂句中的子句分割开来。在 135.31,138.1 以及 138.3 处,《科学》使用了杜威的特征性标点:破折号而不是冒号,

---

① 杜威致卡特尔,1899 年 11 月 27 日,国会图书馆,手稿区。

而《心理学评论》则省略了两个逗号。《心理学评论》准确地使用了杜威常用的拼写"criticize"(146.9),"whole-hearted"(134.12)和"steam-engine"(150.19)中间的连字符。在所有其他的不同之处,《心理学评论》的标点符号忠实地再现了杜威的用法特征,因此用作本版的文本。

由于《科学》杂志收到打字稿比《心理学评论》晚,这就使得它只能用更短的时间来校对,这就可以解释为什么全部12处内容方面的差异采用了《心理学评论》的文本,而《科学》文本中的这一部分内容被当成不具权威性的误用。这12个差异中,其中有6个可能是由于编辑的失误而遗漏了一个字母或一个单词:在143.13处单词"in"忘写了;在147.24处单词"the"漏掉了;在147.33处"law"写成了"laws";在148.1和148.28处"ideas"写成了"ideals";148.7处"categorial"写成了"categorical"。131.18处给"view"加了一个"s",可能也是一处编辑失误,但更有可能是编辑对杜威并不常见但却有意为之的"the absence of elaborated and coherent view"的主动修正。

《科学》中内容方面的2处反常用法,可能也是被《心理学评论》的编辑纠正了过来;主语和动词的不一致是典型的杜威式的疏忽:《科学》137.35处"Life functions, active operations, are the reality which confront him",在《心理学评论》中"confront"修正为"confronts";在144.22处,《科学》中的"the more economical is the discovery and realization of human aims",在《心理学评论》中同样修正为"are"。

本卷《心理学和社会实践》文本在次要方面折衷处理,内容有选择性地分别采自这篇文章最早的两个出版物;对于内容方面的差异,现在的文本之所以采用《心理学评论》的用法,乃是因为《科学》在这些方面肯定都是错误的。

1901年11月,杜威和埃拉·弗莱格·扬(Ella Flagg Young)与芝加哥大学出版社签订了一份名为《教育现状》系列(Educational Situations)的出版合同,这一系列后来成为"教育文献"(Contributions to Education);[①]最初所设想的系列的名字给了杜威的同名小书,这本小书也收录在本卷中。《心理学和社会实践》是杜威贡献给此系列的部分"文献",1901年,芝加哥大学出版社以单行本重新制作并出版了这篇文章(C)。C的印刷排版来自《心理学评论》的剪切,凡是在《心理学评论》和《科学》内容方面存在差异的地方,C一律以《心理学评论》为准;而对于它们在次要方面的差异,它

_____

① 很显然,把该系列命名为《芝加哥大学教育文献》的决定,是在合同签订后不久作出的,因为《心理学和社会实践》于1901年作为第2期出现在该系列中。除非另加注释,本评论中引证的芝加哥大学的出版记录和通信都来自朗格雷办公室的出版社记录,引用得到了出版社方的许可。

在 7 处与《心理学评论》保持一致,与《科学》保持一致的只有 5 处。

1901 年首次印刷以后,1909 年用该字版再次印刷一次,1916 年第 3 次也是最后一次启用这一贮存字版印刷。对第 1 次印刷①的两个复本和第 2 次印刷②的两个复本以及第 3 次印刷③的一个复本进行机器比对以后发现,它们只是在主题页的日期上有改动,在版权页上增写新的印刷标识。虽然芝加哥大学出版社的记录对这次专门出版信息不全,但库存卡和制作卡显示,第 3 次印刷共印制 2885 册。当 1916 年印刷的库存所剩无几时,出版社决定不再重印了,1934 年 6 月出版社宣布书已绝版。

375

我们不知道杜威在多大程度上参与到芝加哥大学出版社为出版此书所做的准备,但是从数量不菲的修改可以看出——在 17 个地方对单词和句子有所改动——在这些地方加上了斜体,杜威对待这篇文章的态度自始至终非常认真。

与此同时,芝加哥大学出版社的编辑们根据自己的意愿改动杜威的标点,增加了 47 个逗号和 5 个连字符,删去或修改了其他 30 个符号。本卷从 C 接受了次要方面的 26 处改动,其中包括那些体现杜威典型拼写的地方,如"today"(131.8,132.24,139.4,144.14)、"subject-matter"(133.31)、"sense-organs"(139.38);双引号的运用(133.22—23,142.35);以及为澄清意思而作出的 11 处标点改动。

当然,斜体几乎都为杜威所加,不能把它们看作"次要方面"的变动,因为它们所示的强调应该属于内容方面。从 C 沿用的另外唯一一处内容方面的改动,是让 143.32 处的主语和动词保持一致。

《逻辑思维的几个阶段》

该文首先发表在《哲学评论》,第 9 卷(1900 年),第 465—489 页。这一版本采用本卷文本。

1916 年,芝加哥大学出版社承接了为杜威在《逻辑理论研究》(芝加哥:芝加哥大学出版社,1903 年)中的文章重新出版的工作。在准备新版的过程中,之前在各种刊物上发表的一些文章被收录其中,集子得名为《实验逻辑论文集》(*Essays in Experimental Logic*)(EE)。《逻辑思维的几个阶段》就是这本集子中的一篇(第

376

---

① 俄亥俄州立大学 BF$_{57}$D$_{54}$c.$_2$,及约翰·霍普金斯大学,LB$_5$C$_2$,No.1—6。
② 杜威中心(a)和杜威中心(b)。
③ 芝加哥大学出版社记录复本收藏,特别收藏,约瑟夫·瑞根斯坦图书馆,芝加哥大学,芝加哥,Ⅲ.。

183—219 页）。

在《实验逻辑论文集》的"前言注释"中,杜威声称:加上的论文"取自在多种哲学期刊上发表的文章,部分为重印,部分为重写"。[①] 杜威可能是在从《哲学评论》中摘取的《逻辑思维的几个阶段》的单行本上完成修改的。这个单行本后来就成了芝加哥大学出版社的出版文本。

芝加哥大学出版社用一套《实验逻辑论文集》钢板完成了三次印刷,时间分别是1916 年 6 月、1918 年 5 月和 1920 年 10 月。在图书的销售降至每年不超过 75 册以后,出版社听任该书于 1925 年 12 月绝版。1940 年,出版社在地下室还保留有这一套钢板,并且为马萨诸塞州格洛斯特的彼得·史密斯(Peter Smith)赶印了一批校样,当时史密斯正考虑重新发行此书。不过,出版社和史密斯之间的通信显示,它们没有利用这套钢板重印。

对《实验逻辑论文集》第 2 次、第 3 次印刷复本[②]中的文章和版权留存复本进行机器比对发现,它们之间没有变动。

对《哲学评论》(PR)和《实验逻辑论文集》中修改的文章进行比较发现,新版在次要方面所作的最大数量的修改,集中在诸如标点符号的调换等形式方面——比如,引号中的分号,去掉"ae"的连写,更正打字错误,以及 21 处以双引号替换单引号。增加了一些逗号和别的标点,以使意思更为清晰。比如,在 154.24 和 154.38处,把两个句子用一个分号连接起来,在 164.34 处去掉了一个分割主语和动词的逗号。在复合词的连字符上,比如 154.18 处的"re-establishing"和 173.34 处"thought-process"所作的修改,都更符合杜威的习惯用法。本卷把这类改动,视为有意识的修改而加以采纳。

如修订表所示,在《实验逻辑论文集》中,杜威在内容方面的修改为的是突出风格和明确意义——这些具有权威性的修改已经收入本卷;而且,与他对《意识与经验》的修改相比,这些修改虽然数量不菲,但却很少在表达概念的语词上有所改动。在《实验逻辑论文集》中,杜威首先删去了插入语表达和不必要的语词,而且从总体上对文章进行了精炼和澄清。

377

---

① 《实验逻辑论文集》,第 5 页。
② 第 1 次印刷,杜威中心;第 2 次印刷,明尼苏达大学,1329092;第 3 次印刷,芝加哥大学出版社,记录收藏复本。

《教育现状》

第 1 章，"关于初等学校"

1901 年 2 月 28 日，杜威向位于芝加哥的国家教育协会监察部（Department of Superintendence of the National Educational Association）发表演说，题目是"学习过程中的情境"（The Situation as Regonds the Course of Study）。演说首次发表在第 3 期《学校杂志》周刊上，时间分别是 1901 年 4 月 20 日和 27 日、1901 年 5 月 4 日。同年 6 月，杜威修改后的文章发表在《教育评论》上；11 月，这一次修改的文章又出现在国家教育协会 1901 年的《会议录和演说》中。从这些出版物上登载的时间顺序，可以看出文本的线性流变轨迹：《教育评论》（ER）上的文本来自《学校杂志》（SJ），杜威对文本作出了内容方面的修改；《会议录和演说》（PA）上的文本，又来自《教育评论》。不过，证据显示，《教育评论》和《会议录和演说》之间不属于上述这种直接的关系。

杜威在内容方面的修改为确立流变的次序提供了线索。文章发表于《教育评论》378之前，为对《学校杂志》上的文章进行修改，杜威可能对发表在《学校杂志》上的这篇文章的 3 个部分进行了剪裁。《教育评论》在《学校杂志》发表文章的最后一部分之后，不久即出版；这一事实并不表明他为使文章在 6 月份发表在《教育评论》上，而给最初的打字稿重新制作了一个复本。

文章在《教育评论》发表说，杜威对《学校杂志》上的文本进行了 68 处内容方面的改动，这些改动同样保留在《会议录和演说》版中。这两份出版物在许多修改方面的重合表明，两份出版物并非各自独立地脱胎于《学校杂志》。这说明，杜威肯定不是对《学校杂志》上这篇文章（或其打字稿）的两个复本进行了同等程度的修改。

如果杜威把《教育评论》上的文章作为在《会议录和演说》上"官方"发表的这篇演说进行排版的文本，那么，《教育评论》和《会议录和演说》在内容修改方面的一致性就可以得到解释。《教育评论》在 6 月份出版，而《会议录和演说》在 11 月份出版，这一时间上的前后次序使杜威有条件这么做。但是，由于出现在《会议录和演说》中的《学校杂志》的内容在《教育评论》中被改动，上述这种可能性被排除了。

《教育评论》中的 4 处错误在《会议录和演说》中被编辑或排字工人修正过来，比如 272.19 处和 272.22 处的"he"替换"it"，274.11 处的"value"替换"values"，270.25 处的"forbid"替换"forbids"。另外 10 处原来并非错误的内容方面的变化，出现在《教育评论》中，但《会议录和演说》保留了《学校杂志》的原貌。《教育评论》在 261.17 处增加了"has been made"，并去掉了 261.25 处的"etc."。《教育评论》使用各种形式的

"education"以替换全部的"pedagogy"（260.15，260.16，261.26，261.28，272.37）；263.25处用"taken"替换"taking"，276.31处用"I"替换"we"，276.1处用"last"替换"least"。《会议录和演说》在所有这些地方都与《学校杂志》一致，由此可知，《会议录和演说》不可能直接建立在《教育评论》的基础上。

杜威根据《学校杂志》上的文章，制作了一份打字稿和一个复写纸复本，以对文章进行修改，这是能够最好地解释这些材料流变的一个假设。与《学校杂志》和《会议录和演说》都不一致的《教育评论》，在内容方面的改动看来出自编辑之手，因为它们都不是杜威的风格。把"pedagogy"改作"education"，显然出自一个刊名中有"educational"字样的刊物编辑之手；杜威本人非常仔细地区分了"pedagogy"，即"teaching"和"education"，一个长时段的过程。另两个典型项来自编辑的"纠正"：一处删去了"etc."，另一处在《学校杂志》和《会议录和演说》中分别添上了"has been made"，以使杜威风格的表达成为一个完整的句子。

如果一份标注过的《学校杂志》复本，既用作《教育评论》文本的底稿，又用作后来为《会议录和演说》所用的那份打字稿的底稿，那么，错误和编辑的修改就会以完全同样的方式出现在《教育评论》中。但是，《教育评论》和《会议录和演说》在次要方面的改动上如此广泛的一致，这为下述假设提供了支持：它们只有间接的关系，二者根据同一份材料排版，这同一份材料可能是一份新的打字稿和打字稿的复写；它们或来自《学校杂志》的修订复本，或者来自经过修订的杜威原来打字稿的复写。

《教育评论》和《会议录和演说》在修改《学校杂志》的次要部分方面共有150处重合，这个数字太庞大，无法归于巧合或两刊编辑各自独立作出的规范化处理。多数改动显然并非出自杜威之手，因此也就不带有杜威的风格；这种混杂表明，《教育评论》和《会议录和演说》的排版都用到了一份新材料。在次要方面的改动上，《教育评论》和《会议录和演说》相重合的部分中有65处为逗号添加，其中2/3与杜威运用标点的风格不符。例如，在导词"indeed"、"moreover"、"thus"、"now"之间用一个空格把它分隔开，这与杜威的通常用法正好相反。类似地，杜威也不会作出下列改动：260.14处把分号改为破折号，把264.8和267.27处的逗号删掉，把262.19处"viz."后面的逗号和263.36处"foot"后面的逗号改作其他标点，266.37处以分号替换冒号。

大量不能归于杜威的次要方面的改动，可能是打字员在为《教育评论》和《会议录和演说》准备复本以及随后排版时作出的。那些内容方面的修订以及为澄清意思而作出的修订，显然是杜威完成的，而且很可能是在标注的复本上做出的。而且，不论是修订文本还是校正打字稿，杜威都沿袭自己一贯的风格，并在"long-wish-for"

(261.36)、"self-assertion"（264.39）、"face-to-face"（268.4），以及"school-teachers"（276.8）之间加连字符。同样典型的是，他会在264.29—31处为反问句加上引号和问号，在266.38—39处用分号连起两个句子，在262.19处把分号改作冒号，在262.32处和263.8处分别使用他标志性的拼写"willful"和"Someone"。但出现在《教育评论》和《会议录和演说》中的150个次要方面的改动中，只有2/5可以如此归类，其余的则为打字员在处理杜威文献时经常作出混杂、规范以及在拼写和连字符方面的改动。

就《教育评论》和《会议录和演说》内容方面的差异而言，二者对新打字稿及其复写的忠实度可通过与《学校杂志》的比较来确定；可以设想，《教育评论》或《会议录和演说》与《学校杂志》的一致之处，反映的是来自《学校杂志》的打字稿内容。在17处改动中，《会议录和演说》和《学校杂志》有13处一致，《教育评论》和《学校杂志》只有4处一致。二者各自独立分别作出内容方面的改动：那些只在《教育评论》中出现的改动已经介绍过了，《会议录和演说》另外把270.30处的"her"改作"his"，删去了273.5处"or in its"中的"in"，去掉了278.2处的"of"，把260.16处的"gathering"换作"gatherings"。275.1处"king log"和"king stork"改作大写，看来是打字稿送交《会议录和演说》之前最后一刻的时候，杜威将之改过来的。

1902年，杜威进一步修改了《学习过程的情境》，并以《关于初等学校》之名作为《教育现状》（ES）第1章出版（芝加哥：芝加哥大学出版社，1902年）。新版的文本来自《会议录和演说》的一份复本，在《教育评论》和《会议录和演说》的17处内容差异方面，《教育现状》都亦步亦趋地与《会议录和演说》保持一致。在显然由杜威作出的措辞上的大量修改之外，《教育现状》在次要方面也作了一些修改：在263.35，268.23，280.32处加了斜体，12个写成"thru"和"thoro"的地方改成"through"和"thorough"；逗号用法也得到了统一。《教育现状》同时也引进了一处内容上的错误，在277.3处重复用了"the"，本卷已经修正过来了。

现在经过鉴定的《教育现状》第1章的文本使用《学校杂志》作为复本，其中合并了杜威本人对内容部分所作的修改，只有为数不多的几个修改没有列入其中。同样地，按照标准的编辑程序，《学校杂志》的次要方面的内容也被认为是杜威意图的反映而接受下来，当然，如果有证据表明在后来的文本版本上所作出的修改出自杜威本人而不是编辑之手，则本卷会采用杜威在后来版本上作出的修改。

对于一类显然由一份《教育评论》和《会议录和演说》的新打字稿引入的内容方面的改动，已经难以确定其内容的权威性。在《学校杂志》中，全部指称教师的代词都是

381

"she"和"her"。在《教育评论》和《会议录和演说》中,这些代词都改成了阳性,只有《教育评论》中有一处例外。杜威自己经常会在"her"和"his"两种代词之间摇摆,两种代词会同时出现在一篇讲座中,[①]因此,看来有可能是《学校杂志》的编辑为了前后一致而改成了阴性代词。在修订时把代词统一为阳性形式的意图——不论是否完全出自杜威——很清楚,这一规范化的改动也就作为对文本的修订而接受了下来。

《学校杂志》的文本,其标点为杜威典型的轻标点,否则在次要方面肯定会沿用这一文本;这一文本只有用来澄清意思或与内容修改相伴的标点改动,以及那些体现杜威在拼写和连字方面的已知偏好的改动,才作为对《教育评论》和《会议录和演说》的一致之处的修订而被保留在本卷。尽管作为《教育评论》和《会议录和演说》底稿的打字稿中 2/3 的次要方面的改动未被采用,这份打字稿在次要方面的改动在所有被采用的改动中所占比重还是最大。对于《教育现状》,本卷只采用了它添加的斜体,两处拼写改动,以及对"thru"和"thoro"的改动。

382

第 2 章,"关于中等学校"

为第 2 章选择文本没费什么事,因为在为收入《教育现状》而进行修改之前,文章作为出版物,只在《学校评论》(第 10 卷,1902 年,第 13—28 页)以《当前中等教育的问题》(*Current Problems in Secondary Education*)为题发表过一次。像《教育现状》一样,《学校评论》也是由芝加哥大学出版社出版,在次要方面与前者基本相同。[②] 内容方面的改动和增加取自《教育现状》,因为后者反映了杜威在文本修改上的意图。

第 3 章,"关于大学"

在为收入《教育现状》进行修订之前,第 3 章同样也只发表过一次,是以《学校是按人们的期望而行吗?》的标题,在《教育评论》(第 22 卷,1901 年,第 459—474 页)上发表的。《教育评论》上的文章因此成为出版文本,书中的文章是在内容方面改动后的样子。

教育现状

《教育现状》于 1902 年 9 月发表在《芝加哥大学教育文献》第 3 期中,后来又用同一套钢板重印 4 次,时间分别为 1904 年 7 月、1906 年 7 月、1910 年 9 月、1916 年 3

---

① 《教育原理》,芝加哥大学,《春季季刊》,1902 年(油印),第 18、29、30、55、63、96、121 页。
② 事实上,1902 年,杜威是《学校评论》的主编。但是,杜威和威尔伯·杰克曼的通信显示:他在任职期间,更多的是作为总编而不是作为文本编辑发挥着作用。杜威档案特别收藏,莫里斯图书馆,南伊利诺伊大学卡本代尔分校。

月。1924 年 6 月,该书宣布绝版。对第 2 次～第 5 次印刷的复本,与国会图书馆版权留存复本进行比对发现,①历次印刷中唯一的改动是扉页上的印刷日期。在 5 次印刷中,文本未作任何改动,印刷钢板只印制了 500—1000 册图书,保存状况良好,只有些许陈旧的印记。

摘要清单及课堂讲座笔记,1899—1901 年

1899 年《背诵的方法》(*The Method of the Recitation*)。芝加哥大学所做讲座的报告节选;私人出版,以供阅读,奥什科什,威斯康星州,第 52 页。

摘要和关于"儿童生活"5 次系列讲座提纲,由大学设在火奴鲁鲁高中的补习部提供,发表在《太平洋商务广告》(*Pacific Commercial Advertiser*)。

《扩展系统的优势》(*Advantages of Extension System*),1899 年 8 月 7 日

《儿童早期阶段:游戏和想象力》(*Early Childhood, Play, Imagination*),1899 年 8 月 18 日

《儿童后期阶段:兴趣和注意力》(*Later Childhood, Interest and Attention*),1899 年 8 月 22 日

《青少年和情绪》(*Adolescence and Emotions*),1899 年 8 月 25 日

《生长的一般原理》(*General Principles of Growth*),1899 年 8 月 29 日

关于 5 次系列讲座《19 世纪思想巨动》(*Movements in Nineteenth Century Thought*)中的前两次讲座摘要,由大学设在火奴鲁鲁高中的补习部提供,发表于《太平洋商务广告》。

《卢梭对法国政治历史和文学的影响》(*Influence of Rousseau on French Political History and Literature*),1899 年 9 月 1 日

《哥德和席勒以及文化艺术伦理学》(*Goethe and Schiller and the Ethics of Culture and Art*),1899 年 9 月 5 日

《逻辑理论》(*Theory of Logic*),班级讲座笔记速记,1899—1900 年,芝加哥大学,第 302 页。H·海斯·鲍顿(H. Heath Bawden)收藏,圣路易斯大学。②

---

① I¹,国会图书馆版权留存复本 24726c. B;I²,密歇根大学 141083;I³ 加利福尼亚大学 695980;I⁴ 纽约州立图书馆 388516;I⁵ 弗蒙特大学 87. 742。

② 海斯·鲍顿谈到他的笔记,"我或是用普通写法或是用速写记录杜威讲课笔记……另有一些速记笔记是我和班级同学雇的速记员记录的"。《致拉尔夫·W·乔治的信》,1947 年 1 月 8 日,拉尔夫·乔治私人收藏。关于准备课堂笔记的更详细描述,参见乔·安·博伊兹顿的"文本注释",《杜威早期著作》(卡本代尔:南伊利诺伊大学出版社,1972 年),第 5 卷,第 cxxxi—cxxxii 页。

《教育学 IB 19：教育哲学》(*Pedagogy IB 19，Philosophy of Education*)课堂讲座笔记速记，1898—1899 年，芝加哥大学。格林内尔学院图书馆，杜克大学图书馆。纽约：兰登书屋，1966 年，瑞格纳尔德·阿卡姆鲍尔德（Reginald D. Archanabault）编辑。

1900 年《伦理学逻辑》(*Logics of Ethics*)，课堂讲座笔记速记，秋季季刊，1900 年，芝加哥大学。XXIX 讲座，第 85 页。H·海斯·鲍顿收藏，圣路易斯大学。

1901 年①《道德进化》(*The Evolution of Morality*)，在芝加哥大学所作系列讲座的速记打字稿。讲座 1，1901 年 10 月 2 日，III 页（不全）。亨利·沃尔德格雷乌·斯图亚特图书馆，斯坦福大学，帕罗·阿尔特，加利福尼亚。

《伦理心理学》(*The Psychology of Ethics*)，玛利·L·里德所作报告速记，1901 年冬季季刊，课程 35。芝加哥大学哲学系，第 125 页。H·海斯·鲍顿收藏，圣路易斯大学。

《社会伦理学》(*Social Ethics*)，玛利·L·里德所作的报告速记，1901 年春季季刊，课程 44。芝加哥大学哲学系，第 129 页，H·海斯·鲍顿收藏，圣路易斯大学。

《教育讲座》(*Educational Lectures*)，在布瑞汉姆·杨学院暑期学校（1901）所作的 10 次系列讲座。艾莉斯·杨报告制作，N·L·纳尔逊（N·L·Nelson）编辑，犹太州立历史社团。

《伦理学中的历史方法》(*The Historical Method in Ethics*)，1901 年 12 月 4 日在芝加哥大学哲学俱乐部发表的致辞的笔记打字稿，第 5 页。H·海斯·鲍顿收藏，圣路易斯大学。另一份复本，亨利·沃尔德格雷乌·斯图亚特图书馆，斯坦福大学图书馆，第 6 页。

---

① 杜威于 1900 年和 1901 年间完成的 3 篇讲座文章显然没有保留下来：《心理学和教育》，1900 年 1 月 12 日在教育俱乐部举办的讲座；《教育的回顾和展望》(*An Educational Retrospect and Prospect*)，1901 年 5 月 3 日在弗吉尼亚瑞奇蒙德举办的讲座；《教育和日常经验》(*Education and Every day Experience*)，1901 年 5 月 10 日在加拿大圣托马斯举办的讲座。

文本注释

30. 14　儿童。考试]"这一实例是由 12 岁的儿童所展示的"已被删去,因为文本 385
中没有出现这样的实例或图示;在最初致辞时可能展示了这一实例,因
此在速记报告中有杜威提及它们的记录。

38. 6　that]放弃了第二版中把"that"换成"which"的改动。

78. 26　complaint]虽然在口头报告中,杜威口误使用了复数名词,这里还是把
它们改正过来,以与动词"is"保持一致。

79. 14　results]在列举他想要阐释的"接下来的观点"时,杜威想要用现在时态
作一般陈述的意图十分明显,因为他用的是"is";复本中用过去时态的动
词,以保持一致。

85. 40　than]此前这一材料的全部出版物中都出现错误的拼法"then",毫无疑
问,这是多次被忽略的打字错误。

92. 10　work]复本中"work herewith reported on"被修改过,第 2 卷实际上没有
收录《初等学校纪要》,因此,杜威关于《纪要》中的其他文章的提法在这
里被有意省略。

107. 1　but is suddenly]补上了必要的动词。

177. 11—12　disconnected]复本中"only a jungle of discontented facts"被认为
是一处此前校对时被忽略的打字错误。

180. 39　three]当开始论证时,杜威可能只想说两种反应;但是,因为说到了三
种独立的反应(进食、抓、哭),于是把数字变成了"3",以与他的表述保
持一致。

181.14　child is simply］这里缺少一个动词，因此补上了"is"。

184.28　so in］在复本中的这一行错误地出现了此处省略的三个单词，这可能是由于编者看串了行，把紧挨着这一行的上面一行中的这几个单词挪到了这一行。

199.29　distinguishes］通过和同一段落中紧随其后的动词进行对比（gives，makes，interests），这一动词也应该为现在时态，因此此处作出替换，把（打字的材料中的）"d"更换为"s"。这类错误随处可见。

201.19　experienced］打字的人在显然应该打"d"的地方错误地打成了"s"，这里作了更正。

261.28　ideals］此处所使用的"principles and ideals"以及同一句话中提到的"these principles and ideals"都表明，在所有出版的文本中，"ideals"是为校对所忽略的一个编辑错误。

277.4　conditions］这里省去了 ES 文本所引入的名词"considerations"。在276.40 之前的段落，杜威用单词"conditions"表明了他的意图。这里仍然指向"conditions"而不是"considerations"。

277.7—8　machinery］在 ES 中加上了本不需要的"of"，这可能来自复本编辑对句子的误读。此处删掉这一添加，以恢复作者的原意。

300.29　disadvantages］杜威不大可能真的想写" the advantages and the disadvantage"这样的句子。这里添上了可能是被编辑忽略的"s"。

符号列表

A. 用来识别修正列表中的来源的缩写如下：

C   University of Chicago Contributions to Education （*Psychology and Social Practice*）

D   *Influence of Darwin*

E   *Elementary School Record*

EE   *Essays in Experimental Logic*

ER   *Educational Review*

ES   *The Educational Situation*

ET   *Education Today*

Mt   *Mental Development* （typewritten）

PA   *Proceedings and Addresses* of the National Educational Association

S   *Science*

SR   *School Review*

I^{1-11} *School and Society*，1899

II^{1-17} *School and Society*，1915

U   *University* [of California] *Chronicle*

B. 其他指代

左侧的页-行数字来自当前版本；除页头书名以外，所有的行数都计算在内。

页-行数字之后的缩写 *et seq.* 表示该部分中随后全部内容与标注的页码为同一页。

括弧前的内容来自当前版本。

方括弧代表来自当前版本内容的结束，紧随其后的符号代表最初的内容。

W 表示 Works(著作)——当前版本——和用来在这里进行首次修正的著作。

缩写(*om*)表示括弧前的内容在缩写符号之后所标注的版本和印数中被省略；在资料来源不明处，用(*not present*)来表示。

388　　缩写(*rom.*)表示罗马字型和省略了斜体字。

Stet 和版本或印数数字连用表示保留了来自随后修订的版本或印数的大部分内容；未被采用的改动在分号之后。

修订的页-行数字前面的星号表示，该内容在文本注释中加以讨论。

加号＋表示，同样的内容出现在随后所有的印刷和版本中。

波浪线～表示括弧之前的同一个词，下置脱字符号ᴧ表示标点符号阙如。

修订列表

除那些在这一导论性说明末尾所特别指出的规定以外,复本中实质内容和次要
方面的全部修订在下面的列表中都登记在册。方括弧左边的内容出自当前的这一版
本。括弧之后是首次修订来源的缩写,以及之后与该版内容相同的相关版本和印刷
的缩写。来源缩写后面是一个分号,再后面是原稿-文本内容。全部文本中相关的实
质性改动,同样记录在册;是故,该修订列表可用作历史的比较和修订记录。

每一项的文本都在修订列表中该项的开始部分标识出来;对于那些之前只有一
个版本的辞项,修订列表上未列出其文本缩写。《学校与社会》、《教育现状》和《心理
学和社会实践》都使用了文本缩写;《教育现状》有合成复本,《心理学和社会实践》中
的次要方面的修订选自权威性的来源。

通篇作了大量形式上的或技术性的改动:

1. 著作和刊物名称用的是斜体字;文章和著作章节用了引号。

2. 力求使文件的形式完整、一致;省略了"*op. cit.*",只有当题目在同一目次中重
复出现时才使用"ibid.";章节数目用的是阿拉伯数字,卷数用的是罗马数字;规范了
缩写符号,列出了书名,必要时给出了全称。

3. 在同一篇目中,用连续的上标数字标注出杜威的脚注;编辑脚注只用星号。

4. 为与杜威的一般习惯保持一致,采用如下的缩写方式:"viz.","i. e.","*per*
se","e. g."以及"*cf.*";在 211. 34,213. 36,215. 32 的"etc."之后使用逗号,而在 210. 9
的"*i. e.*"之后也使用逗号。

5. 除所引用的材料之内的单引号以外,单引号都换作双引号;引号的开头和结
尾在需要的地方都加以补充,以求完整。

6. 参考文献注明了期刊卷数,作者姓名的列举方式统一处理;头衔(博士、先生、教授)全部省略;为区分姓氏相同的作者,给出了他们的名字;除这种情况以外,只给出作者的姓氏。

编辑对本卷中的下列拼写进行了修改,以与杜威所采用的形式(括弧左侧)保持一致：

centre] center 7.14, 15.14, 23.23, 23.30, 23.32, 23.34, 24.32, 44.30, 48.35, 63.32, 95.7, 98.31, 157.40, 191.40, 217.39, 241.20, 284.26, 304.39; (-d) 24.35, 52.11 -12, 201.20; (-s) 6.31, 7.28, 10.30, 13.1, 13.26, 15.8, 86.39, 181.6, 183.22, 191.37; (self-centred) 29.12, 218.12

clue] clew 308.29

cooperate] coöperate 105.9

cooperating] coöperating 3.16, 191.35

cooperation] coöperation 4.13, 8.3 - 4, 10.23, 11.12, 11.33, 104.26, 121.16, 175.24, 182.34, 235.15, 326.36, 329.10, 334.15, 334.19

cooperative] coöperative 12.3, 81.20, 82.2, 84.31

coordinate] coördinate 62.16, 176.36; (-d) 188.4, 188.27

coordination] coördination 176.12, 176.13, 178.29, 179.29, 180.1, 180.9, 180. 31, 181.19, 182.6, 183.19 - 20, 183.33, 184.22 - 23, 185.24, 191.26, 191.29, 191.34 (2), 191.38(2), 191.39 - 40, 231.33; (-s) 176.21, 179.20, 180.17, 180.20, 181.21 - 22, 182.31, 186.21, 190.21, 190.36; uncoordinated 181.26

criticized] criticised 13on.16, 234n.3, 251.4

entrusted] intrusted 58.20, 66.13

fibre] fiber 14.11(2), 14.14, 14.22, 14.36, 26.28, 282.6; (-s) 14.16, 14.25, 14. 27, 14.31, 15.6, 15.13, 15.20, 183.22

fulfill] fulfil 67.29, 220.34, 255.2; (-ment) 210.2, 242.27 - 28, 242.31, 244.1, 248n.5, 256.19; (-ments) 249.32, 249.33; (-s) 242.23, 245.18

instill] instil 328.37

labelled] labeled 70.6

labelling] labeling 298.8

meagre] meager 24.22; (-ness) 165.19

modelling] modeling 61.30, 65.15, 74.4, 99.20

program] programme 318.9, 318.23

reinforce] reënforce (-d). 250.11; (-ment) 183.29

through] thru 339.22, 339.25, 340.26

travelling] traveling 204.3

The following instances of word division and hyphenation have been editorially altered in this volume to the known Dewey forms, given to the left of the bracket:

all-around] all around 133.11, 296.1

all-embracing] all embracing 255.20 - 21

child-study] child study 84.13, 132.11, 186.27

clay-modelling] clay modeling 65.15

common sense (noun)] common-sense 165.16 – 17
cooperative] co-operative 266.14, 279.39
cross-reference] cross reference 185.9, 185.26 – 27, 195.18
dining room] dining-room 48.33, 50.15
dish-washing] dishwashing 343.3
door-knob] door knob 195.21, 195.25, 196.14
door-knobs] doorknobs 194.22, 194.28
elementary-school] elementary school 301.11
everyone] every one 204.23
faculty-psychology] faculty psychology 178.6
far-reaching] far reaching 216.20 – 21
full-fledged] full fledged 197.2
interactions] inter-actions 198.33 – 34
life controlling] life-controlling 215.31 – 32
make-believe] make believe 200.28, 201.10
make-up] makeup 215.5
         make up 327.26
ready-made] ready made 180.25
reinforcing] re-inforcing 65.30 – 31
secondary-school] secondary school 319.38
self-confidence] self confidence 212.33
self-consciousness] self consciousness 216.3 – 4, 216.25
self-depreciation] self depreciation 213.1
self-explanatory] self explanatory 199.30 – 31
sense-element] sense element 71.6
sense-organs] sense organs 62.15, 93.31, 185.14, 333.29
sense-training] sense training 71.11
seventy-five] seventy five 180.29
shop-work] shop work 74.4
sign-posts] sign posts 168.25
starting-point] starting point 113.25
subject-matter] subject matter 317.26, 318.11
today] to-day 115.18, 13on. 21
well-defined] well defined 205.15
well-managed] well managed 292.7
well-organized] well organized 292.7

《学校与社会》

此处在括弧左侧列出的是文本修订,括弧后面是修订来源的缩写;文本内容在分号之后。文本内容后面的来源缩写,标出了合成文本的不同部分。前 4 章的文本复本是 I¹,1899 年 11 月印刷。第 5—9 章的文本复本来自 E:《初等学校纪要》(芝加哥:

芝加哥大学出版社，1900年）第一版中的文章。文本评论中对相关的版本和印刷进行了讨论。符号 II 用来表示第二版的全部印刷次数。

列表中同时标注出文本中相关的内容方面的变化，经过修订未予保留的也罗列在此。

3.2 – 3	The first … before] II; The three lectures presented in the following pages were delivered before I$^{1-11}$
3.5	year 1899] I^{2+}; present year I^1
3.11	Mr.] I^{2+}; Professor I^1
3.14 – 4.16	*Author's Note* … January 5,1900.] I^{2+}; [*not present*] I^1
3.15	printing] II; edition I$^{2-11}$
3.19	friends$_\wedge$] II; ～, I$^{2-11}$
3.19	Mead$_\wedge$] II; ～, I$^{2-11}$
4.8	tact,] II; ～$_\wedge$ I$^{2-11}$
4.16	January 5,1900.] I^2; January 5,1900$_\wedge$ I$^{3-11}$
4.17 – 30	*Author's Note* … July, 1915] II; [*not present*] I$^{1-11}$
4.29 – 30	change. July 1915] W; change. J.D. New York City/July, 1915 II
5.16	is put] I^{3+}; it puts I$^{1-2}$
5.17	disposal] I^{2+}; disposition I^1
5.22	given,] I^{2+}; ～$_\wedge$ I^1
5.28	social,] II; ～$_\wedge$ I$^{1-11}$
5.30	teachers;] I^{2+}; ～, I^1
6.4	are changes] I^{2+}; are the changes I^1
6.9	character;] II; ～, I$^{1-11}$
6.9 – 10	it will cease] II; and will cease I$^{1-11}$
6.12	appear] I^{2+}; be seen I^1
6.16	witness it gives] I^{2+}; signs it shows I^1
6.20	training —] II; ～, I$^{1-11}$
6.20	relation] I^{2+}; meaning I^1
6.20 – 21	to changed social conditions appears] I^{2+}; appears under changed social conditions I^1
6.22	point as well] I^{2+}; point I^1
6.22	innovations] I^{2+}; innovations as well I^1
6.23	dwelling] I^{2+}; dilating I^1
6.35	falls] I^{2+}; belongs I^1
7.4	facilitated,] II; ～$_\wedge$ I$^{1-11}$
7.8 – 9	in some other than a formal] II; in other than formal I$^{1-11}$
7.17	part made] II; part not only made I$^{1-11}$
7.17	house; the] II; house, but the I$^{1-11}$
7.18	usually] I^{3+}; generally I$^{1-2}$
7.18	familiar also] II; familiar I$^{1-11}$
7.22	was followed] I^{3+}; stood revealed I$^{1-2}$
7.23	fat$_\wedge$] II; ～, I$^{1-11}$

393

7.26   was produced] II; was I$^{1-11}$
7.30   materials$_\wedge$] II; $\sim$, I$^{1-11}$
7.36   even to] I^{2+}; even up to I^1
7.38   in this kind of life:] II; in this: I$^{2-11}$; in all this I^1
7.39   and in the] I^{2+}; and the I^1
9.9   in] II; with I$^{1-11}$
9.30   receptive] I^{3+}; perceptive I$^{1-2}$
9.34   seamstresses] II; sempstresses I$^{1-11}$
9.36 – 37   underestimate the worth of] I^{2+}; underestimate I^1
9.40   child.] I^{2+}; child, not to society. I^1
10.3   methods of living and learning,] II; methods of life I$^{2-11}$; methods, I^1
10.3 – 4   studies. [◀] We must] I^{2+}; studies of life on its active and social sides. We must I^1
10.7   as ways] I^{2+}; as the ways I^1
10.7 – 8   these needs] I^{2+}; these I^1
10.32   kitchen] I^{3+}; workshop I$^{1-2}$
10.39   absorbing] II; absorption I$^{1-11}$
11.7   accumulating,] II; $\sim_\wedge$ I$^{1-11}$
11.8   prevailing] II; prevalent I$^{1-11}$
11.14   on,] II; $\sim_\wedge$ I$^{1-11}$
11.34   such an aim] II; this I$^{1-11}$
11.34 – 35 of one sort of order] II; order of one sort I$^{2-11}$; order of the first sort I^1
12.1   the occupation] II; occupation I$^{1-11}$
12.9   as they are related] I^{2+}; in their vital relation I^1
12.14   when] II; where I$^{1-11}$
12.16   dominates$_\wedge$] II; $\sim$, I$^{1-11}$
12.31   streams] II; sources I$^{1-11}$
12.39   utilities,] I^{2+}; $\sim_\wedge$ I^1 394
12.39   this openness] I^{2+}; and openness I^1
13.20   developed] I^{2+}; finally fixed I^1
13.23   terms,] I^{2+}; $\sim_\wedge$ I^1
13.26   seamstresses] II; sempstresses I^1
13.32 – 33 strikes more oddly upon the average intelligent visitor than] I^{2+}; strikes the average intelligent visitor as stranger than I^1
14.1   trace and] I^{2+}; begin to I^1
14.2   used] I^{2+}; he is using I^1
14.14   is$_\wedge$ that] II; $\sim$, $\sim$ I$^{1-11}$
14.18 – 19 gin only] II; only gin I$^{1-11}$
14.23   averaging, say, one-third] II; being one-tenth I$^{1-11}$
14.24   while the latter run to three inches] II; while that of the latter is an inch I$^{1-11}$
14.36   fibre;] W; fiber; I^{2+}; $\sim_\wedge$ I^1
15.17   appear] II; usually appear I$^{1-11}$

15.18	usually pass] II; pass I^{1-11}
15.27 – 28	historic and social values] II; historic values I^{1-11}
15.28	With] I^{2+} ; It ceases with I^1
15.29	knowledge it ceases] I^{2+} ; knowledge I^1
15.31	organ of understanding] II; organ I^{1-11}
16.7	than in] I^{3+} ; than at I^{1-2}
16.8	exist] I^{3+} ; be found I^{1-2}
16.9	consciousness of the one] I^{3+} ; him I^{1-2}
16.10	himself] I^{3+} ; him I^{1-2}
16.21	enables] I^{2+} ; shall enable I^1
16.22	is in it] I^{2+} ; is I^1
16.25	or the] II; or to the I^{1-11}
16.29	as to] I^{2+} ; into I^1
16.40	learning is] II; learning was I^{1-11}
18.23	training] I^{2+} ; the training I^1
18.24	culture,] I^{2+} ; $\frown_\wedge$ I^1
18.24	or] II; as I^{1-11}
18.24	the training] II; that I^{1-11}
18.28 – 29	"workers, "] I^{3+} ; $_\wedge \sim ,_\wedge I^{1-2}$
18.30	cent$_\wedge$] II; $\sim$. I^{1-11}
18.31	cent$_\wedge$] II; $\sim$. I^{1-11}
18.39	realization.] I^{2+} ; $\frown_\wedge$ I^1
19.10 – 11	appeal] I^{3+} ; do appeal I^{1-2}
19.12	find] I^{3+} ; find that I^{1-2}
19.12	to] I^{3+} ; would I^{1-2}
19.13	prolonged, containing more of culture.] I^{3+} ; prolonged. I^{1-2}
19.21	often appear] I^{2+} ; appear often I^1
19.22	to be] I^{2+} ; as I^1
19.23	improvement] I^{3+} ; improvements I^{1-2}
19.24	evolution] I^{2+} ; this change I^1
19.34	into] I^{3+} ; in I^{1-2}
21.12	great] II; good I^{1-11}
21.20	great] II; good I^{1-11}
21.23	at which the children may work] I^{2+} ; for the children to work at I^1
21.29	desks] I^{2+} ; the desks I^1
21.34	because] II; for I^{1-11}
22.4	materials] I^{3+} ; results I^{1-2}
23.38	the child] I^{2+} ; him continually I^1
25.5	hidden] I^{2+} ; latent I^1
25.14	If] II; if I^{1-11}
25.17	culture,] II; $\frown_\wedge$ I^{1-11}
25.25	the paths followed.] I^{2+} ; these lines. I^1
28.12	childhood —] II; $\sim$; I^{1-11}

395

28.14	allowed] I^{2+} ; left there I^1
28.15	he] I^{2+} ; it I^1
*30.14	children. Examination] W; children. The example shown was made by the twelve-year-old children. Examination I^{1+}
30.21	side:] II; ~. I$^{1-11}$
31.10	comes: What are we] I^{2+} ; comes of what we are I^1
31.11	interest — are we] I^{2+} ; interest, I^1
31.11 – 12	out? Or shall we get] I^{2+} ; out; or whether, again, we shall get I^1
31.12	better?] I^{2+} ; ~. I^1
32.6	opportunity thus given] I^{2+} ; opportunity given in this I^1
32.12	provided occasion] I^{2+} ; gave opportunity I^1
32.16	supplied a demand] I^{2+} ; gave opportunity I^1
32.20	vent$_\wedge$] II; ~, I$^{1-11}$
32.23	needed] I^{2+} ; sought I^1
32.23	arrived at] I^{2+} ; worked out I^1
33.4	infinitely] II; indefinitely I$^{1-11}$
33.7	facts] I^{2+} ; the information I^1
33.7	fixed lessons] I^{2+} ; lessons I^1
34.16	natural motive for] I^{2+} ; only natural use of I^1
34.22	taken away] II; taken I$^{1-11}$
34.22	purpose] II; basis I$^{1-11}$
35.39	*pulled*] II; *pulls* I$^{1-11}$
36.11	are] II; were I$^{1-11}$
36.16	a tumbler] *stet* I$^{1-11}$; a a tumbler II$^{1-17}$
36.34	for] I^{2+} ; that I^1
36.35	to] I^{2+} ; should I^1
36.38	How] II; how I$^{1-11}$
37.7 – 8	to control] II; control I$^{1-11}$
37.9	supply] I^{2+} ; give all I^1
37.10	same results] II; results I$^{1-11}$
37.15	condition] I^{3+} ; fashion I$^{1-2}$
37.16	thing$_\wedge$] I^{3+} ; ~, I$^{1-2}$
37.22	children$_\wedge$] II; ~, I$^{1-11}$
37.36	imaginative values $_\wedge$] II; imaginative values, I$^{3-11}$; values, of imagination I$^{1-2}$
38.1	child$_\wedge$] II; ~, I$^{1-11}$
*38.6	that] *stet* I$^{1-11}$; which II
38.6	all$_\wedge$] II; ~, I$^{1-11}$
38.9	Shall] II; shall I$^{1-11}$
38.20	ability$_\wedge$] I^{2+} ; ~, I^1
38.28	shall] I^{3+} ; will I$^{1-2}$
39.8	children. Now] I^{2+} ; children, while I^1
39.9	in relation both] II; both in relation I$^{1-11}$

396

39.12	promotion of] I^{2+} ; to promote I^1
39.16	school,] I^{2+} ; $\frown_\wedge$ I^1
40.8	in subjects] II; subjects I$^{1-11}$
40.12	Middle Ages] II; middle ages I$^{1-11}$
40.14	Middle Ages] II; middle ages I$^{1-11}$
40.16	Middle Ages] II; middle ages I$^{1-11}$
40.27	drawn] I^{2+} ; (a-b) I^1
42.18	Middle Ages] II; middle ages I$^{1-11}$
42.40	more into] II; into more I$^{1-11}$
43.28	interrelation] II; inter-relation I$^{1-11}$
44.13	use;] II; $\sim$, I$^{1-11}$
44.14	culture;] II; $\sim$, I$^{1-11}$
44.14	discipline;] II; $\sim$, I$^{1-11}$
46.15	work,] I^{2+} ; $\frown_\wedge$ I^1
46.15	tack$_\wedge$] I^{2+} ; $\sim$, I^1
46.18	year$_\wedge$] II; $\sim$, I$^{1-11}$
46.19	River] W; river I^{1+}
47.24	the head] *stet* I^{1+} ; the the head II
48.16	mere] I^{2+} ; these I^1
49.7	conforming] I^{3+} ; observing I$^{1-2}$
49.9	sides — the] I^{2+} ; sides, but the I^1
49.9	symbolizing] I^{2+} ; symbolizes I^1
50.38	a] I^{2+} ; the I^1
51.9 – 10	formulates ... our] II; formulates almost all of our I$^{1-11}$
51.20	B] W; A I^{1+}
53.13	organs —] II; $\sim$, I$^{1-11}$
54.9	Oriental] I^{2+} ; oriental I^1
54.13	*Odyssey*] II; [*rom.*] I$^{1-11}$
54.13	because] II; only because I$^{1-11}$
54.36	be able to live] II; live I$^{1-11}$
55.15	organize,] II; $\frown_\wedge$ I$^{1-11}$
55.26	all things] I^{2+} ; everything I^1
55.35	in the latter] I^{3+} ; some time in the I$^{1-2}$
55.40	Teachers$_\wedge$] II; $\sim$' I$^{1-11}$
56.6	in turn will] I^{2+} ; will in turn I^1
56.8	criticized] II; criticised I$^{1-11}$
57.1 – 66.36	[Chapter 4]] I$^{1-11}$; [*om.*] II
57.8	Street] W; street I$^{1-11}$
57.9	Avenue] W; avenue I$^{1-11}$
57.10	Court] W; court I$^{1-11}$
57.12	Court] W; court I$^{1-11}$
57.14	Avenue] W; avenue I$^{1-11}$
58.2	school. Next] I$^{2-11}$; school. The increase in number of pupils this year

is 50 per cent. Next I¹

58.6   to the school] I²⁻¹¹ ; in the school I¹

58.8 – 9   students ... school.] I²⁻¹¹ ; students. I¹

58.26   should] I²⁻¹¹ ; would I¹

58.33   its administration] I²⁻¹¹ ; the administration I¹

59.34   cent∧] W; ∼. I¹⁻¹¹

60.30   power;] I²⁻¹¹ ; ∼, I¹

60.32   the symbols.] I²⁻¹¹ ; it. I¹

60.39   a few words] I²⁻¹¹ ; little time I¹

61.7   upon] I³⁻¹¹ ; on I¹⁻²

61.38   his acquisitions] I²⁻¹¹ ; what he gets I¹

63n.2   *Record*.] W; *Record.* Address The University of Chicago Press for particulars. I³⁻¹¹ ; has been published, and may be obtained from The University Press. I¹⁻²

64.2 – 3   grasped. [◖] In] I³⁻¹¹ ; grasped. In I¹⁻²

65.5   to] I³⁻¹¹ ; they I¹⁻²

67.1   5] W; IV II; [*not present*] E

67.1 – 3   The Psychology of Elementary Education [◖] Naturally, most] II; The Psychology of the Elementary Curriculum. [◖] As the current number closes the present series of monographs relating to the work of the Elementary School, a statement of the principles underlying its work may be in place. The present month happens also to end the fifth year of the school's existence, if further justification for the statement be required. [◖] Naturally, most E

67.10   the time] II; time E

67.16   university] II; University E

67.16   university] II; University E

67.20   university] II; University E

67.24 – 25   university] II; University E

67.25   elementary school. Such a school] II; elementary school. [◖] But since this phase is likely to be the last to show itself to the ordinary observer, since it is the most difficult to understand, there is ground for setting forth this university aspect of the work done in the elementary school of the University of Chicago. But most generally, the school E

68.7   child∧ life] II; ∼-∼ E

68.7   themselves∧] II; ∼, E

69.18   individual,] II; ∼∧ E

69.22   and the] II; that the E

69.30   ways] II; way E

69.31   lives∧ acts∧] II; ∼, ∼, E

70.5   child∧ mind] II; ∼-∼ E

70.21   character∧] II; ∼, E

71.4   information∧] II; ∼, E

71.28   but the size] II; but size E

398

72.13	Mr. W. S. Jackman] II; Mr. Jackman E
73.4	statement simply] II; statement (with more detailed illustrations, furnished in the various numbers of this RECORD) simply E
73.29	subject-matter] II; ⁀ₐ~ E
73.33	miniature] II; miniature E
74.13	formulate it.] II; formulate it.¹... ¹This period has been dealt with at greater length in preceding issues. See the ELEMENTARY SCHOOL RECORD, pp. 12 – 15; 21 – 23; 143 – 151. E
74.22	broken up.] II; broken up (see RECORD 49 – 52). E
74.40	colonization)ₐ] II; ~), E
75.17	method involves] II; method (see RECORD, pp. 204 – 9) involves E
75.26	have] II; had E
75.26	metₐ] II; ~, E
77.15	centₐ] II; ~. E
77.36	second-hand] II; second-handed E
*78.26	complaint] W; complaints E, II
78.32	constructiveₐ] II; ~, E
*79.14	results] W; resulted E, II
81.1	6] W; v II; [*not present*] E
81.2 – 3	the Elementary ... is] II; the School is E
81.21	interdependence;] II; ~, E
81.32	use;] II; ~, E
81.33	foundationₐ stones] W; ~-~ E, II
82.9	school] W; School E, II
82.17	It is necessary only] II; These are so clearly set forth in the accompanying article by Miss Scates that it is only necessary E
83.7	*Mother*ₐ *Play*] W; ~-~ E, II
83.10 – 11	criticize] II; criticise E
83.35	*Mother*ₐ *Play*] W; ~-~ E, II
84.36 – 85.1	models. [◖] Accordingly] II; models. Accordingly E
*85.36	than] W; then E, II
86.12	children] II; the children E
86.39	school] W; School E, II
86.39	much] II; largely E
88.13	that,] II; ⁀ₐ E
88.24	the year] II; year E
88.34	habits;] II; ~: E
89.17	standards.] II; standards.¹... ¹It is a pleasure to acknowledge our great indebtedness to Miss Bryan and her able staff, of the Free Kindergarten Association, for numberless suggestions regarding both materials and objects for constructive work. Our obligations are also due to Miss La Victoire, who, coming to the kindergarten the previous year from successful primary work, was highly effective in affiliating the kindergarten to the spirit of the best modern primary work. E

399

90.27   what] II; of what E

90.36   such] II; both the E

90.37   the work of] II; that of Group III, E

91.2   dependent;] II; dependent (see RECORD, No. 1, p. 12); E

92.1   7] W; VI II; [*not present*] E

92.1 – 2   THE PSYCHOLOGY OF OCCUPATIONS [◖] By occupation] II; Psychology of Occupations. [◖] In the first number of the ELEMENTARY SCHOOL RECORD there was given some account of the mental attitude of little children as expressed in the familiar terms of play and imagination. In the second number was a description of the change of attitude that takes place when the child becomes conscious of the distinction between means and ends, and of the necessity of adjusting the former to the latter. In this issue I shall speak of the psychology which controls the educational use of occupations — these remarks finding their immediate application in the accompanying paper by Miss Harmer upon the school textile work. [◖] By occupation E

92.2   work∧"] II; ∼," E

*92.10   work.] W; work herewith reported upon. E, II

95.32   one)] W; one herewith reported on) E, II

97.1   8] W; VII II; [*not present*] E

97.1 – 2   THE DEVELOPMENT OF ATTENTION [◖] The subprimary] II; School Reports. [◖] Groups I and II. [◖] The Subprimary E

97.7 – 8   knowledge. [◖] Little children] W; knowledge. A detailed statement of the work will be published later. [◖] Little children II; knowledge. A detailed statement of the work will be published later. [◖] Group III. [◖] Average age of children, six years; seventeen in group, divided into two subgroups. The group is under the charge of Miss Katherine Andrews, and the details of work are planned and carried out by her. [◖] A. General Principles of Work, Educationally Considered. [◖] Little children E

97.19 – 20   operation — inspection] II; operation. Inspection E   *400*

97.23   Material provided by existing] II; The material selected as the basis of this year's study, existing E

97.23   occupations∧] II; ∼, E

97.23 – 24   calculated] II; designed E

97.24   In previous] II; The previous E

97.27   may take] II; take E

98.29   thing —] II; ∼, E

98.29   cat —] II; ∼, E

98.37   possible;] II; ∼, E

98.37   which,] II; ∼∧ E

100.7   familiar∧] II; ∼; E

100.9   with,] II; ∼; E

100.16   pleaded] II; plead E

100.31 – 32   and enlarging. [◄] With the] II; and enlarging. [◄] While, doubtless, there are many other subjects which would meet these demands, it is found that the one in question, existing social occupations, affords a sufficient answer to be worth following out. [◄] Reflective Attention. [◄] With the E

100.34 – 35   previous paragraphs we have been concerned with] II; first number I spoke of E

101.9 – 10   in *Middle* ... 102 – 3)] W; in the second number) E, II

101.30 – 31   proper. [◄] In history work] II; proper. [◄] It is illustrated in the reports upon Groups IX and X in this number — especially the latter. In history work E

101.38   is,] II; ∼; E

102.2   science] II; science reported upon E

102.6   the practice.] II; the practice. In Latin there is the change from hearing and reading stories, speaking and writing answers upon certain points, to problems of inflection and syntax — bringing to light the theoretical significance of matters already practically dealt with. E

102.7   process] II; psychical process E

102.27   merely] II; barely E

102.32 – 33   a bribe] II; bribe E

102.33   interesting";] II; ∼;" E

102.34 – 35   non-promotion] II; ∼ˬ∼ E

103.32   and power.] II; and power. [◄] Here I have spoken only of the fundamental nature of reflective attention — as depending upon interest in a conscious problem. In a later number I shall speak of the methods employed in the school to secure this interest. E

104.1   9.] W; VIII II; [*not present*] E

104.32   motors —] II; ∼, E

*107.1   but is suddenly] W; but suddenly E, II

107.15   hand,] W; ∼? E, II

107.18   form?] W; ∼. E, II

108.2   and does] II; and it does E

108.21 – 22   education. [◄] In this general scheme] II; education. [◄] The principle stated, together with the applications indicated to industrial history, to biography and story, and to chronological sequence, will explain, in a general way, the program of historical study outlined in Miss Bacon's article. In this general scheme E

108.30   effects] II; effect E

109.27   childˬ] II; ∼; E

《“意识”与经验》(心理学与哲学方法)

范本是其首次印刷，发表于《(加利福尼亚)大学编年史》，第 2 期，1899 年，第 159—179 页。重印时对文字略有改动,改动的大部分是删节,标题为"'意识'与经验",收录于纽约:亨利·霍尔特出版公司于 1910 年出版的《达尔文对于哲学的影响》。

113.1	"CONSCIOUSNESS" AND EXPERIENCE¹] D; Psychology and Philosophic Method. *
113.4	that] D; which
113.12	arouse interest] D; interest
113.14 – 15	They are revealed] D; It is
113.15	life.] D; life that they are revealed.
113.17	individuality;] D; ~,
113.18 – 19	experience;] D; ~,
113.21	a different temper.] D; very different tempers.
113.26	In this conviction] D; It is in this conviction that
113n.1 – 5	I. Delivered ... mostly excisions.] D; *Address before the Philosophical Union, May, 1899, by Professor John Dewey, Ph. D., Head Professor of Philosophy in the University of Chicago.
114.4	There is] D; Put briefly and as clearly as may be in advance of detailed argument, the point is this: There is
114.4	apparently∧] D; ~,
114.10 – 11	*qua* consciousness;] D; *qua* consciousness, just as consciousness;
114.12	fact that] D; reality which
114.13	purposes,] D; purposes at least,
114.14	this conception be true, there] D; this be true, I hardly need point out that the question concealed in my title, is already answered in the negative. There
114.19	is out] D; is obviously out
114.23	self-sufficient,] D; self-sufficient unto itself,
114.24	inquiries] D; the inquiries
114.25	only preliminary.] D; preliminary and instrumental only.
114.26	"Consciousness" is but a symbol,] D; We have here but a symbol having its translation in social activity;
114.27	natural and social operations.] D; its social operation.
114.28	letter,] D; letter exactly,
114.29	a] D; an understood
114.30	signified. If this view be correct,] D; signified, the social spirit. In this case,
114.35	This] D; It is clear that this
114.36	attack] D; attack *in toto*
114.36	venture] D; have ventured
114.37	appear] D; may appear
115.1	issues.] D; issues of reality.
115.3	"as such"] D; '~'

402

115.4	an isolation of each such as] D; such isolation of each as
115.5	statement] D; such statement
115.6	order such as] D; order as
115.7	or as] D; or
115.7	give] D; give us
115.9	each state] D; each
115.13	objective] D; ultimate
115.19	general] D; this general
115.21	of] D; with
115.22	Others] D; With others it is
115.25	philosopher.] D; philosopher proper.
116.4	happily] D; so happily
116.11	against] D; to do battle against
116.12 – 13	at a certain point,] D; in the first place,
116.13	"consciousness as such."] D; '∼.'
116.14	limitation is final.] D; professed limitation follows.
116.15	"consciousness" or "state of consciousness"] D; '∼' or '∼'
116.23	It] D; To come to the point, it
116.24	significant] D; objective
116.25	things] D; Reality
116.26	existence] D; Reality
116.27	handling] D; handling, for treatment
116.30	nor are they] D; they are not
116.31	a] D; that
116.33	such.] D; such — or, to go a step beyond, with shaded colors as such.
116.35	twilight] D; twilighted
116.37	phenomena] D; the phenomena
116. 38	So the preoccupation] D; So, to return to our problem, the preconception
116.40	material,] D; Reality
117.3	To him, however,] D; But he
117.4	psychology, the state] D; psychology must interpret this preoccupation in quite another sense. To him the state
117.10	existence before] D; existence 'as such' — to employ the favorite term once more — before
117.11	existence. What] D; existence. In asking a certain question, he operates to secure the media of answering it, and this medium is 'consciousness' as the psychologist treats it. What
117.16	an inclusive] D; the inclusive
117.16	course] D; whole
117.19	The] D; An illustration may save argument and condense reasons. The
117.23 – 24	yet he ... existences] D; yet it is not as existences he deals

403

with them

117.25	critic] D; omnipresent critic
117.31	space!] D; ~.
117.36 – 37	The difference is in his] D; It is just in the
117.37	His] D; The
118.2	problem.] D; problem and interest.
118.10	fallacy":] D; ~:"
118.13	The psychologist begins] D; The simple fact is that the psychologist *404* always begins
118.14	functions as] D; as
118.16	to control] D; controlling
118.17	to afford] D; affording
118.18	Acts such as] D; It is such acts as
118.18	loving give] D; loving, that give
118.20	To understand] D; It is to understand
118.21	analysis] D; that the analysis
118.24	may be translated] D; are translated
118.24	acts.] D; such experienced realities.
118.25	much as] D; much so as
118.29	"objects."] D; $_\wedge$~$_\wedge$
118.29	But there is] D; But the comparison suggests its own extension. There is
118.29	that] D; which
118.31	the structure] D; these structures
118n.5	that, moreover,] D; moreover, that
118n.11	Reflection] D; Continued reflection
119.3 – 4	to concentrate] D; in concentrating
119.4	function] D; functions
119.5	gives him] D; gives
119.6	that] D; which
119.7	that] D; which
119.9	Reference to function] D; It is reference to function which
119.10	trivialities] D; trivalities
119.12	desert] D; surface of desert
119.12 – 13	translation. States] D; translation. Even a puzzle assumes some point, some possible interpretation, in the seeming mass of blind and brute circumstance. Even so states
119.16 – 17	of acts, attitudes, found in experience.⁴] D; of results reached, the sorts of value that are brought into experience.†
119.18	"empirical sort,"] W; "~$_\wedge$" D; '~$_\wedge$'
119.21	a self-existent.] D; self-existent somewhats.
119.21	always defined] D; defined
119n.4	explaining] D; arranging or explaining
119n.23	acts,] D; just acts in experience,

119n. 24	the point] D; just the point
119n. 24	"state of consciousness"] D; '~'
119n. 25	appliance.] D; appliance of reflection.
120. 1	extraneous] D; confessedly extraneous
120. 2	The] D; Indeed the
120. 3	aspect on this basis.⁵] D; aspect.*
120. 6	imagine] D; even imagine
120. 7	while] D; it is as meaningless as
120. 8	occurrence∧] D; ~,
120. 9	a natural] D; natural
120. 9	straightforward undertaking.] D; straightforward.
120. 11	themselves.] D; themselves (not as forms which the process of experience assumes when examined with reference to the genesis of its various modes.)
120. 12	we again have] D; here again we have
120. 13	that] D; which
120. 14	habit, of neural action, or else] D; habit, or else of
120. 15	in the object.⁶] D; in the content or object, thus admitting in either case that it is neither the states which are associated (habits connect acts, not states; content belongs to the things associated, not to the states) nor are they the means by which the association is effected.†
120. 17 - 18	is the subject.] D; the whole subject is.
120. 20	scandal] D; scandals
120. 24	that] D; which
120. 28	between them.] D; between them — forgetting that the origin and *raison d'être* of the state of consciousness was but to define and get hold of the act or operation as experienced.
120. 29 - 30	this procedure explains away rather than explains,] D; it is to explain away, rather than to explain,
120. 31	certain] D; these
120. 31	themselves] D; themselves also
120n. 6 - 7	"states of consciousness"] D; '~'
120n. 7	"synthetic unity"] D; '~'
120n. 9	"states of consciousness"] D; '~'
120n. 10 - 11	"state of consciousness"] D; '~'
120n. 12 - 13	analysis.] D; analysis. In this particular case 'states' and 'habits' are the correlative factors appearing when we analyze a series of experiences of a certain type.
121. 2	"states,"] D; '~,'
121. 4	contents] D; states
121. 4	analytic] D; sensationalist
121. 8 - 9	these "spiritual faculties" are] D; these are
121. 9	reduced] D; classified and reduced
121. 9	one comprehensive] D; comprehensive

405 (margin at 120.17-18)

121.12	a function] D; some function
121.13 – 14	if the functions digestion and vision] D; if digestion and vision as functions
121.14 – 15	from organic structures] D; from the activity of each constituent organic structure
121.15	them] D; these
121.16	them!⁷] D; them!∧
121.21	"synthetic"] D; '∼'
121.22	Both] D; The difficulty is that both
121.23	"reality"] D; '∼'
121.27	first has] D; has first
121.32 – 33	the *course* of the acts that constitute experiencing.] D; the course of experiencing as such as distinct from its special contents.
121.37	and] D; and in
121n.1 – 3	7. The "functions" … fearing.] D; [*not present*]
122.2 – 3	"consciousness as such" — in] D; ' consciousness as such, ' as material by itself — in
122.4	that] D; which
122.8	"transcend"] D; ∧∼∧
122.11	Just and only because experience] D; It is just because the psychical as such
122.11 – 12	"states of consciousness"] D; '∼'
122.12	does] D; that
122.13	have any meaning. The entire] D; is raised. It is hardly too much to say that the entire
122.21	that] D; which
122.21	logical] D; the logical
122.23 – 25	make philosophic … scientific facts?] D; make these special problems soluble only either by ignoring them entirely or else by arbitrarily wrenching them?
122.28	experience, as … we] D; experience, do we
122.30	science?] D; science, and not a piece of cloudy metaphysic?
122.32	We] D; But we
122.32	to keep] D; keep
122.32 – 33	facts involved] D; realities
122.33 – 34	Experience to avoid this danger.] D; Experience and not lose ourselves in its mere generality.
122.35	facts] D; sorts of facts
123.1	led] D; led on
123.3	in] D; into
123.4	inevitableness to] D; absolute inevitableness into
123.8 – 9	life itself; the structures] D; the life itself; *they*
123.9	signature] D; signatures
123.21 – 22	of science. The conception] D; of science. It exhibits, to be sure, an

406

accumulation of information, of knowledge of this and that; but the important matter is the change in attitude and method — in interest. The conception

123.24	isolated] D; isolate
123.27	the problem.] D; from the inside.
123.35	Not] D; It is not
123.36 – 37	unverifiable] D; unveriable
123.37 – 38	introduced; but] D; introduced. It is
123.38 – 39	a process of actions in its adaptations] D; the process in its various adaptations
123.39	circumstance. If we] D; circumstance, and success is measured by our ability to place each special fact in the particular position it occupies. If we
124.2 – 3	marking] D; making
124.3	equilibrium] D; equilibrim
124.4	use] D; import
124.5	sensations] D; sensation
124.5	for] D; with reference to
124.6	perception] D; feeling, or perception
124.8	recognition] D; consciousness
124.17	conditions.] D; conditions. But to return; the question of perception passes insensibly into that of attention, into that of interest and will, and so carries with it inevitably the whole problem of the part played by individuality in constituting the objective world of things and events.
124.19	make] D; cover
124.23	from detecting] D; from the detection of
124.23	act] D; fact
124.24	out] D; it out as
124.25	discovering] D; the discovery of
124.26	to keep] D; in keeping
124.26	a-going] D; agoing
124.26	course of action.] D; whole course of experience.
124.30 – 31	the natural history of the course of experience.] D; the course of experience itself whose history is to be written.
124.32 – 33	deals, it is said, with] D; deals with
124.35	that] D; that it is
124.36	analysis] D; analysis that
124.36	a survival] D; to survive
124.37	It indicates] D; It is
124.37	an assured] D; the assured
124.38	as the] D; as it is the sign of the
124.39 – 40	mathematicians] D; mathematics
125.6	that] D; which

407

125.10 - 11	no more and no less] D; no more
125.14	its beginning] D; the beginning
125.16	successive] D; the successive
125.16	appear,] D; appear in their simplicity and purity,
125.18	valuable] D; most valuable
125.20	way to sort out the results flowing] D; way, in the results reached, to sort out those flowing
125.20	subject-matter] D; ~∧~
125.21	itself from] D; itself, and
125.24	existence] D; reality
125.30	ones: it] D; ones. It
125.32	accordingly it] D; it accordingly
125.40	their] D; and their
126.1	while] D; and
126.2	afford to] D; afford through being the one event that is meet and fit to
126.2	their whole is their meaning. The] D; the whole. This
126.5	constitution] D; constitutions
126.6	philosophy,] D; ~∧
126.6	a brand of philosophic dualism:] D; just a brand of the dualism of the philosophy that conceives it:
126.7	are] D; are somehow
126.9	There are] D; Here we strike a deeper level. There are
126.10 - 11	flow of behavior, arrested for inspection, made] D; the arrested flow of experience, and made
126.11 - 12	reconstruct experience in its life-history. Yet in] D; reconstruct it in its life-history through studying the organs, the structures, by which it executes its habits and realizes its aims. Yet in *408*
126.15	Experience, they say, is] D; This experience is
126.16	tells] D; tell
126.18	But, they say, reality] D; But the reality
126.18	reality] D; it
126.20	goal] D; reality
126.27	"Reality"] D; ∧~∧
126.28	outside] D; quite outside
126.29	The Reality] D; the Reality
126.35	Some] D; It is some
126.35	lies] D; that lies
126.39 - 40	objects] D; realities
127.1	is] D; is something
127.2	world.] D; universe itself.
127.3	beyond] D; outside of
127.6	directly] D; obviously
127.9	of itself. Even in] D; of itself. So it usually gives back through some

round-about method or special organ a part of what it takes away from the every-day, straight-forward experience of man. But it is more pertinent upon this occasion to dwell upon the fact that even in

127.13	position] D; position of which
127.13	time of] D; time
127.14	practical and social.] D; practically and socially has possession.
127.14	The] D; This
127.16	the notion] D; this notion
127.19	must] D; may
127.23 – 24	control action] D; penetrate to the truths of experience
127.27	perception and purpose] D; consciousness and purposes
127.28	external] D; seemingly external
127.30	intrinsic] D; self-contained
127.30	is inevitable. Under such] D; is inevitable. The worth of experience is measured by no self-set standard; its ideal is no reflection of its own process; its success is through no assured method of its own. Under such
127.32 – 33	uncertainty. The necessity] D; uncertainty. Individuality, the self-functioning and the self-culmination of experience, is lacking. The necessity
127.33	external control] D; the external control
127.33	external redemption] D; redemption
127.34	a low] D; the low
127.37	its theology] D; the theology
127.38 – 39	as that … cosmology.] D; as that it should be simply a part of cosmology with the Greeks — an account of how the fixed world of reality is shared.
127.40	this, the assertion] D; this, I hope it will not seem just braggadocio if the assertion
127.40 – 128.1	psychology,] D; psychology as
128.1	knowledge] D; the knowledge
128.2	experience,] D; experience and thus with the general method of philosophy,
128.5 – 6	achievement … affair.] D; achievement is the most complete and centred statement of reality open to us.
128.13	that] D; which
128.16 – 17	Modern life involves] D; It is
128.22	This] D; In this
128n.16	things experienced] D; the realities experienced
128n.16 – 17	in either mechanical or miraculous relations] D; in mechanical relations
128n.17	It is] D; From the standpoint of the discussion, it is
128n.18	already] D; constantly
128n.20 – 21	existences in reference to concrete action.] D; reality in concrete

409

experiencing.

128n. 23 | considerations,] D; ⁓ₐ
129.1 | individualizedₐ] D; ⁓,
129.1 | finds] D; it finds
129.3 | aspect] D; aspects
129.3 | presents itself.] D; presents itself. It is the theoretical counterpart of the will to exhibit in action the complete connectedness, the full organic quality, of every human being.
129.5 – 6 | involves for philosophy the] D; involves a
129.8 | truths and the] D; particular set of truths, or the
129.9 | values] D; fixed set of values
129.11 – 12 | with science. Philosophy ... partial] D; with science. I certainly would not sacrifice the depth and comprehensiveness of genuine philosophy to the partial
129.15 | must] D; in which it must
129.18 | claims for itself] D; claims
129.18 | fact,] D; fact for itself,
129.22 | things] D; reality
129.24 | existences] D; realities
129.25 | Such] D; For such
129.26 | *might*] D; [*rom.*]
129.27 | experience] D; actual experience
129n.1 | may] D; must
129n.4 | things] D; reality
129n.5 | which they turn.] D; which it turns — and the value in which it culminates.

410

130n.1 – 22   [NOTE: I ... philosophy.]] D; Must I say, need I say, in concluding, that I have not this evening attempted to argue, but only to propose? Would that I had such clearness that I might say, expose! My intention is not to convince, but to utter a conviction. Such an evening's address as I could make, even to this audience, might have only the semblance of logically demonstrative discourse, and at best it should develop only the emotion of persuasion. But if I may show you an attitude which it is possible to take; if I can acquaint you, even at a distance, with a certain spirit in which it is possible to pursue psychology; if I can loosen somewhat of the rigidity which perhaps the bounds and metes of the philosophic disciplines have assumed; if I can suggest that all these technical divisions and definitions are at the mercy of our historical life, and must dissolve and re-form at its human touch, I shall have abundantly satisfied my most ardent desire. To this end, I bespeak the hospitality of your thoughts.

《心理学与社会实践》

原稿-文本为 PR：《心理学评论》(第 7 卷，1900 年，第 105—124 页)中的文章；次要方面的修订得到 S：《科学》(第 2 卷，1900 年，第 321—333 页)的授权。此处采纳了宣传册子 C：《心理学与社会实践》，芝加哥大学教育文献，第 2 期(芝加哥：芝加哥大学出版社，1901 年)，第 42 页中的修订；C 表示该宣传册子的三次印刷，这三次印刷未作改动。

131.8	today] C; to-day PR, S
131.18	view] PR, C; views S
131n.1	before] PR, C; of S
131n.2	New Haven, 1899.] PR, C; New Haven meeting, December, 1899.] S
132.17 – 18	material,] C; ～∧ PR, S
132.20	*mechanism*] C; [*rom.*] PR, S
132.24	today] C; to-day PR, S
132.33	identity∧] S, C; ～, PR
132.33	reigns,] C; ～; PR, S
133.4	*specific*] C; [*rom.*] PR, S
133.7	*growth*] C; [*rom.*] PR, S
133.9	*forming*] C; [*rom.*] PR, S
133.17	*full growth*] C; [*rom.*] PR, S
133.17	*skills*] C; [*rom.*] PR, S
133.22 – 23	"little men and women."] C; '～.' PR, S
133.31	subject-matter] C; ～∧～ PR, S
134.12	whole-hearted] PR, C; ～∧～ S
134.17	namely] C; Namely PR, S
134.17	*conditions*] C; [*rom.*] PR, S
134.32	ends,] PR, C; ～∧ S
135.1	*Alertness*] C; [*rom.*] PR, S
135.2	*docility*] C; [*rom.*] PR, S
135.10	text-book] S; ～∧～ PR, C
135.22	effect∧] S, C; ～, PR
135.25	itself∧] PR, C; ～, S
135.31	theorist —] S; ～: PR, C
135.36	does,] C; ～∧ PR, S
135.39	Münsterberg,] W; [*not present*] PR, S, C
136.28	sciences] W; science PR, S, C
136.29	suggest,] PR; ～∧ S, C
137.5	*empiricism and quackery*] C; [*rom.*] PR, S
137.8	mills∧] PR, C; ～, S

137.13 – 14	*consciousness*] C; [*rom.*] PR, S
137.35	confronts] PR, C; confront S
138.1	magic,] S; ~ₐ PR, C
138.3	empiricism,] S; ~ₐ PR, C
138.12	*as if*] C; [*rom.*] PR, S
139.4	today] C; to-day PR, S
139.28	naked;] PR, C; ~, S
139.38	sense-organs] C; ~ₐ~ PR, S
140.9	necessityₐ] PR, C; ~, S
140.10 – 11	*causal mechanism*] C; [*rom.*] PR, S
140.24	emphasis)ₐ] PR, C; ~), S
141.1	numberₐ are,] C; ~, ~ₐ PR, S
141.1	themselvesₐ] C; ~, PR, S
141.26	*partial*] C; [*rom.*] PR, S
141.34	view,] C; ~; PR, S
142.20	fatigue,] C; ~; PR, S
142.22	curvatures,] C; ~; PR, S
142.35	"yellow journal,"] C; '~,' PR, S
143.2	pathology,] C; ~ₐ PR, S
143.11	aims,] W; ~; PR, S, C
143.13	and in complexity] PR, C; and complexity S
143.14	person,] W; ~; PR, S, C
143.17	*psychical*] C; [*rom.*] PR, S
143.32	is] C; are PR, S
144.14	today] C; to-day PR, S
144.20	obvious:] PR, C; ~; S
144.22	are] PR, C; is S
144.23	spite of,] PR, C; ~ₐ S
144.33	trained;] C; ~, PR, S
145.5	psycho-physical] PR, C; psychological S
145.23 – 24	re-viewing] PR, C; re-|viewing S
146.9	criticize] PR; criticise S, C
146.24	objectsₐ] PR; ~, S, C
146.36	practice,] S; ~; PR, C
147.2	idea, at least,] C; ~ₐ ~ₐ PR, S
147.4	politics,] PR, C; ~ₐ S
147.25	of the abstraction] PR, C; of abstraction S
147.28	object,] C; ~; PR, S
147.33	laws] PR, C; law S
148.1	ideals] PR, C; ideas S
148.7	categorical] PR, C; categorial S
148.28	ideals] PR, C; ideas S
149.11	*or*] C; [*rom.*] PR, S
149.19	interrelations] S; inter-relations PR, C

412

149.39	*and of its application to life*] C; [*rom.*] PR, S
150.19	steam-engine] PR, C; $\sim_\wedge \sim$ S

《逻辑思维的几个阶段》

范本来自《哲学评论》,第 9 卷(1900 年),第 465—489 页,第一次印刷。此处采纳了新版的 EE:《实验逻辑论文》(芝加哥:芝加哥大学出版社,1916 年,第 183—219 页)中的修订。

151.12 – 13	reasonable certainty] EE; certainty
151.30	a] EE; the
152.7	The result, of course,] EE; Of course, the likely result
152.10 – 11	of efficiency$_\wedge$] EE; efficiency,
152.14	initial stage] EE; first
152.15	hardly] EE; barely
152.18	suppositions$_\wedge$ (of ideas),] EE; $\sim$, $_\wedge \sim_\wedge$,
152.27	beliefs] EE; ideas
152.31	recognition] EE; consciousness
152.32	ideas] EE; the ideas
152.33	static meanings] EE; these static ideas
152.34	originated] EE; have originated
152.34	have been] EE; been
152.36	"there,"] EE; '$\sim$,'
152.36	they] EE; so
152.38	fallen] EE; extraneously fallen
153.3	general] EE; the general
153.5	as] EE; just as
153.21	present] EE; present to the mind
153.21 – 22	something] EE; something in the psychology of the mind itself
153.22	names] EE; terms
153.32	than] EE; than is
153.35	Ideas, or meanings fixed] EE; Meanings, or ideas as fixed
153.40	expressing] EE; as expressing
154.5 – 8	of ideas. Or, coming . . . of understanding.] EE; of ideas.
154.9	We find] EE; Turning to social psychology, we find
154.10	rules which] EE; and which
154.14	judicial utterance] EE; their judicial statement or utterance
154.15	anyone] EE; the one
154.18	re-establishing] EE; reëstablishing
154.18 – 20	certainty. An individual . . . necessary.] EE; certainty.
154.20	the] EE; a
154.21	that ideas are psychical] EE; of ideas as *merely* psychical
154.22	significance] EE; real significance

154.23	rule of judgment is] EE; rule is, after all,
154.24	facts;] EE; ~,
154.24	as such it is] EE; and as such is
154.30	as] EE; with reference
154.30	in] EE; used in
154.35	citizens] EE; supporters
154.35	that an] EE; that it was an
154.37	offended∧] EE; which had offended,
154.38	case;] EE; ~,
155.2	Inquiry takes effect,] EE; It is expressed,
155.3	among] EE; from among
155.13	manner] EE; mode
155.18–19	which law is] EE; the one which is
155.20	its] EE; its entire
155.24	way in which] EE; way
155.28	these] EE; such
155.28	they] EE; the latter
155.29–30	separated] EE; quite separate
155.30	present] EE; all
155.30	application] EE; all application
155.31–32	any thinking] EE; thinking
155.33	remains] EE; still remains
155.34	is a] EE; is *414*
155.36	that is,] EE; ~∧
156.6	instilling in advance] EE; instilling
156.9	group] EE; society
156.12	interesting] EE; interesting from the side of social psychology
156.17	importance] EE; importance which may be
156.19	immobilization] EE; their immobilization
156.20	conserving] EE; historic conserving
156.24	than such] EE; than
156.31	alternative] EE; only alternative
156.32	importation to ideas] EE; ascription to the ideas
156.37	practice";] EE; ~;"
156.40	"positing"] EE; '~'
156.41	hardening meanings] EE; a certain hardening of meaning
157.2	a] EE; a necessary
157.6	"essence."] EE; '~.'
157.11–13	using them. Hence ... definition.] EE; using them.
157.17–18	by which to decide] EE; in deciding
157.18	that] EE; a
157.18–19	of ideas which] EE; of the ideas such as
157.19	fit,] EE; fit into one another,
157.23	conditions] EE; social and psychological conditions

157.27 – 28	"why" and "how."] EE; '∼' and '∼.'
157.37	possessing] EE; regarded as possessing
157.41	systematization] EE; systemization
158.19	considerations] EE; ideas
158.24	to meet] EE; meet
158.29	beliefs] EE; ideas
158.30	tearing] EE; the tearing
158.33	carried] EE; first carried
159.7	beliefs] EE; ideas
159.14	"subjectivity."] EE; ∧∼·∧
159.16	expressions] EE; products
159.23	opinion] EE; personal opinion
159.30	different] EE; quite different
159.30	to be merely] EE; a merely
159.31	it is considered to be at least] EE; at least it is considered as
159.32	things.] EE; things, taking us further and further away from reality into what is merely subjective.
159.33	of] EE; of one's own
159.36	reflection, for it] EE; reflection. It
159.37	proof that] EE; proof either that
160.1	thought to measure] EE; thought, as measuring
160.2	thinking] EE; the thinking
160.2	we cannot] EE; the point is that we cannot
160.3	"fact,"] EE; '∼';
160.3	adequate] EE; simple
160.4	stimulus] EE; very stimulus
160.4	arises] ÉE; has arisen
160.4	"facts"] EE; '∼'
160.5	committed] EE; embodied
160.7	"colligating"] EE; '∼'
160.7	insists] EE; insists both
160.9	and also that] EE; and that
160.11 – 12	order."¹[◖] Reflection involves] EE; order."¹[no ◖] Subjective reflection involves
160.14	in] EE; into
160.14	two,] EE; two and avoid their incompatibilities,
160.15	view,] EE; view and
160.17	and the greater] EE; the greater
160.17	resultant] EE; consequent
160.19	the] EE; this
160.19	"mere thinking."] EE; '∼.'
160.20	but] EE; yet
160.23	is thus] EE; thus
160.24	while] EE; while still

415 is printed in the left margin alongside 160.2.

160.29	than] EE; than they are
160.32	say,] EE; ⌢ ‸
160.33	absence] EE; presence or absence
160.33	"mere thinking,"] EE; '∼,'
160.33	presence of conditions] EE; conditions
160.34	its results;] EE; the results of the latter,
161.4 – 5	specific meanings] EE; ideas
161.9	not interested] EE; interested not
161.10	and a] EE; and consequent
161.13	mutual] EE; necessary mutual
161.14 – 15	of the operation of a standard permanent meaning] EE; of the presence of an arbiter
161.17	dissolution,] EE; dissolution which were going on,
161.18	Idea] EE; idea
161.19	may] EE; may as a matter of fact
161.20	doubt,] EE; mere doubt, by
161.21	so throwing an] EE; thus throwing the
161.22	also involves] EE; involves also
161.23	thus putting] EE; and thus puts
161.24	This] EE; It was this
161.25	and abiding intellectual object] EE; idea
161.27	animated] EE; that animated
161.29	Ideas] EE; ideas
161.31	prove] EE; justify
161.38	of clues,] EE; supplying clues, and
161.38	object of interest] EE; interest
162.10	confused] EE; though confused
162.10	impose] EE; yet impose
162.15	To insist upon this] EE; However strong and finally unresisted may have been this tendency, to insist upon it
162.18	which otherwise is just manipulation] EE; other than just futile manipulation
162.19	prejudices] EE; prejudice
162.19	is] EE; is certainly
162.21	opinionated,] EE; opinionated and
162.22 – 23	as that contrasted] EE; as contrasted
162.23	subject-matter] EE; assured subject‸matter
162.24	mere views] EE; merely personal views
162.24	argumentations] EE; argumentation
162.27	as] ÉE; as it was
162.28	recognized] EE; had recognized
162.30	was] EE; then was
163.2	probative] EE; proving
163.6	a summary] EE; its summary

416

163.7 – 8	a conclusion.] EE; the conclusion. Hence the possibility of forming a scheme for defining the exact mode of credibility attaching to any proposition.
163.9	there now is] EE; we have now
163.10	marked] EE; quite marked
163.24	remote,] EE; $\sim_\wedge$
163.37	*practical*] EE; [*rom.*]
164.10	afterward] EE; soon
164.10	in] EE; in the question of
164.12	*ubique*$_\wedge$ *omnibus*$_\wedge$] EE; $\sim$, $\sim$,
164.21	was] EE; is
164.24 – 28	as such. It was ... the play of subjective] EE; as such. Without such truths we are still in the bonds of uncertainty. We are still within the play of subjective
164.30	is] EE; is still
164.31	reasoning] EE; theory of reasoning
164.32	securing demonstration,] EE; securing
164.34	followers$_\wedge$] EE; $\sim$,
164.35	players] EE; not philosophers, but players
164.37	assurance.] EE; assurance in cases of doubt.
164.40	the bundles] EE; their bundles
165.2	Scriptures] EE; scriptures
165.7	scant] EE; decidedly scant
165.13	need for] EE; the need of
165.14	all important beliefs] EE; customs were dissipated through their mutual clash, and hence ideas
165.16 – 17	power, for ... natural tradition.] EE; power.
165.19	supplemented] EE; compensated for
165.20	the] EE; and the
165.23	authoritative] EE; the terms of authoritative
165.28	that they have] EE; having
165.31 – 32	only contingent.] EE; only contingent, unstable and divagating. The doubt attaching to them is in no sense a result of the thinking process; it does not arise organically within the latter, but is rather its external precondition.
165.34	by] EE; because of
165.34	It stands] EE; In itself it stands
166.1	degrees in] EE; degrees of
166.3	active,] EE; $\sim_\wedge$
166.3	itself$_\wedge$] EE; $\sim$,
166.4	fixed] EE; the fixed
166.5	which] EE; that they
166.7	rests] EE; hits
166.7	direction all] EE; direction doubt is itself arrested. All

166.7 – 8	"matters of fact," all "empirical truths"] EE; '~,' all '~'
166.14	objectified] EE; fixed
166.15	arrested] EE; objectified, and thereby arrested
166.17	less] EE; less had
166.17	Uncertainty] EE; Uucertainty
166.19	meaning] EE; own meaning
166.20 – 21	interpretation to be given thought] EE; interpretation of thought possible
166.29	things] EE; those
166.30	application] EE; application, however,
166.31	unchanged] EE; quite unchanged
166.34 – 35	anything already current may be] EE; it may be
166.40 – 167.1	man specifically is] EE; man is
167.2	There is no] EE; It is not an
167.4	a question] EE; just a question
167.5	some proposition] EE; a proposition
167.10	things] EE; things it is that
167.13	for] EE; since
167.14	suggestiveness, by] EE; suggestiveness of
167.14	lead to. The mind] EE; lead to, and thus the mind
167.16	an actuary] EE; the expert
167.21	regards,] EE; $\sim_\wedge$
167.21	say,] EE; $\sim_\wedge$
167.22	are] EE; are thereby
167.35	unchanged$_\wedge$] EE; ~,
167.35 – 36	claim ... principles.] EE; claims to credence.
168.11	those] EE; those which are
168.14	"pass"] EE; '~'
168.18	things] EE; facts,
168.21 – 22	"inference."] EE; $_\wedge \sim._\wedge$
168.23	"goes ... unknown."] EE; '~.'
168.24	not at] EE; not with
168.26	beliefs] EE; ideas
168.26	but is a] EE; but a
168.31	"proof."] EE; '~.'
168.39	fixed] EE; equally fixed
168.40	possible] EE; possible and
169.2	out in advance] EE; out
169.12	camera$_\wedge$] EE; ~,
169.16	to accomplish this,] EE; to effect this the
169.16	"facts"] EE; $_\wedge \sim_\wedge$
169.18	intrusion] EE; all intrusion
169.22	is] EE; is also
169.31	not] EE; rather than

418

169.32	Hence] EE; Hence also
169.35	which may suggest] EE; suggest
169.41 – 170.1	to consist] EE; consist
170.11	*propria*] EE; *propia*
170.15 – 16	that scientific power is generally] EE; that generally scientific power is
170.18	employed∧] EE; ~,
170.23	Hence the notion] EE; The notion
170.23	something] EE; something of superior kind
170.24	events from on high;] EE; events,
170.28	attitude.] EE; attitude of thought.
170.29	forces] EE; then forces
170.32	breeds their degeneration.] EE; breeds degeneration.
170.32 – 33	When ... facts] EE; Their service is dependent upon the assumption of fixed universals as real essences; since their business is the ceremony of bringing these essences down into facts, the universal becomes the established order of the facts
170.33	themselves,] EE; themselves, and then
170.39 – 40	irregular,] EE; rectilinear
171.2	were] EE; are
171.13	are not] EE; cannot be
171.17	control] EE; control of experience
171.21	is,] EE; ~∧
171.27	which] EE; for that
171.40	devising and using of suitable instrumentalities] EE; device and use of instrumentalities
172.1	we] EE; we also
172.3	discovery] EE; thought
172.9	give] EE; gave
172.10	is] EE; was
172.14	marks] EE; makes
172.15	scientific] EE; this scientific
172.20	which] EE; that
172.21	has] EE; it has
172.22	startlingly] EE; startingly
172.28	framework] EE; frame-work
172.29	"empirical"] EE; '~'
172.31	"proved."] EE; '~.'
173.1	reason,] EE; ~;
173.9	gymnastic] EE; subjective gymnastic
173.20	my discussion] EE; discussion
173.24	deny] EE; deny alike
173.24	all of the three] EE; all three
173.25	voicing] EE; voice

419

173.27	supplying both its] EE; at once supplying its
173.33 – 34	material given ready-made] EE; ready-made material given
173.34	thought-process] EE; ⌒ˇ ⌒
173.34 – 35	and externally limiting inquiry] EE; and, therefore, that they externally limit inquiry
173.36	search] EE; investigation or search
173.38	"in itself"] EE; ˇˇ ⌒ˇ
173.39	inquiry] EE; doubt or inquiry
173.39	it is taken to be] EE; it is
174.1	"finite,"] EE; ' ⌒ , '
174.3	"thought"] EE; ' ⌒ '
174.4	fixed.] EE; fixed. It is *per accidens* an object of inquiry, but not its organic content.
174.11	account] EE; account or theory
174.14	etc.,] EE; ⌒ˇ
174.14	*infinitum*] EE; *indefinitum*

《心理发展的原则——以婴儿早期为例》

范本为《伊利诺伊儿童研究协会学报》,第 4 期(1899 年),第 65—83 页。

177.1	they have done the work] W; the work they have done
*177.11 – 12	disconnected] W; discontented
178.4	arms] W; arm
178.35	locomotion.] W; ⌒ˇ
179.12	makes] W; make
179.18	environment.] W; ⌒,
179.23	*Mental*] W; Warner's *Mental*
179.25	namely,] W; ⌒ˇ
*180.39	three] W; two
181.6	developˇ] W; ⌒,
181.14	seeing,] W; ⌒ˇ
*181.14	child is simply] W; child simply
181.33	which,] W; ⌒ˇ
*184.28	so in] W; so that it is in
186.27	*Child-Study*] W; Childˇ Study
187.3	dulled] W; dull
189.5	sorts] W; sort
191.27	affords] W; afford
191.35	order.] W; ⌒ˇ
191.38	up,] W; ⌒ˇ

420

《心理发展》

范本来自芝加哥大学哲学和教育学系,1900 年,杜威,油印机;另一复本为亨利·苏匝罗（Henry Suzzallo）论文，华盛顿大学，Mt：打字稿，其中的修订为编辑所采用。

192.5	*Social and Ethical Interpretations in Mental Development.*] W; "Mental Development — Social and Ethical Interpretations".
192.7	Chamberlain] Mt: Chamberlaic
192.21	Harris.] W; [*not present*]
192.23	"Harris's *Psychologic Foundations of Education.*"] W; "Review of Psychologic Foundations of Ed."
192.26	*The First Yearbook of the Herbart Society*] W; "The Herbartian Year Book" — No. I
192.28	"Herbartian System of Pedagogics,"] W; "Herbartian Pedagogics"
192.30	Common Schools] W; Schools
192.34	III] W; V, IV
193.1	"The Relation of Play to Education."] W; "Psychology of Play".
193.10	*on*] W; of
193.18	on] W; of
193.36	*Childhood*] W; Child
193.41	of] W; in
193.43 – 44	Children and Adolescents."] W; Adolescents".
193.46	V] W; II
193.48	XI] W; II
196.17	is] Mt; to
196.19	doing,] W; ~;
196.33	choo."] W; ~ₐ"
196.40	child had] W; child has
197.10	response.] W; ~ₐ
198.4	object,] W; ~ₐ
198.7	all:ₐ] W; ~: -
198.37	animals] Mt; animal
198.37	play] Mt; plays
198.40	play] W; plays
199.16	nurseries] W; nurser-
*199.29	distinguishes] W; distinguished
200.2	school,] W; ~ₐ
200.11	be] W; by
*201.19	experienced] W; experiences
202.34	incongruities,] W; ~ₐ
203.13	196 – 97] W; [*not present*]
203.16	whoa, whoa,] W; ~, ~ₐ
203.21	lines,] W; ~.
203.40	the same] Mt; the the same
205.14	have seen,] Mt; have see, m
206.12	complex] W; conples

421

206..23   simply] Mt; simple
207.29   becomes] W; bacomes
207.37   purpose.] W; ~∧
209.14   gap] Mt; gap chasm
210.9 – 10   directed)] W; ~ —
211.20   are∧] W; ~:
214.10   at] W; as
214.36   Barnes's] W; Barnes'
215.32   is] W; are
216.25 – 26   manifestations] Mt; manifestation
218.15   they] Mt; there
218.21   principle,] W; ~∧
218.40   plant,] Mt; plantm∧
219.31   circulating∧] W; ~,

《第四组，发明与职业的历史发展》

范本为《初等学校纪要》，第 1 期(1900 年)，第 21—23 页。

222.9,31   said* ... * Pp. 97 – 100, this volume.] W; said about Group III,
224.9   mentioned [pp. 97 – 98]] W; mentioned, under Group III,
224.21   and as] W; and (as will be seen from the following account) as

《第五组和第六组的总介绍》

422

范本为《初等学校纪要》，第 2 期(1900 年)，第 49—52 页。

225.5   growth (see ... 338).] W; growth (see pp. 2 and 3 of "Outline of
              Course of Study").
225.28   way (see pp. 97 – 98 and 224).] W; ~. (See pp. 13 and 23 in
              Elementary School Record No. 1.)
226.11   hoop] W; coop
228.1   (see p. 97),] W; (see p. 12 of *Elementary School Record* No. 1),

《手工训练在初等学校课程中的地位》

范本为 MT:《手工训练杂志》，第 2 卷(1901 年)，第 193—199 页。

232n.1   36 [*Middle* ... 20].] W; 36.
234n.2 – 3   *Yearbook* [*Early* ... 37],] W; *Yearbook*,

《世界与个体》

范本为《哲学评论》，第 9 卷(1900 年)，第 311—324 页。

244.34	realism;] W; ～,
250.27	Absolute.] W; ～_∧
253n.7	in] W; on
253n.11	truths"!] W; ～!"
253n.14	275] W; 274
253n.22	indeterminate_∧] W; ～,

《教育现状》

《教育学词汇》第 258 页的范本来自 ES:《教育现状》,芝加哥大学教育文献,第 3 期(芝加哥:芝加哥大学出版社,1902 年)中的材料。这一著作通篇用缩写 ES 标注,没有印刷次数,因为在 5 次印刷中没有发现有何改动。3 章的范本分别为:第 1 章,第 260—282 页,SJ:《关于学习的条件》,《学校期刊》,第 62 卷(1901 年),第 421—423、445—446、454、469—471 页;第 2 章,第 283—299 页,SR:《当前中等教育中的问题》,《学校评论》,第 10 卷(1902 年),第 13—28 页;第 3 章,第 300—313 页,ER:《学校是按人们的期望而行吗?》,《教育评论》,第 21 卷(1901 年),第 459—474 页。

1901 年第 2 次印刷中第 1 章在内容方面的变化同样值得关注:ER,《教育评论》第 22 卷(1901 年),第 26—49 页,以及 PA:国家教育协会的《会议录和致辞》,1901 年,第 332—348 页。因此,其后的列表就不单是修订列表,同时是一份历史记录。

第 3 章来自 ET:《今日教育》(纽约:G. P. 普特南出版公司,1940 年),第 36—52 页,重印时冠名为《人与学校》(*The People and the Schools*),本版采用了重印时的修订。

258.6	Superintendents'] W; Superintendent's ES; [*not present*] PA, ER, SJ
260.1 - 2	1. AS CONCERNS THE ELEMENTARY SCHOOL] ES; The Situation as Regards the Course of Study PA; III The Situation as Regards the Course of Study[1] . . . [1]An address delivered before Department of Superintendence of the National Educational Association at Chicago, III., February 28, 1901. ER; The Situation as Regards the Course of Study. * . . . * All rights reserved by the author. SJ
260.7	catchwords] ER, PA, ES; catch words SJ
260.8	have] ES, PA, ER; having SJ
260.14	revolutionary,] ER, PA, ES; ～_∧ SJ
260.15	pedagogic] ES, PA, SJ; educational ER
260.16	pedagogic] ES, SJ; educational ER
260.16	gatherings] ES, PA; gathering SJ, ER
260.18	is] ES, PA, ER; is not SJ
260.18 - 19	the reformer took possession of the field] ES; the field SJ, ER, PA

260.20	preaching, the] ES; preaching was taken possession of by the reformer, the SJ, ER, PA
260.20	as concerns the] ES; as the SJ, ER, PA
260.21	study was] ES; study is concerned, was SJ, ER, PA
260.22 – 23	sayings;] ER, PA, ES; ~, SJ
260.28	ideals] ES; the ideals SJ, ER, PA
260.31	practiced‸] ER, PA, ES; ~, SJ
260.31	of] ES; between SJ, ER, PA
261.1	from] ES; and SJ, ER, PA
261.5	of atmosphere] ES; atmosphere SJ, ER, PA
261.8	execution in subject-matter] ES; execution in the school-|room, in subject-matter PA; execution in the schoolroom, in subject-matter ER; execution in the school-room, regarding subject-matter SJ
261.8	in method] ES; method SJ, ER, PA
261.16	*pou sto*] ES, PA, ER; prestige SJ
261.16	walls and] ES, PA, ER; walls SJ
261.17	children.] ES, PA, SJ; children, has been made. ER
261.22	schoolrooms] ER, ES; school-rooms SJ; school-|rooms PA
261.25	symbolic, etc.] ES, PA, SJ; symbolic. ER
261.26	pedagogic] ES, PA, SJ; educational ER
*261.28	ideals] *stet* SJ, ER, PA; ideas ES
261.28	pedagogics] ES, PA, SJ; education ER
261.36	long-wished-for] ER, PA, ES; ~‸ ~‸ ~ SJ
262.1	there‸ because] ER, PA, ES; ~, ~ SJ
262.19	point,] ER, PA, ES; ~; SJ
262.21 *et seq.*	throughout] ES; thruout SJ, ER, PA
262.32	willfully] ER, PA, ES; wilfully SJ
263.8	Someone] ER, PA, ES; Some one SJ
263.9 – 10	behind] ES, PA, ER; somewhat behind SJ
263.25	taken] ER; taking SJ, PA, ES
263.31	they are] ES; they also are SJ, ER, PA
263.33	inaccurate,] ER, PA, ES; ~; SJ
263.35	*this*] ES; [*rom.*] SJ, ER, PA
264.11 *et seq.*	thoroughness] ES; thoroness SJ, ER, PA
264.16	getting] ES; being SJ, ER, PA
264.16	amid] ES; in SJ, ER, PA
264.17	portentous] ES, PA, ER; pretensions and SJ
264.21 *et seq.*	through] ES; thru SJ, ER, PA
264.25	few,] ER, PA, ES; ~‸ SJ
264.25	least,] ER, PA, ES; ~‸ SJ
264.27	new-created] ER, PA, ES; ~‸ ~ SJ
264.29	"Possibly] ER, PA, ES; ‸possibly SJ
264.31	we are] ES; we have SJ, ER, PA
264.31	upon?"] ER, PA, ES; ~?‸ SJ

424 (right margin at 260.31)

	264.37	and also the increasing] ES; and the developing SJ, ER, PA
	264.39	self-assertion,] ER, PA, ES; ⌒∧ SJ
	264.40	theory,] ER, PA, ES; ⌒∧ SJ
	264.40	adherents] ES, PA, ER; inherence SJ
	265.2	a period] ES; the period SJ, ER, PA
	265.20 – 21	circumstances. [◀] The problem] ES, PA, .ER; circumstances. [◀] The Root of the Problem. [◀] The problem SJ
425	265.27	difficulties of] ES, PA, ER; difficulties SJ
	265.27	today] PA, ES; to-day SJ, ER
	266.1	definite] ES; definitive SJ, ER, PA
	266.9	prophetic,] ER, PA, ES; ⌒∧ SJ
	266.9	vital,] ER, PA, ES; ⌒∧ SJ
	266.13	to] ES; by SJ, ER, PA
	266.20	time, and] ER, PA, ES; ⌒∧ ~ SJ
	266.21 – 22	situation as] ES; situation impartially, as SJ, ER, PA
	266.24 – 25	friendly cooperators] W; friendly co-operators ES; co-operative forces SJ, ER, PA
	266.26	Why] ER, PA, ES; why SJ
	266.29	reinforcing∧] W; re-enforcing∧ SJ; re-enforcing, ER; reinforcing, PA, ES
	266.38 – 39	itself; the] ER, PA, ES; itself. The SJ
	267.1	life-experience] ER, PA, ES; ⌒∧ ~ SJ
	267.2	adequate,] ER, PA, ES; ⌒∧ SJ
	267.3	latter,] ER, PA, ES; ⌒∧ SJ
	267.17	sort∧] ER, PA, ES; ~, SJ
	267.20 *et seq.*	thoroughly] ES; thoroly SJ, ER, PA
	267.22	These conditions persist] ES; The conditions thus constituted persist SJ, ER, PA
	268.1	accepted] ES, PA, ER; adopted SJ
	268.4	face-to-face] ER, PA, ES; ⌒∧ ⌒∧ ~ SJ
	268.6	situation] ES, PA, ER; system SJ
	268.11 – 12	personal contact ... are,] ES; personal relationship are, SJ, ER, PA
	268.17	do not] ES; never SJ, ER, PA
	268.18	old] ES, PA, ER; older SJ
	268.23	*from the standpoint of the conditions.*] ES; [*rom.*] SJ, ER, PA
	268.25	they are hampered] ES; hampered SJ, ER, PA
	268.27	agencies] ES; instrumentalities SJ, ER, PA
	269.1 – 2	æsthetic,] PA, ES; esthetic, SJ; æsthetic — ER
	269.4	situation is] ES, PA, ER; situation becomes SJ
	269.9	compel] ES, PA, ER; compels SJ
	269.18	introduce] ES, PA, ER; introduces SJ
	269.26	child.[1]] ES, PA; child.[2] ER; child.∧ SJ
	269.27	conditions,] ER, PA, ES; ⌒∧ SJ

269.28	education,] ER, PA, ES; $\curvearrowright_\wedge$ SJ
269.34	make] ES, PA, ER; makes SJ
269.37	attention] ES, PA, ER; it compels attention SJ
269n.1 – 2	1. This thought ... 92 – 98.] ES; [1]I am indebted to Mrs. Ella F. Young's thesis *Isolation in the School* for many suggestions. PA; [2]I am indebted to Mrs. Ella F. Young's thesis, *Isolation in the school* (Chicago: 1900), for many suggestions. ER; [*not present*] SJ
270.1	expression is] ES, PA, ER; expression, to be SJ
270.2	often] ES, PA, ER; then often SJ
270.10	he] ES, PA, ER; the teacher SJ
270.13 – 14	directions:] ER, PA, ES; ~; SJ
270.17	local] ES; less local SJ, ER, PA
270.17	transitory] ES; transitive SJ, ER, PA
270.25	forbids] ES, PA, SJ; forbid ER
270.25	his] ES, PA, ER; her SJ
270.29	provided] ES; looked out SJ, ER, PA
270.30	his] ES, PA; her SJ, ER
270.31 – 33	external provision ... supervision,] ES; external supervision$_\wedge$ SJ, ER, PA
270.37	the consciousness] ES, PA, ER; consciousness SJ
270.38 – 39	of prescription of mode of action,] ES; of external prescription and advice, SJ, ER, PA
271.4	for] ES, PA, ER; of SJ
271.10	own,] ER, PA, ES; $\curvearrowright_\wedge$ SJ
271.24	readily a] ES; readily of a SJ, ER, PA
271.28	somewhat] ES; somehow SJ, ER, PA
271.29	least that] ES; least SJ, ER, PA
271.35	alternative:] ER, PA, ES; ~; SJ
272.7	class$_\wedge$ room$_\wedge$] ES; classroom, ER; class-room$_\wedge$ SJ, PA
272.13	that] ES, PA, SJ; it ER
272.15	child.[2]] W; child.[1] ES; child.$_\wedge$ SJ, ER, PA
272.19	It] ES, PA, SJ; He ER
272.22	it] ES, PA, SJ; he ER
272.30	If his] ES, PA, ER; Her SJ
272.31	him,] ES, PA, ER; her; SJ
272.32	then his] ES, PA, ER; her SJ
272.32	must] ES, PA, ER; will SJ
272.35	and its adaptation] ES, PA, ER; or its organic adaptation SJ
272.35	needs] ES, PA, ER; specific needs SJ
272.36	He] ES, PA, ER; She SJ
272.37	pedagogical] ES, PA, SJ; educational ER
272.38	him] ES, PA, ER; her SJ
272n.1 – 2	2. See, again, ... 106 – 9.] W; [1]See, again, Number I of this

426

series, pp. 31 – 32 and 106 – 109. ES; [*not present*] SJ, ER, PA

273.2	reality.] ES, PA, ER; and real presentation. SJ
273.5	he] ES, PA, ER; she SJ
273.5	or its] ES, PA; or in its ER, SJ
273.6	say,] ER, PA, ES; ⌢ₐ SJ
273.10	while] ES; and SJ, ER, PA
273.13	life. Since] ER, PA, ES; life. [◼] Since SJ
273.15 – 16	for introducing the excitement] ES; for the introduction of the supposedly necessary excitement SJ, ER, PA
273.16 – 17	supposed to be necessary.] ES; of the child. SJ, ER, PA
273.22	easily be] ES, PA, ER; be easily SJ
273.34	his] ES, PA, ER; her SJ
273.36	child;] ER, PA, ES; ∼ — SJ
274.3	apart from] ES; beyond SJ, ER, PA
274.11	values] ES, PA, SJ; value ER
274.12	the facts] ES, PA, ER; facts SJ
274.14	studyₐ] ER, PA, ES; ∼, SJ
274.19	pupil,] ER, PA, ES; ⌢ₐ SJ
274.36	artₐ] ER, PA, ES; ∼, SJ
275.1	King Log] PA, ES; king log SJ, ER
275.1	King Stork] PA, ES; king stork SJ, ER
275.2	teachingₐ] ER, PA, ES; ∼, SJ
275.3	over-specialized,] ER, PA, ES; ∼-⌢ₐ SJ
275.5	education —] PA, ES; ∼, SJ; ∼, — ER
275.6	part —] PA, ES; ∼, SJ; ∼, — ER
275.9	fall] ES, PA, ER; all fall SJ
275.18	him] ES, PA, ER; her SJ
275.20	all-around] PA, ES; ⌢ₐ ∼ SJ; ∼-round ER
276.1	least] ES, PA, SJ; last ER
276.4	condition] ES; conditions SJ, ER, PA
276.5	schoolroom] ER, PA, ES; school-room SJ
276.8	school-teachers] ER, PA, ES; ⌢ₐ ∼ SJ
276.19	alsoₐ] ER, PA, ES; ∼, SJ
276.19	that directly] ES; in direct fashionₐ PA, ER; in direct fashion, SJ
276.20	publishing] W; pushing SJ, ER, PA, ES
276.24	one)ₐ] ER, PA, ES; ∼), SJ
276.31	But we] ES, PA, SJ; But I ER
277.3	the] *stet* SJ, ER, PA; the the ES
*277.4	conditions] *stet* PA, ER, SJ; considerations ES
*277.7 – 8	machinery] *stet* PA, ER, SJ; of machinery ES
277.17	authority)ₐ] ER, PA, ES; ∼), SJ
277.24	that] ES; which SJ, ER, PA
277.27	length:] ER, PA, ES; ∼. SJ
277.28	ₐIn] ER, PA, ES; "∼ SJ

427

277.31	and are] ES, PA, ER; and SJ
277.32	reading;] ER, PA, ES; ~, SJ
277.40 *et seq.*	though] PA, ES; tho SJ, ER
277.41	art∧] ER, PA, ES; ~, SJ
277.42	them.∧] ER, PA, ES; ~." SJ
278.4	faculties,"] ER, PA, ES; ~∧" SJ
278.10	that is,] ER, PA, ES; ~∧ SJ
278.12	of value] ES, PA; value SJ, ER
278.21	remoter acquisition.] ES; further advancement. SJ, ER, PA
278.28	schoolroom] ER, PA, ES; school room SJ
278.33	of present] ES, PA, ER; present SJ
278.38	schoolroom] ER, PA, ES; school room SJ
278.39	art∧] ER, PA, ES; ~, SJ
278.40	"interests"] ES; ∧interests∧ PA, ER; ∧interest∧ SJ
279.12	connection.] ES; relation to each other. SJ, ER, PA
279.14	to be] ES; to take an SJ, ER, PA
279.15	gloomy, it] ES; gloomy view of the situation, it SJ, ER, PA
279.18	theory] ES, PA, ER; theory I repeat, SJ
279.22	assumes] ES, PA, ER; assumes also SJ
279.24 – 27	intellectual acquisition. ... methods of development.] ES; social progress. SJ, ER, PA
279.30	schoolroom] ER, PA; school room SJ, ES
279.31	extremes:] ER, PA, ES; ~; SJ
279.36	upon] ES, PA, ER; to SJ
279.38	an] ES, PA, ER; any SJ
279.38	of] ES, PA, ER; any SJ
280.3	we get] ES; we can get SJ, ER, PA
280.5	superficiality] ES, PA, ER; sentimentality SJ
280.6	the residuum] ES, PA, ER; a minimum SJ
280.7	view] ES, PA, ER; rule SJ
280.9 – 10	of a mode] ES, PA, ER; of mode SJ
280.10	calculated for] ES; that was adapted to SJ, ER, PA
280.11	those now confronting us,] ES; those which now appeal to us, SJ, ER, PA
280.16	know just] ES, PA, ER; know, that is to say just SJ
280.19	subject-matter] ER, PA, ES; ~∧~ SJ
280.20	shop-work∧] ES; shopwork, SJ; shop work, ER; shop-work, PA
280.24	society∧] ER, PA, ES; ~, SJ
280.24	as ever] ES; as SJ, ER, PA
280.25	have been.] ES; have ever been. PA, ER; have ever been, nay, even more so. SJ
280.29	theory] ES, PA, ER; it SJ
280.29	practice.] ES, PA, ER; practical effect. SJ
280.32	*intellectual*] ES; [*rom.*] SJ, ER, PA

428

429

Secondary Education. SR

283.20	of teachers] ES; for teachers SR
283.22	change] ES; changes SR
284.21	*secondary-school*] ES; ~‿~ SR
284.24	athletics.] W; ~, SR, ES
284.25	aspects] ES; aspect SR
284.26	school as a] ES; school a SR
284.33	problem:] ES; ~. SR
284.42	problems] ES; problem SR
285.21	walls‿] W; ~, SR, ES
285.35	exchange,] ES; ~‿ SR
287.20	he is] *stet* SR; is he ES
287.22 – 23	themselves] ES; itself SR
287.26	that] *stet* SR; which ES
287.28	each] ES; each group SR
289.1	history,] ES; ~‿ SR
289.13	a product] ES; the product SR
289.33	affected] *stet* SR; effected ES
291.23	other,] W; ~‿ SR, ES
291.23	brings] W; bring SR, ES
296.23	satisfaction] ES; satisfactfon SR
298.21	it is] ES; is SR
298.22	account] ES; an account SR
298.34	ideals:] ES; ~; SR
299.13	the abstract] ES; abstract SR
300.1 – 2	3. AS CONCERNS THE COLLEGE [¶] The elementary] W; III As Concerns the College [¶] The elementary ES; III.

430

ARE THE SCHOOLS DOING WHAT THE PEOPLE WANT THEM TO DO? The answer to the question, whether the schools are doing what the people want done, depends, as the other speakers have clearly brought out, upon the conception of what the people want. And there is a good deal of difficulty in finding this out; when we do find out, we see that they want very diverse things — things so divergent as to be contradictory. The school cannot really do what the people want until there is unity, an approach to system and organization, in the needs of the people. We are told that when the sewing machine was first invented and an attempt was made to introduce it, the agents had almost to break into people's houses in order to get it into use. If the people wanted the sewing machine, they did not know that they wanted it. There are many things in education of which a similar thing must be said. The people may need these things very badly, but they have not awakened to a lively consciousness of the fact.

I happen recently to have heard two gentlemen speaking of

educational matters, both of whom are in positions of responsibility, and both marked successes in their respective affairs. One of these men would ordinarily be called a conservative. He gave as a reason for his conservatism that he had to conform to conditions, that it was impossible for a successful school to be far in advance of the conditions about it. In other words, he thought that what the people wanted was just about what they had been accustomed to getting. The other, of a more radical type in educational matters, propounded as the utmost reach of his anticipations of reform the desire that the schools should become a reflex of existing conditions. One thought that he was limited to education of rather a routine, customary type because that is what the conditions call for, and hence what the people want; the other's highest flight of imagination regarding the reform of the school is to have an education which shall be a reflex of existing conditions, and hence what is really wanted.

The two remarks are apparently contradictory. Yet each appeals to us as possessing a certain truth. How are we to explain this state of affairs? One was thinking of what people consciously want, of what people in specific instances bring to bear in way of pressure upon the school authorities. The other had in mind what he conceived to be the meeting of the *actual* wants or necessities of the case, quite apart from their conscious recognition on the part of the people. He was thinking of breaking into people's educational houses in order to provide them with the agencies, the instrumentalities, they really want, but of the need of which they have not become aware.

I see practically no other way of answering this question. If we ask whether the schools, upon the whole, are doing what the people want — yes, certainly, if we keep in mind the more conscious and definitely formulated wants of the people growing out of the experiences and customs and expectations of the past; no, to a very considerable degree, if we mean an effective response of school aims, methods, and materials to the underlying wants which arise in the movement of modern society.

My thesis, then, is a twofold one. The schools are not doing, and cannot do, what the people want until there is more unity, more definiteness, in the community's consciousness of its own needs; but it is the business of the school to forward this conception, to help the people to a clearer and more systematic idea of what the underlying needs of modern life are, and of how they are really to be supplied.

I take it that I am expected to speak to-day more particularly of the third story of the educational edifice — the college and its relations to the needs of the people. This requires some placing of the college in connection with the elementary and secondary forms of education in order to see how its points of contact with popular needs vary from those of the other two forms, and how its methods of meeting the popular needs must also be differentiated. [◀] The elementary ER

300.5	It has] ES; It also has ER
300.27	public's] ES; public ER
*300.29	disadvantages] W; disadvantage ER, ES
301.5	"academic,"] ES; the term academic, ER
301.16	lower] ES; less ER
301.16	that of] ES; that demanded in ER
301.18	with] ES; in ER
301.26	today] ES; to-day ER
301.35 – 36	acting ... considerations;] ES; doing what the people want done; ER
302.4 – 5	public consciousness,] ES; consciousness of the people, ER
302.12	operative] ES; operative and determining ER
302.20	breaking into] ES; impinging upon ER
302.23	and which] ES; which ER
302.25	current social needs and demands.] ES; the needs of the people. ER
302.36	present need.] ES; present need of the people. ER
303.13 – 14	crowding something else out;] ES; crowding out something else; ER
303.15 – 16	burden of election upon the student] ES; burden upon the student of election ER
303.19	system in our scheme of life.] ES; system, in the direction of the people's needs. ER
303.23	is] ES; is thus ER
303.27	is] ES; seems to be ER
303.35	professional] ES; scholastic ER
304.3	science,] ES; ⌢ ER
304.6	significantly as,] ET; significantly, ER, ES
304.6	indirectly than,] ET; indirectly, as ER, ES
304.11	asked,] ET; ⌢ ER, ES
304.11	the] ES; these ER
304.19	to be] ES; to be capable of being ER
304.25	in] ES; in its ER
304.25	standpoint] ES; method ER
304.32	language∧ —] ES; ~, — ER
304.34	etc.∧ —] ES; ~., — ER
305.6	science,] ES; ⌢ ER
305.7	may certainly claim] ES; can hardly be denied ER

305.8	phenomena,] ES; ⌒∧ ER
305.18	of simplification not] ES; not of simplification ER
305.18 *et seq.*	through] ES; thru ER
305.21	studies in its] ES; its ER
305.22	compel] ES; itself compel ER
305.30	development] W; devolpment ES; evolution ER
305.31	extent] ES; rapidity ER
305.36	processes∧ —] ES; ∼, — ER
305.36	etc.∧ —] ES; ∼., — ER
306.2	beginning of a new century] ES; close of the century ER
306.3	translation of] ES; translation on the part of ER
306.4	science] ES; sciences ER
306.6	circumstances, we] ES; circumstances, that we ER
306.7	studies; we] ES; studies; that we ER
306.16	subjects] ES; the subjects ER
306.17	condition;] ES; ∼, ER
306.18	claims;] ES; ∼, ER
306.20	all the] ES; all this ER
306.22	like philosophic] ES; like a philosophic ER
306.24	bring] ES; put ER
306.25	direction] ES; scientific direction ER
307.2 – 4	our methods. We ignore ... retain vitality. We speak] ES; our methods. We speak ER
307.8	cent∧] ET; ∼. ER, ES
307.9	cent∧] ET; ∼. ER, ES
307.11	imagine] ES; may assume ER
307.13	assuming] ES; thus assuming ER
307.30	these] ES; all these ER
308.4	well] ES; very well ER
308.10	as are] ES; as ER
308.10	in] ES; would be in ER
308.20	the banner of discipline] ES; mental training ER
309.3 – 4	is good in general] ES; is general ER
309.8	and for something] ES; and for somewhat ER
309.15	the free communication and interaction] ES; the interaction ER
309.23 – 26	workaday world. Culture, ... "invidious distinction." If I were] ES; workaday world. If I were ER
310.1	what society wants done] ES; what the people want ER
310.5	this,] ES; ⌒∧ ER
310.5	emphatically,] ES; ⌒∧ ER
310.7	dualistic politically] ES; dualistic practically and politically ER
310.13	ethics] ES; ethic ER
310.14	aims] ES; ends ER
310.27	which gives] *stet* ER; by which to give ES

310.27 – 28	concreteness.] ES; sufficient concreteness. ER
311.1	or the] ES; or much less the ER
311.3 – 4	to which] ES; in which ER
311.11	occupations] ES; occupation ER
311.12 – 13	mastery of methods] ES; the possession of the right attitude of inquiry ER
311.14	Society ... knowledge] ES; I thus come back to the original question: is the college doing what the people want? No; for the people do not know what they want. They need illumination, and it is the business of the university to reveal them unto themselves. Yes; for what the people need is the union of that expert knowledge ER
311.15 – 16	and the services] ES; with the direction ER
311.16	life. All] ES; life; and all ER
311.20	other] ES; less ER
311.25	This is] ES; This, of course, is ER
311.31	lines which divide] ES; lines, dividing ER
311.32 – 33	of professional schools∧] ES; of the professional schools, ER
311.33	getting obscure] ES; relaxing ER
311.34	fade away.] ES; fade away. And this is what the people want — it is the answer to their deepest needs. ER
311.35 – 36	is the] ES; is to be the ER
312.3	probably] ES; may perhaps ER
312.4	period. This is not] ES; period. I am not speaking, however, of externals, but of the educational substance. This is not ER
312.12	of instruction] ES; and instruction ER
312.15	eighteen or twenty.] ES; twenty or twenty-one. ER
312.18 – 19	adapted to his own] ES; adapted to the freest and most effective expression of his own ER
312.28	as is] ES; as ER
312.32	thoroughly] ES; thoroly ER
312.33 – 34	does not give] ES; gives neither ER
312.37 – 313.38	walk in life. ... existing collegiate situation.] ES; walk in life. It is aimed in the air, with the pious hope that something will come of it in some direction or other.

The movement, however, is steady, and I believe inevitable, in one direction: the demarcation of secondary work as the period of general training and culture, thus restoring to it freshness and vitality by making it what it should be, the renaissance of the individual mind, the period of self-consciousness in the true sense, of knowledge of self in relation to the larger meanings of life; and the reservation of the higher institution for specific training, for gaining control of the particular body of knowledge and methods of research and verification which fit the individual to apply truth to the guidance of his own special calling in life. All of us have callings, occupations — only the luxuriously idle and the submerged idle, only the leisure class of fashion and of pauperism, violate this law. When education ceases to ignore this fact, when it recognizes it frankly and fully, and adapts its curriculum and methods to it, the university will be coherent in itself and also doing what the people really want done. ER

313.4   artificial] W; artifical ES; [*not present*] ER

435

《大学初等学校:历史及其主要人物》

范本为首次印刷的《大学(芝加哥)记录》,第 2 卷(1897 年),第 72—75 页。凯瑟琳·坎普·梅因和安娜·坎普·爱德华兹合著的 DS:《杜威学校》(纽约:D·阿普尔顿-世纪出版公司,1936 年),部分内容在重印时作出了修订,这些修订为本版采用。

325.11   Avenue] W; avenue
325.18   Street] W; street
325.30   the] W; The
326.5   of the] W; of The
327.4   is$_\wedge$] DS; ~,
328.3   habitation,] W; ~$_\wedge$
328.12   expression,] W; ~;
329.3   the] W; The
329.5   the] W; The
329.6-7   to find material] W; to material
329.40   system$_\wedge$] W; ~,
332.39   detail$_\wedge$] W; ~,
333.12   gives] DS; give
333.21   powers$_\wedge$] W; ~,
333.30   the] DS; The
333.30   sense-organs] DS; sense$_\wedge$ organ
333.31   per cent$_\wedge$] W; ~.
333.33   ears] DS; ear

《大学初等学校:学校工作的总纲》

范本来自《大学(芝加哥)记录》,第 3 卷(1898 年),第 253—254 页。

337.25   handle$_\wedge$] W; ~,

《与早期教育有关的游戏和想象力》

范本来自《幼儿园杂志》,第 2 卷(1899 年),第 636—640 页。

340.3   If] W; if
343.2   *prosaic*] W; mosaic

行末连字符号的使用

I. 原稿-文本列表

以下是在编辑过程中对可能的合成词所采用的形式。这些合成词在范本的行末用连字符联结起来。

8.15	grist-mill	175.12	pigeon-holes
22.23	schoolrooms	176.35	sub-headings
32.12	arrow-head	178.39	standpoint
46.11	schoolroom	233.23	underlying
64.36	stepladder	233.34	standpoint
65.6	hand-work	262.7	overtaxing
100.5	subject-matter	269.3	standpoint
102.34	counterirritants	274.34	twofold
103.17	ready-made	281.14	schoolroom
119n.11	footnote	285.38	world-power
135.10	text-book	294.20	interaction
141.25	psycho-physical	309.28	pre-biological
142.31	psycho-physical	330.15	text-books
145.5	psycho-physical	340.25	steamboat
145.22	re-approximation	343.5	*dish-washing*
157.15	reappears		

II. 批判-文本列表

在当前版本的引用中,除了以下单词,其他没有保留连字符。

6.10	over-ingenious	9.21	half-hearted
8.21	sense-organs	34.1	text-book

437

引文勘误

杜威用不同的方式给出资料来源,有时根据记忆,有时逐字逐句地引用,有时完整地引用,有时只提到作者的名字,有时也会完全忘记注明引证资料。

为了准备经过鉴定的文本,除那些已经明显被强调过或被重述过的以外,引号中的全部内容都被找了出来,如有必要,会对文件进行修订。修订文件所采用的步骤在《文本的校勘原则和程序》中都会加以说明,但是,杜威本人在引文中所作出的变动因其重要而特设表格予以说明。

除那些在修订表中注明的因特殊原因而作出的订正以外,在文本中保留了全部引文,一如它们首次出版时一样。为恢复文本原貌而对编辑的可能失误或打字的错误所作出的校正,同样也归入"W"修正一栏。从改动引文可以看出,杜威和那个时代的许多学者一样,对形式方面的准确不甚在意,但引用材料中的许多变动也可能是在印刷过程中出现的。例如,比较杜威的引文和原始材料,我们发现,某些期刊按自己的出版风格处理引用材料,对杜威的作品也不例外。

杜威最常对引文作出的改变,是改动或忽略原文的标点。他也经常忘了使用括号,或者忘记把引文独立出来。如只属于此类变动——忽略或改动标点,包括改动括号,则该处不会出现对杜威或对原文的引用。对于忽略的括号,我们会特别给予提醒;不过,如果遗漏了一行或者一行以上的内容,则不予提示。

材料来源中的斜体字被当作次要问题加以处理:如果杜威忽略了那些斜体字,对此不会加以提示,虽然把杜威所加的斜体字列入了表格。如果改动或对次要方面的忽略有实质性的意义,比如某些概念的大写,此时应该特别注意引文。把杜威或资料来源的引文列举出来,目的是帮助读者确定杜威在引用资料时仅仅依靠记忆还是面前有著作可本。

本章节的符号遵守下列规则:页-行数字来自当前的版本,随后是精简为首字和尾字的文本,接着是方括弧,方括弧后面是标识杜威著作的符号。分号后面是必要的修正,有时是一个单词,有时则是一段长句子,视需要而定。最后,在圆括弧中是作者的姓氏,以及简写的资料来源名称(简写符号来自杜威参考书目),逗号之后是资料来源的页-行数字。

156.35—39 处来自黑格尔的引文和 277.28—42 处来自"教育新资料"的引文没有查找到。经过大范围的查找和比对,我们猜想,这可能是杜威本人直接从德文翻译过来的。

《学校与社会》

5.24 – 25　　is growing, one former is worth a thousand re-formers.] SS; that *grows*, one right *former* will accomplish more than a thousand re-formers. (Mann, *Life and Works*, vol. 2, 264.7 – 8)

70.35 – 36　　middle department which we sometimes take to be final, failing to see, amid the] SS; middle stage. Sometimes we think it final, and sometimes we fail to see, amid the (James, *Will to Believe*, 124.1 – 3)

70.37　　　　diversity of] SS; diversity in (James, *Will to Believe*, 124.3)

70.37　　　　complications] SS; complication (James, *Will to Believe*, 124.4)

70.38 – 39　　function — the function] SS; function, and that the one we have pointed out, — the function (James, *Will to Believe*, 124.5 – 6)

72.16　　　　because starting] SS; because, by starting (Jackman, "School Grade a Fiction," 462.5)

72.18　　　　then] SS; thus (Jackman, "School Grade a Fiction," 462.7)

440

《逻辑思维的几个阶段》

160.9　　　　us] L; the mind (Mill, *Logic*, 457.46)

163.17　　　　a proposition] L; it, or claim credence for it, (Mill, *Logic*, 122.16)

163.19 – 20　　it is] L; that it is (Mill, *Logic*, 122.10)

《心理发展的原则——以婴儿早期为例》

186.31　　　　and he] PM; and, with an absorbed expression, he (Hall, "First Five Hundred Days", 466.23 – 24)

187.1　　　　it] PM; this, (Preyer, *Senses and Will*, 87.25)

187.20　　　　effort] PM; efforts (Hall, "First Five Hundred Days," 399.1)

《心理发展》

《世界与个体》

441

杜威的参考书目

杜威的参考书目中,作者的名字和题目都经过了修正和扩充,以与原书保持严格一致;全部修正都陈列在修订表中。

本章节提供杜威所引用著作的完整出版信息。在杜威给出著作页码时,我们会对他所使用的版本进行准确厘定。我们同时借助于杜威个人图书馆中的著作,以对他所使用的某个特别版本的内容进行检验。对于其他的参考书,这里所列举的版本,在众多版本中不论从出版时间方面考虑还是从地点方面考虑,都是他最有可能参照的版本;或者是有通信的证据,或者是其他证据可以证明他所使用的参考书。

Bacon, Georgia F. "History." In *Elementary School Record*, edited by John Dewey and Laura L. Runyon, pp. 204 – 209. Chicago: University of Chicago Press, 1900.

Baldwin, James Mark. *Mental Development in the Child and the Race: Methods and Processes.* New York: Macmillan Co., 1895.

——. *Social and Ethical Interpretations in Mental Development: A Study in Social Psychology.* New York: Macmillan Co., 1897.

Barnes, Earl. *Studies on Children's Games.* Palo Alto, Calif.: Leland Stanford Junior University, 1896.

——. "A Study on Children's Drawings." *Pedagogical Seminary* 2 (1892):455 – 463.

——, ed. *Studies in Education.* Stanford: Stanford University Press, 1896 – 1897.

Bradley, Francis Herbert. *Appearance and Reality: A Metaphysical Essay.* London: Swan Sonnenschein and Co., 1893.

Burk, Frederic. "Growth of Children in Height and Weight." *American Journal of Psychology* 9(1898):253 – 326.

Burnham, William H. "The Study of Adolescence." *Pedagogical Seminary* 1 (1891):174 – 195.

443   Chamberlain, Alexander Francis. *The Child: A Study in the Evolution of Man.* London: Walter Scott, 1900.

Cushman, Lillian S. "Principles of Education as Applied to Art." In *Elementary School Record,* edited by John Dewey and Laura L. Runyon, pp. 3 – 11. Chicago: University of Chicago Press, 1900.

Daniels, Arthur H. "The New Life: A Study of Regeneration." *American Journal of Psychology* 6(1893):61 – 106.

Defoe, Daniel. *Robinson Crusoe.* Edited by Edward R. Shaw. Standard Literature Series, no. 25. New York: University Publishing Co., 1897.

De Garmo, Charles. "The Herbartian System of Pedagogics." *Educational Review* 1 (1891):33 – 45, 244 – 252, 453 – 462.

Dewey, John. *The School and Society.* 2d ed. Chicago: University of Chicago Press, 1915. [*The Middle Works of John Dewey, 1899 – 1924,* edited by Jo Ann Boydston, 1:2 – 109. Carbondale: Southern Illinois University Press, 1974.]

——. "General Introduction to Groups V and VI." In *Elementary School Record,* edited by John Dewey and Laura L. Runyon, pp. 49 – 52. Chicago: University of Chicago Press, 1900. [*Middle Works,* 1:225 – 229.]

——. "Harris's Psychologic Foundations of Education." *Educational Review* 16 (1898): 1 – 14. [*The Early Works of John Dewey, 1882 – 1898,* edited by Jo Ann Boydston, 5:372 – 385. Carbondale: Southern Illinois University Press, 1972.]

——. "Historical Development of Inventions and Occupations, General Principles." In *Elementary School Record,* edited by John Dewey and Laura L. Runyon, pp. 21 –23. Chicago: University of Chicago Press, 1900. [*Middle Works,* 1:222 – 224.]

——. "Interpretation of the Culture-Epoch Theory." *Public-School Journal* 15 (1896):233 – 236. [*Early Works,* 5:247 – 253.]

——. "The Psychology of Infant Language." *Psychological Review* 1(1894):64 – 66. [*Early Works,* 4:66 – 69.]

——. Review of *The World and the Individual,* First Series, by Josiah Royce. *Philosophical Review* 9(1900): 311 – 324. [*Middle Works,* 1:241 – 256.]

Donaldson, Henry Herbert. *The Growth of the Brain: A Study of the Nervous System in Relation to Education.* London: Walter Scott, 1895.

Froebel, Friedrich Wilhelm August. *Friedrich Froebel's Pedagogics of the Kindergarten; or, His Ideas concerning the Play and Playthings of the Child.* Translated by Josephine Jarvis. New York: D. Appleton and Co., 1895.

——. *The Mottoes and Commentaries of Friedrich Froebel's Mother Play.* Translated by Susan E. Blow and Henrietta R. Eliot. International Education Series, edited by William Torrey Harris, vol. 31. New York: D. Appleton and Co., 1895.

444   Groos, Karl. *The Play of Animals.* Translated by Elizabeth L. Baldwin, with a Preface and Appendix by James Mark Baldwin. New York: D. Appleton and Co., 1898.

Hall, G. Stanley. "The Moral and Religious Training of Children and Adolescents." *Pedagogical Seminary* 1(1891):196 – 210.

Hall, Mrs. Winfield S. "The First Five Hundred Days of a Child's Life." *Child-Study Monthly* 2(1897):394 – 407, 458 – 473.

Harmer, Althea. "Textile Industries." In *Elementary School Record,* edited by John Dewey and Laura L. Runyon, pp.71 – 81. Chicago: University of Chicago Press, 1900.

Harris, William Torrey. *Psychologic Foundations of Education: An Attempt to Show the Genesis of the Higher Faculties of the Mind.* International Education Series, edited by William Torrey Harris, vol.37. New York: D. Appleton and Co., 1898.

Jackman, Wilbur S. "Constructive Work in the Common Schools." *Educational Review* 17(1899):105 – 123.

——. "The School Grade a Fiction." *Educational Review* 15(1898):456 – 473.

James, William. *Psychology.* American Science Series, Briefer Course. New York: Henry Holt and Co., 1893.

——. *The Will to Believe.* New York: Longmans, Green and Co., 1897.

Johnson, G.E. "Education by Plays and Games." *Pedagogical Seminary* 3(1894): 97 – 133.

Kant, Immanuel. *Kritik der reinen Vernunft.* 2d ed. Riga: Johann Friedrich Hartknoch, 1787.

Lancaster, E.G. "The Psychology and Pedagogy of Adolescence." *Pedagogical Seminary* 5(1897):61 – 128.

Longfellow, Henry Wadsworth. *The Song of Hiawatha.* Standard Literature Series, no.37. New York: University Publishing Co., 1898.

Lukens, Herman T. "Preliminary Report on the Learning of Language." *Pedagogical Seminary* 3(1896):424 – 460.

——. "A Study of Children's Drawings in the Early Years." *Pedagogical Seminary* 4(1896):79 – 110.

Mann, Horace. *Life and Works of Horace Mann.* Edited by Mary Mann. 2d ed., vol.2. Boston: Lee and Shepard Publishers, 1891.

Mead, George Herbert. "The Relation of Play to Education." *University* [of Chicago] *Record* 1(1896):141 – 145.

Mill, John Stuart. *A System of Logic, Ratiocinative and Inductive: Being a Connected View of the Principles of Evidence and the Methods of Scientific Investigation.* 8th ed. New York: Harper and Bros., 1874.

Münsterberg, Hugo. *Psychology and Life.* Boston: Houghton Mifflin Co., 1899.

Oppenheim, Nathan. *The Development of the Child.* New York: Macmillan Co., 1898.

O'Shea, M.V. "Some Adolescent Reminiscences." *Journal of Pedagogy* 11(1898): 299 – 316.

Preyer, William. *The Senses and the Will.* Translated by H.W. Brown. International Education Series, edited by William Torrey Harris, vol.7. Wew York: D. Appleton and Co., 1888.

Rosenkranz, Johann Karl Friedrich. *The Philosophy of Education.* Translated by Anna C. Brackett. 2d ed., rev. International Education Series, edited by William

445

Torrey Harries, vol. 1. New York: D. Appleton and Co., 1887.

Rowe, Stuart Henry. *The Physical Nature of the Child and How to Study It.* New York: Macmillan Co., 1899.

Royce, Josiah. *The Conception of God: A Philosophical Discussion concerning the Nature of the Divine Idea as a Demonstrable Reality.* Publications of the Philosophical Union of the University of California, vol. 1. New York: Macmillan Co., 1897.

——. *The World and the Individual.* First Series: The Four Historical Conceptions of Being. New York: Macmillan Co., 1900.

——. *The World and the Individual.* Second Series: Nature, Man, and the Moral Order. New York: Macmillan Co., 1901.

Salisbury, Albert. "A Child's Vocabulary." *Educational Review* 7 (1894): 289 – 290.

Scates, Georgia P. "The Subprimary (Kindergarten) Department." In *Elementary School Record,* edited by John Dewey and Laural L. Runyon, pp. 129 – 142. Chicago: University of Chicago Press, 1900.

Street, J. R. "A Study in Language Teaching." *Pedagogical Seminary* 4 (1897): 269 –293.

Sully, James. *Studies of Childhood.* New York: D. Appleton and Co., 1896.

Tracy, Frederick. *The Psychology of Childhood.* Boston: D. C. Heath and Co., 1893.

——. "The Language of Childhood." *American Journal of Psychology* 6 (1893): 107 – 138.

"The University Elementary School." *The President's Report: July, 1898 – July, 1899,* pp. 198 –199. Chicago: University of Chicago Press, 1900. [*Middle Works,* 1:317 – 320.]

"The University Elementary School: General Outline of Scheme of Work." *University* [of Chicago] *Record* 3 (1898): 253 – 254. [*Middle Works,* 1:335 – 338.]

Van Liew, C. C. "The Educational Theory of the Culture Epochs: Viewed Historically and Critically." In *The First Yearbook of the Herbart Society,* edited by Charles A. McMurry, pp. 70 – 121. Bloomington, Ill.: Public-School Publishing Co., 1895.

Warner, Francis. *A Course of Lectures on the Growth and Means of Training the Mental Faculty.* New York: Macmillan Co., 1890.

——. *The Nervous System of the Child: Its Growth and Health in Education.* New York: Macmillan Co., 1900.

——. *The Study of Children and Their School Training.* New York: Macmillan Co., 1897.

Young, Ella Flagg. *Isolation in the School.* University of Chicago Contributions to Education, no. 1. Chicago: University of Chicago Press, 1901.

索 引①

---

① 本索引的每个条目后所附的页码均为英文原版书页码, 即本书边码。——译者

技巧发展的全盛期

Child-Study Monthly，186，《儿童研究月刊》

Christian idealism：基督教理想主义

its influence on American educational theory，xvii，基督教理想主义对美国教育理论的影响

Class size：班级规模

at University Elementary School，268，大学初等学校的班级规模

College：学院

problems in adjustment to，282—283，适应学院的问题；society's attitude toward，290，社会对学院的态度；related to high school，291，学院与高中的关系；cultural and technological，302，学院中的文化和技术；elitist attitude toward，309—310，对学院的精英主义态度；general and professional training in，312—313，学院中普通的和职业的训练

Columbia University Teachers College：哥伦比亚大学教师学院

training of teachers at，55—56，哥伦比亚大学教师学院的教师培训；cooperation with University Elementary School，329，哥伦比亚大学教师学院与大学初等学校的合作

Columbus，Christopher，168，克利斯托弗·哥伦布

Comenius，John Amos：约翰·阿摩斯·夸美纽斯

his influence on English education，vii，夸美纽斯对英国教育的影响

Commercial subjects：商业学科

in high school，295—299，高中的商业学科

Common Faith，A，xi，《共同的信仰》

Communication：交流

as distinctive social category，xxiii，作为特定的社会范畴的交流

Communication instinct：交往本能

of child，defined，29，儿童的交往本能，定义

Community：共同体

Dewey attempts to restore sense of，xx，杜威尝试恢复共同体意识

Comte，August：奥古斯特·孔德

on scientific method，171，孔德论科学方法

Conception of God，256，《上帝的概念》

Consciousness：意识

treatment of，in psychology，113—122，心理学中对意识的处理

Conservatism：保守主义

in education，260—264，教育领域的保守主义

Constructive impulse：建造冲动

of child，defined，29，儿童的建造冲动，定义

Cooking：烹饪

as introduction to science，50—51，作为科学导引的烹饪

Coordination：协调

as centralizing principle in child study，178—191，作为儿童研究核心原则的协调

Copernicus，Nicholas，168，尼古拉斯·哥白尼

Correlation：相关

between community and school and studies，336—337，共同体与社会和学科的关系

Crance，Mrs C.R.：C·R·克瑞斯女士

her donation to University Elementary School，317，克瑞斯女士对大学初等学校的捐助

Critical rationalism：批判的理性主义

its view of idea and fact，244—245，批判理性主义对观念和事实的认识

Culture：文化

as sole end of college，309—310，作为学院唯一目的的文化

Culture-epoch theory：文化-纪元理论

in "Some Stage of Logical Thought", xiv,
《逻辑思维的几个阶段》中的文化-纪元
理论；educators obsessed with, xv, 痴迷
于文化-纪元理论的教育者；discussed,
232, 234n, 讨论过文化-纪元理论；
mentioned, 327, 提及文化-纪元理论

Curriculum: 课程
of secondary school, 284, 中等学校课程；
problem of, for teacher, 294, 对于教师
的课程问题；taught in social comtext,
294—299, 在社会背景下教授的课程；
congestion of, 303—306, 课程拥挤
of University Elementary School, 331—
332, 大学初等学校的课程

Curti, Merle: 默勒·科蒂
on educational thought of Dewey, xviin, 科
蒂论杜威的教育思想

Darwin, Charles: 查尔斯·达尔文
and scientific method, xviii, 达尔文和科学
方法

De Foe, Daniel: 丹尼尔·德·封
Robinson Crusoe discussed, 106—107, 论及
《鲁宾逊漂流记》

Democracy: 民主
Dewey on ethical ideal embodied in, xxi, 杜
威论民主中的伦理理想；related to
modern life, 128, 与现代生活相关的
民主

Developmental logic: 发展的逻辑
in "Some Stages of Logical Thought", xiv,
《逻辑思维的几个阶段》中的发展的逻辑

Developmental logic-psychology: 发展逻辑心
理学
Dewey's work on, xiv, 杜威论发展的逻辑
心理学的著作

Developmental psychology: 发展心理学
in "Some Stage of Logical Thought", xiv,
《逻辑思维的几个阶段》中的发展心理学

Discipline: 学科

change in, necessity of larger social
evolution, 11—12, 学科中的变化，更大
的社会进步的必要性；philosophy of, at
University Elementary School, 65—66,
学科的哲学，在大学初等学校；as
developed by education, 308, 因教育而
得到发展的学科

Discussion: 讨论
defined in terms of thinking, 158—159, 根
据思想来定义；Plato on, 161—162, 柏
拉图论讨论

Divinity: 神学
taught in college, 291, 学院中讲授的神学

Doubt: 怀疑
as beginning of thinking, 151—152, 作为
思维起点的怀疑

Education: 教育
available to all as result of industrial
revolution, 16—17, 得益于工业革命人
人都可接受教育；controlled by
specialized aims, 18, 服务于专门目的的
教育；traditional, base on uniformity,
21—23, 基于统一性的传统的教育；
waste of human life in, 39, 教育对生命
的浪费；conservatism in, 260—261, 教
育中的保守主义；progressive, abuses
of, 262—263, 对进步教育的滥用；
traditional, reassertion of, 264—265, 重
新呼吁传统教育；lack of unity between
old and new, 265—282, 304—305, 新老
教育之间缺乏统一性

Educational theory: 教育理论
influence of France and Germany on
American, xvii, 法国和德国对美国教育
理论的影响；as middleman between
psychologist and teacher, 135, 作为心理
学家和教师的中间人的教育理论

Elementary education: 初等教育
Dewey moves away from concern with,

44,新英格兰体系中使用的术语

Introspection:内省

　discussed,118n,对内省的讨论

Isolation:孤立

　its bearing upon school problems,285—299,孤立对学校问题的影响

Jackman, Wilbur S.:威尔伯·S·杰克曼

　on curriculum,72,杰克曼论课程

James, William:威廉·詹姆斯

　on work in philosophy and psychology at University of Chicago,ix,詹姆斯论芝加哥大学哲学和心理学的工作;Dewey's thought inspired by,xiii,受詹姆斯启发的杜威思想;his influence on Dewey during Chicago years,xxiii,芝加哥期间詹姆斯对杜威的影响;on intellect,70,詹姆斯论理智;on metaphysics,115,詹姆斯论形而上学;his *Principles of Psychology* reviewed,321,评詹姆斯的《心理学原理》

Kant, Immanuel:伊曼努尔·康德

　on synthetic judgment,171,康德论综合判断;on logic,172,康德论逻辑;on reality,247,康德论实在;on validity of idea,252,康德论观念的有效性;Royce's misinterpretation of,252—253,罗伊斯对康德的误解

Kent, Mrs. William:威廉·肯特女士

　her donation to University Elementary School,317,她对大学初等学校的捐助

Khayyám, Omar,256,欧玛尔·海亚姆

Kindergarten:幼儿园

　its beginning defined,40,幼儿园的起源;home life use as subject matter in,87—88,作为幼儿园主题的家庭生活;play utilized in,341—342,幼儿园使用的玩耍

Knowing:认知

related to state of consciousness,119n,与意识状态相关的认知

Knowing and the Known:《认知和所知》

　Dewey's theory of inquiry refined in,xv,杜威在《认知和所知》中所提炼的探究理论;mentioned,x,提及《认知与所知》

Knowledge:知识

　conception of, discussed,130n,讨论过知识观念

Laboratory:实验室

　relation to rest of school,51—52,实验室与学校其他部门的关系;Laboraory School, University of Chicago:芝加哥大学实验学校;Dewey's conception of,xix,杜威关于实验室的观念;mentioned,xviii,提及实验室

Language:语言

　taught in relation to child's interests,33—35,针对儿童兴趣教授的语言;poetic use of, by children,35—36,儿童对语言的诗化运用;importance of, to child's intellectual development,77—78,语言对儿童智力发展的重要性

Latin:拉丁语

　its value as subject,297,拉丁语的学科价值

Law:法律

　taught in college,291,学院中教授的法律

Law-making:法律制订

　history of, related to thinking process,158—159,与思维过程有关的法律制订史

Learning:学习

　as directed, instead of haphazard,24—28,替代偶然学习的有指导的学习

Leipzig school of psychology,xii—xiii,莱比锡心理学学院

Linn, Mrs. W. R.:W·R·林内女士

　her donation to University Elementary

School, 317, 林内对大学初等学校的捐助

Literature：文学

importance of, to child's intellectual development, 77—78, 文学对儿童智力发展的重要性；study of, at University Elementary School, 327—328, 大学初等学校的文学学习

Locke, John：约翰·洛克

and English empiricism, xvii, 洛克和英国经验主义；mentioned, 115, 提及洛克

Logic：逻辑学

Dewey's early work in, compared to middle work in, xiv—xvi, 杜威早期关于逻辑的著作与中期关于逻辑的著作之间的比较

Dewey begins to construct his, xxiii, 杜威开始建立自己的逻辑学；Aristotelian, Platonic, and Socratic discussed, 162, 亚里士多德的逻辑学，柏拉图的逻辑学，和苏格拉底的逻辑学；Aristotelian dicussed, 164—165, 对亚里士多德逻辑学的讨论；Aristotelian compared to modern science, 172—174, 与现代科学相对的亚里士多德逻辑学；different type discussed, 173—174, 所讨论的不同类型的逻辑学

Logic: The Theory of Inquiry：《逻辑：探究之理论》

Dewey's theory of inquiry refined in, xv, 杜威在《逻辑：探究之理论》一书中提炼的探究理论；mentioned, x, 涉及该书

Mania：躁狂症

in adolescence, 216, 青少年躁狂症

Mann, Horace：霍勒斯·曼

on individual growth, 5, 霍勒斯·曼论个体成长；educational theory of, 260, 霍勒斯·曼的教育理论；on democracy in schools, 288, 霍勒斯·曼论学校民主；mentioned, xvii, 提及霍勒斯·曼

Manual training：手工训练

Dewey's emphases on, xxi, 杜威对手工训练的重视；as part of new education, 6, 261—282, 作为新教育组成部分的手工训练；takes place of household occupation, 9, 取代家庭职业的手工训练；makes school part of community, 10, 手工训练使学校成为共同体的一部分；develops social power and insight, 12, 手工训练发展社会能力和洞见；related to motor activity, 230—232, 与动力活动相关的手工训练；related to recapitulation theory, 232—235, 与复演理论相关的手工训练；in high school, 295—299, 高中的手工训练；description of, at University Elementary School, 326—327, 333—334, 大学初等学校对手工训练的描述

Marco Polo, 168, 马可·波罗

Mathematics：数学

validity in, 248, 数学中的有效性

Mechanism：机械主义

concept of, in teaching, 139, 教学中的机械主义概念；causal, teachers' use of, 140—141, 教师运用因果机械主义；treatment of children as, 141—144, 把儿童当成机器

Medicine：医学

taught in college, 291, 学院中教授的医学

Melancholia：抑郁症

in adolescence, 216, 青少年抑郁症

Memory：记忆

growth of, in child, 204—205, 儿童记忆的成长

Mental Faculty：179,《心智官能》

Metaphysics：形而上学

as defined by William James, 115, 威廉·詹姆斯界定的形而上学

Michigan, University of：密歇根大学

chair of pedagogy at, 55, 密歇根大学教育学教席

65，大学初等学校中的儿童分组；organization of teachers at，65，大学初等学校中的教师组织；philosophy of discipline at，65—66，大学初等学校中的训练哲学；as exponent of Froebel's principles，81—82，作为福禄培尔原理执行者的大学初等学校；philosophy of play and games at，82—84，大学初等学校中的玩耍和游戏哲学；occupations utilized in，92—96，大学初等学校运用的职业活动；organization of，225—229，330—334，大学初等学校的组织；teachers' salaries，317，大学初等学校的教师工资；attitude toward use of books，329—330，大学初等学校对使用图书的态度；age level of children，330—332，儿童的年龄层次；philosophy of，333—334，335—336，大学初等学校的哲学

Validity：有效性
　Royce on，248—256，罗伊斯论有效性
Veblen，Thorstein：瑟斯坦·凡勃伦
　critical of University of Chicago，xxii，对芝加哥大学的批评
Verification：证明
　conception of，discussed，130n，论及证明的观念
Verstand：理解
　Hegel's use of term，156，黑格尔对理解术语的使用
Volition：意志
　Dewey's view of Münsterberg's work on，xiii，杜威对明斯特伯格论意志著作的看法
Voluntarism：唯意志主义
　Dewey's disagreement with Münsterberg on，xiv，杜威在唯意志主义问题上与明斯特伯格的分歧；romantic，its influence on American educational theory，xvii，浪漫主义的唯意志主义对美国教育理论的

影响

Warner，Francis：弗兰西斯·沃纳
　on child movement，179，沃纳论儿童运动
Weaving：编织
　taught as part of history of mankind，13—15，作为人类历史组成部分而教授的编织
Whewell，William：威廉·维威尔
　on mental conception，160，维威尔论心智观念
White，Lucia，xxi，路西亚·怀特
White，Morton G.，xxi，默顿·G·怀特
Wirth，Arthur：亚瑟·沃斯
　on University of Chicago Laboratory School，xix，沃特论芝加哥大学实验学校
Words：词汇
　how used in thinking process，152—153，在思维过程中如何使用词汇
Work：工作
　distinguished from play in child study，199—202，儿童学习中区别于游戏的工作；historic approach used in teaching about，222—223，教授工作中所使用的历史方法；related to play，339—340，与游戏相关的工作
World and the Individual，*The*：《世界与个体》；
　Dewey's review of，discussed，x—xi，论及杜威对《世界与个体》的评论
Wundt，Wilhelm：威尔海姆·冯特
　and Leipzig school of psychology，xii—xiii，冯特与莱比锡心理学学院

Young，Ella Flagg：埃拉·弗莱格·扬
　Isolation in the School，269n，272n，《学校中的分离》

译后记

    《杜威全集》中期著作第一卷的翻译工作由刘时工和白玉国合作完成。在正文部分，从导言到《学校与社会》，由刘时工翻译；其他部分则由白玉国翻译。附录部分和文本研究资料部分以及索引，由刘时工翻译。翻译杜威需要相当的耐心，相信所有看过杜威原文的人都会同意这看法。杜威的文笔与他的名气、地位极不匹配。这种反差，让我们猜想那时候的美国社会有看重思想内容而忽视表达方式的风气，这或许也算是一种实用主义的土壤吧。

    本卷的内容主要为教育学、心理学，而我们两人都出身于哲学。好在杜威从不以思想艰深晦涩著称，20世纪初的教育学、心理学在今天看来也多为常识之谈。因此，对于杜威谈论的问题，译者及每个读者都不会感到陌生。通过这些文献，我们可以勾勒出作为哲学家、教育家、社会活动家的杜威的身影——这是一个完全投入自己的事业、忘我工作、切实推进社会发展的思想者和实践者。他的学说或许已被超越，但他对学术和教育的热忱值得所有的知识人士效仿。

    杜威的生平没有什么起伏跌宕的情节，他的哲学也没有那种快刀斩乱麻的爽利和横绝传统的传奇色彩。在喜好八卦哲学的人的眼中，杜威的学说固然不可或缺，但他本人的确是个缺乏戏剧因素、甚至乏味的哲学家。不过，在翻译过程中，我们还是能够隐约地感到他的精神的深沉和博大。柏拉图不过是用对话描绘出了自己的理想国，而杜威却用自己的行动在建造心中的理想国。

    阅读译著永远不能替代阅读原著，尤其对于那些经典著作更是如此。我们只希望为想了解杜威这一时期思想的阅读者提供一点方便。那些以杜威的哲学或教育学为研习方向的专业人士，还是应该绕开本卷译著，直接与杜威对话。

译著初步完成后，在修改、校订期间，我们参考了以前译者赵祥麟先生的译文，在此谨致谢意。尽管译者对翻译工作竭尽全力，但肯定会有疏漏和不当之处，恳请方家和读者批评指正。

刘时工　白玉国
2012 年 3 月 31 日

图书在版编目（CIP）数据

杜威全集. 中期著作. 第 1 卷：1899～1901/（美）杜威
（Dewey, J.）著；刘时工，白玉国译. —上海：华东师范大学
出版社，2011.9
　ISBN 978 - 7 - 5617 - 8959 - 9

　Ⅰ.①杜…　Ⅱ.①杜…②刘…③白…　Ⅲ.①杜威，J.
（1859～1952）—全集　Ⅳ.①B712.51 - 52

中国版本图书馆 CIP 数据核字（2011）第 195835 号

杜威全集·中期著作（1899—1924）
第一卷（1899—1901）

著　　者　[美]约翰·杜威
译　　者　刘时工　白玉国
策划编辑　朱杰人
项目编辑　王　焰　曹利群　朱华华
审读编辑　赵成亮
责任校对　林文君
装帧设计　高　山

出版发行　华东师范大学出版社
社　　址　上海市中山北路 3663 号　邮编 200062
网　　址　www.ecnupress.com.cn
电　　话　021 - 60821666　行政传真 021 - 62572105
客服电话　021 - 62865537　门市（邮购）电话 021 - 62869887
地　　址　上海市中山北路 3663 号华东师范大学校内先锋路口
网　　店　http://hdsdcbs.tmall.com

印 刷 者　常熟华通印刷有限公司
开　　本　787×1092　16 开
印　　张　24.5
字　　数　410 千字
版　　次　2012 年 9 月第 1 版
印　　次　2012 年 9 月第 1 次
印　　数　1—2100
书　　号　ISBN 978 - 7 - 5617 - 8959 - 9/B · 665
定　　价　88.00 元（精）

出 版 人　朱杰人

（如发现本版图书有印订质量问题，请寄回本社客服中心调换或电话 021 - 62865537 联系）